中国经济学名家文集(多卷本)系列

汪海波文集

第六卷

经济管理出版社
ECONOMY & MANAGEMENT PUBLISHING HOUSE

图书在版编目（CIP）数据

汪海波文集/汪海波著. —北京：经济管理出版社，2011.2
ISBN 978-7-5096-1291-0

Ⅰ.①汪…　Ⅱ.①汪…　Ⅲ.①经济—文集　Ⅳ.①F-53

中国版本图书馆 CIP 数据核字（2011）第 040496 号

出版发行：经济管理出版社
地　　址：北京市海淀区北蜂窝 8 号中雅大厦 11 层
邮　　编：100038
电　　话：（010）51915602
印　　刷：三河文阁印刷厂
经　　销：新华书店
责任编辑：勇　生
责任印制：黄　铄
责任校对：蒋　方

720mm×1000mm/16　　　　　350.75 印张　5406 千字
2011 年 6 月第 1 版　　　2011 年 6 月第 1 次印刷
定　　价：980.00 元（全十卷）
书　　号：ISBN 978-7-5096-1291-0

作者像

目　录

中国现代产业经济史*

（1949.10~2004）

（下）

＊本著由山西经济出版社 2006 年 4 月出版。

第七篇

市场取向改革起步阶段的产业经济
——以实现经济总量翻两番、人民生活
达到小康水平为战略目标的社会主义
建设新时期的产业经济（一）
（1979~1984 年）

导　言

　　1978 年 12 月 18~20 日在北京召开了党的十一届三中全会。这次全会以前的 12 月 11~13 日在北京召开了中央工作会议，为这次全会做了充分准备。邓小平在这次中央工作会议闭幕会上的讲话《解放思想，实事求是，团结一致向前看》，实际上是十一届三中全会的主题报告。

　　全会结束了 1976 年 10 月到 1978 年底党的工作在徘徊中前进的局面，开始全面地、认真地纠正"文化大革命"中及其以前的"左"倾错误。全会坚决地批判了"两个凡是"的错误方针，充分肯定了必须完整地、准确地掌握毛泽东思想的科学体系；高度评价了关于真理标准问题的讨论，确定了解放思想、开动脑筋、实事求是、团结一致向前看的指导方针。全会果断地停止使用"以阶级斗争为纲"这个不适用于社会主义社会的口号，做出了把工作重点转移到社会主义现代化建设上来的战略决策。全会围绕实现社会主义建设新时期总任务这个中心，依据新中国成立以来经验教训的总结，做出了一系列的重大决策。主要是：正确处理社会主义社会的阶级斗争，从而维护社会主义现代化建设所需要的安定团结的政治局面；对经济管理体制进行改革，并在自力更生的基础上积极发展同世界各国平等互利的经济合作，努力采用世界的先进技术；要解决国民经济重大比例关系的严重失调，集中主要精力尽快把农业搞上去，要大力加强科学和教育工作；要在发展生产的基础上逐步改善人民生活；要着重健全社会主义民主和法制建设等。①

党的十一届三中全会所确定的路线、方针和政策，开辟了社会主义建设新时期，预示国民经济调整工作的实施，宣告改革开放时代的到来，标志着党的路线重新回到了马克思主义的正确轨道上来。因此，这次全会是新中国成立以来党的历史上具有伟大、深远意义的转折。即从50年代下半期开始形成的、在"文化大革命"期间发展到顶点的、尔后又延续两年的"左"倾路线到马克思主义路线的转变。

为了贯彻落实十一届三中全会的决议，1979年4月，党中央召开了工作会议，主要讨论了经济问题。会前，中共中央副主席陈云和李先念给中共中央写信，尖锐提出：现在国民经济"比例失调情况是相当严重的"。"要用两三年的调整时期，才能把各方面的比例失调情况大体上调整过来。"②据此，会议全面分析了我国经济建设的现状，决定集中几年的时间，搞好国民经济的调整工作，第一次明确而又完整地提出了对整个国民经济实行调整、改革、整顿、提高的方针，坚决纠正前两年经济工作中的失误，认真清理过去在这方面长期存在的"左"倾错误影响。4月5日，李先念代表中共中央在会上做了报告，全面阐述了调整、改革、整顿、提高方针。1979年6月召开的五届全国人大二次会议，依据党的十一届三中全会和上述中央工作会议的精神，就调整、改革、整顿、提高八字方针的基本要求做了阐述。调整，就是要针对林彪、"四人帮"长期干扰破坏所造成的国民经济严重失调的状况，自觉调整比例关系，使农、轻、重和工业各部门能够比较协调地发展，使积累和消费之间保持合理的比例。改革，就是要对现行的经济管理体制坚决地有步骤地实行全面改革。整顿，就是要把现有企业特别是一部分管理混乱的企业坚决整顿好。提高，就是要大力提高生产水平、技术水平和经营管理水平。调整、改革、整顿、提高四方面的任务是互相联系、互相促进的，但是调整是目前国民经济全局的关键。调整、改革、整顿、提高的方针，是一个保证我国现代化事业真正能够脚踏实地地向前发展所必须采取的完全积极的方针。在贯彻这个方针的过程中，还要执行引进先进技术和利用国外资

---

① 《中国共产党第十一届中央委员会第三次全体会议公报》，《中国经济年鉴》(1981)，经济管理杂志社，第 II-20~22 页。

② 《陈云文选》第3卷，人民出版社1995年版，第248页。

金的既定政策。①

在 1982 年 9 月召开的党的十二大上，党中央总书记胡耀邦代表党中央所做的报告中提出了经济发展的战略目标和指导方针。这个战略目标就是：在 20 世纪最后 20 年，在不断提高经济效益的前提下，力争经济总量翻两番，人民生活达到小康水平。强调在"六五"期间，要继续坚定不移地贯彻执行调整、改革、整顿、提高的方针，把全部经济工作转到以提高经济效益为中心的轨道上。特别要注意贯彻执行以下方针：集中资金进行重点建设和继续改善人民生活；在坚持国营经济占主导地位的前提下发展多种经济形式（除了主要包括国营经济和集体经济以外，还包括作为公有制经济必要的、有益的补充的个体经济）；计划经济为主、市场调节为辅；立足自力更生，扩大对外经济技术交流。强调实行对外开放，是我国坚定不移的战略方针。②

上述会议精神表明：我国经济发展战略指导思想发生了一系列根本性变化。①在战略目标方面，由过去急于求成的、不能在 20 世纪末实现社会主义现代化，转变为实事求是的、能够实现的经济总量翻两番，人民生活达到小康水平。这是邓小平在 20 世纪 80 年代先后提出的社会主义现代化建设"三步走"的战略目标的体现。③②与此相联系的，经济发展由过去片面追求增长速度，忽视提高经济效益和改善人民生活，转到把提高经济效益放在首位，把提高人民生活作为目的。③把经济改革作为促进经济发展的根本动力。但改革不完全是过去那种行政性的分权，而是以陈云在 1956 年召开的党的八大一次会议上提出的"三个为主，三个为辅"的理论为指导的改革。④作者把这个理论称之为全面改进的计划经济理论。因为这个理论虽然没有根本否定计划经济，但在所有制、计划和市场等方面已做了全面改进。但这期间改革理论又不能只是简单地归结为全面改进的计划经济理论，它又有重大发展。其突出表现就是首

---

① 《中华人民共和国第五届全国人民代表大会第二次会议文件》，人民出版社 1979 年版，第 15~18 页。

② 《中国共产党第十二次全国人民代表大会文件汇编》，人民出版社 1982 年版，第 14~28 页。

③ "我国经济发展分三步走，本世纪走两步，达到温饱和小康，下个世纪用三十年到五十年时间再走一步，达到中等发达国家的水平。"《邓小平文选》第 3 卷，人民出版社 1995 年版，第 251 页。

④ 按照陈云的观点，我国社会主义经济的情况是：在工商业经营方面，国家经营和集体经营是主体，个体经营是补充。在生产计划方面，计划生产是主体，自由生产是补充。在市场方面，国家市场是主体，自由市场是补充（《陈云文选》第 3 卷，人民出版社 1995 年版，第 13 页）。

次明确提出：实行对外开放，是我国坚定不移的战略方针。还要着重提到：在这个理论指导下的 1979~1984 年改革，就其发展趋势看，已经是市场取向改革的起步阶段。④就 1979~1984 年这个期间来看，为了实现 20 世纪末经济发展目标，主要就是贯彻调整、改革、整顿、提高的方针。

先后在 1981 年 11 月和 1982 年 12 月召开五届全国人大四次、五次会议都决定：在整个"六五"期间（1981~1985 年）要继续坚定不移地贯彻执行调整、改革、整顿、提高的方针。

因此，1976~1985 年，我国经济发展的主旋律，就是以实现 20 世纪末经济发展目标为中心，贯彻执行调整、改革、整顿、提高的方针。所以，我们在下面对 1979~1984 年经济发展历史进程的分析，就是围绕这个主题展开的。

第一章　经济调整

基于我们在第四篇第一章讲过的相同理由，本章在第一、二、三节叙述工业的调整，第四、五节分别叙说农业和第三产业的调整。

第一节　1979~1980 年，工业的初步调整

一、工业调整的措施及其成效

1979 年 4 月中央工作会议之后，即开始了对国民经济的全面调整。根据调整进展情况，1979~1980 年还只是初步调整。这两年中，在工业经济调整方面，主要是降低了工业发展速度，削减了一部分基本建设项目，调整了轻重工业之间的比例关系以及重工业内部的比例关系。

1. 降低了工业生产的发展速度。根据中央工作会议精神，在国务院主持下，国家计委对原定的 1979 年计划做了重大修改。工业总产值的增长速度从原计划增长 10%~12%调整为 8%。实际上，1979 年工业总产值达到 4681 亿元，比上年增长 8.8%；1980 年为 5154 亿元，比上年增长 9.3%（详见附表 13）。

2. 遏制了投资的增长势头，并压缩了一批在建项目。1979 年，国营单位的固定资产投资、基本建设投资和工业基本建设投资分别为 699.36 亿元、523.48 亿元和 256.85 亿元；1980 年这三项数字分别为 745.9 亿元、558.89 亿元和 275.61 亿元。其中，只有 1979 年工业基本建设投资略低于

1978 年，其余各项数字均高于 1978 年；但增长幅度均大大低于1978 年。①此外，1979 年，停建、缓建大中型项目 295 个；1980 年，又减少大中型项目 283 个。

3. 加快发展了轻工业，调整了轻工业和重工业的比例关系。从 1979 年开始，国家有计划地放慢了重工业的发展速度，采取一系列积极发展轻工业的政策措施。首先在投资分配上，提高了对轻工业的投资比重。用于轻工业的投资占工业总投资的比例 1978 年为 9.3%，1979 年为 10.8%，1980 年上升到 14.9%。1980 年，国务院决定对轻纺工业实行六个优先的原则，即原材料、燃料、电力供应优先；挖潜、革新、改造的措施优先；基本建设优先；银行贷款优先；外汇和引进技术优先；交通运输优先。这样，1979 年轻工业总产值比 1978 年增长 10.0%，超过了重工业增长 8.0%的速度；1980 年轻工业又比 1979 年增长 18.9%，大大超过重工业增长 1.90%的速度。通过两年的调整，在工业总产值中，轻工业和重工业之间的比例发生了变化。轻工业产值在工业总产值中的比重 1978 年为 43.1%，1980 年上升到 47.2%（详见附表 14）。

4. 调整了重工业的服务方向及其内部结构。1979 年和 1980 年，不仅重工业的增长速度比过去有所放慢，而且重工业的服务方向和结构也开始发生变化。在这两年中，对长线产品的生产进行了控制，增产了一批适销对路的产品，关停并转了一批消耗高、质量差、货不对路、长期亏损的企业。

冶金工业过去主要是为重工业自身服务，因而人民生活急需的产品，在品种、数量和质量上都满足不了要求。如生产自行车用的带钢、做罐头用的镀锡薄板、民用建筑用的线材等，都成了短线产品，部分或大部分要靠进口。另外，由于基建规模缩小，重轨、车轮及轮箱、大型材、中厚板等出现滞销，成了长线产品。在调整过程中，冶金工业部门着重调整了产品结构，把为轻纺工业服务作为重要任务。

化学工业在调整中停、缓建了一些大中型的建设项目，关停并转了一批消耗高、产品质量低、销路差的小厂。对布点分散、重复生产的厂

① 《中国固定资产投资统计资料（1950~1985）》，中国统计出版社，第 243 页；《中国工业经济统计资料（1949~1984）》，中国统计出版社，第 75 页。

或产品，进行了适当集中和分工。对长线产品进行了压缩或转产。化学工业的发展方向，开始转向主要为解决衣、食、住、用、行服务，重点放在为轻工、纺织、电子、建材等工业提供配套的原料、材料，为农业提供化肥、农药等各种支农产品，同时根据人民群众生活的需要，提供一些直接投放市场的化工最终产品。

机械工业着重调整了服务方向，扩大了服务领域，改善了机械产品结构。在为重工业、基本建设服务的同时，积极为轻纺工业、人民生活、城市建设、老企业技术改造和扩大机电产品出口提供设备。

建材工业一直是国民经济中的一个薄弱环节。调整工作开始以后，党中央、国务院明确指出，建材工业和煤、电、油、交通运输一样，是国民经济的先行，要在国民经济调整中加快发展。1979年、1980年，建材工业生产稳步增长，其中水泥产量1979年和1980年分别比上年增长13.3%和8.1%，平板玻璃产量分别比上年增长16.2%和18.9%。

5. 调整了原油和原煤的生产，加强了石油的地质勘探和煤矿的掘进，并大力开展了能源的节约活动。

为了改变原油和原煤采储、采掘比例失调的状况，1979年、1980年有计划地稳定和减少了原油和原煤的产量。

石油开采企业在努力稳定产量的同时，积极采取措施，降低了油田的综合能耗。炼油企业调整了生产方案，重点抓了提高回收率、提高质量、降低能耗，以适应国民经济发展的需要。

在煤炭的开发方面，采取了以下措施：①加强了现有矿井的掘进和剥离，使采掘失调的矿井尽快补上掘进和剥离的欠账。②采取措施减轻煤矿职工的劳动强度，加强劳动保护和安全措施。③提高了煤矿简单再生产的费用，加强了对现有煤矿的挖潜改造。④通过国家基本建设投资、银行贷款和利用外资，使煤矿建井保持一定的规模。⑤调整勘探布局，压缩了江南地区和一些资源条件较差的省、自治区的勘探规模，加强了山西、河南、黑龙江、安徽、山东等重点产煤地区的勘探力量，加快了勘探速度。

国家在能源政策上采取了开发与节约并重，近期内把节约放在优先地位的方针，以此来保持工业生产有一定的增长速度。具体措施是：①逐步改变产业结构和产品结构。②加强能源管理，搞好热力平衡，降低单位产品能耗。③改造耗能大的老设备和落后工艺，发展集中供热、热电结合。④逐步更新耗能高的动力机具。⑤严格控制烧油，积极推行以煤炭代替石油作燃料。通过采取以上各种措施，虽然 1979 年能源产量，只增长 2.8%，1980 年比上年还下降了 1.3%，但依然保证了这两年工业总产值高得多的增长速度。[①]

总之，1979 年和 1980 年两年的调整工作，取得了很大成效。

二、工业调整中的主要问题

1979~1980 年调整是有成效的，但并没有解决这次调整所要解决的重要问题，即基本建设投资规模还没有切实地压下来。1979 年国家预算内直接安排的基本建设投资，调整后的计划为 360 亿元，比上年减少了 36 亿元；执行结果达到 395 亿元，实际上比 1978 年只减少 1 亿元。这说明 1979 年基本建设实际上并没有减下来。1980 年，国家预算内的投资计划安排 241 亿元，实际完成 281 亿元，比上年压缩了 28.9%。但是，预算外地方、部门、企业各类自筹投资比上年增长 56.2%。这样，全年预算内外实际完成的投资总额达 539 亿元，比 1979 年又增加了 7.8%，成为新中国成立以后到 1980 年的 30 年中投资规模最大的一年。其中，用于工业基本建设的投资（包括预算外的）仍然高达 292.04 亿元，相当于 1978 年的工业投资水平，比 1979 年还增长了 10.28 亿元。

过大的基本建设投资规模没有压缩下来的原因主要有三点：①对一些应该停建、缓建的重大项目没有及早下决心停缓下来；1980 年在建的大中型项目个数虽然减少了 283 个，但由于新开工的大中型项目有的规模较大。因此，总的建设规模没有压缩下来。②由于一些地区片面理解发挥优势的方针，缺乏国家计划指导和综合平衡，重复建设现象严重。如全国 1979 年底已有棉纺锭 1663 万锭，开足生产尚缺棉 2000 万担，而 1980 年建成和在建的有 260 多万锭。各地的小烟厂、小酒厂、小丝厂等盲目建设问题则更为突出。据统计，1986 年全国关停并转了几千个企业，但又新建投产了 2 万多个企业，年底比年初净增加 2.2 万个工业企业。③预算外各类资金用来搞基本建设的渠道越来越多，又没有相应地加强管理和综合平衡，致使这方面的基本建设规模失去控制。1980 年，仅企业的

---

① 《中国统计年鉴》(1984)，第 230 页。

挖潜、革新、改造资金和人民银行的中短期设备贷款中，有 40% 以上搞了基本建设性质的新建项目。

第二节　1981 年，工业的决定性调整

一、在经济上实行进一步调整重大决策的提出

由于基本建设规模过大，超过了国家财力物力的可能，不得不靠庞大的财政赤字来维持基本建设，加剧了国家财政、借贷、物资和外汇的不平衡。1979 年国家出现 135.41 亿元的财政赤字，1980 年仍有 68.9 亿元的赤字（详见附表 10）。这种情况表明：如果不迅速采取坚决措施，对经济实行进一步的调整，1981 年的财政仍然会出现较大的赤字，物价将会继续上涨，整个经济将难以稳定，党的十一届三中全会以后，人民群众在经济上得到的好处就有丧失的危险，影响到政治稳定。

但是，总体看，当时全国的经济形势是好的。主要表现是：工农业生产有了很大增长，人民生活有了显著改善。这同 20 世纪 60 年代初的那一次调整时工农业生产和人民生活大幅度下降的情况大不相同。正因为如此，许多干部对这次调整中所遇到的困难的严重性以及潜伏的危险认识不足，在许多问题上调整的步子迈得不大，态度不坚决。因此，虽然经过近两年的调整，国民经济重大比例失调的状况尚未从根本上得到扭转，经济工作的被动局面还没有彻底改变过来。

鉴于上述情况，在 1980 年 12 月召开的中央工作会议上，党中央决定从 1981 年起在前两年调整的基础上，对国民经济实行进一步的调整。党中央认为，只有这样做，才能克服困难，消除潜在危险，保证经济全局的稳定，逐步地使我们的经济工作由被动转为主动。在经济上实行进一步的调整的总的要求和主要任务，概括起来就是稳定经济，调整结构，挖掘潜力，提高效益。稳定经济，就是做到财政收支平衡，消灭赤字，在这个基础上实现信贷收支平衡，不再搞财政性的货币发行，把市场物价基本稳定下来，使人民生活不受到损失。调整结构，着重解决消费品供不应求和燃料动力供应不足的问题。挖掘潜力，主要是充分发挥现有企业的作用，特别是把几千个大中型骨干工业企业办好，使它们发挥更

大的作用。提高效益，就是要从根本上改变过去那种高积累、高速度、高浪费、低效益、低消费的状况，走出一条投入少、产出多、效益高的新路子，从而保证社会生产的稳定增长，保证财政收入的稳定增加，保证人民生活水平逐步提高，使整个经济走上良性循环的轨道。

为了搞好经济上的进一步调整，克服困难，避免发生混乱，中央工作会议强调，在扭转国民经济被动状况的重大调整措施上必须高度集中统一，服从中央统一指挥。为此，①对于中央决定的调整方针、政策和重大措施不能三心二意，不能阳奉阴违，不能顶着不办。②各种渠道用于基本建设的资金，要由国家计划委员会统管起来，综合平衡。③财政税收制度和重大财政措施要集中统一。④任何地方、部门和企业都必须严格遵守信贷管理制度和现金管理制度。⑤国家规定的重要物资的调拨计划，包括重要的农副产品和原材料，各地方、各部门、各企业必须坚决完成，不能打折扣。⑥严格控制物价，整顿议价，任何地方、部门和企业都不得违反。⑦统一规定发放奖金的条件，严格检查监督制度，坚决制止滥发奖金。⑧加强外贸和外汇管理，加强内部协调，统一对头，联合对外，防止互相拆台。

中央工作会议认为，搞好调整，稳定经济，安定人民生活是大局，是全党、全国各族人民的根本利益所在。对地方的利益、部门的利益、企业的利益，应当兼顾，不能忽视，但必须服从整体的利益，服从大局。

这次中央工作会议，标志着党在经济工作中坚决纠正"左"的错误，在国民经济调整问题上进一步统一认识，对于保证调整工作沿着正确的轨道健康发展，起了重大作用。

二、工业进一步调整的措施

从 1981 年开始，在经济上实行了进一步调整的方针。就工业来说，决定性调整措施有以下六项：

1. 进一步调低了工业增长速度。1979 年、1980 年两年工业增长速度比 1978 年已经有了大幅度下降。但就当时情况来看，下降还没有到位。1981 年继续在这方面采取了措施，使这年工业增长仅达到 4.3%（详见附表 16）。

2. 切实压缩了基本建设投资规模。为了严格地控制投资规模，1981 年 3 月，国家计委、国家建委、财政部联合发出《关于制止盲目建设、重复建设的几项规定》，①不准搞资源不清的项目；不准搞工程地质、水文地质不清的项目；不准搞工艺不过关的项目；不准搞工艺技术十分落后、消耗原材料、燃料、动力过高的项目；不准搞协作配套条件不落实的项目；不准搞污染环境而无治理方案的项目；不准搞"长线"产品项目；不准搞重复建设的项目；不准搞"大而全"、"小而全"的项目；不准搞同现有企业争原料的项目；不准盲目引进项目；不准搞楼堂馆所。由于采取了加强集中统一管理等一系列措施，使压缩和控制基本建设规模的决策真见成效。1981 年，国营单位的固定资产投资、基本建设投资、工业基本建设投资分别为 667.51 亿元、442. 91 亿元、216.01 亿元；以上三项数字分别比上年减少 78.39 亿元、115.98 亿元、59.6 亿元；以上三项数字分别比上年减少 10.5%、20.8%、21.6%。② 1981 年全部停建、缓建的大中型项目 151 个、小型项目 1100 多个，压缩停、缓建项目未完工程投资 436 亿元，占 1979~1981 年 3 年调整压缩投资 650 亿元的 2/3。这一年基本建设规模的压缩，对调整积累和消费的比例关系，特别是对当年财政收支达到基本平衡，稳定经济形势，消除潜在危险，争取全局主动，起了极为重要的作用。

3. 把发展消费品生产放在重要地位，促使轻工业高速增长。1981 年初，国务院依据中央工作会议精神，提出要大力发展消费品生产，各行各业都要围绕发展消费品生产来进行安排，并继续对轻工业实行六个优先的政策。1981 年进一步调整了轻重工业的投资比例，使用于轻工业的基本建设投资占总投资比重由上年的 8.1%上升到 11.4%，迅速扩大了生产能力。另外，各行各业大力支援轻工业生产。重工业部门采取重转轻、军转民、长转短等形式，调整了产品结构，扩大了服务领域。农业、冶金、化工部门积极扩大轻工业所需原材料的生产。所有这些措施，都有力地促进了轻工业的发展。1981 年，轻工业总产值为 2781 亿元，比上年增长 14.3%；占全部工业总产值的比重从 1980 年的 47.2%上升到 51.5%，超过了重工业（详见附表 14）。

---

①《中国经济年鉴》(1982)，经济管理杂志社，第Ⅲ-19 页。
②《中国固定资产投资统计资料（1950~1985)》，中国统计出版社，第 9、43 页；《中国工业经济统计资料（1949~1984)》，中国统计出版社，第 75 页。

4. 调整重工业的增长速度和服务方向，适应经济进一步调整的需要。1981 年，重工业的产值比上年下降了 4.7%。下降的原因有：①在调整过程中，一批重工业企业停止了能源消耗很高、积压严重的长线产品的生产，腾出能源用来保证轻工业生产的需要，这种下降是合理的。②有相当一批重工业企业，过去长期主要为基本建设服务，由于 1981 年大幅度压缩基本建设投资规模，设备和其他生产资料的订货相应减少，以致生产下降，促使重工业内部调整服务方向和产品结构。③由于一些同志对于调整重工业服务方向和产品结构的必然性认识不足，行动迟缓，应该早转产的转晚了，造成一些重工业的生产不该下降的也下降了。可见，就这年重工业下降的主要原因（即①、②）来说，或者是服从于经济调整的需要，或者是经济调整的结果。同时，这年重工业开始改变了过去过多地为本身服务的状况，转到为农业、轻工业和人民生活提供更多产品的方向上来。

5. 实行能源开发与节约并重的方针，在能源开发和节约两方面取得显著成效。在能源开发方面，1981 年，在工业基本建设投资总额比上年减少 21.6% 的情况下，用于能源工业投资的比例仍然保持了上年的水平。

在煤炭工业建设中，①抓了老矿的挖潜改造、填平补齐和成龙配套工作，使煤炭生产中严重失调的比例关系逐步趋于协调，统配煤矿中采掘接替失调的矿井逐步恢复了正常。②新的矿井和煤炭基地的建设得到了加强。③在煤炭开发中，地方煤矿贯彻了"国家、集体、个人一起上，大中小煤矿一起搞"的方针，因此地方煤矿产量大幅度增长，大大缓解了煤炭供应紧张的局面。

石油工业在加强地质勘探，努力增加新的地质储量的同时，抓紧了对老油田的综合调整。在地质储量增加不多、油井自然递减率较高的情况下，采取一系列技术措施，基本上保持了注采平衡，使综合递减率控制在 9% 以下，保证了 1 亿吨原油年产量的持续稳产，并略有增长。石油工业确定了以提高经济效益和油田采收率为中心，合理调整了老油田的开发速度，加强增产措施，提高单井产量，使占全国原油产量 2/3 的主要油田都保持了稳产。

在能源的节约方面，①调整了能源消费结构。根据我国煤炭资源十分丰富的特点，国家确定在今后相当长的一段时间内，以煤炭作为主要能源，采取措施支持各地把烧油改为烧煤炭。②通过调整工业结构和产品结构，采取促进节能的政策措施，整顿企业，加强能源管理，推广节能新技术，进行以节能为中心的技术改造，使节能工作比较广泛地开展起来。1981年能源生产比上年下降0.8%，能源消费下降1.4%，①但却保证了工业总产值比上年增长4.1%的速度。这说明1981年工业生产增长所需要的能源主要是依靠节能来解决的。这一年共节能2700万吨标准煤，其中因改变工业结构少用标准煤1916万吨，占71%；改变产品结构少用标准煤413万吨，占15%；加强能源管理，进行技术改造节约的标准煤371万吨，占14%。每亿元工业总产值的能耗比上年下降6%。

　　6. 对工业企业进行了改造、调整和改组。1981年，国营单位的更新改造和其他措施投资由1980年的187. 01亿元增加到224.6亿元，占固定资产投资的比重由25.1%上升到33.6%。②调整和改组的主要措施有：①对于经营管理不好、物质消耗高、产品质量差又不适销对路、长期亏损的企业，根据不同情况，分别进行了整顿提高和关停并转。1981年，重工业企业减少了4400个，其中冶金工业减少367个，化肥和农药工业减少458个，机械工业减少3172个；农村社队工业企业减少1034个。减少的主要是那些消耗高、质量差、技术落后、亏损严重的小机械厂、小氮肥厂、小钢铁厂、小炼油厂、小油漆厂、小酒厂、小针织厂、小造纸厂等。经过关停并转，整顿提高，保留下来的小厂的经济技术指标普遍有了提高。例如小氮肥厂，1981年共关停并转了409个，同调整前的1978年相比，吨氨煤耗由3.2吨降到2.2吨，电耗由1800千瓦时降到1467千瓦时，企业亏损额由6亿元降到4000万元，有11个省、直辖市的小氮肥厂已扭亏为盈。中小钢铁企业，1979年亏损2.9亿元，1981年盈利约4亿元。没有关停的小型企业，通过整顿改造，各项技术经济指标也有了明显的提高。②针对产品重复、工艺重复和"大而全"、"小而全"的状况，在工业比较集中的省和中心城市，对现有企业按照产品和零部件专业化的原则进行了改组。对于适合按行业统一管理的企业，先后组建了一批全国性的工业公司，主要有：石油化工、有色金属工业、

---

①《中国统计年鉴》(1993)，第492页。
②《中国固定资产投资统计资料（1950~1985)》，中国统计出版社，第216页。

船舶工业、汽车工业、丝绸工业、盐业、烟草、包装等全国性的公司。许多地区也组建了一批地区或城市范围的工业公司。这些公司对于统一规划、协调本行业所属企业的生产和建设，避免盲目发展、重复生产、合理利用资源、提高经济效益起了一定的作用。③一些工业城市积极发展热处理、电镀、铸造、锻压、机修等工艺专业化，组建了一批协作中心和专业厂，提高了设备利用率，节约了能源，降低了成本，改进了产品质量，减轻了对环境的污染。④围绕综合利用资源和能源，提高经济效益，组织不同部门的重点企业搞联合。例如，继上海高桥地区的炼油、化工、轻工、电力等 7 个企业联合组成石油化学工业公司之后，又组建了上海造船工业公司、南京金陵石油化学总公司和辽宁抚顺石油化工公司，打破了部门、地区的界限，发展了横向的经济联系。⑤在加工企业和原材料产地之间，生产企业和科研单位、大专院校之间，生产技术比较先进和比较后进的企业之间，沿海和内地之间，国营企业和集体企业之间，各种形式的经济联合，包括联营、合营，或者在资金、物资、技术等方面的联合，都不断发展。这些广泛的、自愿互利的又是有领导有计划的经济联合，有利于互相支援、扬长避短、合理利用资金和物资，避免盲目发展，使经济进一步活跃，也有利于内地和后进企业生产、技术和管理水平的提高。

通过以上六项重要措施，1981 年我国包括工业在内的国民经济调整取得了决定性的成就。因此，这一年也成为调整的决定性阶段。就工业调整来说，其主要表现为：工业的增长速度、投资规模和轻重工业的比例关系大体上都调整到了合理区间。当然，长期积累下来的经济比例关系严重失调问题，不可能在这一年解决，还需要通过相当长的时期继续调整进一步解决。

第三节　1982~1984 年，工业的继续调整

一、经济继续调整的决策

1981 年召开的五届全国人大四次会议的政府工作报告提出："一年来的经济调整，虽然取得很大成绩，但是也要看到，国民经济中的潜在危

险还没有完全清除。今年财政收支基本平衡主要是在紧缩支出的条件下实现的，是不巩固的。要继续保持财政和信贷的基本平衡，做到消费品生产的增长同社会购买力的增长相适应，保持市场物价的基本稳定，并在此基础上使国民经济协调发展，实现财政经济状况的根本好转，还需要经过相当长的时间和做出艰苦的努力。认真贯彻执行调整、改革、整顿、提高的方针，是一个全局性的、关系到国家长远利益的问题。""随着实践的发展，我们对于这一方针的认识也进一步深化。就调整来说，既要调整工业和农业、轻工业和重工业、积累和消费的比例关系，又要对产品结构、技术结构、企业结构、组织结构等进行调整，实行结构合理化，因而经济调整的内容比原来设想的要广泛得多。至于经济管理体制的全面改革，更需要较长的时间。因此，国务院认为，有必要从今年起再用五年或者更多一点的时间，继续贯彻执行调整、改革、整顿、提高的方针，这样才能真正站稳脚跟，打好基础，更好地前进。"①

二、工业继续调整的措施及其进展和问题

1982~1984 年，工业继续调整的措施，主要就是 1981 年实行过的措施。但与 1981 年不同的是：只是一部分调整措施得到贯彻，取得进展；另一部分调整措施并未真正得到落实，以致包括工业的国民经济回升过猛，并在 1984 年再次走向经济过热。

1. 调低工业增长速度的目标没有实现。在 1981 年工业增长速度由 1980 年 8.8%下降到 4.3%的情况下，1982 年 12 月通过的"六五"计划规定：1981~1985 年，工业总产值平均每年递增 4%，在执行中争取达到 5%。②工业增长速度规定为"保四争五"，当时主要是考虑到工业调整的任务还很艰巨复杂，在近期内能源产量不可能有较大增加，交通运输的紧张状况也不可能有根本的改变，主要农作物产量也不可能迅速大幅度增长，以及计划指标留有余地原则等因素，因此把工业发展的速度规定得低一些。

但实际执行结果，工业总产值的增长速度，1982 年、1983 年、1984 年 3 年分别达到了 7.8%、11.2%和 16.3%，逐年以更大幅度超过了计划指

---

① 《中国经济年鉴》（1982），经济管理杂志社，第Ⅱ-8 页。
② 《中华人民共和国第五届全国人民代表大会第五次会议文件》，人民出版社 1983 年版，第 67 页。

标（详见附表 13）。当然，1982~1984 年工业生产迅速增长有一系列的客观原因。①在经济工作中切实贯彻了中央提出的进一步调整的方针，各种经济比例关系日趋协调，能在更大程度上保证工业再生产过程的顺利进行。②由于农村经济体制改革的成功，极大地调动了广大农民的积极性，农业连年丰收，为工业提供了更多的农副产品和更广阔的市场。③由于固定资产投资规模的扩大，对工业生产资料的需求大大增加，刺激了重工业的发展，同时，新增固定资产又进一步新增了工业的生产能力。④由于从 1982 年以来能源产量稳步增长，为工业的高速增长提供了条件。⑤城市经济体制改革的深入发展，进一步调动了企业职工的积极性，使工业劳动生产率大幅度提高。⑥由于企业技术改造和技术引进的步伐加快，使企业的技术素质有了提高。⑦进出口贸易的扩大，一方面推动了出口工业产品的生产；另一方面进口的原材料增加，弥补了国内工业原材料的不足。所以，从这些客观原因来看，"六五"计划规定的工业和整个经济的增长速度都是偏低的。

但是，从这几年工业高速增长加剧能源、原材料供应和交通运输的紧张、生产资料的市场价格大幅度上升等方面的情况来看，工业增长速度确实回升过快，并于 1984 年开始走向过热。

2. 重点建设得到加强，但基本建设规模没有得到有效控制。为了加强能源交通等重点建设，1982 年初，有关部门从在建的几百个大中型项目中，选出对国民经济发展有重要意义、具备了较好建设条件的 50 个项目，按合理工期组织建设，在财力、物力上给予优先保证。这批项目中，能源、建材、交通、轻纺等部门的项目占绝大部分，所需投资占当年在建大中型项目投资的 1/3 以上，1982 年，这些重点项目取得了较好的进展。

但是，从总体看，1982 年又出现了基本建设增长过快的问题。这一年，全社会固定资产投资、国营单位固定资产投资、基本建设投资、工业基本建设投资分别达到了 1230.4 亿元、845.3 亿元、555.53 亿元、260.6 亿元；分别比 1981 年增长 269.4 亿元、177.79 亿元、112.62 亿元、44.59

亿元。① 于是上年较缓和的一些建设物资又出现供应紧张的局面，挤了生产维修、更新改造和市场消费。这种状况 1983 年上半年仍有发展。

为了刹住基本建设投资增长过猛的势头，1983 年 6 月，党中央、国务院召集各省、自治区、直辖市和中央国家机关各部委的负责同志开了一次工作会议，决定要集中财力、物力保证以能源、交通为中心的重点建设。国务院于 1983 年 7 月 9 日发出了《关于严格控制基本建设规模、清理在建项目的紧急通知》，② 要求各地区、各部门迅速把超过国家下达的基本建设计划的部分压缩下来，特别是用自筹资金和银行贷款安排的建设规模，必须压缩到计划指标以内。超过的部分，银行停止拨款。凡是计划外项目一律停下来。计划内的项目，凡是矿产资源和工程地质不清、工艺不过关、能耗过高、产品无销路的项目，也要停下来。由于采取了上述紧急措施，到1983 年 9 月底，全国共停建、缓建基本建设项目 5360个，其中计划外工程3086 个，计划内项目 2274 个。这些措施使得1983年基本建设规模在较短的时间里得到了一定的控制，加快了以能源、交通为中心的重点建设。

1983 年投资增长势头虽然得到遏制，仍然增长过快。这年全社会固定资产投资、国营单位固定资产投资、基本建设投资和工业基本建设投资又分别上升到 1430.1 亿元、951.96 亿元、594.13 亿元、282.28 亿元；分别比 1982 年增长了 199.7 亿元、97.65 亿元、38.6 亿元、21.68 亿元。③

1984 年，国家重点建设进一步加强。一批重点煤矿、电站、油井、建材企业和铁路新线的建成投产，有利于克服国民经济中的薄弱环节，有利于为生产的持续增长准备后劲。但是，1984 年投资增长速度更猛。这一年，全社会固定资产投资、国营单位固定资产投资、基本建设投资、工业基本建设投资分别达到 1832.9 亿元、1185.18 亿元、743.15 亿元、341.59 亿元；绝对额分别比上年增长 402.8 亿元、233.22 亿元、149.02 亿元、59.31 亿元、增幅分别比上年上升 28.2%、24.5%、25.1%、21%。④ 这

---

　　①③《中国固定资产投资统计资料（1950~1985）》，中国统计出版社，第 9、43 页；《中国工业经济统计资料（1949~1984）》，中国统计出版社，第 75 页；《中国统计年鉴》（1997），第 150 页。

　　②《中国经济年鉴》（1984），经济管理杂志社，第Ⅸ-42 页。

　　④《中国固定资产投资统计资料（1950~1985）》，中国统计出版社，第 9、43、83 页；《中国统计年鉴》（1997），第 150 页。

就大大超过这年钢材、木材、水泥生产分别增长 9.7%、5.1% 和 11.8% 的速度。因而主要基建物资供应十分紧张，市场价格上涨幅度较大。

3. 继续把发展消费品放在重要地位，促进轻工业持续增长。1982~1984 年，在组织工业生产中，继续坚持把发展消费品工业放在重要地位的方针，从能源和原材料供应、挖潜革新改造措施、安排基本建设力量、银行贷款、使用外汇和引进技术、交通运输等方面，给予优先照顾和大力扶持，使轻工业持续增长。1982 年、1983 年和 1984 年 3 年，轻工业总产值分别比上年增长 5.8%、9.3%、16.1%。[①]

在轻工业产值大幅度增长的过程中，轻工业内部的比例关系也有了进一步改善。在轻纺产品的原料结构方面，以工业品为原料的产品在轻工业总产值中的比重继续上升，特别是合成纤维产量的增长远远超过了棉布产量的增长；轻工业的产品结构发生了变化，在吃、穿、用三类消费品中，用的比重上升；在耐用消费品中，高档消费品的比重上升，特别是电视机、录音机、电冰箱、照相机等产品的产量大幅度增长。

随着经济的发展和人民生活水平的提高，城乡居民的消费需求和消费构成呈现新的变化。即在吃的商品方面，对经过加工的副食品的需求比重迅速上升；对穿着的需求向中高档发展，农民的穿着需求开始向城市看齐；对耐用消费品购买量稳步增长，彩色电视机、电冰箱等高档耐用消费品生产虽然增长很快，但仍然供不应求。这种消费需求的变化和扩大，进一步推动了我国轻工业的发展。

轻工业的持续发展，促进了全国城乡市场的繁荣。过去消费品匮乏的状况有了很大改变，市场货源比较充裕，大多数日用工业品已敞开供应，部分商品已开始由"卖方市场"转变为"买方市场"，轻工市场已从过去量的矛盾很突出、长期供不应求的局面，开始转变为质的矛盾比较突出，消费者对商品的选择更严格了，出现了"持币待购"和"储币选购"的现象。

4. 继续调整重工业的产品结构和服务方向，但重工业生产回升过快。重工业生产在迅速增长的过程中，不断调整服务方向和内部结构，大力生产社会需求量大的产品，开始改变了长期存在的重工业主要是自我服

---

① 《中国统计年鉴》(1993)，第 59 页。

务的现象，直接为农业、轻工业和人民生活需要提供的产品越来越多。钢铁工业以提高经济效益为中心，工作重点放在提高质量、增加品种、节能降耗、治理环境上，大力推进五个转变，即把产品质量逐步转到国际先进水平上来，品种转到适应国民经济技术进步的需要上来，高能耗结构转到低能耗结构上来，生产转到新技术上来，企业各项工作转到提高经济效益的轨道上来。机械工业以上质量、上品种、上水平、提高经济效益为中心，进一步调整了产品结构。能源开发和交通运输设备普遍增长较快，并且做到保质、保量、按时和成套供应，保证了国家重点建设工程的需要。小型农具、饲养和经济作物机械、新兴行业装备和关键基础件，以及城乡物质文化生活所需要的机电产品，都得到了较快的增长。

从 1982 年开始，重工业由回升走向高速增长。1982 年、1983 年、1984 年 3 年，重工业分别比上年增长 9.9%、13.1%、16.5%。[①] 这也有许多原因。①由于这几年能源生产较快，为冶金工业、建材工业、化学工业和机械工业的发展提供了较多的能源。②由于固定资产投资规模的扩大和农村对农业生产资料的需求量增加，促进了重工业特别是机械制造工业、建筑材料工业的增长。③由于轻工业的迅速发展，对工业原材料和轻工设备的需求不断增加，进一步扩大了重工业的市场。

但是，这 3 年重工业毕竟回升过快，是导致 1984 年开始经济过热的一个因素。

5. 继续推行能源开发与节约并重的方针，并在能源增产与节约两方面取得显著成效。1982 年、1983 年、1984 年 3 年，能源分别比上年增产 5.6%、6.7%、9.2%，而能源生产弹性系数和消费弹性系数分别为 0.66、0.63、0.77，0.63、0.51、0.63。[②] 这说明作为能源生产部门和主要消费部门的工业，在这 3 年中，无论在能源生产或节约方面都有了重要进展。但由于这 3 年工业回升过快，特别 1984 年工业增速过高，能源供求紧张状况又加剧了。

6. 进一步加强了对工业企业的改造、调整和改组。1982 年 1 月，国务院颁发了《关于对现有企业有重点、有步骤地进行技术改造的决定》。[③] 决

---

① 《中国统计年鉴》（1993），第 59 页。
② 《中国统计年鉴》（1993），第 492 页。
③ 《中国经济年鉴》（1983），经济管理杂志社，第Ⅷ-19 页。

定指出，必须改变过去以新建企业作为扩大再生产主要手段的做法，实行以技术改造作为扩大再生产主要手段的方针。决定规定了对现有企业进行技术改造应当遵循的原则：①技术改造必须从我国的实际情况出发，应该采用适合我国资源条件、科技水平和管理水平，又能带来良好经济效益的先进技术，不能统统要求最新技术，片面求新、求洋。②技术改造需以提高社会经济效益为目标，不仅需考虑本企业、本行业、本部门的效益，而且主要应当考虑国民经济全局的效益，坚决改变那种追求形式，不讲实效的做法。③必须充分发挥科学技术的重要作用，加强研究计划工作，组织好科学技术从实验室向生产的转移，单纯军用向军民兼用转移，沿海向内地转移，国外向国内转移。④要从我国技术改造的迫切需要出发，积极利用外资，引进适合我国情况的先进技术和自己还不能制造的某些关键设备、仪器仪表，包括少量局部生产过程的系列设备。尽量少引进甚至不引进成套设备，切记不要重复引进。引进技术后，自己能制造的设备，就不要再引进，以保护我国工业的发展。⑤技术改造是一项长期任务，必须全面规划，有重点、有步骤地进行，防止不作调查研究，不讲经济效果，一哄而起，盲目上马的偏向。

国务院的决定，推动了技术改造的开展。1982 年、1983 年、1984 年 3 年完成的技术改造和其他措施投资分别增长到 289.78 亿元、357.83 亿元、442.03 亿元；占固定资产投资的比重分别上升到 34.3%、37.6%、37.3%。[①] 技术改造的开展，对提高产品质量、增加短线产品产量、节约能源和原材料发挥了重要作用。棉纺、石油、炼钢、化肥、水泥、机制糖等行业，新增的生产能力有 1/3~2/3 是靠更新改造获得的。总之，这期间我国工业技术改造工作已从作为发展生产的具体措施，转为振兴企业，繁荣经济，增强后劲的重大战略措施；从注重国内封闭式的技术攻关，逐步转为开放式的既抓国内的协同攻关，又抓国外先进技术的引进、消化和吸收；从着重抓单项的一个一个企业的改造，转到在统筹规划下的整体的、全行业的综合改造。

但这期间，工业企业技术改造也存在不少问题。主要是：企业技术改造资金不足；企业在使用技术改造资金时，存在着片面追求扩大老产

---

① 《中国固定资产投资统计资料（1950~1985）》，中国统计出版社，第 216 页。

品生产能力、忽视提高质量和增加品种的倾向；技术引进的宏观管理方面还缺乏有效、完善的措施，出现了多头对外、重复引进过多的问题。

在这期间，继续对企业进行了调整和改组，并在组织专业化协作和企业联合等方面也都取得了进展。但在工业企业的调整和改组方面也存在不少问题。①由于受部门所有、地区所有等体制上的限制，企业调整与改组的进展还比较慢，"大而全"、"小而全"的问题并未得到根本性的改变。②许多部门和地区在企业改组过程中，组建了一大批行政性的公司，截留了应当放给企业的权限，公司束缚了企业的手脚。③1984年以来一些地方工艺技术落后、"小而全"的企业又重新出现，产生了与大工业争原料、争能源的矛盾，也影响整个宏观经济效益的提高。

总体来说，1982~1984年的继续调整在许多重要方面都继续取得了进展，但就速度和投资等这些最重要指标来看，回升太快，以致1984年第四季度又出现经济过热。这主要是由于过去长期存在的、片面追求增长速度的传统经济发展战略在实际工作中的深厚影响，内含投资膨胀机制的传统计划经济体制没有得到根本改革，以及市场取向改革起步以后经济开始搞活，但配套的宏观调控一时难以跟上，以致出现某些失控。

第四节 农业的调整

从调整国民经济的角度看，这里说的调整农业主要是采取各种措施促进农业的加快发展，以解决农业发展滞后于工业发展的问题。就1979~1984年的情况来看，这些措施主要就是推进农村经济的各项改革和调整农业的各项发展政策。

1. 废除农村人民公社制度，建立以家庭承包经营为基础的与集体经营相结合的双层经营制度。这个问题将在下一章叙述。

2. 提高农产品价格。从1953年开始，中国先后对粮棉油实行统购制度，对生猪等重要农产品实行派购制度。这些制度对于积累工业化资金起了重要作用，但都严重损害了农民的利益。据测算，"剪刀差"的相对量1952年是12%，1957年是18.7%，1965年升至28%，改革前夕的

1978 年为 28.1%。[①] 20 多年来，农业通过"剪刀差"向工业提供的资本积累高达 6000 多亿元，相当于 1982 年全部国营企业的固定资产原值。这种不等价的工农产品交换必然使得农民和农村经济组织陷于贫困境地。据计算，1978 年，每个人民公社的财产仅有 543 万元（不包括土地）；每个生产大队的集体积累不到 1 万元；农户家庭平均拥有的财产估值不超过550 元；农业人口的年平均收入只有 70 多元，其中 1/4 生产队社员年收入在 50 元以下。因此，从提高农产品价格入手，完全正确，而且迅速见效。据此，政府于 1979 年 3 月开始对 18 种主要农副产品的收购价格进行了调整，提价的平均幅度为 24.8%；对粮油的超购部分，在提高的统购价基础上将加价幅度由原来的 30% 提高到 50%；棉花以 1976~1978 年平均收购量为基数，超购部分加价 30%，并对北方棉区另加 5% 的价外补贴。[②] 1979年以后，农产品的购价又有过几次提高。至 1984 年，全国农副产品收购价格总水平比 1978 年提高了 53.6%，而同期农用工业品零售价格水平的上升幅度为 7.8%，"剪刀差"缩小了 29.9%。提高农产品价格对这期间农业发展起了很重要的作用。据专家估计，提高农产品价格对 1978~1984 年增长的贡献为 15.9%。[③]

3. 调整农村商品流通体制。这包括四方面：

（1）缩小农产品统购范围和比重。到 1984 年底，属于统派购的农副产品由 1978 年的 170 多种减少到 38 种（其中 24 种是中药材），共计减少了 77.6%。农产品出售总额中，国家按计划价格收购的比重由 1978 年的82% 下降到了 73%。[④]

（2）恢复和发展集体商业。包括：①恢复供销合作社的合作商业性质。供销合作社是 20 世纪 50 年代初，由农民集资、在国家扶持下创办和组织起来的，是沟通城乡商品流通中的一支重要力量。长期在"左"的思想影响下，同国营商业时分时合，进而成了国营商业的组成部分，失去了合作经济原有的自主经营特点，不能适应商品经济的要求。因此，1981 年，全国农村工作片会议提出供销合作社要逐步进行体制改革，恢

① 农业部经济政策研究中心编：《中国农村政策研究备忘录》，中国农业出版社 1989 年版，第 41 页。
② 郭书田主编：《变革中的农村与农业》，中国财政经济出版社 1993 年版，第 294 页。
③ 张卓元等主编：《20 年经济改革回顾与展望》，中国计划出版社 1998 年版，第 81~82 页。
④ 董辅礽主编：《中华人民共和国经济史》下卷，经济科学出版社 1999 年版，第 41 页。

复其原有性质。经过几年改革，供销社不仅在扩大农民股金、建立民主管理制度上有了很大进展，而且在经营方式、内容上也发生了巨大变化，促进了城乡商品经济的发展。②贯彻落实对老集体商业（即合作商店）的政策，并支持新集体商业（即 1978 年以后城乡创办的集体商业）的发展。1978~1984 年，供销合作社以外的集体商业人员、网点和零售额分别由 199.6 万人增加到611.8 万人，62.3 万个增加到 77.9 万个，115.3 亿元增加到 594.6 亿元。

（3）支持个体商业的发展。1956 年社会主义改造完成以后，个体商业所剩不多。由于"大跃进"和"文化大革命"的破坏，到 1975 年大约只有 8 万人。改革以后，政府对发展个体商业逐步放宽政策，使得个体商业有了迅速的发展。1985 年，个体商业的网点达到 870.3 万个，人员1221.8 万人，零售额 661 亿元，三者分别比 1978 年增加 47.8 倍、6.8 倍、21.5 倍。①

（4）大力恢复和发展城乡集市贸易。集市贸易是中国农民之间、城乡之间进行商品交换的一种传统形式。农业合作化以后，在"左"的指导思想影响下，农村集市贸易受到限制，在"大跃进"中，特别在"文化大革命"中，更是遭到严重摧残。"大跃进"时期，农村集市几乎全部关闭，所剩无几，但从 1960 年冬开始，农村集市贸易逐步恢复，集市数量一度达到 41000 个，接近公社化运动前的数量。但由于"文化大革命"的破坏，到 1976 年底，全国农村集市只有 29227 个，成交额仅 102 亿元。

从 1978 年起，开始恢复农村和城市的集市贸易。1979~1984 年，全国农村集市贸易由 36767 个增加到 50365 个，成交额由 171 亿元增加到 390 亿元；城市集市贸易由 2226 个增加到 6144 个，成交额由 12 亿元增加到 80.3 亿元。②

4. 调整农村金融体制。一是恢复农村信用合作社的原有的集体经济性质及其经营特点。要求恢复和加强信用合作社组织上的群众性、管理上的民主性、经营上的灵活性，在国家方针、政策指导下，实行独立经营、独立核算、自负盈亏，充分发挥民间信贷的作用。经过改革， 1979~1988 年，全国已有 6 万多个信用社和 33 万多个信用服务网点、75 万多

---

① 《当代中国商业》（上），中国社会科学出版社 1988 年版，第 154~156 页。
② 《当代中国商业》（上），中国社会科学出版社 1988 年版，第 160~161 页。

人；信用社股金达到 36 亿元，盈利 16 亿元，自有资金 167 亿元；各项存款余额达到 1397.63 亿元；发放贷款 5726 亿元。二是恢复中国农业银行，统一管理支农资金，集中办理农村信贷，领导农村信用合作社，发展农村金融事业。

5. 在发展支农工业和加强对农业的物资投入的同时（已见前述），增加政府对农业的投资，并减轻农村的税负。政府原来打算从 1979 年起，在三五年内把农业投资占整个基本建设投资的比重由 11% 左右提高到 18% 左右，把农业事业费和财政支农资金占政府财政总支出的比例逐步提高到 8% 左右。实际上，只有 1979 年的农业投资有所增长，由 11% 增加到 13.7%。1980 年以后，农业形势不断好转，政府对农业的投资也逐年减少。但即使这样，政府投资对农业发展还是起了促进作用。

当时政府还决定对部分低产缺粮地区免征农业税，一年免征 47 亿斤税粮。这项政策对促进农业发展虽然起了作用，但作用并不很大。

6. 促进多种经营，调整农村产业结构。1978 年，在我国农业总产值中，种植业占 80%，林、牧、渔业合计只占 20%；在种植业生产中，粮食作物播种面积占 80.3%，经济作物仅占 9.6%，其他作物占 10.1%。这是长期以来片面强调"以粮为纲"方针的后果。十一届三中全会否定了这一方针，确定了积极开展多种经营的方针。经过几年调整，种植业内部结构发生重大变化，粮食作物、经济作物和其他作物的播种面积比重由 1978 年的 80.3 : 9.6 : 10.1 调整到 1984 年的 78.3 : 13.4 : 8.3。尽管粮食播种面积减少了 6.4%，但单产提高了 42.8%，因此总产量增长了 33.6%，达到 40731 万吨的超历史记录。种植业发展同时，其他各业发展更快。1984 年林牧渔业合计所占农业产值比重，由 1978 年的 20% 上升到 25.9%，种植业由 80% 下降到 74.1%（详见附表 12）。

在调整农业结构的同时，包括第一、二、三产业在内的农村整个产业结构也发生了显著的变化。这主要表现为由社队企业经营的第二、三产业的迅速发展上。详见本篇第四章。

7. 发挥区位优势，开发农村区域经济。1978 年以后，党和政府依据各地区的资源禀赋和地理位置特点以及生产力发展水平，制定了各有区别的区域发展方针，使沿海发达地区、中部地区和贫困地区的优势都能发挥，促进全国农村经济的发展。这包括三方面：①推动沿海发达地区发展外向型农村经济。这些地区地理位置好，原有生产力水平高，乡镇企业发展快，对外开放早，具有发展外向型农村经济的条件。②大力建设中部地区的农业商品生产基地。这些地区介于东部发达地区和西部不发达地区之间，人口和土地均占全国的大部分，是中国粮食、棉花等大宗农产品的主要产区，林、牧、渔业的资源都很丰富，具有很大的发展农业商品经济的潜力。③扶持贫困地区发展经济。贫困地区是指温饱尚未完全解决的地区，主要分布在西北、西南和东部的一些老革命根据地、偏远山区、少数民族地区和边境地区。这些地区由于社会、经济、历史、自然等因素的作用，长期处于贫困状态。改革以前，主要靠政府发救济粮、款和衣物等扶贫，但贫困状况并未得到明显改善，甚至继续恶化。直到 1978 年，全国农村仍然约有 2.5 亿贫困人口。其中，宁夏西海固、甘肃中部等 12 片贫困地区，这年社员集体分配收入人均只有 55.1 元。据此，中共中央和国务院决定，组织有关部门统筹规划和组织力量，从财政、物资和技术上给这些地区以重点扶持，帮助他们发展生产，摆脱贫困。经过努力，初见成效。据上述 12 片贫困地区按 1978 年统一口径计算，1981 年社员集体分配收入提高到 82.6 元，比 1978 年增加了 50%。[①]当然，扶贫工作是一个长期的任务。

8. 积极推行各项增产措施。包括选育、引进和推广良种，增加化肥、农药、农用塑料和除草剂的使用，推行机械化和开垦荒地等。

上述各项措施有力地促进了这期间农业的发展。

第五节 第三产业的调整

从调整国民经济的角度看，这里所说的第三产业的调整，主要也就是加快这些产业的发展，以解决工业与这些产业的失衡问题。1979~1984 年期间，由于贯彻了调整的方针，再加上实行了改革、整顿和提高（详见后述），这些产业也得到了较快的发展。

1984 年，全国旅客周转量由 1978 年的 1743 亿人公里增长到 3620 亿

---

① 《当代中国的农业》，当代中国出版社 1992 年版，第 355、357、361 页。

人公里，增长 107.6%；全国货物周转量由 9829 亿吨公里增长到 15694 亿吨公里，增长 59.6%；邮电业务总量由 30.9 亿元增长到 47.8 亿元，增长 54.3%（详见附表 20~附表 22）。

这期间，全国城市供水总量由 787507 万立方米增长到 1176474 万立方米，增长 49.3%；公共电汽车客运总数由 1322816 万人次增长到 2369545 万人次，增长 79.1%；人工煤气由 172541 万立方米增长到 231351 万立方米，增长 34%，液化石油气由 194533 万吨，增长到 535289 万吨，增长 175.1%，天然气由 69078 万立方米增长到 168568 万立方米，增长 144%；城乡道路长度由 26966 公里增长到 36410 公里，增长 35%；排水管道长度由 19556 公里增长到 28775 公里，增长 47.1%（详见附表 23）。

这期间，全国社会消费品零售总额由 1558.6 亿元增长到 3376.4 亿元，增长 116.6%（详见附表 24）。

1979~1984 年，财政收入总计 7704.24 亿元，支出 7989.55 亿元，赤字高达 200 多亿元；全国金融机构存款总计 13770.1 亿元，贷款 18850.7 亿元，差额为 5080.6 亿元。与赤字和存贷款差扩大相联系，这期间新增货币投放 580.1 亿元（详见附表 10、附表 11）。这些数字表明：这期间财政和金融促进了经济的快速增长，但也是促进 1978 年和 1984 年经济过热的重要因素。

1984 年，高等学校在校学生人数由 1978 年 85.6 万人增加到 139.6 万人，增长 63%；研究生由 10934 人增加到 57566 人，增长 4.26 倍；出国留学人员由 860 人增长到 3073 人，增长 2.57 倍（详见附表 27）。

1978~1984 年，国有企事业单位专业技术人员总数由 434.5 万人增加到 746.6 万人，增长 71.8%（详见附表 28）。

1984 年，全国艺术表演团体由 1978 年的 3150 个增加到 3397 个，增长 7.8%；公共图书馆由 1218 个增加到 2217 个，增加 82%。1984 年，全国图书出版印数由 1978 年的 37.7 亿册增加到 62.5 亿册，增长 65.8%；杂志出版总印数由 7.9 亿册增加到 21.8 亿册，增长 1.76 倍；报纸出版总印数由 127.8 亿份增加到 180.8 亿份，增长 41.5%（详见附表 29）。

1984 年，全国医院和卫生院由 1978 年的 64421 个增加到 67169 个，增长 4.3%；医生由 103.3 万人增加到 138.1 万人，增长 33.7%；医院和卫生院床位数由 185.6 万张增加到 216.6 万张，增长 16.7%（详见附表 30）。

第二章　农村经济体制改革率先突破

党的十一届三中全会揭开了中国经济改革的序幕，农村率先实现了改革的突破，故先从农村叙述改革进程。

1979~1984 年，农村经济体制改革主要包括四方面：一是废除农村人民公社制度，建立以家庭承包经营为基础的，并与集体经营相结合的双层经济制度；二是农村商品流通体制改革（见第一章）；三是乡镇集体工业的改革（见第四章）；四是发展非公有制经济（见第五章）。本章只叙述第一方面。这方面的改革是农村经济改革的核心内容。

第一节　家庭承包经营制①的发展过程

农业生产的家庭联产承包制，发端于 20 世纪 50 年代合作化时期，再现于 60 年代初经济调整时期。但在"左"的指导思想下，它被视为"资本主义"一再遭到批判和扼杀，尤其在"文化大革命"中连续 10 年受到禁止。但是，这种责任制适合农业生产的特点和生产力发展的要求，能够根本破除农村人民公社制度强加在农民身上的"两根绳索"（一是剥夺了农民在生产上的经营自主权，二是剥夺了农民在收入分配上的自主权），因而，一直铭记在农民群众心中，对农民有强大的吸引力。而在党的十一届三中全会以后，农村普遍建立多种形式的农业生产责任制过程

---

① 从家庭联产承包制普遍发展以后的情况来看，联产的特征逐步消失，故在此略去"联产"二字。

中，家庭联产承包责任制就以它具有的优越性和强大生命力，迅速发展成为主要的农业经营形式。

但是，由于长期存在的"左"的影响的消除，这种责任制优越性的进一步显示、人们思想的转变，以及赞成和反对这种责任制的"拉锯"状态的根本改变，都需要时间。因而，就全国农村而言，家庭联产承包责任制的发展，大体经历了三个阶段。

一、1978年秋至1979年冬：起步阶段

这一阶段，全国农村推行的农业生产责任制，普遍是发展"小段包工、定额计酬"。但由于实行定额包工制社员付出的劳动与所得报酬没有直接联系，起到的增产作用有限，一些地方便开始试行各种联产计酬的生产责任制形式。1978年秋至1979年春，安徽、四川等省的一些生产发展水平较低的社队，为了改变穷困面貌，先后实行了包产到组、包产到户。其中，实行包产到户最早的是安徽省。1978年，该省发生了特大干旱，灾荒威胁着人们，秋粮种不下去。中共安徽省委决定，土地与其抛荒，不如借给社员种"保命田"，谁种谁收。该省肥西县山南公社在借地种麦的基础上首先实行了包产到户，结果麦子总产量比历史最高水平增产1435万斤。在此期间，省委书记万里等领导人曾多次前往调查并予以支持。到1978年底全省实行包产到户的生产队达1200个，占生产队总数的0.4%。但这时各级领导机关对家庭联产承包责任制的认识还很不一致。1978年12月，党的十一届三中全会原则通过的《中共中央关于加快农业发展若干问题的决定（草案）》，虽然肯定了"包工到作业组，联系产量计算劳动报酬"的责任制，但仍然规定"不许包产到户，不许分田单干"。

到1979年9月，十一届四中全会修改并正式通过了《中共中央关于加快农业发展若干问题的决定》。该决定依据国家农业委员会在同年3月召开的"农村工作座谈会"的精神，将草案中"不许包产到户，不许分田单干"，改为"不许分田单干。除某些副业生产的特殊需要和边远山区、交通不便的单家独户外，也不要包产到户"，从而在政策上放宽了一步。在1980年春，安徽、贵州等省相继召开了农业会议，并决定允许在吃粮靠返销、生产靠贷款、生活靠救济的地区实行包产到户。这样，尽管包产到户这种家庭联产承包责任制比定额包工具有更加显著的增产作用，但在1979年底以前仍然停留在少数经济落后地区。据农业部人民公社管

理局统计，1980年1月，全国有84.7%的生产队实行了各种形式的生产责任制，其中实行定额包工责任制的占生产队总数的55.7%，实行各种联产承包责任制的占29%；其中实行包产到户、包干到户的还不足1.1%。

二、1980年春至1981年底：推广阶段

这一阶段，全国农村是以实行多种联产承包生产责任制为主，包括承包到组、承包到户等。由于对集体单位（生产组等）实行联产承包制，劳动成果的大部分仍然是按工分分配到人，社员付出的劳动与所得报酬的联系还是不紧密，农民的生产积极性仍然受到一定的限制。克服这一缺点的好办法，便是实行家庭联产承包责任制。于是，从1980年春起，家庭联产承包制在经济落后地区开始推广，发展较快，对农作物的增产作用也比较明显。安徽省1979年底，包产到户的队占10%，第二年春天增加到25%，到七八月又增加到30%。一些生产长期困难社队，实行包产到户以后，面貌大变。该省凤阳县小岗生产队是全县出名的穷队，1979年包产到户，当年粮食总产量13.2万多斤，相当于这个队1966~1970年五年粮食产量的总和；油料总产量3.52万斤，比合作化以来20多年油料产量的总和还多。这一年他们向国家交售粮食3万斤、油料2.6万斤、肥猪35头，偿还贷款800元，人均口粮800多斤，人均分配收入200多元，一年变成了当地的"冒尖村"。类似情况在其他地方也有。

1980年5月，邓小平高度赞扬了安徽省农村实行包产到户所引起的变化。他说："一些适宜搞包产到户的地方搞了包产到户，效果很好，变化很快。安徽肥西绝大多数生产队搞了包产到户，增产幅度很大。'凤阳花鼓'中唱的那个凤阳县，绝大多数生产队搞了大包干也是一年翻身，改变面貌。有的同志担心，这样搞会不会影响集体经济，我看这种担心是不必要的。"[①]同年9月中共中央召开了省、自治区、直辖市党委第一书记座谈会。会后，中共中央依据国家农委报告的精神印发了会议纪要——《关于进一步加强和完善农业生产责任制的几个问题》。《纪要》充分肯定了专业承包联产计酬责任制，对包产到户和包干到户也给了一定的地位。指出：在那些边远山区和贫困落后的地区，长期吃粮靠返销、生产靠贷款、生活靠救济的生产队，群众对集体经济丧失信心，因而要

---

① 《邓小平文选》第2卷，人民出版社1994年版，第315页。

求包产到户的，应当支持群众的要求，可以包产到户，也可以包干到户，并在一个较长的时间内保持稳定。就这些地区的具体情况来看，实行包产到户，是联系群众、发展生产、解决温饱问题的一种必要的措施。还指出：在一般地区已经实行包产到户的，如果群众不要求改变，就应允许继续实行，然后根据情况的发展和群众的要求，因势利导，运用各种过渡形式进一步组织起来。①

这样，在《纪要》推动下，包产到户、包干到户（简称"双包"）发展很快。据 1981 年 10 月统计，当时实行各种形式联产承包制的生产队达377.7 万个，占生产队总数的 64.2%，其中，实行"双包"的则占到 50.8%。

三、1982 年：普遍推行阶段

随着"双包"的推行，包干到户以其具有利益直接、方法简便等优点，成为家庭联产承包制的主要形式。包干到户将集体所有的土地承包到户，耕畜和中小农具折价卖给农户，各户完成规定的农业税、交售任务和公共提留后，剩余部分产品全部归自己所有。农民把它称做"交够国家的，留足集体的，剩下全是自己的"。这种联产承包制取消了集中劳动和按工分分配，最为直接地将劳动成果与劳动报酬联系在一起，因而能最大限度地调动农民的生产积极性，并能较好地处理国家、集体和农户三者之间的利益关系。

1981 年 10 月，中共中央召开了全国农村工作会议。会议指出："目前实行的各种责任制，包括小段包工定额计酬，专业承包联产计酬，联产到劳，包产到户、到组，包干到户、到组等，都是社会主义集体经济的生产责任制。"会议针对一些人对包干到户的误解指出：它是建立在土地公有基础上的，农户和集体保持承包关系，由集体统一管理和使用土地、大型农机具和水利设施，接受国家的计划指导，有一定公共提留，统一安排烈军属、五保户、困难户的生活，有的还在统一规划下进行农业基本建设。所以它不同于合作化以前的小私有经济，而是社会主义农业经济的组成部分，随着生产力的发展，它将会逐步发展成完善的集体经济。中共中央于 1982 年 1 月 1 日将这次会议《纪要》作为第一号文件批转全党。由于《纪要》进一步明确了"双包"的性质和实行原则，促进

---

① 《中国经济年鉴》（1982），经济管理杂志社，第Ⅲ-4 页。

了"双包"在农村全面迅速地推广。据 1982 年 11 月统计，全国实行联产承包制的生产队已占 92.3%，其中"双包"的占 78.8%。从 1983 年起，家庭联产承包制在许多沿海经济发达地区和东北农业机械化程度较高的地区也迅速普及。到 1983 年末，全国农村实行联产承包责任制的生产队已占生产队总数的 99.5%，其中实行包干到户的占到生产队总数的 97.8%。这表明：包干到户已经占了绝对优势。

1982 年以后，农村社队集体经营的林业、畜牧业、渔业和乡镇企业，也借鉴种植业实行家庭联产承包制的经验，并根据各自的特点，逐步建立多种形式的联产承包责任制。这种制度还逐步推广到国营农场方面。

在林业方面，除将原有集体经营的林木按不同方式实行承包经营外，还将集体所有的荒山、荒地、荒滩包给农民经营，由林业专业户、重点户、家庭林场或联合林场等承包，投放一定的人力、财力和物力，长期或阶段性地进行营林生产，联系造林、育林成果计算劳动报酬，或实行收益按比例分成。

在畜牧业方面，农区的大牲畜主要是实行合理作价、保本保值、归户饲养；集体养猪场一般连同饲料地承包到户，饲料和生产费用由承包户自负，生产队的猪舍和养猪用具借给承包户使用，规定承包户上缴给队一定的提留任务并完成国家下达的交售生猪指标。牧区多数地区推行了牲畜作价归户、私有私养、自主经营、长期不变的经营形式。同时，在坚持草场公有制的前提下，将草场划分到户或组，实行长期使用，允许继承和有偿转让。

在渔业方面，船网工具、养殖水面和附属设施等基本生产资料坚持集体所有，承包给作业单位经营；承包者自负当年生产费用，在保证完成向国家交售任务和上缴给集体折旧费、修理费、公积金、公益金、管理费的前提下，实行独立核算，自行分配，自负盈亏。

在乡镇企业方面，1983 年，全国绝大部分乡村企业实行了不同形式的承包经营责任制。据 1984 年不完全统计，全国乡村企业实行"一包三改"[①]的已占 90% 以上。这类责任制的建立和完善，改掉了企业管理上的

---

① "一包三改"即：实行承包经营责任制，改干部任免制为选举聘用制，改工人录用制为合同制，改固定工资制为浮动工资制。

"大锅饭"、"铁饭碗"的弊病，建立起责、权、利紧密结合而又运转灵活的企业机制。

在国营农、林、牧、渔场方面，从 1979 年起，国家对国营农场实行了以独立核算、自负盈亏、亏损不补、有利润自己发展生产、资金不足可以贷款为内容的财务包干制。这项改革加速了农垦企业内部生产责任制的推行和完善。1982 年前后，各垦区国营农牧场和橡胶场在继续推行"定、包、奖"①责任制的同时，将承包单位由生产队改为班组和职工，实行"承包到组或到劳动力、联产计酬"，以后又发展到承包到户，也实行了家庭联产承包责任制。1983 年秋季起，各垦区、国营农场又开始试办职工家庭农场。职工家庭农场与职工家庭联产承包制相比，主要有以下几个特点：一是承包使用国有土地的限期更长；二是拥有自购的大中型农机具等生产资料；三是经营自主权更大，即在土地等基本生产资料全民所有制不变的前提下，经营权主要归于职工家庭；四是经营规模比较大，经济效益也比较大。由于职工家庭农场具有上述优点，开始试办不久，便向全国各垦区普遍地发展起来。到 1984 年底，全国农垦系统已兴办不同类型的家庭农场 42 万个。1986 年 3 月，中共中央、国务院在批转农牧渔业部《关于农垦经济体制改革问题的报告》的通知中指出：在农垦企业内部要围绕兴办职工家庭农场和推行各种经济承包制度，完善"大农场套小农场"的双层经营体制。从而进一步推动了家庭农场的发展，1988 年底，全国农垦系统的职工家庭农场增加到 116.26 万个、职工 180.71 万人。

第二节　农村集体经济双层经营体制的形成和人民公社制度的解体

农村家庭联产承包责任制的普遍实行，意味着原有的人民公社体制基础的解体，改革人民公社体制势在必行。1983 年 1 月，中共中央发出《当前农村经济政策的若干问题》，对人民公社体制的改革做了明确规定。

---

① "定、包、奖"，即在土地、农机具、耕畜、劳动力固定的前提下，农场将产量、成本、产值、利润等指标包给生产队；生产队完成或超额完成承包指标，按承包合同提取一定比例的奖励基金，在职工中进行分配。

指出："人民公社的体制，要从两方面进行改革。这就是，实行生产责任制，特别是联产承包制；实行政社分设。"①

实行政社分设，就是改变政社合一的体制，分别建立作为基层政权组织的乡政府和独立自主经营的合作经济组织。1983 年 10 月，中共中央、国务院发出了关于政社分开建立乡政府的通知，建立乡政府的工作便在全国陆续展开，到 1985 年春基本结束。全国共建立了 9.2 万多个乡（含民族乡）、镇人民政府。下辖 94 万多个村居民委员会。②除广东、云南以大队或几个大队为单位建乡，湖北、山东一部分以原公社的管理区为单位建乡以外，其余的省、市、自治区基本以原公社为单位建乡。

随着承包经营制和乡政府的建立，农村合作经济组织也根据生产发展需要和群众意愿，采取了多种形式：有的以原生产队为单位设置，有的以村（原大队或联队）为单位设置；有的同村民委员会分立，有的是一套班子两块牌子；在这些基层经济单位之上，有的以乡为单位设立了不同形式的联合组织，有的则没有设立；这些基层和联合组织，有的叫农业合作社，有的叫经济联合组织，有的叫农工商公司，有的仍然保留人民公社、生产大队和生产队的名称。这类经济组织虽然在经营形式、组织规模和具体名称上不尽相同，但仍然是劳动群众集体所有制的合作经济。它同原人民公社的根本区别是经营形式的变化，即由单一的集体统一经营，改变为集体统一经营与农户分散经营相结合的双层经营体制。双层经营即在合作经济组织的统一安排下，将公有的土地和其他生产资料交给农户承包使用，由农户按合同的要求组织生产和经营，使农户成为一个直接对生产经营效果负责的经营实体的基础上，将一些需要统一组织的生产环节，如水利灌溉、植物保护、繁殖良种和农业机械等生产环节，以及分散经营难以办好或农户无力经营的生产项目，仍由集体统一组织、管理和经营。这种双层经营，既能充分调动生产经营者的积极性，又能发挥集体经营的优越性，克服了过去管理过分集中的缺点。由于统分结合的程度和方法可以灵活变通，它既适应农业劳动以手工为主的状况，又能适应农业现代化过程中生产力不断发展的要求。

---

① 《中国经济年鉴》（1983），经济管理杂志社，第Ⅱ-175 页。
② 《中国农业年鉴》（1986），农业出版社，第 151 页。

但是，集体统一经营这一层在全国各地的发展很不平衡。在少数经济发达地区的农村社队，在实行家庭联产承包、发展家庭经济的同时，由于乡镇工业比较发达，农业劳动力向非农产业大量的转移和集体经济有较大的经济实力，实行了"以工补农"，并在机械作业、灌溉、植保、制种等重要农业生产环节，实行了统一由合作经济组织的专业队提供服务，因此，使家庭分散经营和集体统一经营的两个层次都得到了发展。

但在多数生产力水平发展一般的地方，合作经济组织在生产上除了管理集体的农田水利设施和工副业以外，统一服务的项目不多，统一经营的作用不太明显；在那些农产品、商品量不多，土地又很分散的贫困山区的某些社队，农田分户承包后，统一经营的内容则更少，因而往往采取经济组织与村民委员会一套班子两块牌子，或者将村自治组织与村合作组织合在一起。即使这样，他们仍然承担着管理和发包土地、生产服务、管理、协调和资产积累的职能。不少这类社队，随着生产力的发展和农户对服务事业要求的增长，合作组织的职能也在日益加强。[①]

农村人民公社的解体，以家庭承包经营为基础的，并与集体经营相结合的双层经济的建立，为农村市场经济初步建立了微观基础，并成为这期间发展农业的最重要动力。据专家估算，家庭联产承包责任制对 1978~1984 年农业增长的贡献为 42.2%。[②]当然，农村经济改革仍需随着生产力和市场经济的发展，继续推向前进，深化改革的任务仍然任重道远。

---

① 参见《当代中国的农业》，当代中国出版社 1992 年版，第 308~321 页。
② 张卓元等主编：《20 年经济改革回顾与展望》，中国计划出版社 1998 年版，第 81~82 页。

第三章　国有经济以扩大企业自主权为特征的改革和企业整顿

第一节　国有经济以扩大企业自主权为特征的改革

这期间以扩大企业自主权为特征的国有经济改革大体分为以下三个阶段：①1979~1980年扩大企业自主权试点。②1981~1982年实行工业经济责任制。③1983年以后实行利改税。

一、1979~1980年，扩大企业自主权的试点

为了贯彻党的十一届三中全会精神，在1979年4月召开的中央工作会议上，提出了调整、改革、整顿、提高的方针。会议认为，当时的主要矛盾是经济比例关系严重失调，因此最紧迫的任务是首先要搞好调整。改革要服从调整。但是，在调整比例关系和整顿企业的过程中，一些必须改而又容易改的，如果不抓紧改，也会影响调整任务的完成。这次中央工作会议就经济体制改革问题提出以下原则性的意见：①以计划经济为主，同时充分重视市场调节的辅助作用。②扩大企业自主权，并且把企业经营好坏同职工的物质利益挂起钩来。③按照统一领导、分级管理的原则，明确中央和地方的管理权限。④精简行政机构，更好地运用经济手段来管理经济。扩大企业自主权的试点工作，正是在党的十一届三中全会和中央工作会议所确定的方针指引下开始进行的。

扩大企业自主权的试点工作，最初是从四川省开始的。1978年第四

季度，四川省首先在 6 个地方国有工业企业进行试点。当时着重是从发动群众讨论增产节约计划入手，确定在增产增收的基础上，企业可以提取一些利润留成，职工个人可以得到一定的奖金。这个做法调动了企业和职工的积极性，收到了较好效果。1979 年 1 月，中共四川省委、省政府总结了 6 个企业进行扩权试点的经验，制定了《四川省地方工业扩大企业自主权，加快生产建设步伐的试点意见》，并决定从 1979 年起，把扩权试点扩大为 100 个工业企业。四川省进行扩权试点的主要做法是：在计划方面，企业在国家计划之外，可以根据市场需要自行制定补充计划，对于国家计划中不适合市场需要的品种规格也可以修改；在物资方面，除少数关系国计民生的产品、短线产品和炸药等危险产品仍由国家统购统配外，大部分生产资料可以进入市场，企业与企业之间可以不经过物资部门直接订立供货合同，也可以通过市场采购满足自己的需要，企业也可自销一部分产品；在国家和企业的利益分配方面，在保证国家利益的前提下，企业可以根据自己经营的好坏分享一定的利润，并可用于进行企业的挖潜、革新改造、集体福利和职工的奖金；在劳动人事方面，企业有权选拔中层干部，招工择优录取和辞退职工。这些改革措施，给四川的工业企业带来了前所未有的活力，取得了显著的经济效果。试点第一年，四川省 84 个地方工业企业的 1979 年工业总产值比上年增长 14.9%，利润增长 33%，上缴利润增长 24.2%，均高于非试点企业。

为了在全国范围内搞好管理体制改革的试点工作，并为全面的体制改革摸索经验，1979 年 7 月 13 日，国务院下达了《关于扩大国营工业企业经营管理自主权的若干规定》、《关于国营企业实行利润留成的规定》、《关于开征国营工业企业固定资产税的暂行规定》、《关于提高国营工业企业固定资产折旧率和改进折旧费使用办法的暂行规定》、《关于国营工业企业实行流动资金全额信贷的暂行规定》五个文件。这五个文件的基本精神就是逐步扩大工业企业的自主权，其主要内容是：①在完成国家计划的前提下，允许企业根据燃料、动力、原材料的条件，按照生产建设和市场需要，制定补充计划。按照补充计划生产的产品，商业、外贸、物资部门不收购的，企业可以按照国家规定的价格自销。②实行利润留成，改变按工资总额提取企业基金的办法，把企业经营的好坏同职工的物质利益挂起钩来。利润留成是根据不同企业的具体情况，确定不同的比例。

企业用利润留成建立的生产发展基金、集体福利基金和职工奖励基金，有权自行安排使用。③逐步提高固定资产折旧率及企业的留成比例。从1980年起，企业提取的固定资产折旧费，70%由企业安排使用，30%按隶属关系上缴主管部门，由主管部门在企业之间有偿调剂使用。固定资产原值在100万元以下的小型企业折旧费，全部留给企业安排使用。

除了扩大企业自主权以外，在对企业占用资金的经济责任方面也做出了新的规定：①决定开征国有工业企业固定资产税，实行固定资产有偿占用，使企业对占用的固定资产承担必要的经济责任，促进企业积极提高固定资产利用效率。②对国营工业企业的流动资金实行全额信贷，发挥信贷的经济杠杆作用，促进企业改善经营管理，减少物资和产品积压，加速资金周转。

扩大企业自主权五个文件下达以后，全国有26个省、自治区、直辖市在1590个工业企业里进行了试点。加上有些省、直辖市按自定办法试点的企业，共有2100多户。这批试点企业的利润约占当时全国工业企业利润的35%，产值约占26%。从试点情况看，利润留成办法，兼顾了国家、企业和职工个人三者的利益，把企业所得、职工福利奖金与企业经营好坏、利润多少直接挂钩，对发挥企业和职工的主动性，促进企业关心生产成果，改善经营管理，努力增加盈利，起了积极作用。

但在试点中也反映出扩权和实行利润留成的办法还不完善。为了进一步搞好试点工作，国家经委和财政部根据试点的经验，修订了《国营工业企业利润留成试行办法》，国务院于1980年1月22日批转。[1]修订后的试行办法，扩大了试点范围，即经过整顿，生产秩序和管理工作正常，实行独立核算，并有盈利的国营工业企业，经过批准，可以试行利润留成。试行企业利润留成，要做到国家得大头，企业得中头，个人得小头。根据这个精神，企业留成比例，全国平均大体是四六开，即企业得到的好处（包括基数利润留成和增长利润留成两部分），约占当年利润增长部分的40%，国家约得60%。

1979~1980年，扩大企业自主权的试点工作不断发展，并已具有相当规模。到1980年底，除西藏外，各省、自治区、直辖市参加试点的国营

---

[1]《中国经济年鉴》（1981），经济管理杂志社，第Ⅱ-122页。

工业企业已到 6000 多个，占全国预算内工业企业 42000 个的 15%，产值占 60%，利润占 70%。

试点企业在利润留成、生产计划、产品销售、新产品试制、资金使用、奖励办法、机构设置以及人事等方面，都不同程度地有了一些自主权。

一些省、自治区、直辖市还选择了少数企业进行了"以税代利、独立核算、自负盈亏"的试点。到 1980 年底，全国进行这种试点的共有400多个企业。试行这种办法，是把税制改革同企业财务体制改革结合起来，国家对企业征收四税两费，即增值税、资源税、收入调节税、国有企业所得税以及固定资产和流动资金的占用费。试点结果表明，这种改革使企业的经济权利、经济责任和经济利益更加紧密地结合起来，企业的主动性、积极性得到进一步发挥。

扩大企业自主权，给企业带来了一定的活力，并取得了显著的经济效果。1980 年，由于对国民经济进行调整，缩小基本建设规模，因此有相当一部分扩权企业生产任务不足，再加上原材料涨价、能源紧张等不利因素，给企业完成生产计划和上缴财政任务带来了一定的困难。但是，由于扩权在一定程度上把企业的权、责、利结合起来了，使企业获得了内在的动力；伴随着竞争的展开，又给企业造成了一定的外在压力，因此调动了企业的积极性，促使绝大部分扩权企业实现了增产增收。据对5777 个试点企业（不包括自负盈亏的试点企业）的统计，1980 年完成的工业总产值比上年增长6.89%，实现利润增长 11.8%，上缴利润增长7.4%。上缴国家的利润占全部实现利润的 87%，企业留利占实现利润的10%，其余的3%用于归还贷款和政策性补贴等，增长利润的大部分也归国家。这表明扩大企业自主权，实现了增产增收，国家和企业都增加了收入。

1979~1980 年扩大企业自主权的改革试点工作，方向是对头的，效果也是显著的，为后来的改革提供了初步经验。但在改革中也出现了一些新的问题，主要是在搞活微观经济的同时，宏观的调控没有及时跟上，出现了一些不按国家计划生产、重复建设、滥发奖金的现象；一些改革措施相互之间不够配套，也影响了改革的顺利进行。

二、1981~1982 年，全面推行经济责任制

工业经济责任制，是在扩大企业自主权的试点基础上发展起来的，又是扩权的继续和深入。1979年，扩大工业企业自主权的试点取得突破性进展，1980年试点工作全面展开，为实行工业经济责任制提供了经验，创造了条件。党的十一届三中全会以后，我国农村普遍推行各种形式的联产承包责任制，取得了显著的成效。农村改革的成功经验，对工业经济责任制的推行起了极大的启示和推动作用。1980年，我国出现了严重的财政赤字。为了增加财政收入，1981年初，各个地区从落实财政任务着手，对所属企业实行了"包干加奖励"的办法。1981年4月，在国务院召开的工业交通工作会议上，明确提出建立和实行工业经济责任制的要求。此后，首都钢铁公司创造了一整套实行经济责任制的经验，推动了工业经济责任制进一步发展和完善。

1981年9月，国家经委和国务院体制改革办公室根据半年多推行工业经济责任制的实践情况，下达了《关于实行工业经济责任制若干问题的意见》，[①] 进一步明确了工业经济责任制的内容和应遵循的原则。

经济责任制是在国家计划指导下，以提高社会经济效益为目的，实行责、权、利紧密结合的生产经营管理制度。它要求企业的主管部门、企业、车间、班组和职工，都必须层层明确在经济上对国家应负的责任，建立健全企业的生产、技术、经营管理各项专责制和岗位责任制，为国家提供优质适销的产品和更多积累；它要求正确处理国家、企业和职工个人三者利益，把企业、职工的经济责任、经济效果同经济利益联系起来，认真贯彻各尽所能、按劳分配的原则，多劳多得，有奖有罚，克服平均主义；它要求必须进一步扩大企业自主权，使企业逐步成为相对独立的经济实体。

推行工业经济责任制要求各级工业管理机构和工业企业必须遵循的原则，主要有以下几个方面：①必须全面完成国家计划，按社会需要组织生产，不能利大大干、利小不干，造成产需脱节，特别要保证市场紧缺的微利产品和小商品的生产。②必须保证产品质量，不能粗制滥造，向消费者转嫁负担。③成本只能降低，不能提高。④要保证国家财政收入逐年有所增长。⑤职工收入的水平只能在生产发展的基础上稳定增长，个人收入不能一下提得过高，要瞻前顾后，照顾左邻右舍。⑥必须奖惩

---

① 《中国经济年鉴》（1982），经济管理杂志社，第Ⅱ-31页。

分明，有奖有罚。⑦必须加强领导，加强国家监督，要有强有力的思想政治工作保证。

实行工业经济责任制，必须抓好两个环节：一个环节是国家对企业实行的经济责任制，处理好国家和企业之间的关系，解决企业经营好坏一个样的问题；另一个环节是建立企业内部的经济责任制，处理好企业内部的关系，解决好职工干好干坏一个样的问题。

国家对企业实行经济责任制，在分配方面主要有三种类型：一是利润留成；二是盈亏包干；三是以税代利，自负盈亏。具体形式有以下几种。

1. 基数利润留成加增长利润留成。这种办法适用于增产增收潜力比较大的企业，但确定每年利润的基数，可将原来的"环比"办法改为按前三年平均利润数来计算。

2. 全额利润留成。这种办法适用于生产正常、任务饱满、利润比较稳定的企业。留成比例按照前三年企业实际所得（包括基数利润留成和增长利润留成）占利润总额的比重来确定。

3. 超计划利润留成。这种办法适用于调整期间任务严重不足、利润大幅度下降的企业。

4. 利润包干。其中有"基数包干，增长分成"，"基数包干，增长分档分成"，"基数递增包干，增长留用或分成"等。这些办法一般适用于增收潜力比较大的微利企业。增收潜力不大的微利企业实行"基数包干、超收留用、短收自负"的办法。

5. 亏损包干。对亏损企业实行"定额补贴、超亏不补、减亏留用或分成"和"亏损递减包干、减亏留用或分成"的办法。

6. 以税代利、自负盈亏。这种办法适用于领导班子比较强、管理水平比较高、生产比较稳定、有盈利的大中型企业，经过财政部批准在少数企业中试行。

国营小型企业，包括县办工业企业和城市小型企业，参照集体所有制企业纳税的办法，改上缴利润为上缴所得税和固定资产、流动资金占用费，实行自负盈亏。

企业内部实行经济责任制，是把每个岗位的责任、考核标准、经济效果同职工的收入挂起钩来，实行全面经济核算。在分配上大体有这样几种形式：①指标分解，即将工作量分解为若干个指标，每一种指标与一定的工资和奖金额相联系。②计件工资，包括超额计件工资和小集体超额计件工资。③超产奖。④定包奖。⑤浮动工资。

从1981年初到1982年底，工业企业在相当广的范围内推行了经济责任制。从国营工业企业到集体所有制工业企业，从大中型企业到小型企业，从盈利企业到亏损企业，从单个企业到整个行业，普遍推行了工业经济责任制。在县属以上国营企业中，实行工业经济责任制的企业占80%。由于国家经委和各个有关部门、各级地方政府对推行工业经济责任制的重视和支持，不断总结新经验，研究新情况，采取了一系列措施，保证了工业经济责任制不断发展和完善，并且取得比较好的效果。

1. 调动了企业和广大职工的积极性，促进了增产增收。实行经济责任制，地方和企业增加了压力和动力，使经济责任层层落实，对于落实财政上缴任务，起了重要作用。1981年财政收入状况比1980年有明显好转，赤字从上年的127.5亿元减到25.5亿元。[1]实行经济责任制，促进增产增收是一个重要原因。

2. 促进了企业整顿，企业的经营管理得到了改善和加强。实行经济责任制，增强了广大职工的主人翁责任感，整顿企业、改善经营管理、严格规章制度、加强基础工作的自觉性有了很大提高。企业都不同程度地建立健全了定额管理、质量管理和经济核算，开展了职工培训，制订了岗位标准，整顿了劳动纪律，实行了严格的考核和奖惩制度。

3. 比较有效地解决了长期存在的平均主义的问题，使按劳分配的原则得到了进一步的贯彻。实行经济责任制，由于把企业、职工的经济责任同他们的经济利益紧密结合起来，在包干指标、劳动定额先进合理，基础工作健全的条件下，能比较好地解决"吃大锅饭"的问题。

4. 进一步改变了对企业统收统支、捆得过死的状况，使企业有了一定的机动财力，可以用于技术改造、设备更新和兴办集体福利设施。

5. 实行经济责任制，不仅对一线的生产工人落实了经济责任，而且对领导干部、技术人员、管理人员和辅助工人也在明确经济责任的基础上，逐步建立了考核标准和考核办法。在对企业实行经济责任制的同时，企业的主管部门也相应地建立了责任制，积极搞好综合平衡，帮助企业

---

[1] 《中国统计年鉴》（1985），第523页。

解决好人、财、物、供、产、销等方面的衔接和生产中的关键问题，为企业完成国家计划改善了外部条件。

6. 实行经济责任制，促进了工业的调整。1980年，由于国民经济的调整，重工业任务不足，面临很大困难。由于实行经济责任制，发挥了企业的主观能动性，许多企业积极主动地根据市场的需要，千方百计扩大生产门路，改变服务方向，调整产品结构，截长线，补短线，为轻工市场服务，为技术改造服务，开拓国际市场，促使重工业逐步走向回升。

工业企业推行经济责任制，对促进工业管理体制改革起了积极作用。但是，由于工业是社会化的大生产，企业与企业、部门与部门相互依存，问题比较复杂，实行经济责任制工作的难度比农业实行家庭联产承包责任制要大，因此在改革中也出现了一些问题。主要是实行经济责任制与计划管理结合得不够好，在处理国家与企业之间的关系时，企业往往过多地强调企业自身的利益，一些企业内部的经济责任制还不够落实，在分配上的平均主义问题还没完全得到解决。

三、1983年以后，实行利改税

从1980年开始，曾经在400多个工业企业中进行了以税代利的试点。其中，有的是全市、县的试点，有的是一个城市范围内的全行业试点。总体看，试点的效果比较好。参加试点的全部企业，销售收入的增长明显地高于总产值的增长，特别是实现利润和上缴税费的增长大大高于总产值和销售收入的增长。而且在企业实现利润的增长部分中，保证了大部分以税金和资金占用费的形式上缴国家，企业所得也增加了。试点效果说明把上缴利润改为上缴税金，是有益的。1983年4月24日，国务院批转了财政部关于全国利改税工作会议报告和《关于国营企业利改税试行办法》，[①]决定1983年开始进行利改税的第一步，即实行税利并存的制度。在企业实现的利润中，先征收一定比例的所得税和地方税，然后对税后利润采取多种形式在国家和企业之间进行合理分配，并从1983年6月1日起开征国营企业的所得税。

财政部《关于国营企业利改税试行办法》规定，凡是有盈利的国营大中型企业，实现利润均按55%的税率缴纳所得税。企业缴纳所得税后的

---

① 《中国经济年鉴》(1984)，经济管理杂志社，第Ⅸ-83页。

利润，一部分上缴国家，一部分按照国家核定的留利水平留给企业。上缴国家的部分，可根据企业的不同情况，分别采取递增包干，固定比例上缴，缴纳调节税（即按企业应上缴国家的利润部分占实现利润的比例确定调节税税率；基数利润部分，按调节税率缴纳；比上年增长利润部分，减征60%）和定额包干四种办法。凡是有盈利的国营小型企业（按照1982年底的数据，固定资产原值不超过150万元，年利润额不超过20万元的为小型工业企业），实现的利润按八级超额累进税率缴纳所得税。缴税以后，由企业自负盈亏，国家不再拨款。但对税后利润较多的企业，国家可收取一定的承包费，或者按固定数额上缴一部分利润。对于亏损的企业，凡属国家政策允许的亏损，继续实行定额补贴，超亏不补，减亏分成。凡属经营管理不善造成的亏损，由企业主管部门责成企业限期进行整顿。在规定期限内，经财政部门审批后，适当给予亏损补贴，超过期限的一律不再补贴。国营企业所得税的管理工作，由税务机关办理。

据中央17个工业部门和27个省、自治区、直辖市统计，到1983年底，实行利改税第一步的国营工业企业共有26500户，为盈利企业总户数的94.2%。1983年，全国实行利改税的国营企业新增加的收入，以税金和利润形式上缴国家的部分约占70%，企业所得约占30%，其中用于职工奖励基金的部分约为8%。到1984年，国营企业留利占实现利润的比重，由改革前的5%上升到25%。[①]实行利改税的结果表明：在解决国家同企业的分配关系上找到了一条比较好的途径。利改税以后，税率固定，企业同国家之间的分配关系固定下来，从法律上保证了国家财政收入稳定和均衡入库，保证了国家得大头，企业得中头，个人得小头，既能使国家财政收入稳定增长，又能够使企业心中有数，企业留利也可在增产增收中稳定增长。企业经营管理得好，可以多得；经营管理得差就少得。

实行利改税后，①增加了企业积极挖掘潜力、提高经济效益的动力和压力，加强了税收的监督作用，促进了企业的经济核算。②依照税法征税，可以初步避免实行利润留成、盈亏包干办法存在的争基数、争比例的扯皮现象。③有利于配合其他经济改革，逐步打破部门和地区界限，

---

①《中国经济年鉴》（1985），经济管理出版社，第Ⅳ-2页；《中国经济年鉴》（1989），经济管理出版社，第Ⅱ-39页。

按照客观经济规律的要求，调整企业结构，合理组织生产。④国家可以利用税收这一经济杠杆，根据宏观经济的需要，对不同的行业、企业和产品采取调整税率、减免税等措施，调节生产和分配，促进国民经济协调发展。

但是，利改税的第一步还是有缺陷的。其主要问题有三点：①还没有从根本上解决好国家向企业的分配关系。税利并存的办法，企业纳税后还保留一块税后利润，国家同企业还得用包干或分成等办法进行再分配，因此还不能真正体现企业的盈亏责任制。②由于价格体系不合理，行业与行业、企业与企业之间利润水平悬殊，苦乐不均，利改税第一步是在这种不平衡、不合理的基础上进行的，因此还没有完全起到鼓励先进、鞭策落后的作用。③企业所得税和税后利润的分配，仍然是按照企业的行政隶属关系划分的，也就难以削弱"条条、块块"因自身经济利益而对企业进行的不必要的行政干预，行政领导仍然是企业的真正主宰者。

为了克服第一步利改税的各种弊端，进一步完善税制，更充分地运用税收的调节作用，力求通过合理设置税种和税率，更好地调节国家和企业、企业和企业之间的分配关系，确保国家财政收入的稳定和增长，同时也让企业获得更大的自主权，具有更大的活力，又有更大的压力和责任，国务院决定从1984年10月1日起，试行第二步利改税。①

第二步利改税的基本内容是：将国营企业应当上缴国家财政的利润按11个税种向国家缴税，也就是由税利并存逐步过渡到完全的以税代利，税后利润归企业自己安排使用。实行第二步利改税的主要办法是：国营大中型企业按55%的比例税率缴纳所得税，然后再按照企业的不同情况，征收调节税；对国营小型企业按新的八级超额累进税率缴纳所得税。适当放宽国营小型企业的划分标准，使之逐步过渡到国家所有、自主经营、依法纳税、自负盈亏；对某些采掘企业开征资源税，以调节因资源条件的不同而形成的级差收入；开征房产税、土地使用税、城市维护建设税以及车船使用税，以促使企业合理利用土地、房产，适当解决城市维护建设的资金来源。

第二步利改税仍然是在价格不合理、短时期又难以解决的情况下进

①《中国经济年鉴》(1985)，经济管理出版社，第 X–67 页。

行的。通过增加税种，合理确定税目、税率，实行多次调节，对于促进价格体系、劳动工资制度和分配关系的调整和改革，充分发挥税收的经济杠杆作用，起了很大作用。它缓解了由于价格不合理所带来的矛盾，使企业在利润悬殊状况有所改善的情况下开展竞争，有利于鼓励先进，鞭策落后。第二步利改税后，企业不再按行政隶属关系上缴利润，有利于合理解决"条条"与"块块"、中央与地方的经济关系。

但第二步利改税，也有明显的缺陷和局限。从本质上来说，无论第一步利改税，还是第二步利改税，都不可能从根本上解决政企分开以及使企业成为自主经营、自负盈亏的市场主体问题。而且第一、二步利改税都有混淆税利不同功能的不妥之处。更重要的问题还在于：第二步利改税没有也不可能解决合理确定调节税的问题，因而不能解决企业之间的苦乐不均和"鞭打快牛"问题。而且，就实践结果看，由于所得税率过高，企业创利大部分都上缴国家，严重影响了企业的积极性和发展后劲。随着时间的推移，这种弊病愈趋严重。以致后来由实行第二步利改税，改行以承包为重点的多种形式的经营责任制，就成为改革深入发展的必然趋势。

四、国有资产管理改革的萌芽

国有资产通常分为经营性资产、非经营性资产和资源性资产。本书仅限于叙述经营性资产。

广义上说，国有资产管理包括管理、监督和经营三个部分。本书要涉及这三个方面，但侧重国有资产管理和监督这两个方面。

1979~1984 年，在改革国有企业体制的同时，实际上也萌发了对国有资产管理体制的改革（尽管这时也还没有明确提出国有资产产权管理的概念）。为了说明这一点，先简要地分析一下 1983 年 4 月 1 日国务院颁发的《国有工业企业暂行条例》[①] 的有关内容。因为这个条例系统地总结和反映了 1979 年以来改革实践（包括前述的 1979~1980 年扩大企业自主权、1981~1982 年全面推行经济责任制，以及 1983 年开始的利改税）。这一点，尤其明显表现在关于企业的权限和责任以及企业和主管单位的关系的规定上。

---

① 《中国经济年鉴》(1984)，经济管理杂志社，第Ⅸ-23 页。

关于企业的权限和责任，主要规定是：企业在保证完成企业主管单位下达的计划任务的前提下，如原材料、能源有保证，有权根据国家有关政策和市场需要，编制自己的生产经营补充计划，并报主管单位备案。企业有权拒绝计划外没有必需的物质条件保证和产品销售安排的生产任务。企业在法律、法规和国家政策许可的范围内，有权自行选购计划分配以外的物资。企业按计划完成国家订货任务后，有权在国家规定范围内自销产品。企业有权在国家规定范围内，制定和议定产品的价格。企业有权向中央或地方业务主管部门申请出口自己的产品。有出口产品任务的企业，有权按国家规定参加外贸单位与外商的谈判、签订合同、提取外汇分成。企业有权按国家规定将自己的发明创造、科研和技术革新成果，在国内有偿转让，或经国务院有关主管部门批准，向国外有偿转让或申请专利。企业对经过注册的产品的商标，享有专用权。企业有权按照国家规定提取和使用企业基金或利润留成资金。企业有权按照国家规定出租、转让闲置、多余的固定资产，并把所得收益用于企业的技术改造。企业有权根据国家有关政策确定本企业的计时工资、计件工资等工资形式和分配奖金、安排福利等事项。企业有权根据本企业定员编制、国家下达的劳动力计划和本行业招工标准，在国家规定的招工范围内公开招考，择优录用新职工，拒绝接收不符合条件的人员。企业有权根据精简、效能的原则，按实际需要决定自己的机构设置。企业必须全面完成企业主管单位下达的计划，按计划签订并履行经济合同，接受国家有关部门的监督。企业必须根据国家的技术政策，结合实际制定本企业的以节约能源原材料、增加品种、改进质量和提高经济效益为重点的技术改造规划，有条件的也可引进必要的国外先进技术，使产品达到和超过国内外先进的技术标准，并具有更大的竞争能力。企业必须保证产品的质量。企业要实行全面的独立经济核算，合理使用资金和劳动力，节约能源、资源和各种物资，不断提高劳动生产率，降低成本。企业必须遵守财经纪律，接受审计机关、财政部门和各级银行的监督，按照国家规定缴纳税金、利润和其他费用。

关于企业与主管单位的关系，主要规定有：企业必须接受企业主管单位的领导，全面完成由企业主管单位综合平衡统一下达的各项计划指标。由国务院主管部门与省、自治区、直辖市双重领导的企业，应由国务院主管部门与省、自治区、直辖市协商，按照分工的主次，确定一个主要的企业主管单位。企业的长远规划、年度计划、重大技术改造计划和引进国外先进技术的计划，要报企业主管单位批准后执行。企业做出的决定，不得与企业主管单位的决定相抵触。企业主管单位负责确定企业的产品方向和生产规模。企业主管单位要统一下达各项计划指标，考核企业的各项计划指标完成情况。企业主管单位按照干部管理权限，负责对厂长、副厂长和总工程师、总会计师等厂级经济技术干部的任免、培训、考核和奖惩。

上述各项规定清楚表明：第一，计划经济体制下国有资产管理三个主要内容（即国有资产使用权、收入分配权和处置权）和四个主要特点（即政企职责不分，社会经济管理职能与国有资产管理职能不分，国有资产所有权与经营权不分，以及国有资产管理方面的条块分割）基本上没有变动。

第二，相对计划经济时代来说，这时国有资产所有权与经营权已经有了更大程度的分离。这一点表现在企业的生产、物资选购、产品销售、价格确定、出口产品和外汇分成、专利转让、商标专用、多余固定资产处理、收入分配、招工和机构设置等方面。这种分离在一定程度上增强了国有企业的活力。

伴随国有资产所有权与经营权在一定程度上的分离，源于改革实践的需要，萌发了比较明显的国有资产产权管理。其具体表现如下：1979年，国家为了提高固定资产使用率，解决企业资产闲置浪费与投资不负责任的问题，对国营企业固定资产开始实行有偿调拨。1980年，国家又开始对国营工交企业征收固定资产占用费，对中外合资企业开始征收土地使用费。1982年，国家又明确指出，国营企业的全部固定资产和流动资产都是国家资产，任何人不得侵占。这些产权管理对保护国有资产起了有益的作用。但是，由于缺乏经验，对在国有资产所有权与经营权产生一定分离的情况下，需要加强国有资产管理缺乏认识，出现了国有资产管理改革滞后于国有资产改革的状态，从而诱发了相当普遍的滥发奖金的现象，侵蚀了国有资产。

第二节　国有企业的整顿与企业领导制度的改革和完善

一、1979~1981 年，企业的初步整顿

1976 年 10 月到 1978 年底，对工业企业进行了恢复性整顿。但这种恢复性整顿，没有也不可能从根本上解决当时企业管理中的问题。于是，在1979 年 4 月中央工作会议提出了调整、改革、整顿、提高的方针以后，又对工业企业进行了整顿，但这个整顿的第一阶段也还是初步整顿。这一阶段主要是以生产为中心，以提高经济效益为重点，并结合调整与改革，提高企业的生产经营管理水平。各地区、各部门加强了对企业整顿工作的领导，推动了企业整顿工作的不断深入。从 1979 年到 1981 年底，工业企业的初步整顿工作主要在以下几个方面取得进展：

1. 进一步调整和加强了企业的领导班子。根据中央提出的干部队伍革命化、年轻化、知识化、专业化的要求，各地区、各部门有计划有步骤地对企业的领导班子进行了调整，初步改善了领导班子的结构状况。到1981 年底，工业企业领导班子中，懂技术、会经营管理的成员约占50%，其中技术干部约占 20%；平均年龄为 50 岁左右，比 1979 年下降2~3 岁。

2. 普遍实行了党委领导下的厂长负责制和职工代表大会制。据不完全统计，到 1981 年底，约有 80%的企业实行了党委领导下的厂长负责制，党委不再包揽生产行政事务，开始转向抓好对企业的思想政治领导；建立了以厂长为首的生产指挥系统，企业的生产行政工作由厂长全面负责，技术工作由总工程师负责，财务工作由总会计师负责。过去那种讲集体领导、不讲个人负责，名义上谁都负责、实际上谁都不负责的状况，开始有所改变；约有 70%的企业建立了党委领导下的职工代表大会制；有的企业还试行了民主考核、评议、选举中层干部和厂级干部。

3. 初步整顿和加强了企业的基础工作，逐步推行全面的经济核算。在全国国有工业企业中，到 1981 年底，建立二级或三级经济核算制度的约占一半以上，其中部分企业结合实行经济责任制，通过全面经济核算，使企业内部各个环节、各个岗位的责、权、利结合起来。这些企业的主

要做法是：①建立和健全了厂部、车间、班组的三级核算制。②加强成本管理和财务管理。③实行指标分解，把企业的主要技术经济指标落实到有关科室、车间、班组直到机台和个人。④核定企业及其所属车间、有关科室的流动资金定额和固定资产的需要量，并考核资金的占用情况。⑤建立厂部、车间、班组的定期经济活动分析制度。⑥逐步建立了企业内部结算制度，有的企业还实行了内部自计盈亏和内部经济合同等办法。

4. 多数企业特别是扩权试点企业开始重视和加强经营工作。过去那种只管生产，不问销售、不顾经营的状况开始有所改变，并积累了一些有益的经验。主要有：①强化销售机构，把销售作为经营工作的重要环节来抓，编制生产计划同销售计划相结合。②重视开展市场调查和预测，及时了解国内外市场的行情变化及其趋势，努力增产适销对路产品，做到产销两旺。③加强了产品的科研、设计和试制力量，充分利用市场信息的反馈，改进产品设计，提高质量，增加花色品种。④努力做好产品的宣传工作，积极开展为用户服务的各项业务，主要是搞好技术服务。⑤按质按量按时履行经济合同，讲究企业信誉。⑥厂长直接抓经营，根据国家计划和市场需要来组织生产和确定经营方针，广泛开展多种形式的产销直接结合的经营活动。

5. 初步整顿了财经纪律，健全了财务会计制度。1981年，各地对执行财经纪律的情况进行了大规模的检查。通过检查，初步刹住了损公肥私、弄虚作假、滥发奖金、截留上缴利润等歪风邪气，发现了不少经济违法案件，并进一步揭露了企业财务管理混乱、损失浪费严重的问题，为全面整顿企业、完善财务管理和财政监督的制度、办法，作了准备。

6. 加强了劳动纪律，整顿了劳动组织。许多企业加强了对职工的主人翁思想教育，建立和严格执行奖惩制度，对那些劳动态度好、遵纪守法、成绩大的职工，给予表扬和奖励；对少数严重违反劳动纪律的，给予行政的或经济的处分；个别情节严重、屡教不改的，经职工代表大会讨论，予以辞退、除名或开除。大多数企业制定了《职工守则》，提高了职工遵守劳动纪律的自觉性。

经过初步整顿，工业企业的经营管理水平有了一定的提高。搞得好的一类企业有所增加。据统计，一类企业，即领导班子健全、懂行、团结，职工队伍的思想状况、生产技能比较好，各项管理工作比较扎实，经济效益比较好的企业，由 1980 年的 25%增加到 1981 年的 30%；领导班子软弱无力、职工劳动纪律松弛、企业管理混乱、经济效益差的三类企业，由 20%减少到 15%；居中间状态的二类企业约占 55%。

二、1982~1984 年，企业的全面整顿

1. 全面整顿的提出及其基本要求。党的十一届三中全会以后，各部门、各地区贯彻执行调整、改革、整顿、提高的方针，在整顿企业领导班子、扩大企业自主权、实行职工民主管理、建立经济责任制、改善经营管理、培训职工队伍方面做了大量工作。但是，这一阶段的整顿还只是初步的，而且整顿工作的进展很不平衡。整顿得好的企业是少数，处于中间状态的是多数，没有认真进行整顿、管理混乱、存在严重问题的也是少数。还有相当多的企业，程度不同地存在着领导班子软弱涣散，精神不振，思想政治工作薄弱，机构臃肿，人浮于事，劳动纪律松弛，产品质量低，浪费严重，经济效益差等问题。还有少数企业领导班子不纯，受资本主义思想侵蚀，搞不正之风，违反财经纪律，弄虚作假，偷税漏税，截留上缴利润，营私舞弊，贪污受贿等。如果不认真解决这些问题，就不可能争取国民经济状况的根本好转，更不可能把企业建设成为社会主义现代化企业。因此，中共中央、国务院于1982 年 1 月做出了《关于国营工业企业进行全面整顿的决定》：① 从 1982 年起，用两三年的时间，有计划、有步骤地、点面结合地、分期分批地对所有国营工业企业进行全面的整顿工作。

决定指出，企业的全面整顿，是对企业进行综合治理，包括整顿领导班子、职工队伍、管理制度、劳动纪律、财经纪律、党的作风和加强思想政治工作等一系列的工作。通过整顿，使企业的各项工作全部转到以提高经济效益为中心的轨道上来。

决定指出，对企业进行全面整顿，要围绕提高经济效益，着重做好五项工作：①整顿和完善经济责任制，改进企业经营管理，搞好全面计划管理、质量管理和经济核算工作。②整顿和加强劳动纪律，严格执行奖惩制度。③整顿财经纪律，健全财务会计制度。④整顿劳动组织，按定员组织生产，有计划地进行全员培训，坚决克服人浮于事、工作散漫

① 《中国经济年鉴》（1983），经济管理杂志社，第Ⅷ-21 页。

的现象。⑤整顿和建设领导班子，加强对职工的思想政治教育。

决定还指出，企业全面整顿是建设性的整顿，除了上述五项工作外，还要有一个系统的、全面的建设规划，把企业的整顿和建设密切结合起来进行。企业在整顿中进行建设的基本要求，概括为：搞好三项建设，达到六好要求。三项建设，即通过全面整顿，逐步地建设起一种又有民主、又有集中的领导体制，逐步地建设起一支又红又专的职工队伍，逐步地建设起一套科学文明的管理制度；六好要求，即通过三项建设，使企业能够正确地处理国家、企业、职工个人三者的经济关系，出色地完成国家计划，达到三者兼顾好、产品质量好、经济效益好、劳动纪律好、文明生产好、政治工作好，成为六好企业。

2. 全面整顿的进展。中共中央、国务院《关于国营工业企业进行全面整顿的决定》下达后，以提高经济效益为目标的企业全面整顿工作立即在全国范围内展开。按预算内工业企业统计，1982年全国列入第一批整顿的工业企业共9155个，总产值占预算内工业企业总产值的55.9%，上缴利润占65.3%，税金占58.4%。在整顿过程中，各地区、各部门根据决定的要求，结合本地区、本部门的实际情况，制定了所属企业进行全面整顿规划，对大中型骨干企业采取了分期分批、有步骤、有重点地进行整顿工作的部署，把提高经济效益作为企业整顿的出发点和落脚点。围绕靠高经济效益这个目标，实行几个转变，即从重点抓产值、产量，转向注意抓品种、质量、消耗、成本；从主要抓外延扩大再生产，转向注意抓内涵扩大再生产；从不大重视科学技术的作用，转向注意抓科学技术工作；从只抓生产管理，转向生产、经营一起抓。总体看来，整顿工作的进展是健康的，并取得了一定的成效。

（1）企业的领导班子朝着革命化、年轻化、知识化、专业化的要求迈进了一大步。整顿好企业的领导班子，是搞好企业全面整顿的关键。由于历史的原因，我国工业企业的领导班子，普遍存在年龄偏大、人员偏多、文化偏低、专业技术干部偏少的状况。在企业的全面整顿中，多数企业针对这种状况，进行了初步的调整，选拔了一批德才兼备的中青年干部到领导岗位上来，妥善地安排了一批老干部退居二、三线，使企业领导班子的素质、结构发生了变化。据1982年底对804个大中型骨干企业的统计，领导班子的平均人数已由整顿前的8.7人，减为6.5人，减少了 25.3%，其中新进领导班子的人数平均为 1.6 人，占新领导班子人数的 24.6%；平均年龄由整顿前的 51.2 岁，降为 47.9 岁，下降了 3.3 岁；具有大学和高中文化程度的，由整顿前的 36.9%增加到 55%；有技术业务职称的由 24.6%提高到 41.1%。在选择企业领导人的做法上，多数地区、部门进行了改革，实行了上级考核、选拔与民意测验、职工群众选举相结合的办法。因而，调整后的领导班子比较符合职工群众的心愿，上级也比较满意。

但是，从全国国有工业企业的状况看，经过 1982 年一年的整顿，多数企业领导班子的整顿还不够理想。一是进度不快，二是有些经过整顿的企业领导班子，仍然存在年龄偏大、文化程度偏低、缺乏经营管理知识、结构不合理等问题。在经营指导思想上还存在着片面追求产值速度、忽视经济效益的倾向。针对这些问题，1983 年全国工交座谈会提出，工业企业领导班子的整顿必须解决好以下五个问题：①进一步克服"左"的影响。选拔、配备企业领导班子一定要坚持革命化、年轻化、知识化、专业化的标准，注意把好政治关、年龄关、文化关，特别要强调尊重知识，大胆起用人才，坚决把优秀的经营管理人员和专业技术人员提拔到领导岗位上来。②合理使用人才，注意发挥专长，选拔专业科技干部担任党政领导职务时，要注意看他们的组织领导才能，或者在组织领导才能方面是否有发展前途，避免使用不当。③做好新老干部交替工作。企业生产经营活动比较复杂，新老干部交替时，要注意工作的连续性。④对年龄和文化程度的要求要从实际出发，在掌握企业领导班子的年龄和文化程度的标准上，既要态度坚决，又要从干部队伍的现状出发。在年龄上不要搞层层递减。党委工作干部和专业性强的科室干部，年龄可以稍宽一些。选拔企业主要负责人，不仅要看年龄、文化、专业知识，还要看决策能力、业务能力、组织能力、协调能力。⑤加强新领导班子的思想建设和业务建设，分期分批地对省、自治区、直辖市和重点工业城市的经委领导干部，以及全国轻工业公司、部分大型企业的领导干部进行轮训。

根据上述精神，1983 年下半年和 1984 年，继续进行了企业领导班子的调整工作，着重解决了以下几个问题。①初步完成了中小企业领导班子的调整工作。②对已经调整的企业领导班子，组织力量进行了复查，班子专业不配套的进行了必要的补充。③结合国家对厂长进行统考的要求，分批组织了轮训学习，着重学习了党的经济建设方针政策、经济科学和经营管理知识。④进行了第三梯队的建设，加强了后备力量的选拔和培养，逐步形成了梯形年龄结构。经过几年的整顿，企业领导班子向革命化、年轻化、知识化、专业化迈进了一大步。按中共中央组织部要求应该调整的3070个大中型骨干企业领导班子，到1984年已调整2088个，占68%，其中合格的企业有1681个，占已调整的80.5%。调整后企业党政领导班子成员的平均年龄44.5岁，比调整前降低4.7岁；有大专文化程度的占69.9%。一大批有开拓精神、有专业知识的中青年干部已经走上企业各级领导岗位。

（2）进一步健全了企业内部的经济责任制。在企业整顿中，各个企业都把健全内部的经济责任制作为整顿工作的重点。首都钢铁公司实行经济责任制的经验在全国得到了普遍的推广。按照这个经验，在大多数企业中，从厂长到工人，普遍按照责、权、利相结合的原则，逐级建立了经济责任制。为了保证全面完成国家计划，采取指标分解、逐级落实，层层包、层层保，严格考核、奖罚分明等办法，在企业中初步形成了一套纵横连锁的经济责任制体系，从而使企业内部的各个系统、各个环节围绕实现统一的经营目标，互相协调，互相促进。

（3）企业管理的基础工作得到了比较全面的加强，企业管理现代化取得了一定的进展。在整顿过程中，对企业管理的各项基础工作，如标准化工作、定额工作、原始记录、计量工作、信息工作、基础教育等，进行了整顿，充实了必要的专业人员和计量测试手段，提高了基础工作的完备程度，加强了原始记录和统计分析，建立了情报机构和档案制度，按照行业平均先进水平修订了定额，制订了先进的技术标准和管理标准，同时对职工进行了安全生产、应知应会等教育。

在推进企业管理现代化方面，各地都有不少企业试行了市场预测和经营决策、目标管理、系统工程、价值工程、网络技术等现代化的管理方法，取得了一定的效果。有不少企业逐步运用了电子计算机等现代化手段。这些措施对提高企业经营管理水平和经济效益，都起了积极的作用。

（4）企业劳动组织得到改善。在整顿企业劳动组织方面，长期以来存在的企业人员过多，一、二线人员结构不合理，人浮于事的状况有所改变。截止到 1982 年底，全国第一批整顿的 1 万多个工业企业，约有1/2 已经完成劳动组织的整顿。经过整顿，劳动定额水平一般提高 10%，富余人员约为 15%~20%，生产第一线的力量得到了充实和加强。对富余的人员采取了多种办法进行了安置，有的充实到新建车间，或通过行业内部调剂调到了需要增加人员的企业。大多数富余人员由企业或企业的主管部门组织起来，举办劳动服务公司或生活服务公司，发展第三产业。

（5）企业思想政治工作有所加强。党的"十二大"以后，工业企业在抓好生产经营管理的同时，重视了精神文明的建设，思想政治工作普遍有所加强。在抓职工队伍建设中，注意把加强思想政治工作同正确贯彻物质利益原则结合起来，把发扬党的优良传统同探索新时期思想政治工作的特点结合起来，采取了多种形式，对职工进行爱国主义、集体主义、社会主义教育；还围绕提高经济效益这个中心，进行了经济形势和方针政策教育，进行了正确处理国家、集体、个人三者利益的教育，从而增强了职工的主人翁责任感，出勤率、劳动生产率普遍有所提高。

经过整顿、调整、改革和技术改造，企业的经济效益不断提高。1981~1984 年，国营独立核算工业企业资金利税率分别为 23.8%、23.5%、23.2%、24.2%；亏损企业亏损总额分别约为 45.96 亿元、49.57 亿元、32.11 亿元、26.61 亿元。[①]在这方面，企业整顿显然起了积极作用。

但是，企业全面整顿的工作发展很不平衡。到 1984 年底，还有不少地区和部门的企业整顿没有完全达到预定的计划要求，有些影响企业素质和企业经济效益的关键问题还没有得到很好解决，有一定数量的企业整顿工作存在着降低标准走过场的倾向。

三、企业领导制度改革与完善

（一）从党委领导下的厂长负责制逐步改为厂长负责制

党的十一届三中全会在阐述我国经济体制改革问题时，指出要认真解决党政企不分、以党代政、以政代企的现象。[②]1980 年 1 月，邓小平在谈到改善党的领导的问题时又指出："工厂要实行党委领导下的厂长负责制，……这样是不是有利于工厂……的工作？能不能体现党的领导作用？

①《中国统计年鉴》（1985），第 375 页；《中国统计年鉴》（1997），第 439 页。
②《中国经济年鉴》（1981），经济管理杂志社，第 Ⅱ-20~22 页。

如果这个问题解决得不好，可能损害党的领导，削弱党的领导，而不是加强党的领导。"①这些重要论述，提出了我国工业企业领导制度中一个长期没有得到很好解决的问题，并打开了关于这个问题的思想禁区，推动了工业管理部门、党的组织部门以及经济理论界对这个问题的重新思考和进一步的研究。

1980 年，根据党中央的精神，国家经委、全国总工会以及中国社会科学院等有关部门在北京选择了若干企业进行企业领导制度改革的试点。通过调查研究和改革的试点，开始认识到党委领导下的厂长负责制的一些弊端。

1. 不利于真正加强党对企业的思想政治领导，党委陷于日常行政事务，党组织变成了一个普通的行政机构，形成了党不管党、以党代政的现象。

2. 不利于发挥厂长集中统一指挥的作用，不适应社会化大生产的客观要求。党委领导下的厂长负责制，在实际上已普遍成为党委书记一长制，决策权和指挥权集中于党委书记，削弱了厂长对生产经营的统一指挥职能。而且名义上是党委集体负责，实际上是谁也不负责任。因此，这种制度本身容易造成企业管理效能低。

3. 不利于发挥专家的作用。多数企业的决策权、指挥权集中于一些不大懂技术、不大懂经济、也不大懂管理的干部手中，因此往往造成瞎指挥。而企业里的工程技术人员、经营管理人员的积极性往往受到抑制。

4. 不利于加强法制，健全经济责任制。党委领导下的厂长负责制的一个明显缺陷是权力和责任分离，党委行使决策权，但不具有法人资格，因此不负经济责任。厂长作为企业法人的代表，应当负经济责任，但没有决策权和实际上的指挥权。责任和权力的分离，使厂长在生产经营管理中往往当断不断，当决不决，降低了管理工作的效率。

5. 不利于按客观经济规律的要求，实行跨部门、跨地区的经济联合。经济联合体大多数需要有经济联合委员会或董事会作为该联合体的最高决策机构，行使最高决策权。而隶属某一地方党委的企业的党组织，不可能作为经济联合体的最高决策机构。

---

① 《邓小平文选》第 2 卷，人民出版社 1993 年版，第 270 页。

　　但是，对于上述问题的认识，人们的意见并不是一致的。一种意见认为，产生上述问题，是党委领导下的厂长负责制这种领导体制的必然产物，不是哪一个人的工作作风和工作方法问题。因此，必须改革这种领导体制本身。另一种意见认为，这种领导体制的本身是没有问题的，只是在实行过程中，出现了偏差，需要对这种领导体制进行完善。如果要取消党委领导下的厂长负责制，就会削弱党对企业的领导。由于认识截然不同，如果立即取消党委领导下的厂长负责制，势必容易造成思想上和管理工作上的混乱。党中央对这个问题采取了十分慎重的做法，一方面继续在少数企业进行改革的试点；另一方面在大多数企业继续实行党委领导下的厂长负责制，并根据新的情况，不断改进企业的党政工作。

　　1982年1月，中共中央、国务院颁发了《国营工厂厂长工作暂行条例》。①条例明确地规定了厂长责任、职权、指挥系统和责任制，以及对厂长的奖惩。条例规定，工厂实行党委领导下的厂长负责制。厂长是工厂的行政负责人，受国家委托，负责工厂的经营管理和生产，这方面的问题由厂长全权决定。厂长可按照干部管理权限，由上级委派，或经职工代表大会选举，由上级任命，厂长的任期一般为4年。

　　这个条例虽然延续了党委领导下的厂长负责制的企业领导体制，但在实行党政分工，克服以党代政，加强厂长责任，赋予厂长更大的生产经营指挥权方面，大大前进了一步，在一定的程度上体现了厂长责、权、利的统一，从而为逐步推行厂长负责制做了准备。

　　为了加强和改善企业中党的领导，提高基层党组织的战斗力，中共中央于1982年5月颁发了《中国共产党工业企业基层组织工作暂行条例》。条例明确了工业企业中党委的地位与任务。条例规定，在社会主义企业中，实行党委领导下的厂长负责制和党委领导下的职工代表大会制。按照党委集体领导，职工民主管理，厂长行政指挥的根本原则，不断改善和加强党对企业的领导。企业中党委是企业的领导核心。

　　但是，由于企业领导体制还没有从根本上加以改革，因此前述的党委领导下的厂长负责制所带来的弊端也就不可能得到根本解决。尤其是权、责、利的不统一，使厂长难以有效地行使对生产行政工作的统一指

---

　　①《中国经济年鉴》（1982），经济管理杂志社，第Ⅱ–46页。

挥。随着企业自主权的扩大和改革的深入发展，这些矛盾也越来越突出，同时也使越来越多的人认识到，必须改革长期以来所实行的企业领导体制。

于是，在企业的全面整顿过程中，1982 年即开始在北京、天津、上海、沈阳、大连、常州 6 个城市的 191 个企业中进行厂长负责制的试点工作。后来逐步扩大到各地区、各部门的 2913 个企业试行厂长负责制。厂长负责制的建立，带动了企业内部组织机构、劳动人事、工资奖励和生产经营等方面的配套改革。试点搞得好的企业，厂长指挥灵了，决策快了，效率高了。同时，党委开始集中精力加强党的建设和思想政治工作，民主管理也有了加强。根据党中央精神，人们认识的发展和对实践经验的总结，1984 年 5 月，六届全国人大二次会议的政府工作报告中，正式宣布国营企业将逐步实行厂长负责制。在这种精神的指引下，我国工业企业领导体制的改革又进入了新的发展阶段，厂长负责制开始在所有工业企业中推行。

（二）企业职工代表大会制度的逐步完善

粉碎"四人帮"以后，在企业整顿中，一些企业逐步恢复了党委领导下职工代表大会或职工大会制。1978 年 4 月颁发的《中共中央有关加快工业发展若干问题的决定》，要求企业定期举行职工代表大会或职工大会，听取企业领导的工作报告，讨论企业有关重大问题，对企业的工作提出批评、建议，对企业的领导干部进行监督。职工代表大会或职工大会，有权向上级建议处分、撤换某些严重失职、作风恶劣的领导人员。

1981 年 7 月，中共中央、国务院转发了由中华全国总工会、国家经委、中央组织部共同制定的《国营工业企业职工代表大会暂行条例》，要求各地区、各部门在所属的企业贯彻实施。条例规定，职工代表大会（或职工大会）是企业实行民主管理的基本形式，是职工群众参加决策和管理、监督干部的权力机构。职工代表大会在党委领导下行使职权。主要职权包括：讨论审议企业生产经营管理方面的重大问题；讨论决定企业职工福利、奖励等有关职工切身利益的问题；讨论通过企业体制改革、职工调资、职工培训计划及全厂性重要规章制度问题；监督企业各级领导干部和工作人员，建议上级机关对卓有成绩的干部予以表扬、奖励、提职晋级，对失职人员予以批评、处分或罢免；根据企业主管机关的部署，选举企业行政领导人员，民主选举的干部要依照干部管理范围报主管机关审批任命；厂长要定期向职工代表大会报告工作，负责执行和处理职工代表大会有关企业生产、行政方面的决议和提议，并接受职工代表大会的检查和监督。职工代表大会要支持厂长行使职权，维护生产指挥系统的高度权威，教育职工不断提高主人翁的责任感。

条例的颁发和贯彻执行，使我国工业企业职工代表大会制度进一步完善，同时为后来的企业领导制度的改革积累了经验、准备了条件，使企业的民主管理逐步得到加强。在实行厂长负责制以后，如何把厂长负责制同职工的民主管理结合起来，成为企业领导体制改革中的一个新的课题。从一些企业的经验来看，工业企业职工代表大会工作的重点要转向：①审议企业的重大决策。②监督企业行政领导的工作。③维护职工的合法权益。④发动职工为改善企业的经营管理献计献策。⑤加强对职工的教育，提高他们的主人翁责任感。通过这些工作，既支持了厂长的集中统一指挥，又保障了职工群众在企业中的主人翁地位。

第四章　非国有经济的恢复和发展

　　本章所说的非国有经济包括集体经济、个体经济和外资经济。由于农村人民公社、供销合作社和信用合作社的改革已在前面叙及，本章只叙述集体工业的改革及发展问题。外资经济放在后面对外开放一章中去说。后面各篇有关章也大体这样安排，不一一说明。

第一节　城镇集体经济的调整、改革、整顿与发展

　　1966~1976 年，城镇集体工业有了一定的发展。但由于"左"的路线的束缚，特别是"文化大革命"的破坏，这种发展受到了极大的限制。粉碎"四人帮"以后，结束了"文化大革命"的破坏，但还需要清除"左"的路线的影响。经过揭批林彪、"四人帮"，特别是在党的十一届三中全会之后，逐步清除了"左"的路线的影响，其中包括在对待集体工业问题上"左"的错误。这种"左"的错误最根本的表现，就是否定集体所有制在我国社会主义经济中的地位和作用。

　　与清除"左"的任务相联系，并且为了适应国民经济发展的需要，主要生产轻工业产品的城镇集体工业，这期间也面临着贯彻调整、改革、整顿、提高方针的任务。为了实现这个任务，在党的十一届三中全会重新确定的实事求是的思想路线指引下，在不断总结经验的基础上，党中央、国务院发布了一系列政策。在这方面，重要的有：1981 年 10 月党中央、国务院《关于广开就业门路，搞活经济，解决城镇就业问题的若干决

定》，① 以及 1984 年 4 月国务院《关于城镇集体所有制经济若干政策问题的暂行规定》。

集体经济在社会主义初级阶段的地位和作用："城镇集体所有制经济是社会主义公有制经济的一个重要组成部分，是我国基本的经济形式之一。它适合我国生产力发展的水平，有旺盛的生命力。发展城镇集体所有制经济，是党和国家的一项长期的、重要的政策，不是权宜之计。发挥集体所有制经济点多面广、经营灵活、方便群众、投资少、见效快、容纳劳动力较多等优点，对于发展生产、扩大就业、搞活经济、满足需要、增加出口、积累资金，都有重大作用。国家保护城镇集体所有制经济组织合法的权利和利益，并根据政策、计划进行统筹安排，积极鼓励、扶持、帮助其发展。"② 党中央、国务院这个规定，从理论到政策根本否定了长期以来企图根本否定集体所有制的"左"的路线。

一、调整

适应整个国民经济调整重工业和轻工业比例关系的需要，以及"文化大革命"结束以后（特别是党的十一届三中全会以后）人民生活改善的需要，这期间作为主要生产消费品的城镇集体工业也不断地进行了调整。调整的主要方面有：①大力增加城市市场供不应求的短线产品的生产，压缩供过于求的长线产品的生产，以提高为城市人民生活服务的产品的比重。②面向广大农村，大力发展适合农村需要的日用工业品，满足 8 亿农民的生活需要。③进一步发展社会各类群体（包括各种职业群体，如矿业工人、林业工人、盐工和渔民等，老人、小孩和妇女，以及残疾人等）需要的产品。④积极开发新产品，加速产品的更新换代。

二、改革

改革以前，集体所有制工业管理体制存在的主要问题如下：

1. 改变集体所有制。各级地方政府往往把那些生产比较稳定、经营效果比较好的集体企业，一级一级地收归自己管理。地方政府的主管部门运用行政手段直接干预所辖集体企业的经济活动，随意调拨和无偿动用集体所有制企业的生产资料及其产品。因此，生产资料所有权名义上

---

①《中国经济年鉴》(1983)，经济管理杂志社，第Ⅲ–84~85 页。
②《中国经济年鉴》(1984)，经济管理杂志社，第Ⅸ–56~58 页。

属于集体，实际上支配权已掌握在各级地方政府的主管部门手里。

2. 实行统负盈亏。集体所有制工业收归地方政府主管部门管理后，虽然仍独立核算，但已不再自负盈亏，而是由有关主管部门统收统支、统负盈亏，造成集体企业之间"吃大锅饭"、搞平均主义的现象。

3. 管理"国营化"。生产和销售计划由主管的上级统一下达，劳动力由地方劳动部门统一安排，积累由主管的上级部门统一支配，工资和奖金福利由地方劳动部门统一规定，领导由上级任命。

4. 盲目升级过渡。在十年动乱时期，由于极左思潮盛行，大搞"穷过渡"，许多集体所有制工业升级为地方国营企业；在粉碎"四人帮"以后的两年里，这种"升级"之风仍未完全刹住。不少地方还以"组织专业化协作"、"行业归口"等名义上收集体企业。

党的十一届三中全会以后，针对上述问题，对集体所有制工业的管理体制进行了改革。改革的主要做法如下：

1. 还权于集体所有制工业企业。各地在改革中，逐步将属于集体所有制工业企业的权力交还给企业，按照"企业自己管，盈亏自己负，厂长自己选，工人自己招，工资自己定，生意自己做"的原则，由企业自主经营。集体所有制工业企业在国家政策法令和计划指导下，有独立进行经营活动的自主权，并受国家法律保护。任何部门和个人不得以任何形式平调、侵吞集体企业的财产，无偿调用劳动力。对于侵犯集体企业合法权益的行为，企业有权抵制，索赔经济损失。

2. 改统一核算、统负盈亏为独立核算、自负盈亏。这有以下四种情况：①各级联社统一核算、统负盈亏的大集体企业，改为企业独立核算，自负盈亏。②有些规模较大、机械化水平较高的企业，划小核算单位，实行车间或班组层层核算，自负盈亏。③多品种综合性企业改为按产品单独核算，自负盈亏。④修理行业改统一经营、统一核算为统一管理，分散经营，由小组或个人承包，自负盈亏。

3. 改固定工资为浮动工资，采取计件、分成以及计分制、大包干等多种工资形式。根据各尽所能、按劳分配、多劳多得的原则，使职工的劳动报酬同企业盈亏和个人劳动贡献直接挂钩，随企业经营效果和个人劳动成果的大小而浮动，工资金额不受工资级别的限制，以克服干与不干、干多干少、干好干坏一个样的平均主义倾向。经营得好的集体企业，职工待遇和集体福利可以高于同类型的国营企业。

三、整顿

针对"文化大革命"给集体工业企业管理制度造成的破坏、领导班子领导不力、企业管理混乱等情况，这期间采取了一系列整顿措施。

1. 民主选举干部，实行民主管理。有的企业恢复或建立职工大会或职工代表大会、理事会、监事会。职工大会或职工代表大会成为企业的权力机构。企业的发展规划、生产经营方向、人员增减、收益分配、职工奖惩等重大问题，都要经过职工大会或职工代表大会讨论决定。企业的民主选举，一般采取有领导、有组织地进行。凡是符合进领导班子条件的，不论是干部还是工人，都可以当选。民主选举的干部，报主管部门审批。

2. 调整企业结构，精简管理机构。根据集体所有制工业企业点多面广、小型分散的特点，按照有利于生产、便于经营的要求，许多地方对企业规模和企业内部生产组织进行调整，使企业的规模和核算形式与生产经营相适应。例如，把一些规模过大、产品混杂，不利于经营管理的企业适当划小；有的改集中生产为分散生产。在调整企业规模和生产结构过程中，一般都把厂部的管理机构进行了精简，充实了第一线的生产人员。

3. 实行入股和按股分红。职工股金和企业盈利挂钩，企业盈利可以分红，企业亏损，职工也承担一定的损失。

4. 恢复灵活经营的传统，改生产型企业为生产经营型企业。整顿前，大多数集体企业套用国营企业的模式，计划靠下达，材料靠分配，产品靠包销，关门搞生产，不问经营和销售，不抓产品开拓。在整顿中，许多企业按照集体企业自主经营的原则，从经营思想、管理方法、产品结构、销售方法等方面向经营型转变，按市场需要组织生产。有的恢复前店后厂，厂店挂钩，或采取同商业部门联销、代销、工业自销等多种经营方式。

5. 抓好各项基础管理。在整顿中逐步恢复和建立起企业的产品原始记录、定额管理、质量管理、财务成本、市场预测、信息反馈和各项规章制度。

调整、改革和整顿，以及政府的政策支持，给集体所有制工业增添了活力，使集体所有制工业长期受"左"的影响所造成的各种弊端逐步得到克服，调动了企业和职工的积极性，集体所有制工业生产不断发展。1978~1984 年，城镇集体工业产值由 562.56 亿元增长到 1017.74 亿元；在全国工业总产值中的比重由 13.3%上升到 13.4%。1979~1984 年，城镇集体工业总产值平均每年增长 9.7%。[1]

这期间城镇工业的发展，也还存在一些问题。由于过去"左"的影响还没有完全清除，许多集体工业企业还没有完全成为集体所有制企业，还没有完全搞活。在搞活集体所有制工业的过程中，宏观控制手段还不健全，一些企业的经营管理人员的经营思想不正确，因而也出现了一些新的问题。主要是在如何处理国家、集体、个人三者的利益关系方面，还没完全解决好。

第二节　乡镇集体经济的调整、改革、整顿与发展[2]

与城镇集体工业相同，粉碎"四人帮"以后，农村集体工业面临着揭批"四人帮"、清除"左"的路线错误的任务，还面临着贯彻执行调整、改革、整顿、提高方针的任务。为此，中共中央、国务院也发布了一系列政策决定。重要的有 1979 年 7 月 3 日国务院《关于发展社队企业若干问题的规定》（试行草案）、[3]1981 年 5 月 4 日国务院《关于社队企业贯彻国民经济调整方针的决定》[4]以及 1984 年 3 月 1 日中共中央和国务院《转发农牧渔业部和部党组〈关于开创社队企业新局面的报告〉的通知》。[5]

---

[1]《中国经济年鉴》（1993），经济管理出版社，第 396、412、413、443 页。
[2] 这里说明两点：第一，随着 1983 年农村政企分设，公社、大队要逐步转化为乡、村合作经济组织。改革以来，农村又出现了许多联产合办、跨区联办等形式的合作性质企业以及个体和私营企业。这些企业要逐步向小集镇集中。因此，原来使用的"社队企业"这个名称，已经不能反映上述新的情况。所以，中共中央、国务院在 1984 年 3 月 1 日转发农牧渔业部和部党组《关于开创社队企业新局面的报告〉的通知》中提出："将社队企业名称改为乡镇企业。"（《中国经济年鉴》（1985），经济管理出版社，第 X—12 页）所以，本书在叙述农村集体工业发展时，1984 年以前，用的是"社队企业"这个名称；此后用的是"乡镇企业"这个名称。第二，改革以前，社队工业企业就单纯是集体所有制性质的企业。改革以后，社队（乡镇）企业包括以下四种类型：一是社队（乡镇）企业，二是社员联营合作企业，三是其他形式的合作企业，四是个体和私营企业。本书在叙述改革以来农村集体工业发展过程时只包括前三种类型。至于第四种类型的工业，则放在非公有制工业的章中去叙述。
[3]《中国经济年鉴》（1981），经济管理杂志社，第 II—96~98 页。
[4]《中国经济年鉴》（1982），经济管理杂志社，第 III—13~15 页。
[5]《中国经济年鉴》（1985），经济管理出版社，第 X—13~15 页。

农村集体工业在农村和整个国民经济中的地位和作用：针对长期存在的"左"的路线错误，依据农村集体工业的重要性及其发展滞后的状况，党的十一届三中全会明确提出：包括社队工业在内的社队企业要有一个大发展。[①] 农村集体工业在促进农业生产发展和农业现代化、农业和农村经济结构优化以及农民生活改善，在发展小城镇建设、服务城市工业、增加商品市场供应、扩大就业、增加财政税收和扩大出口等方面都有重要的作用。因此，包括社队工业在内的社队企业，不仅是农村经济的重要组成部分，而且是国民经济的重要组成部分。

一、调整

适应农村经济和国民经济调整和发展的需要，从 1979 年开始，包括工业在内的社队企业也开始了调整。调整的主要方向，是以种植业和养殖业为基础，发展为农业生产、为人民生活、为小集镇建设、为大工业、为外贸出口服务的生产性行业和生活服务性事业。具体到当时社队工业的各个行业来说，对生产能力已经过剩或经济效益不好的棉纺厂、卷烟厂、小酒厂、小盐场和小制药厂等要停产、限产或转产；对机械工业要重点生产中、小农具和维修农机具，或为大工业生产零部件，或为科研单位试制新产品，产品无销路的也要转产；对采矿业要进行技术改造，或者停产。

在 1979~1983 年社队企业调整取得成效的基础上，从 1984 年开始继续进行了调整。就农村范围来说，适应当时已经达到很大规模并且正在发展的农村多种经营的需要，社队工业要调整到着重为农村多种经营的产前、产后服务。就全国范围来说，适应国民经济发展和人民生活提高的需要，社队工业要大力发展农副产品加工业，特别是食品工业、饲料工业、建材工业和建筑业，更重要的是能源工业。

二、改革

相对城镇集体工业来说，改革以后发展起来的农村集体工业企业，多数一开始就是自负盈亏的，大部分产品的生产和销售都是由市场调节的，因而后者改革任务不像前者那样突出。但是，多数社队企业都是由作为政社合一的社队（或作为基层政权的乡村）举办的，这里也有实现

---

①《中国经济年鉴》(1981)，经济管理杂志社，第Ⅱ-96 页。

政企分离的问题。至于社队企业内部的管理制度更会受传统体制的影响，如在人事、劳动和工资制度等方面也在一定程度上存在着"铁交椅"、"铁饭碗"、"铁工资"的现象。这期间在这两方面都进行了一定的改革。比如，许多乡村对企业实行放权，通过集体承包、厂长（经理）承包等形式，把企业承包给集体或个人，并实行厂长（经理）负责制，给企业以充分的自主权。这些自主权包括经营决策权、干部任免权、技术人员招聘权、新职工择优录用权、奖惩权、与外单位协作权、新产品试制权、企业留用资金支配权等。同时，在企业内部改干部委任制为选举制或招聘制，改推荐职工制为择优录用制，改固定工制为合同工制，改固定工资制为计件工资制或浮动工资制。

三、整顿

从 1979 年开始，一直延续到 80 年代上半期，不断地对社队（乡镇）企业进行了整顿。整顿的重要内容有：①加强民主管理。要建立企业领导干部由本企业人员选举的制度；要建立职工代表大会制度，讨论和决定企业的生产、经营和分配中的重大问题。②建立生产责任制，切实把企业的经营成果、职工的劳动贡献与职工的物质利益结合起来。③整顿财务管理，推行经济核算，降低生产成本。

调整、改革、整顿和政府的大力支持，推动了社队（乡镇）工业的高速增长。1978~1984 年，社队（乡镇）工业总产值由 385.26 亿元增长到 1245.35 亿元；在全国工业总产值中的比重由 9.1%上升到 16.3%。1979~1984 年，社队（乡镇）工业平均每年增长 20.8%，远远超过了全国工业和城镇集体工业的增长速度，开始展现了乡镇企业异军突起的面貌。[①]就全部乡镇企业的发展来说也是如此。1978~1985 年，乡镇企业中集体单位增加值由 208.32 亿元增加到 562.67 亿元，其增长速度远远超过了同期国内生产总值的增长速度。因而在国内生产总值中的比重上升了，由 5.75%上升到 6.3%（详见附表 1、附表 32）。但总体说来，这期间乡镇企业还处于改革以来的初步发展阶段。

在乡镇工业急速发展的形势下，企业管理水平低、职工素质差、技

[①]《中国经济年鉴》(1993)，经济管理出版社，第 396、412、413、443 页。1984 年乡镇工业 1245.35 亿元产值中，有少量的个体工业产值未剔除。

术设备落后以及环境污染等问题也显得很突出,亟待解决。

第三节　个体经济的恢复

在党的十一届三中全会精神指导下，党和政府发布了旨在保障和推动个体经济和外资经济的一系列文件。除了前面已经提到的党的十二大文件以外，这里还值得提到 1982 年 12 月 4 日五届全国人大五次会议通过的《宪法》的有关规定："城乡劳动者个体经济，是社会主义公有制经济的补充。"[1] 这期间，个体经济的恢复和发展，就是在这些政策和法律的规范、指导下进行的。

新中国成立初期，由于我国生产资料私有制社会主义改造面过宽，致使改造基本完成以后的 1957 年，剩下的个体劳动者很少。其中，城镇个体工业劳动者只有 64 万人，比 1953 年的 375 万人减少了 311 万人。1958 年开始的"大跃进"大刮"共产风"，以致作为社会主义初级阶段国民经济必要组成部分的个体工业受到进一步摧残，到 1960 年，城镇个体工业劳动者又减少到 35 万人。经过 1961~1965 年经济调整，1965 年城镇个体工业劳动者也只达到 39 万人。1966~1976 年"文化大革命"，个体工业几乎被扫荡无遗，1976 年城镇个体工业劳动者只剩下 4 万人。1977~1978 年由于继续推行"左"的政策，这两年城镇个体工业劳动者又下降到 3 万人。[2] 至于农村个体工业在"大跃进"和"文化大革命"期间受到的摧残，比城市个体工业还要严重，以致在统计资料中找不出这方面的数字。

只是在 1978 年底召开的党的十一届三中全会以后，个体经济才逐步得到了恢复和发展。为此，党和政府做了一系列的政策规定。重要的有：1981 年 7 月 7 日国务院发布《关于城镇非农业个体经济若干政策性规定》，[3] 1984 年 2 月 27 日国务院又发布了《关于农村个体工商业的若干规定》，同年 4 月 13 日又做出了《关于城镇非农业个体经济若干政策性规定的补充

---

①《中国经济年鉴》(1983)，经济管理杂志社，第Ⅱ-27~28 页。

②《中国劳动工资统计资料 (1949~1985)》，中国统计出版社，第 78 页。

③《中国经济年鉴》(1982)，经济管理杂志社，第Ⅲ-91~93 页。

规定》。①

经验证明：在坚持公有经济占主体地位的前提下，恢复和发展城乡个体经济，对于发展生产，活跃市场，扩大就业，满足人民生活需要都有重要意义。

因此，政府有关部门在资金、货源、场地、价格、税收和市场管理等方面要给予个体经营户支持。

国营企业和集体企业要依据需要和可能将一部分适合于分散经营的手工业等租给或包给个体经营者经营。

个体经营户，一般是一人经营或家庭经营；必要时可以请 1~2 个帮手；技术性较强或者特殊技艺的，可以带 2~3 个最多不超过 5 个学徒。请帮手、带学徒，都要订立合同，规定双方的权利和义务、期限和报酬。

为了发挥个体经营户经营灵活、方便群众的特点，允许他们采取多种多样的方式。如来料加工、自产自销、经销代销、建设摊点、走街串巷、流动售货等。

个体经营户可以向保险机构投保，以解决老年、医疗等保险问题。

个体经营者同全民所有制、集体所有制单位的劳动者一样，享有同等的政治权利和社会地位。

国家要保护个体经营户的正当经营、合法收益和资产，但个体经营户也必须遵守国家的政策法令。

上述保护个体经济一系列政策的贯彻执行，纠正了从 50 年代下半期以来就存在的并且愈演愈烈的束缚、摧残以至消灭个体经济的"左"的政策，促进了个体经济的迅速恢复。1981~1984 年，个体工商户由183 万户增长到 933 万户，增加 4.1 倍；从业人员由 227 万人增长到1304 万人，增加4.7 倍；注册资金由 5 亿元增长到 100 亿元，增加 19 倍（详见附表 33）。

在城乡个体经济迅速恢复的形势下，由于对他们的管理工作一时难以跟上，特别是由于个体经济本身的局限性以及个体户中的一些人素质较差，这方面的违法经营问题（如坑害消费者和偷税漏税等）比较突出。这是一方面。另一方面，由于阻碍个体经济发展的"左"的思想还有待

①《中国经济年鉴》(1984)，经济管理杂志社，第Ⅸ–55、72 页。

继续清除，发展城乡个体经济的各种条件（如原材料供应和融资等）也有待继续创造，城乡个体经济的发展也还有不少困难。

这里还要提到：按照经济规律，随着个体经济的发展，必然产生而且已经产生了资本主义性质的私营经济。不过在当时条件下，这些私营经济为了取得合法地位，都是在个体经济甚至在集体经济的名义下进行经营的。但直到 1984 年，党中央对私营经济采取了"看一看"的方针，既不禁止也不宣传，观察其发展趋势。在当时采取这个方针，实际只是一种谨慎的允许其存在和发展的方针。但当时私营经济毕竟不像个体经济那样已取得合法地位，数量也不多，而且不以私营名义出现。因此，统计资料中找不到私营经济的资料。这也就是本章没有设置专节叙述私营经济的发展的原因。

第五章　市场体系的开始发展与宏观经济管理体制改革的起步

　　建立市场体系和宏观经济管理体制改革是我国市场取向改革的两项重要内容。但由于篇幅限制，我们叙述这两项内容时，不能像叙述企业改革那样，叙述它的决策过程、实施过程和实施结果，而主要是叙述它的实施结果；而且这两项涉及的方面很多，只能叙述其中的一些重要方面。这样一来，篇幅就不大。所以，我们将宏观经济管理体制改革和市场体系发展这两个相互联系，但又相互区别的问题放在一章叙述。还要说明，我们在第八至十篇的有关章叙述这两个问题时，也采取这个办法。

第一节　市场体系的开始发展

　　以公有制为主体的多种所有制经济的初步发展，为市场体系的发展创造了微观基础，宏观经济管理体制改革的起步为市场体系的发展提供了前提条件，对外开放的初步发展成为促进市场体系发展的重要因素，社会主义现代化生产建设的发展为市场体系发展奠定了物质基础。这样，1979~1984 年期间，包括产品（服务）市场和要素市场在内的市场体系也开始发展起来。

　　在产品市场方面，消费品已由原来部分的商品交易和部分产品分配基本上变成商品交易，投资品开始由原来的国家调拨部分地转到市场交易，再加上在生产发展基础上的商品交易量的迅速增长，产品市场就获得了急剧发展。1984 年社会消费品零售总额就由 1978 年的 1558.6 亿元增加到 3376.4 亿元（详见附表 24）。社会生产资料销售总额由 1980 年的 2826 亿元增长到 1984 年的 4500 亿元。[①]

改革以后，我国劳动力市场是从零起步的。随着农村经济改革，国有企业改革和非公有制经济的发展，劳动力市场也开始发展起来。据粗略估算，到 1984 年仅仅受雇于私营企业（其中许多是戴着个体经济和集体经济的"红帽子"）和"三资"企业的劳动力就不下 400 万人，约占当年职工总数的 3%以上。

这期间，包括货币市场和资本市场在内的金融市场也开始发展。作为货币市场的一种形式的票据市场，1981 年就由中国人民银行上海市分行试行办理票据承兑贴现业务，其后又在河北、重庆等地继续试办。1984 年，随着中央银行对信贷资金管理体制的改革，同业拆借市场就产生了。作为资本市场的一种形式的国债市场，起始于 1981 年政府为了弥补财政赤字而发行 48.66 亿元的国库券。1983 年，深圳保安县联合投资公司首次在深圳向社会发行股票。1984 年，上海飞乐音响公司首次在上海向社会公开发行股票。从 1980 年起，中国银行就在全国十几个大城市开办了外汇调剂业务。

这期间房地产市场也已经发展。1980 年，作为经济特区的深圳市为了对外开放的需要，在全国率先实行了城市土地有偿使用制度和公房公开买卖。1984 年沿海城市在开发区建设中也进行了这方面的实践。同年，建设部推广了这些城市开发房地产市场的经验，促进了房地产市场的发展。1981 年，全国仅有房地产开发公司 12 家，到 1986 年就迅猛增长到 2200 多家。而且，从 1979 年开始，政府进行了城镇职工住房商品化的探索。到 1982 年，国家从补助的住房投资中拨出专款建房出售给城镇居民的住房，全国 23 个省、市、自治区达到 36.59 万平方米。这种出售是由国家提供优惠条件，企业拿出部分资金，职工个人支付一定比例费用，便拥有住宅使用权。显然，这种住宅出售还带有原有福利分房的浓厚色彩，远不是严格意义的住房商品化，但却是这方面的有益探索。

---

①《中国生产资料市场统计年鉴》（各年），中国统计出版社。

第二节　宏观经济管理体制改革的起步

宏观经济管理体制改革涉及计划投资、财政税收、金融、商业、外贸、劳动、工资、社会保障和国家机构等方面的改革。其中，外贸体制改革留待第六章去做叙述。第八至第十篇的有关章也这样安排。

这期间宏观经济管理体制开始起步。

这期间开始改革以指令计划为特征的计划投资体制。主要是下放计划管理权限，缩小指令性计划范围。在建设方面，过去国家对用预算内资金、自筹资金以及利用外资进行的建设，都实行指令性计划。这期间改为只对预算内拨款改贷款的基本建设投资、纳入国家信贷计划内的基本建设贷款以及利用国际金融组织和外国政府贷款安排的基本建设，实行指令性计划；对地方、部门、企业自筹资金和用自借自还的外资安排的基本建设，实行指导性计划。另外，还放宽了基本建设、技术改造和利用外资项目的审批权限。生产性建设项目，由国家计委审批的资金限额，由原来的1000万元以上，提高到3000万元以上；限额以下的项目，由地方、部门自行审批。利用外资建设的项目审批限额，各省、自治区、直辖市和沿海开放城市根据不同情况分别放宽到500万~3000万美元。在生产方面，由国家指令计划管理的工业产品，改革前为120多种，1984年下降到60多种；其产值占工业总产值比重也由80%左右下降到40%左右。对大量的工业品生产实行指导性计划。对许多日用小商品完全实行市场调节。在流通方面，由国家收购调拨的重要商品，由改革前的65种减少到1984年的20种；由国家统一安排供应出口的商品由70多种减少到36种；国家统一分配的物资由256种减少到65种。①

这期间价格改革，采取调（调整不合理比价）放（放开指令价格）结合、以调为主的方针。①陆续提高了农副产品以及煤炭、矿石、冶金、建材和铁路、水运的价格，降低了一部分电子、机械等产品价格，使得农产品同工业品以及能源、交通、原材料同加工工业产品之间比价不合

---

① 《中国经济年鉴》（1985），经济管理出版社，第Ⅱ-3~6页。

理的状况有了一些改善。②按照减少国家定价，扩大企业定价的方向，缩小了国家指令价的比重，扩大了国家指导价和市场调节价的比重。1978~1984年间，国家定价的农产品价格比重由92.7%下降到40%以上，国家定价的社会零售商品价格比重由97%下降到50%以上，国家定价的生产资料价格比重由100%下降到60%以上。与此相对应的数字就是政府指导价和市场调节价的比重（详见附表31）。这是从这期间价格体制改革总的方面来说。具体说来，这期间价格体制改革在以下两个方面取得重要突破。①对几百种日用小商品和大部分修理服务行业的价格，国家不再统一规定价格，由企业自行定价。②对煤炭等重要生产资料，开始实行价格"双轨制"。即在坚持计划以内产品执行国家定价的前提下，允许企业将超计划生产的产品，以高于或低于国家规定的价格自行销售。

　　这期间为了改变统收统支局面，开始在财税体制方面进行了改革。在政府与企业的财务关系方面，改革的内容主要包括：①从1978年开始，政府把折旧基金的企业留用比例由40%提高到50%。②1979年以后，原来由财政拨款的企业定额流动资金也改由银行贷款。1983年以后，企业需从留用的生产发展基金中提取10%~30%补充流动资金。地方、部门和企业用自筹资金新建、扩建的企业投产，必须筹足30%的流动资金。③从1980年起，企业的技术改造资金，也开始由财政拨款改为银行贷款。④1979年开始进行基本建设投资改财政拨款为银行贷款的试点。从1981年起，凡是实行独立核算、有还款能力的企业，其基本建设投资都实行由财政拨款改银行贷款。[①]这些在打破国家和企业之间的"大锅饭"体制方面取得了一定进展。

　　在中央政府与地方政府的财务关系方面，1980年实行了旨在打破原来"大锅饭"体制的"分灶吃饭"制度。其基本内容是：依据国有的企事业单位的行政隶属关系，划分中央政府和地方政府的收支范围，依此范围确定各个地方政府的包干基数。中央政府与地方政府的分成比例以及中央政府向地方政府的补助额，都是一定五年不变，地方政府可以自行安排预算，多收可以多支，少收也可以少支，自求收支平衡。

　　在税收改革方面，除了前述的在利改税方面所做的探索以外，还进

---

①《中国经济体制改革十年》，经济管理出版社1988年版，第500、506页。

行了以下重要改革：一是完善原来的税制。如 1984 年将原来单一的工商税分解为产品税、增值税、营业税和盐税四种。尔后又缩小产品税的范围，并扩大增值税的范围。二是建立新的税种。如奖金税以及外商投资企业所得税和个人所得税。这些都是为了适应改革开放的需要，并发挥税收的调节作用。

　　这期间金融方面的改革主要包括：①1981~1983 年，国务院先后提出并正式确立中国人民银行的中央银行地位，令其集中力量，承担全国的金融的宏观管理。其原来兼办的信贷、储蓄业务，由恢复和新建的中国工商银行、中国农业银行、中国银行和中国建设银行等承担。1982 年，国务院还决定将国家外汇管理局划给中国人民银行直接领导，改变了外汇管理局同中国银行两块牌子一套机构的状况。②1979 年以前，中国人民银行主要运用行政指令计划控制现金流通量。在信贷管理方面实行指标控制法。即信贷资金集中管理，统收统支，分行吸收存款全部上交总行，分行全部贷款按总行下达的指标发放。1983 年以后，中央银行开始运用贷款利率和存款准备金等经济手段调节货币供应量。在信贷管理方面，由原来的存贷款总额指标管理改为存贷差额指标管理。即在完成总行计划的前提下，分行可以多存多贷，从而有一定的贷款自主权。③开始发展金融市场，详见前述。

　　这期间开始改革商业体制。主要包括：①改革商品购销体制。一是改革农副产品购销体制。改革前，国家依据农副产品在经济中的作用分为一、二、三类，分别实行统购、派购和议购制度。1979~1984 年，减少统购、派购品种。一、二类农副产品由 46 种减少到 12 种。二是改革日用工业品购销体制。这期间商业部管理的计划商品由 135 种减少到 26 种，并放开全部小商品价格，在逐步将日用工业品三类商品由国家商业部门包销一种形式，改为统购统销、计划收购、订购、选购、代批代销和工商联营联销六种形式。三是改革日用工业品批发体制。打破原来在商业部门和城市之间存在的一、二、三级批发层次，改为在城市设立自主经营的国有商业批发公司，并建立贸易中心。②调整商业所有制结构。一是将适合集体、个体经营的国有小型商业、饮食业和服务业，转为集体或个体所有。二是鼓励集体和个体所有制的发展。三是恢复和发展农村集市贸易。③改革国有商业企业管理体制。一是在 1979~1981 年试行经营责任制。二是在 1982~1983 年试行经营承包责任制。三是在 1984 年对小型商业试行改（改为国家所有、集体经营、自负盈亏）、转（转为集体所有）、租（租给个人经营）、卖（卖给集体或个人）。①

这期间，开始改革原来统包统配的劳动制度，主要有三方面：①在国家规划指导下，实行劳动部门介绍就业、自愿组织起来就业和自谋职业。②建立劳动服务公司，使其成为组织、管理、培训、输送和调节劳动力的社会劳动组织。到 1984 年底，全国各级各类劳动服务公司已达 2.7 万多个。③改革用工制度。开始在新招收的工人中实行劳动合同制。1982 年，国营经济单位使用的劳动合同制职工为 16 万人，1983 年为 57.6 万人，1984 年增加到 174 万人，占全部职工比重的 2%。②还在有些地方试行下放招收劳动合同制职工的权力。企业在职工总数增长不超过生产增长的一定比例范围内，可依生产需要，自行招收劳动合同制职工，或在不超过工资总额的前提下，按有关政策，自行增减职工。

这期间工资制度的改革，主要是政府对企业下放一定的工资管理权限。开始是实行企业可依经济效益提取奖励基金，企业自主使用奖励基金（包括用于增加奖金和浮动工资）的制度。在这个基础上，又有许多企业试行工资总额与经济效益挂钩浮动的制度。其具体形式有：工资总额与最终产品产量（产值）挂钩浮动，工资总额增减幅度与上缴利润（利税）增减幅度挂钩浮动，工资总额增减幅度与实现利润（净产值或销售额）增减幅度挂钩浮动等。同时，企业可以在内部试行许多新的工资形式，如浮动工资制、结构工资制和职务岗位工资制等。

这期间开始进行社会保障制度改革的组织准备、法律准备和试点。1978 年，五届全国人大一次会议决定重新设立民政部，统一管理全国的社会保险、社会救济、社会福利等项社会保障工作。1982 年，五届全国人大五次会议通过的《中华人民共和国宪法》，专门就社会保障问题做了比过去《宪法》较为全面的规定。1984 年开始，就国有企业职工退休费用试行社会统筹问题首先在江苏、广东等省的一些县市进行了试点。即由专门机构统一筹集、统一管理、统一调剂使用退休费用。统筹费用原则

---

① 张卓元等主编：《20 年经济改革回顾与展望》，中国计划出版社 1998 年版，第 134~137 页。
② 《中国经济年鉴》（1987），经济管理出版社，第 V–41 页；《中国统计年鉴》（1997），第 113 页。

上用于退休人员的长期性开支，一般以一定工资总额的百分比提取。

　　这期间适应经济改革和经济发展的需要。在 1982 年进行了一次规模较大的政府机构改革。这次改革在精简政府机构，解决由十年动乱造成的干部严重老化，废除事实上存在的领导职务终身制，实现干部队伍革命化、年轻化、知识化和专业化方面，起了重要作用。经过 1982 年的政府机构改革，国务院机构由原来的 100 个减少到 61 个，1982 年以后，地方政府机构改革也取得了重要进展。当然，这项改革也是初步的，很不彻底。

第六章　对外开放的初步发展

　　本书所说的对外开放，主要涉及利用外资、发展国际贸易以及对外承包工程和劳务合作三个方面。

　　正像计划经济体制下存在一定范围的商品经济一样，它也存在一定范围内的对外经济贸易关系。但发展对外经济关系是市场经济发展的必然要求，对外开放是市场取向改革的必然延伸和重要内容。从这方面来说，这两种体制下的对外经济关系是有重大原则差别的。而且，就我国的实际情况来看，由于国际形势的作用和"左"的政策的影响，即使在计划经济体制能够允许的范围内，对外经济关系也远没有得到应有的发展。

　　只是到了1978年底召开的党的十一届三中全会，才做出了对外开放的重大决策。[1] 1981年11月，五届全国人大四次会议进一步明确提出："实行对外开放政策，加强国际经济技术交流，是我们坚定不移的方针。"[2]后来，对外开放政策又被写入1982年12月召开的五届全国人大五次会议通过的《中华人民共和国宪法》。[3]至此，对外开放作为我国的基本国策就最终确定了。

　　直接利用外资是实现对外开放政策的一项最重要内容。这对于引进资金、设备、技术和管理科学，实现结构优化和技术升级，增加就业、进出口贸易和财政收入，以及促进市场取向的经济改革，都有很重要的

---

① 《中国经济年鉴》（1981），经济管理杂志社，第Ⅱ-22页。
② 《中国经济年鉴》（1982），经济管理杂志社，第Ⅱ-17页。
③ 《中国经济年鉴》（1983），经济管理杂志社，第Ⅱ-27页。

意义。

这期间，国家为了推动作为直接利用外资重要形式的"三资"企业①的发展，采取了一系列政策措施。

1. 除了清除在直接利用外资问题上"左"的路线的影响，以及加强基础设施建设以外，就是开展涉外立法工作，以便为外商投资创造必要的舆论氛围、物质条件和法律保障。1979~1984年，在这方面先后颁布的重要立法有：《中华人民共和国中外合资经营企业法》（1979年）、《中华人民共和国外国企业所得税法》（1981年）和《关于中外合作经营企业进出口货物的监督和征免税的规定》（1984年）等。这些立法明确规定了中外双方的权利、责任和义务，规范了中外双方的行为，增强了外商投资的信心，激发了他们投资的积极性。

2. 为了充分利用沿海地区的有利条件，促进包括直接利用外资在内的对外开放工作，建立了经济特区和开放城市。1979年7月，党中央、国务院决定在广东和福建两省实行对外经济活动的特殊政策和灵活措施，并决定在深圳、珠海、汕头和厦门试办经济特区。按照当时有关规定，经济特区是社会主义中国在统一政策指导下对外实行特殊政策的地区。在特区以吸引外商投资为主，发展外向型经济为主，以市场调节为主，对前来投资的外商给予特殊优惠政策，特区本身也拥有较大的自主权。1984年4月，党中央、国务院在总结对外开放实践经验的基础上，决定进一步开放天津、上海、大连、秦皇岛、烟台、青岛、连云港、南通、宁波、温州、福州、广州、湛江和北海14个沿海城市和海南行政区。开放这些城市和地区的基本内容有两方面：①扩大这些地方对外开展经济活动的权力。②给外商投资以优惠政策的待遇。还决定在沿海开放城市兴办经济技术开发区。开发区以引进高科技的工业项目、知识密集型项目和科研项目为主，同时发展合作生产、合作研究和合作设计，成为开发新技术和新产品的基地。

3. 为了加强直接利用外资的工作，并发挥地方和部门在这方面的积极性，国务院建立了专门的管理机构，并下放了管理权限。1979年8月，

---

① "三资"企业是中外合资经营企业、中外合作经营企业和外商独资经营企业的简称。这三种经营企业是外商直接投资的主要形式。

国务院建立了外国投资管理委员会，作为全国利用外资工作的归口管理机构。1982 年 3 月，该委员会的职能由新成立的对外经济贸易部行使。该部所属的外国投资管理司，负责管理外商直接投资的具体业务。1983年以来，国务院还多次下放外商投资项目的审批权限。按有关规定：限额以上的项目，或供产销等需要全国综合平衡的项目，由国家计委、外经贸部会同有关部门审批项目建议书、可行性研究报告、合同和章程；限额以下的项目分别由各省、自治区、直辖市、计划单列市、经济特区、沿海开放城市人民政府或国务院有关部门审批。地方和部门的审批权限是：生产性项目，天津、北京、上海、辽宁、河北、山东、江苏、浙江、福建、广东、广西、海南等沿海省市以及深圳、珠海、厦门、汕头经济特区投资总额在 3000 万美元以内；其他省、自治区以及国务院各部委投资总额在 1000 万美元以内。非生产性项目，除需要全国综合平衡的项目和国家限制发展的项目以外，不受投资总额的限制，由地方政府和国务院各部委自行审批。[①]

　　这些政策措施促进了利用外资的发展。1979~1984 年总计，实际利用外资为 171.43 亿美元，其中外商直接投资为 30.6 亿美元。在直接投资中，合资企业占 4.27 亿美元，合作企业占 12.24 亿美元，独资企业占 0.98 亿美元（详见附表 35）。

　　但是，1979~1984 年毕竟是新中国成立以后利用外商直接投资的初级阶段。与此相联系，基础设施很不完备，涉外经济立法很不健全，涉外经济管理人员也很缺乏，这方面过去长期存在的"左"的政策的影响还有待于继续清除。因此，这期间直接利用外资的速度虽然很快（1984 年实际利用外资金额相当于 1979~1983 年 5 年的 70%），但规模不大（1979~1984 年 6 年平均每年实际利用外资金额只有 5.1 亿美元），[②]只是直接利用外资及其主要形式——"三资"企业的起步阶段。与此相联系，同发展"三资"企业相关的重复引进、国有资产流失和环境污染等方面的问题还暴露得不充分，以致没有引起人们的足够注意。

　　在利用外资的同时，还采取了一系列措施开拓对外贸易。其中，最

---

①　刘向来主编：《中国对外经济贸易政策指南》，经济管理出版社 1993 年版，第 926~927、932 页。
②　《中国对外经济贸易年鉴》（有关年份），中国社会出版社。

重要的措施是开始改革作为计划经济体制重要组织部分的对外贸易体制。主要内容是：①国家下放进出口贸易权，允许部分工业部门和企业经营进出口贸易，打破了原来由外贸部领导的几家外贸专业公司垄断经营的局面。②针对原来存在的工贸分家的缺陷，推行工贸结合的试点。③把原来指令计划范围缩小到两方面：一是进口和出口总额，二是关系国计民生的少部分大宗商品。其他方面实行指导性计划和市场调节。④在统一对外的前提下，实行经贸部和各省、市、自治区两级外贸行政管理制度，逐步改变中央政府高度集中管理的局面。⑤开始实行外汇留成制度，将出口创汇按一定比例（一般为25%）留给地方使用；地方将其中一部分留给出口企业使用。⑥外贸的宏观管理开始由只是依靠行政指令手段转向运用经济手段（如对进出口商品实行差别税率）和法律手段（如全面修改关税法）。①

　　这些措施促进了对外贸易的高速增长。进出口总额由1978年的355亿元增长到1984年的1201亿元，其中出口总额由167.6亿元增长到580.5亿元，进口总额由187.4亿元增长到620.5亿元。三者分别增长了2.38倍、2.46倍和2.31倍（详见附表34）。

　　在对外开放政策的推动下，这期间对外承包工程和劳务合作也有了迅速的发展。对外承包工程完成营业额由1980年1.23亿美元增长到1984年的4.94亿美元，对外劳务合作营业额由0.47亿美元增长到1.29亿美元，二者分别增长了3.02倍和1.74倍（详见附表35）。

　　但正像我们在本篇第五章已经说到的原因，这期间的改革是初步的，对外开放也是初步的。

---

① 张卓元等主编：《20年经济改革回顾与展望》，中国计划出版社1998年版，第133~138、160~162页。

第七章　1979~1984 年，发展产业经济的主要成就和经验

第一节　发展产业经济的主要成就

党的十一届三中全会以来，由于贯彻执行了调整、改革、整顿、提高的方针，我国产业经济在 1979~1984 年间获得了巨大发展。

1. 1979~1984 年虽然处于改革起步阶段，但却取得了显著成就。一是以社会主义公有制为主体、多种所有制共同发展的格局开始显露。在工业总产值中，1978 年，国有工业和集体工业产值各占 77.6% 和 22.47%，个体工业和"三资"工业等其他经济类型工业的产值比重为零；到 1984 年，国有工业比重下降到 69.1%，集体工业比重上升到 29.7%，其他经济类型工业比重上升到 1.2%（详见附表 13）。在社会消费品零售总额中，1978 年，国有单位占 54.6%，集体单位占 43.3%，其他经济类型占 2.1%；到 1984 年，国有单位下降到 45.5%，集体单位下降到 39.6%，其他经济类型上升到 14.9%（详见附表 24）。这里要着重提到乡镇企业已经开始显露出异军突起的风貌。乡镇企业增加值占国内生产总值的比重由 1978 年的 5.7% 上升到 1985 年的 8.6%（详见附表 1、附表 32）。二是改革首先在农村实现突破，建立以家庭承包经营为基础的，并与集体经营相结合的双层经营制度，国有经济实行了以扩大企业自主权为特征的经济改革。三是市场体系和宏观经济管理体制改革，特别是对外开放都获得了初步

发展。

2. 宏观经济形势呈现良好发展趋势。

（1）经济高速增长。1984年国内生产总值比1978年增长了64.6%，年平均增长8.7%。其中，第一产业增长了52.5%，年均增长7.3%，是新中国成立以后农业增长的最快时期。作为农业最主要产品的粮食产量由1978年的30477万吨增长到1984年的40731万吨，增长33.6%；棉花由216.7万吨增长到625.8万吨，增长188.7%；油料由521.8万吨增长到1191万吨，增长128.2%。

第二产业增长了67.2%，年均增长9%。其中，工业增长了66.1%，年均增长8.9%；建筑业增长了79.1%，年均增长10.2%。作为最主要工业产品的原煤产量由1978年的6.18亿吨增长到1984年的7.89亿吨，增长27.7%；原油由10405万吨增长到11461万吨，增长10.1%；电由2566亿千瓦小时增长到3770亿千瓦小时，增长46.9%；钢由3178万吨增长到4347万吨，增长36.8%。[①]

第三产业增长95.9%，年均增长11.9%。其中，货物周转量由1978年的9829亿吨公里增长到1984年的15694亿吨公里，增长59.7%；旅客周转量由1743亿人公里增长到3620亿人公里，增长107.7%；邮电业务总量由30.9亿元增长到47.68亿元，增长54.3%；城市供水总量由787507万立方米增长到1176474万立方米，增长49.4%；公共电汽车由25839辆增长到41282辆，增长59.8%；人工煤气由172541万立方米增长到231351万立方米，增长34.1%；液化石油气由194533万吨增长到535289万吨，增长1.75倍；天然气由69078万立方米增长到168568万立方米，增长144%；高等学校在校学生数由85.6万人增长到139.6万人，增长63.1%；中等学校由6637.2万人减少到4860.9万人，下降26.8%；小学由14624万人减少到13557.1万人，下降7.3%；研究生由10934人增长到57566人，增长4.26倍；出国留学人员由860人增长到3073人，增长2.57倍；国有企事业单位专业技术人员由4845000人增长到7466000人，增长54.1%；艺术演出团体由3150个增加到3397个，增长7.8%；公共图书馆由1218个增加到2217个，增长82%；图书出版总印数由37.7亿册

① 《中国经济年鉴》（1993），经济管理出版社，第364~365、446~447页。

增长到 63.5 亿册，增长 65.8%；杂志出版总印数由 7.6 亿册增长到 21.8 亿册，增长 186.8%；报纸出版总印数由 127.8 亿份增加到 180.8 亿份，增长 41.5%；医院、卫生院由 64421 个增长到 67169 个，增长 4.3%；医生由 103.3 万人增加到 138.1 万人，增长 33.7%；床位由 185.6 万张增加到 216.6 万张，增长 16.7%（详见附表 3、附表 20~附表 23、附表 27~附表 30）。

可见，这期间经济获得了高速增长，特别是亟需加快发展的第一、三产业获得了较快发展。其中，中学和小学在校人数的下降，是同人口增长率的下降以及由此引起的人口年龄结构变化相关的，并不是教育事业发展不景气。

（2）物价虽有上扬，但涨幅较低。1984 年与 1978 年相比，居民消费价格年均上升 3.1%。

（3）城镇登记失业率下降，由 1978 年的 5.3%下降到 1984 年的 1.9%。

（4）由于国际收支情况趋好，外汇储备开始大幅上升，由 1978 年的 15.57 亿美元增长到 1984 年的 82.2 亿美元（详见附表 4、附表 5、附表 37）。但如前所述，1984 年已经开始出现了经济过热状况。

3. 经济结构趋于协调和优化。一是工业与其他产业的严重失衡状态有了显著改变。工业增加值占国内生产总值的比重由 1978 年的 44.3%下降到 1984 年的 38.9%，农业由 28.1%上升到 33.2%，建筑业由 3.8%上升到 4.4%，第三产业由 23.7%上升到 24.7%（详见附表 2）。二是各个产业内部结构也趋于协调和优化。在工业内部，轻工业产值占工业比重由 1978 年的 43.1%上升到 1984 年的 47.4%，重工业由 56.9%下降到 52.6%。在轻工业内部，以农业为原料的轻工业产值占轻工业比重由 68.4%下降到 67.9%，以非农产品为原料的轻工业比重由 31.6%上升到 32.1%。在重工业内部，采掘工业产值占重工业产值的比重由 12%上升到 12.7%，原材料工业比重由 35.5%上升到 36.4%，而制造工业的比重则由 52.5%下降到 50.9%（详见附表 14~附表 16）。这些数据表明：改革以来，不仅改变了过去长期存在的采掘工业和原材料工业落后于制造工业的状况，而且根本改变了过去长期存在的轻工业落后于重工业的局面。这是改革以来实行的第一次产业结构调整。而且这期间家电耐用消费品有了飞速发展，并开始普遍进入职工家庭，开始在耐用消费品生产方面实现了升级换代。这是这期间产业技术升级和结构优化的一个重要方面。

这期间能源生产稳步上升，能源节约取得显著成效。1978~1984年，能源生产总量由62770万吨标准煤增长到77855万吨标准煤，增长24%。其增长幅度虽然低于工业的增长幅度，但节能工作取得很大成效。亿元工业产值能耗由1980年的8.05万吨，逐年下降到1984年的6.5万吨。由于能耗下降，1981~1984年工业部门共节约能源9300万吨，节能量占全国节能总量的68%。

农业内部结构趋于优化。1978~1984年，种植业产值占农业总产值的比重由80%下降到74.1%，而林、牧、渔业的比重则由20%上升到25.9%（详见附表12）。

4. 企业组织结构变化呈现出有利于生产力发展的态势。1980~1984年，工业中大型企业产值占工业总产值的比重由34.1%下降到31.8%，中型企业由21.7%下降到19.8%，小型企业由44.1%上升到48.4%（详见附表17）。乍一看来，这似乎违反产业集中规律的。但在中国改革开放初期，个体企业、乡镇企业和"三资"企业得到了飞速的发展。这些企业绝大部分都是小企业，而这些企业的发展正好适应中国社会生产力发展的要求。

5. 地区之间的经济发展，呈现出良好发展态势。1978~1984年，沿海地区工业产值占全国工业总产值的比重继续由63.32%下降到59.78%，内地工业由36.68%上升到40.22%（详见附表18）。

6. 经济效益总体状况较好。1979~1984年，全社会固定资产投资效果系数是在0.351和0.675之间波动的，社会劳动生产率增长率是在1.8%和11.3%之间波动的（详见附表8、附表9）。但这些数据同时表明：这期间还是速度效益型经济，因而经济效益伴随经济增速的高低而有较大变化。

7. 人民（特别是农民）生活水平获得了空前的大提高。1978~1984年，全国居民、农村居民和城镇居民的消费水平分别由184元提高到354元，由138元提高到283元，由405元提高到662元；按可比价算，三者分别提高了60.2%、69.8%、36.2%（详见附表7）。

总之，这期间在实现20世纪80年代经济发展目标方面向前迈出了一大步。1984年的国内生产总值比1980年增长了46.6%。这年城镇居民家庭恩格尔系数为58%，农村居民为59.2%（详见附表3、附表7）。这表明20世纪80年代实现经济总量翻一番的任务可以超额实现，解决人民生活温饱问题的任务已经实现（对城镇居民来说）或接近实现（对农村居民来说）。[①]这是就总体情况而言的，并不否定 1984 年全国（主要是农村）还存在大量的贫困人口。

第二节　发展产业经济的主要经验

在党的十一届三中全会重新确立的实事求是思想路线指引下，1979~1984 年在发展产业经济方面积累了许多有益的经验。

1. 把党和国家的工作重点转移到社会主义经济建设上来。在我国生产资料私有制的社会主义改造基本完成以后，仍然坚持实行了"以阶级斗争为纲"的路线。这是过去长期存在的"左"倾错误的一个基本点。正是这条路线，多次导致阶级斗争扩大化，特别是十年动乱。这是过去我国产业没有得到应有发展的一个基本原因。粉碎"四人帮"以后的头两年，华国锋在"两个凡是"的口号下继续坚持"以阶级斗争为纲"的错误路线。党的十一届三中全会坚决批判了"两个凡是"的错误方针，果断地停止使用"以阶级斗争为纲"这个不适用于社会主义社会的口号，并依据当时全国大规模的揭批林彪、"四人帮"的群众运动已经基本完成的情况，做出了把党和国家的工作重点转移到社会主义现代化建设上来的战略决策。可以说，没有党和国家工作重点的转移，就不会有这以后的产业的巨大发展。

2. 全部经济工作以提高经济效益为中心。过去在经济建设的指导思想上长期存在着"左"的错误，盲目追求工业（主要是重工业特别是钢铁工业）的高速度，严重忽视甚至根本不讲经济效益的提高。在粉碎"四人帮"之后，过去那种"左"的指导思想还没有立即改变，这也是过去产业没有得到应有发展的另一个基本原因。为了使我国产业经济得到健康的发展，必须把经济工作转到以提高经济效益为中心的轨道上来。1981 年五届全国人大四次会议提出："要切实改变长期以来'左'的思想

---

① 按照联合国粮农组织提出的衡量人民生活水平的标准，恩格尔系数即食品支出占家庭消费支出的比重，60%以上为贫困，50%~59%为温饱，40%~50%为小康，20%~40%为富裕，20%以下为最富裕（《经济日报》2002 年 12 月 23 日第 10 版）。

指导下的一套老的做法，真正从我国的实际情况出发，走出一条速度比较实在、经济效益比较好、人民得到更多实惠的新路子。"①正是这条新路子，使得1979年以来我国产业得到较快的发展，使得人民生活得到较多的改善。

3. 贯彻实事求是、量力而行的原则。不量力而行，急于求成，也是过去长期存在的经济工作指导思想"左"的错误的一个基本方面。这个"左"的错误曾经几次造成了国民经济比例关系的严重失调，严重阻碍了产业经济的发展。粉碎"四人帮"之后的头两年，在经济工作中仍然存在着急于求成的思想，经济建设规模的安排，超出了国家财力、物力的可能，加剧了国民经济比例失调的状况。党的十一届三中全会之后，通过总结过去生产建设上急于求成的教训，认识到搞现代化建设必须坚持实事求是、量力而行的原则。确定工业发展速度和工业建设规模，必须从我国国情出发，做到与国力相适应。正是依靠这项基本原则的指导，使得这期间的经济调整工作得以进行，促进了经济高速发展。

4. 注重农业、轻工业和重工业的协调发展。在党的十一届三中全会以前相当长的一个时期内，由于"左"的错误的影响，片面强调生产资料的优先增长，突出发展重工业，忽视农业和轻工业，结果造成农轻重比例严重失调。十一届三中全会以后，摆脱了这种"左"的思想影响，做出了对国民经济进行调整的重要决策。首先从加快农业的发展入手，调整了政策，主要是实行联产承包生产责任制和提高农产品价格，大大解放了农业生产力，农业生产走向全面、持续高涨。在调整工作中，把消费品工业的发展放在重要地位，对轻纺工业实行了六个优先的政策。对于重工业的发展，首先抛弃了1958年以后长期实行的"以钢为纲"的方针，放慢重工业的发展速度，调整重工业的服务方向和产品结构，加强了对老企业的技术改造。从而使重工业与农业和轻工业的比例关系以及重工业内部的比例关系逐步趋于协调，实现了农业、轻工业和重工业相互适应、相互促进地发展。

5. 加强能源、交通运输和通信等基础设施的建设。能源、交通运输和通信过去一直是我国经济发展中的薄弱环节，对经济都产生了极为不

①《中国经济年鉴》（1982），经济管理杂志社，第Ⅱ-8~9页。

利的影响。1982 年，党的十二大把能源、交通和通信作为经济发展的战略重点之一。在国民经济调整过程中，通过资金、物资分配和引进技术、外资等项措施，大大加强了能源、交通和通信等基础设施的建设，这是我国经济高速增长的极重要因素。

6. 加强对现有工业企业的技术改造。过去，我们进行工业扩大再生产主要是靠建新厂，这在奠定工业基础的时期是必要的。经过 30 多年的建设，我国已经建立了独立的、比较完整的工业体系，工业的发展有可能也完全有必要从以新建为主的外延扩大再生产转向以加强对现有企业技术改造为主的内涵扩大再生产。另外，世界新技术革命的兴起和发展，工业结构和生产技术的面貌正在发生迅速变化。所有这些都要求我们不失时机地搞好对现有企业的技术改造。在工业调整过程中，党中央、国务院就确定了加强对现有企业的技术改造的方针，在政策上采取了一系列的措施（包括投资、贷款和物资分配、提高折旧率和引进技术等），推动现有企业的技术改造，从而加快了工业的发展。

7. 合理调整工业布局。我国工业布局由于在 20 世纪 60 年代中期以后片面强调"以战备为中心"，70 年代初期主张各个地区建立独立完整的工业体系，因此造成工业布局不合理。主要是：沿海工业没有得到应有的改造，因而工业基础比较雄厚的优势得不到发挥；"三线"地区在 60~70 年代新建的工业，布点分散，基础设施落后，生产能力不配套，因此生产能力得不到发挥。在调整期间，首先调整了工业布局指导思想，确立了以提高经济效益为中心、发挥优势、扬长避短的原则，放弃了"以战备为中心"和片面追求地区独立完整的工业体系的指导思想。在调整工业布局的做法上，根据各地的自然条件、资源状况、现有生产力水平和地区内在的经济联系，确定工业发展的战略和步骤。对我国工业基础雄厚、科学技术和文化教育水平较高的沿海工业基地，着重加强技术改造，采用先进技术改造传统工业，开拓新兴产业，使沿海工业向消耗能源、原材料少的技术密集型工业发展。对于中部地区，①根据这一地区能源资源丰富的条件，大力加强能源基地的建设，以便为本地区和东部地区提供更多的能源。②通过工业改组、联合和布点的调整，提高地区的工业综合生产能力，充分发挥军工科研力量集中的优势。对于经济不发达的西部地区，①查清资源，打好基础，为今后大规模地开发西部地区做好准备。②立足本地资源，加快发展具有本地特色的、经济效益好的地方工业和传统手工业。③与东部沿海地区联合发展，开发本地资源，发展初级加工。总之，整个工业布局的调整已经起步，初见成效，并促进了工业的发展。

8. 积极地改革经济管理体制。我国经济管理体制的主要弊端是政企职责不分，条块分割，国家对企业统得过多过死，忽视市场调节的作用，分配中平均主义严重。这就造成了企业缺乏应有的自主权，企业吃国家"大锅饭"，职工吃企业"大锅饭"的局面，严重压抑了企业和广大职工群众的积极性，使社会主义经济在很大程度上失去了活力。党的十一届三中全会以后，从扩大企业自主权入手，对管理体制进行了一系列重大改革，并成为推动产业发展的强有力因素。

9. 在社会主义国有经济为主导、公有经济为主体的条件下，积极发展多种经济形式和多种经营方式。在过去的长时期内，由于"左"的错误的影响，认为公有化程度越高越先进，盲目地、单纯地追求社会主义全民所有制，对作为社会主义初级阶段的经济的必要组成部分的个体经济，甚至对社会主义集体所有制经济也采取了限制和排挤的政策；对社会主义全民所有制企业又是盲目地、单纯地追求国家直接经营这一种经营方式。这种"左"的政策并不符合我国国情，不适应我国社会生产力的发展状况。它不仅阻碍了集体经济和非社会主义经济形式的发展，而且不利于社会主义全民所有制本身的发展。党的十一届三中全会以后，采取了在社会主义公有经济为主体的条件下，发展多种经济形式和多种经营方式的方针。实践证明：在坚持社会主义公有制占主体地位的条件下，发展多种经济形式和多种经营方式的方针，是一个加速经济建设的方针。

10. 实行对外开放，积极发展对外经济技术交流。在过去的长时期内，由于国际形势和"左"的错误的影响，实行了闭关锁国的政策，阻碍了我国社会主义建设的发展。党的十一届三中全会以后，把对外开放作为我国长期的基本国策，并在实践中已经取得显著成效。实践证明：在独立自主、平等互利的条件下，积极发展对外经济合作和技术交流，是一个加快社会主义经济建设的战略方针。

11. 贯彻"一要吃饭，二要建设"的原则。在过去的长时期内，由于

"左"的错误的影响，片面强调基本建设，忽视人民生活。在基本建设中，又片面强调扩大重工业的建设规模，忽视轻工业的建设，忽视住宅和城市其他公用设施的建设。其结果，不仅经济效益很差，人民生活也得不到应有的改善。党的十一届三中全会以后，总结了这方面的经验，把"一要吃饭，二要建设"作为指导我国经济工作的一项基本原则。随着这项原则的贯彻执行，在生产发展的基础上，人民生活有了显著的改善，并有力地促进了生产的发展。

12. 在建设高度物质文明的同时，建设高度的社会主义的精神文明。党的十一届三中全会以来，党中央曾经多次郑重提出：我们在建设高度物质文明的同时，一定要努力建设高度的社会主义精神文明。这是建设社会主义的一个战略方针。经验证明：是否坚持这样的方针，不仅关系到我国经济高速发展，而且关系到物质文明建设的社会主义方向，关系到社会主义事业的兴衰和成败。1979 年以来我国产业高速发展，是同贯彻这个方针紧密相连的。

我们在前面叙述了党的十一届三中全会以来发展产业的重要经验。这里需要说明：①这些方针本身的某些方面还不完善，甚至还有很大的局限性。比如，就经济改革的核心问题——计划与市场的关系来说，按照 1979 年 4 月中共中央工作会议以及 1982 年 9 月党的十二大的提法，还是"计划经济为主、市场调节为辅"。①这个提法还没有从根本上摆脱1956年 9 月党的八大的有关提法。② ②这些方针的许多方面，由于主客观多种条件的限制，并没有得到充分的贯彻，而只是在不同程度上得到了执行。比如，20 世纪 80 年代初，党中央、国务院提出的全部经济工作要以提高经济效益为中心的方针，是完全正确的，但在这期间并没有得到很好的执行。实际上，在这期间，过去长期存在的急于求成的指导思想，片面追求经济增长速度的战略，在实际工作中还是发生了很大影响，以致1984 年又出现了经济过热。至于许多具体的发展和改革措施，其缺陷就更多了。比如，1981 年开始实行的基本建设投资拨款改贷款的办法，就操之过急，办法简单，以致造成后来许多国营企业技术改造资金匮乏和

---

① 《中国共产党第十二次全国代表大会文件汇编》，人民出版社 1982 年版，第 24 页。
② 《中国共产党第八次全国代表大会文件汇编》，人民出版社 1980 年版，第 84 页。

资产负债率过高。

　　上述各种缺陷和局限，既制约了这期间经济的改革，也制约了经济的发展。

　　上述问题的发生，固然有过去长期存在的"左"的思想以及传统的经济体制和发展战略的影响，但更重要的是理论上、认识上的局限。

　　因此，上述问题无论就其发生的原因来说，或者就其造成的后果来说，都与党的十一届三中全会以前发生过的"左"的路线错误存在着原则差别。

第八篇

市场取向改革全面展开阶段的产业经济
——以实现经济总量翻两番、人民生活
达到小康水平为战略目标的社会主义
建设新时期的产业经济（二）
（1985~1992 年）

导　言

　　1984 年 10 月召开了党的十二届三中全会。全会分析了我国的经济和政治形势，总结了我国社会主义建设正反两方面的经验，特别是十一届三中全会以后城乡经济体制改革的经验，做出了《关于经济体制改革的决定》①。决定全面地阐述了经济体制改革的方向、原则和步骤，为全面改革制订了蓝图。决定指出，建立起具有中国特色的、充满生机和活力的社会主义经济体制，促进社会生产力的发展，是我们这次改革的基本任务。这种改革是在党和政府领导下有计划、有步骤、有秩序进行的，是社会主义制度的自我完善和发展。

　　增强企业活力，特别是增强全民所有制大、中型企业的活力，是经济体制改革的中心环节。要使企业真正成为相对独立的经济实体，成为自主经营、自负盈亏的社会主义商品生产者和经营者，具有自我改造和自我发展的能力，成为具有一定权利和义务的法人。决定突破了把计划经济同商品经济对立起来的传统观念，指出社会主义计划经济必须自觉依据和运用价值规律，是在公有制基础上的有计划的商品经济。决定指出，必须建立起合理的价格体系，充分重视经济杠杆的作用。价格体系的改革是整个经济体制改革成败的关键。决定指出，按照政企职责分开、简政放权的原则，改革政府管理机构。就政府和企业的关系来说，各级政府原则上不再直接经营管理企业。要建立多种形式的经济责任制，认真贯彻按劳分配原则。坚持多种经济形式和经营方式的共同发展是我们

----

　　① 《中共中央关于经济体制改革的决定》，人民出版社 1984 年版，第 1~35 页。

的长期方针。我们一定要充分利用国内和国外两种资源，开拓国内和国外两种市场。

该决定在改革的理论上、政策上所达到的高度，虽然不能同后来党的十四届三中全会所做的《关于建立社会主义市场经济体制若干问题的决定》相比，但在我国改革历史上却是一个全面阐述改革问题的决定，并在当时的历史条件下在理论上、政策上实现了一系列突破。比如，在作为改革核心问题——计划与市场的关系上，该决定突破了把计划经济和商品经济对立起来的传统观念。在这方面，相对于党的十二大关于"计划经济为主，市场调节为辅"的提法，是一个重大的进展。

该决定标志着我国经济体制改革进入了以城市为重点的全面展开阶段。

还要着重提出：赵紫阳代表党中央在 1987 年 10 月召开的党的十三大报告中第一次勾画了建设有中国特色的社会主义理论和基本路线。报告还提出：社会主义有计划商品经济的体制，应该是计划与市场内在统一的体制。新的经济运行机制，总体上来说应当是"国家调节市场，市场引导企业"的机制。这里虽然没有像后来党的十四大那样明确提出"社会主义市场经济"的概念，但却包含了这一概念的核心内容。报告提出：当前深化改革的任务主要是：围绕转换企业经营机制这个中心环节，分阶段地进行计划、投资、物资、财政、金融、外贸等方面体制的配套改革，逐步建立有计划商品经济新体制的基本框架。至于这期间经济发展的战略目标，报告仍然强调党的十二大提出的在本世纪末实现经济总量翻两番、人民生活达到小康水平的目标。

中国这期间（1985~1992 年）的经济改革和发展就是在上述文件（特别是有计划商品经济理论）指导下进行的。我们在下面分析这些改革和发展进程。

第一章 国有经济实行以企业承包经营责任制为特征的改革和企业内部改革

第一节 国有经济实行以企业承包经营责任制为特征的改革

这期间国有经济实行以企业承包经营责任制为特征的各项经济改革包括以下五个方面：①对大中型企业实行承包经营责任制。②对小型企业实行租赁经营责任制。③对少数有条件的大中型企业实行股份制试点。④组建企业集团。⑤国有资产管理的改革。

一、对大中型企业实行承包制

经过 1979~1984 年的改革（包括扩大企业自主权、实行经济责任制和第一步利改税），总体说来，国有企业活力有了一定的增强。但由于这些改革本身的局限性，国有企业特别是国有大中型企业还没有真正活起来。据统计，1984 年全国独立核算的大中型工业企业 5837 个，占工业企业总数不到 2%，占固定资产总数的 66%，占工业总产值的 47%，占上缴利税的 66%。其中，搞得比较活的只占 15% 左右，处在变活过程之中的占 65% 左右，基本没有活起来的占 20% 左右。[①] 1984 年 10 月以后实行的

---

① 《改革开放十四年纪事》，中共中央党校出版社 1993 年版，第 504 页。

第二步利改税，虽有积极作用，但也由于其本身的局限性，特别是由于所得税率过高，影响了企业的积极性和发展后劲，以致造成了工业企业利润从 1985 年 8 月~1987 年 3 月连续 20 个月滑坡的严重后果。[①]

国有企业没有真正活起来的原因涉及许多方面，但其主要原因有：①国家规定下放给企业的一系列自主权，为一些部门和地区截留，没有落实到企业。②对企业的扩权，没有有效实现权、责、利的结合。因此，要深化旨在增强企业（特别是大中型企业）活力的改革，除了要把国家规定的下放给企业的自主权坚决落实到企业以外，就是要把改革的重点放到转变企业的经营机制上。即依据所有权和经营权分离的原则，实行多种形式的承包经营责任制，使企业真正成为自主经营、自负盈亏的经济实体。因此，在 1986 年进行承包经营责任制试点的基础上，1987 年 5 月国务院决定在全国普遍推广承包经营责任制。当时，促成这一点的还有一个重要因素，1987 年第四季度，预算内工业企业成本比上年同期上升 5%，亏损面增加 40%；财政收入下降 2.3%，[②] 这似乎是经济滑坡的预兆。为了防止这一点，推广承包经营责任制，就成为势在必行的事了。

经过推广，到 1987 年底，在 11402 户国有大中型工业企业中，实行承包经营责任制的达 8843 户，占企业总数的 77.6%。其中，实行两保一挂（即保上缴利税和保技术改造，上缴利税与工资总额挂钩）的为 1364 户，占承包企业总数的 15.4%；实行上缴利润递增包干的为 2029 户，占 22.9%；实行上缴基数包干、超收分档分成的为 3337 户，占 37.7%；实行企业资产经营责任制（即对企业增长利润只收 3.5% 的所得税，并将税前还贷改为税后还贷）的为 580 户，占 6.6%；实行亏损包干的为 683 户，占 7.7%。承包期在三四年以上的，占承包企业总数的 64%。

推行承包经营责任制，增强了企业活力，使承包企业的经济效益一般均好于未实行承包的企业。同 1986 年相比较，1987 年实行承包的国有大中型工业企业完成产值 2452.1 亿元，增长 11%，比未实行承包的企业增幅高出 0.5 个百分点；销售收入 2797.2 亿元，增长 18.2%，比未实行承包的企业增幅高出 2.3 个百分点；实现利润 291.1 亿元，增长 14.8%，比

① 杨启先主编：《国营企业改革的基本出路》，中国大百科全书出版社 1993 年版，第 2 页。
②《中国经济年鉴》（1988），经济管理出版社，第Ⅲ–2 页。

未实行承包的企业增幅高出 10.2 个百分点；上缴国家财政收入增长 4.7%，而未实行承包的企业还下降了 21.8%。[①]这样，推行承包经营责任制，就大大缓解了由实行利改税带来的问题。一方面增强了企业的活力；另一方面保证了国家财政收入。

当然，这年推广的承包经营责任制也有许多不完善之处。诸如企业上缴国家的指标偏低，甚至负盈不负亏；企业之间也还存在苦乐不均，以致鞭打快牛；企业内部责任制也不健全；企业通过涨价获取利润；企业留利中用于发展生产的部分偏少，用于职工消费的部分偏多；等等。

为了完善和发展国有工业企业的承包经营责任制，1988 年 2 月国务院发布了《全民所有制工业企业承包经营责任制暂行条例》，对这方面存在的一系列基本问题做了明确规定。[②]

1. 承包经营责任制的概念和原则。承包经营责任制，是在坚持企业的社会主义全民所有制的基础上，按照所有权与经营权分离的原则，以承包经营合同形式，确定国家与企业的责权利关系，使企业做到自主经营、自负盈亏的经营管理制度。实行承包经营责任制，应当按照责权利相结合的原则，切实落实企业的经营自主权，保护企业的合法权益；还要按照包死基数、确保上缴、超收多留、欠收自补的原则，确定国家与企业的分配关系。

2. 承包经营责任制的内容和形式。主要内容是：上缴国家利润，包完成技术改造任务，实行工资总额与经济效益挂钩。承包上缴国家利润的形式有：上缴利润递增包干；上缴利润基数包干，超收分成；微利企业上缴利润定额包干；亏损企业减亏（或补贴）包干等。上缴利润基数一般以上年上缴的利润（实行第二步利改税的企业，是指缴纳的所得税、调节税部分）为准。

3. 承包经营合同。这部分规定了合同的原则、内容、期限（一般不得少于 3 年）、双方的权利和义务。

4. 企业经营者。实行承包经营责任制，一般应当采取公开招标办法，通过竞争确定企业经营者。企业经营者的年收入，视完成承包经营合同

①《中国经济年鉴》(1988)，经济管理出版社，第Ⅳ–10、37 页。
②《中国经济年鉴》(1989)，经济管理出版社，第Ⅷ–18~20 页。

状况，可高于本企业职工年平均收入的 1~3 倍，贡献突出的，还可适当高一些。完不成合同时，应扣减企业经营者的收入，直至只保留其基本工资的一半。

5. 承包经营企业的管理。实行承包经营责任制企业，要试行资金分账制度，划分国家资金和企业资金，分别列账；要合理核定留利中的生产发展基金、福利基金和奖励基金的分配比例；要严格遵守国家的物价政策；要实行厂长负责制，建立、健全内部经济责任制和分配制度。

这样，这个条例就在企业承包经营责任制的范围内，较好地把企业的盈亏机制、风险机制以及企业经营者的竞争机制和奖惩机制引入了实行这种责任制的企业。这就有利于发挥这种责任制的优越性，克服其局限性，从而推动这种责任制的健康发展。

这里还要提到：1988 年 4 月七届全国人大一次会议通过的《中华人民共和国全民所有制工业企业法》，在保证和促进承包经营责任制方面，也起了重要的作用。该法明确规定："企业的财产属于全民所有，国家依照所有权和经营权分离的原则授予企业经营管理权。"如果不说该法所规范的企业内部关系，仅就其规范的国家和企业的关系来说，所有权与经营权分离的原则，是该法的核心内容。而这一点又是承包经营责任制的基本原则。而且，该法还明确规定："企业根据政府主管部门的决定，可以采取承包、租赁等经营责任制形式。"[1]

在上述的工业企业法和暂行条例的规范和指导下，1988 年以后承包经营责任制又得到进一步推广，并获得了较好的经济效益。依据对 9937 个国营大中型工业企业的调查，1988 年已有 9024 个实行了各种形式的承包经营责任制，占被调查企业总数的 90.8%。其工业产值比上年增长 12.5%，比全部大中型工业企业增幅高出 0.5 个百分点；实现利税比上年增长 20.8%，增幅也高出 2 个百分点。[2]

到 1990 年，大多数实行承包经营责任制企业的第一轮承包年已经到期。但"八五"计划规定，"八五"期间（1991~1995 年）还要"继续坚持和完善企业承包经营责任制"。[3] 据此，1990 年开展了第二轮承包合同的

---

① 《中国经济年鉴》（1989），经济管理出版社，第Ⅷ–15 页。
② 《中国经济年鉴》（1989），经济管理出版社，第Ⅳ–7 页。
③ 《中国经济年鉴》（1991），经济管理出版社，第Ⅰ–67 页。

签订工作。到 1991 年初，已有 95% 的企业签订了新一轮承包合同。①

在签订第二轮承包合同时，针对当时这方面存在的问题，进一步完善了承包经营责任制。主要是：形成了包括企业的经济效益指标、发展后劲指标和管理指标在内的综合配套的承包指标体系；调整了承包基数和上缴比例；加强了企业的盈亏机制和企业经营者的竞争机制。

总体来说，从 1987 年开始普遍推广企业承包经营责任制以来，国有大中型企业的活力是有增强的。依据对 710 家国有大中型工业企业的调查和统计，1987 年活力强的企业有 113 家，占总数的 15.88%；活力中等的有 376 家，占 52.83%；活力弱的有 221 家，占 31.1%。但到 1991 年，活力强的增加到 157 家，比重上升到 22.11%；活力中等的增加到 358 家，比重下降到 50.42%；活力弱的减少到 195 家，比重下降到 27.47%。企业活力的增强，主要得益于实行承包经营责任制。在被调查的 710 家企业中，实行国家统负盈亏的企业有 18 家，其活力度由 1987 年的 61.3% 下降到 1991 年的 61.0%；而实行承包经营的有 600 家，其活力度由 62.7% 上升到 64.1%。②这些数字表明，在改革的进程中，承包经营责任制是起过积极作用的。

但承包经营责任制仍然有重大缺陷和局限。最明显的是，税利合一，混淆了税利的不同功能；税前还贷，也显得不妥，并弱化了对企业的约束功能。为了克服这些缺陷，在实行承包经营责任制的进程中，也进行了"税利分流、税后还贷、税后承包"的试点。到 1992 年，进行这种试点的企业达到 2500 多户。③但这些试点并不能从根本上克服承包经营责任制的缺陷。

问题在于：在实行承包经营责任制的条件下，承包基数和分成比例等指标确定，取决于政府发包部门与承包企业之间的一对一的谈判，既缺乏科学、统一和平等的标准，又不能适应千变万化的市场。这样，很难避免工资侵蚀利润倾向、企业苦乐不均和鞭打快牛倾向、自发涨价倾向以及奖励和福利基金侵蚀发展基金的倾向。

当然，从根本上说来，承包经营责任制的局限性还在于：它不能真

①《中国经济年鉴》（1992），经济管理出版社，第 47 页。
② 刘树人等：《中国企业活力定量评价》，中国国际广播出版社 1995 年版，第 233、237 页。
③《中国经济年鉴》（1993），经济管理出版社，第 99~100 页。

正做到政企分开，并使企业成为自主经营、自负盈亏的市场主体，不可能使企业经营机制发生根本转变。因而不能从根本上解决企业活力问题。我们在前面列举的 710 家国有大中型工业企业的材料，固然证明了承包经营责任制可以在一定程度上增强企业的活力，但这个材料同时也说明经过 1987~1991 年 5 年的实践，活力中等和活力弱的企业的比重还占到 77.89%。另据 90 年代初对 31 个省、自治区、直辖市和计划单列市的统计分析，在国有大中型工业企业中，有活力的仅占 20%，有潜力搞活的占 50%，无活力的占 30%。① 形成这种活力不强的状况，有多方面的原因，但也证明靠承包经营责任制不能从根本上解决企业活力问题。

还要提到：为了增强国有大中型工业企业的活力，1985 年 9 月国务院批转了国家经委、国家体改委《关于增强大中型国营工业企业活力若干问题的暂行规定》；② 1986 年 12 月国务院又做出了《关于深化企业改革、增强企业活力的若干规定》；③ 1991 年初国务院又提出了增强国营大中型企业活力的 11 条政策措施；同年 9 月中共中央工作会议又提出搞好国营企业的 20 条措施。④ 这里需要着重提到：1992 年 7 月国务院发布的《全民所有制工业企业转换经营机制条例》。⑤ 这个条例全面地规定了作为市场主体的企业应该享有的经营自主权和承担的自负盈亏的责任，是 1979 年以来关于国营企业改革的最好文件。所有这些，虽然在增强活力方面起过一定的作用，但都没有根本改变承包制在增强企业活力方面的乏力状态。这些经验表明：要根本转变企业经营机制，增强企业活力，靠实行承包制是做不到的。

二、对小型企业实行租赁制

租赁经营责任制与承包经营责任制都实现了所有权与经营权的某种分离。但前者分离的程度更大，因而实行租赁经营责任制企业的自主权更大，在它适用的国有小型企业范围内增强企业活力作用也更大。所以，在 1987 年普遍推行承包经营责任制以前，就在一些小企业中进行了租赁经

① 《中国大中型企业改革与发展之路》上册，中共中央党校出版社 1993 年版，第 527 页。

② 《中国经济年鉴》(1986)，经济管理出版社，第 X-13 页。

③ 《中国经济年鉴》(1987)，经济管理出版社，第 X-31 页。

④ 《中国经济年鉴》(1992)，经济管理出版社，第 60 页。

⑤ 《中国经济年鉴》(1993)，经济管理出版社，第 595~601 页。

营责任制的试点。在这以后，对国有小型工业企业，除了对其中的一部分实行承包经营责任制和有偿转让给集体与个人以外，重点是推行租赁经营责任制，并取得了进展。到 1987 年底，在 88000 个国有小型工业企业中，实行租赁经营、承包经营和转让的达到 40000 个，占总数的46%。[①]

为了规范和促进租赁经营责任制的发展，在总结以往经验的基础上，1988 年 6 月国务院发布了《全民所有制小型工业企业租赁经营暂行条例》。[②]该条例对实行租赁经营责任制的一系列重要问题做了明确规定。

该条例所称租赁经营，是指在不改变社会主义全民所有制的条件下，实行所有权与经营权的分离，国家授权单位为出租方将企业有期限地交给承租方经营，承租方向出租方交付租金并依照合同规定对企业实行自主经营的方式。

实行承租经营必须兼顾国家、企业、职工和承租方的利益。承租方可以采取一人承租、合伙承租、全员承租、一个企业承租另一个企业等形式。

承租期限每届为 3~5 年。

承租经营者是企业租赁期间的法定代表人，行使厂长职权，对企业全面负责，并需提供财产或资金担保。

出租方在评估资产的基础上，依据行业和本企业的资金和利润率确定标底，并实行租赁招标。还需订立租赁经营合同，规定出租方和承租方的权利、义务。

租赁经营企业实现的利润依法纳税后，分为承租方的收入（含租金）、企业生产发展基金、职工集体福利基金、职工奖励基金四部分，按规定的比例进行分配。还可在规定的工资总额（包括奖金）范围内，自主确定企业内部的分配。

该条例的贯彻执行，促进了国有小型工业企业租赁经营的进一步发展。

三、实行股份制企业试点

对国有企业推行承包制和租赁制，在某种程度上实现所有权与经营权的分离，也要冲破计划经济体制下形成的传统观念。但国有企业实行

---

①《中国经济体制改革十年》，经济管理出版社 1988 年版，第 797 页。

②《中国经济年鉴》(1989)，经济管理出版社，第Ⅷ–20~22 页。

股份制，遇到的传统观念阻力要大得多。比如，按照传统观念，股份制是资本主义私有制企业的组织形式。因此，在普遍推行承包制和租赁制的时候，还只能在少数有条件的国有大中型企业进行股份制试点。当然，之所以这样做，并不只是由于这一点。主要是因为，推行股份制比推行承包制和租赁制需要严格得多的条件。诸如股份公司和股票市场的组织、运作，以及政府对股份公司和股票市场的管理都需要规范化。否则，就不能发挥股份制的优越性，抑制其负面影响，不能使股份制得到健康发展。但推行股份制，毕竟是实行所有权与经营权分离，使企业成为自主经营、自负盈亏的市场主体的更好的企业组织形式，是实现国有资产保值和增值、筹集资金以及调整经济结构的更有效途径。而所有这些，又都是我国经济改革和经济发展亟需解决的重大问题。因此，股份制企业的试点及其发展，又会呈现出一种不可阻挡的趋势。

1979 年经济体制改革以来，伴随着乡镇企业的发展，出现了一些股份合作制。后来，随着横向经济联合的发展，又有了企业之间的资金合作，开始出现了股份制企业。1984 年以后，在党的十二届三中全会关于要实现所有权与经营权适当分开，使企业成为相对独立的经济实体的精神指导下，股份制的试点才正式展开。比如，1984 年 11 月，上海电声总厂发起的上海飞乐音响公司，就是这期间建立的第一家比较规范的、向社会公开发行股票的股份有限公司，共筹集资金 40 多万元。

1987 年 10 月，党的十三大报告明确提出："改革中所采取的一些措施，例如……发行债券、股票，都是伴随社会化大生产和商品经济的发展必然出现的，并不是资本主义所特有的。社会主义可以而且应当利用它们为自己服务，并在实践中限制其消极作用。""公有制经济本身也有多种形式。除了全民所有制、集体所有制以外，还应发展全民所有制和集体所有制联合建立的公有制企业，以及各地区、部门、企业相互参股等形式的公有制企业。""改革中出现的股份制形式，包括国家控股和部门、地区、企业间参股以及个人入股，是社会主义企业财产的一种组织形式，可以继续试行。"①在这个精神指导下，1987~1989 年上半年，股份制试点又进一步展开，各地股份制试点企业迅速增多。

---

① 《中国共产党第十三次全国代表大会文件汇编》，人民出版社 1987 年版，第 25~31 页。

但在股份制试点初期，在股份制企业的组织和运作方面不按股份制原则办事，行为不规范的情况相当普遍。针对这些问题，国家体改委先后采取了一些措施进行引导，并有一定程度的改进。

但在 1989 年夏季以后，传统的计划经济观念又出现了某种回潮。这时虽然对已经进行试点的股份制企业进行了完善，但总的说来，处于改革前沿的股份制试点实际上出现了停滞状态。

1990 年 12 月中共十三届七中全会提出，并经 1991 年 4 月七届全国人大四次会议通过的《国民经济和社会发展十年规划和第八个五年计划纲要》提出：“继续进行股份制试点，并抓紧制定有关法规。”“在有条件的大城市稳妥地进行证券交易所试点，并逐步形成规范化的交易制度。”[①]于是，继 1990 年 11 月批准建立上海证券交易所之后，1991 年 4 月又批准建立了深圳证券交易所。此后，股份制试点企业又获得了较快的发展。

据对 34 个省、自治区、直辖市和计划单列市的不完全统计，到 1991 年底，全国共有各种类型的股份制试点企业 3220 家（不包括乡镇企业中的股份合作制和中外合资、国内联营企业）。其中，法人持股的试点企业 380 家，占总数的 12%；内部职工持股的 2751 家，占 85%；向社会公开发行股票的 89 家，占 3%。

在这 3220 家股份制试点企业中，按所有制分，原来为集体所有制企业的占 63%，原来为国有企业的占 22%；按行业分，工业企业 1781 家，占 55%，商业企业 942 家，占 30%，另有金融企业 171 家，建筑企业 58 家，交通运输企业 28 家，其他行业 240 家，合计占 15%。可见，在股份制试点企业中，主要是公有制企业和工商企业。

在地区的分布方面，股份制试点企业主要集中在东部地区。其中，内部职工持股的股份制试点企业主要集中在辽宁、山东、黑龙江等省。据统计，这 3 省内部职工持股的股份制试点企业约占全国同类企业的 80%；向社会公开发行股票的股份制试点企业则主要集中在上海、深圳、浙江、四川等地，共 65 家，约占全国同类企业的 73%。

内部职工持股的股份制试点企业，虽然占试点企业总数的绝大多数，

---

① 《中华人民共和国第七届全国人民代表大会第四次会议文件汇编》，人民出版社 1991 年版，第 112、115 页。

但规模都不大。其中，职工持股金额约 3 亿元，占企业股金总额的比重平均不到 20%。而 89 家公开向社会发行股票的股份制试点企业的规模则较大，共有股金总额 58.1 亿元。其中，国家股 27.4 亿元，占总数的 47%；企业法人股 16.8 亿元，占 29%；个人股 8.3 亿元，占 14%；外资股 5.6 亿元，占 10%。

在 89 家向社会公开发行股票的试点企业中，上海、深圳有 34 家在这两市的证券交易所上市，浙江一家企业在上海证券交易所上市。[①]

据统计，1992 年，全国股份制试点企业又发展到 3700 家，在上海、深圳证券交易所公开上市的有 92 家。[②]

股份制试点企业的经验表明：实行这种企业组织形式，有利于根本转变企业经营机制，使企业成为自主经营、自负盈亏、自我发展、自我约束的市场主体，有利于增强企业活力，有利于国有资产的保值和增值，有利于筹集资金，有利于促进经济结构的调整。比如，在我们前面引证过的 710 家企业中，1987~1991 年，实行国家统负盈亏的 18 家企业，其活力度由 61.3% 下降到 61.0%，下降了 0.3%；实行承包制的 600 家企业，其活力度由 62.7% 上升到 64.1%，上升了 1.4%；而实行股份制的 6 家企业，其活力度由 64.6% 上升到 70.4%，上升了 5.8%，原来的活力度最强，上升的速度也最快。[③] 又如，1988~1990 年，深圳 5 家上市公司利润平均每年增长 97%，净资产增长 1.3 倍，增幅远远超出了非股份制企业。再如，上述的向社会公开发行股票的 89 家试点企业，共筹集资金 58.1 亿元，其中有 8.3 亿元是由消费基金转化而来的。[④] 这就不仅迅速地满足了这些企业发展亟须的生产资金，而且大大增强了企业活力，有效地实现了这些企业公有资产的增值。

但在这期间，股份制试点方面仍然存在许多亟待解决的重大问题。①有些试点企业不进行资产评估，或评估过低。在企业内部职工持股的股份制试点企业中，多是以企业账面净产值折股，既未计算土地使用费、厂房和设备的重置价值，也未考虑企业的无形资产；有的甚至根本不进

---

①《股份制企业组建和试点政策汇编》，企业管理出版社 1992 年版，第 25~27 页。

②《中国经济年鉴》（1993），经济管理出版社，第 53 页。

③ 刘树人等：《中国企业活力定量评价》，中国国际广播出版社 1995 年版，第 237 页。

④《股份制企业组建和试点政策汇编》，企业管理出版社 1992 年版，第 28、30 页。

行资产评估。这就引起了公有资产的流失。②有些试点企业不按股份制原则办事。有的试点企业违背股权平等、同股同利原则，对国家股、法人股和个人股实行不同的分红率，一般是个人股高于国家股、法人股。有的试点企业混淆股权与债权、股票收益与利息收入的原则区别，对股票既保息又分红，而且实行股息进成本。有的企业不开股东会，董事会由上级主管部门任命，董事会也不健全，甚至形同虚设。③有关部门对股份制试点企业的管理仍然采取原来的老办法，使得股份制试点企业无法正常运转。④在股票的发行和交易方面，由于供求关系严重失衡，引起股价波动幅度过大，出现过度投机。

解决这些问题的关键，在于使股份制企业和股票市场的组织、运作，以及政府对它们的监管实行规范化和法制化。为此，国家体改委会同政府有关部门于 1993 年 5 月发布了《股份制企业试点办法》。① 该办法依据国际经验并结合我国实际情况就股份制企业试点的一系列基本问题初步做了规定。

1. 股份制企业试点的目的。①转换企业经营机制，促进政企职责分开，实现企业的自主经营、自负盈亏、自我发展和自我约束。②开辟新的融资渠道，提高资金使用效益。③促进生产要素的合理流动，实现社会资源优化配置。④提高国有资产的运营效率，实现国有资产的保值、增值。

2. 股份制企业试点的原则。主要是：坚持以公有制为主体；贯彻国家产业政策；坚持股权平等；不准把公有资产以股份形式分给个人；坚持加强领导、大胆试验、稳步推进、严格规范的原则。

3. 股份制企业的组织形式。主要有股份有限公司和责任有限公司两种组织形式。

4. 股份制企业的股权设置。依据投资主体的不同，股权设置有国家股、法人股、个人股和外资股四种形式。

5. 股份制企业试点的范围。涉及国家安全、国防尖端技术和必须由国家专卖的企业等，不进行股份制试点；国家产业政策重点发展的能源、交通、通信等垄断性较强的行业，可以进行公有资产控股的试点；符合

---

① 《股份制企业组建和试点政策汇编》，企业管理出版社 1992 年版，第 37~44 页。

国家产业政策的竞争性较强的行业，尤其是资金密集型和规模经济要求高的行业，鼓励进行股份制试点。

该办法还对股份制试点企业的审批程序以及政府对股份制企业的管理，做了严格规定。

为了实施该办法，上述政府有关部门还于 1992 年 5 月颁发了《股份有限公司规范意见》和《有限责任公司规范意见》以及与之相配套的股份制试点企业的宏观管理，会计制度，劳动工资管理，税收、审计、财务管理，物资供销管理，土地资产管理等的暂行规定。

这一整套指导股份制试点企业的政策法规，初步为试点企业提供了行为规范，有利于尔后股份制试点企业的健康发展。

四、组建企业集团的试点

实行承包制、租赁制和股份制，可以在不同程度上实现所有权和经营权的分离，并增强企业活力。组建企业集团在这方面也有重要作用。而且，企业集团是国有经济乃至整个国民经济的骨干，是实现结构优化和技术升级的决定性力量，是参与国际市场竞争的主力。事实上，国务院在《关于深化企业改革、增强企业活力的若干规定》中，就把鼓励发展企业集团作为增强企业活力的一条重要措施提了出来。①

1979 年以来，随着经济体制改革的开展，企业自主权的扩大，市场调节和竞争作用的发挥，中心城市综合改革的起步，各地相继组建了一些横向经济联合体。这些经济联合体，既包括地区之间的联合，也包括企业之间的联合。这些经济联合体一出现，就在打破由传统计划经济体制造成的地区封锁和部门分割，企业组织"大而全"、"小而全"和规模不经济，避免重复生产和重复建设，发展专业化协作和规模经济，促进当时正在进行的经济调整等方面，显示出重要作用。

为了促进这种经济联合的健康发展，国务院于 1980 年 7 月和 10 月先后发布了《关于推动经济联合的暂行规定》和《关于开展和保护社会主义竞争的暂行规定》。这两个暂行规定肯定了经济联合和竞争在促进经济的发展与改革方面的积极作用，并就进一步发展经济联合和竞争做了初步

---

①《中国经济年鉴》(1987)，经济管理出版社，第 X–31~32 页。

规定。① 在这两个暂行规定的推动下，企业联合体进一步发展起来。在这个基础上就产生了一些企业集团。这可以看做是企业集团的起步阶段。

1984年10月，党的十二届三中全会《关于经济体制改革的决定》提出："要在自愿互利的基础上广泛发展全民、集体、个体经济相互之间灵活多样的合作经营和经济联合。"② 以此决定为标志，我国经济联合以及与之相联系的企业集团开始进入发展阶段。推动这个发展的有以下三个重要因素：

1. 企业承包制特别是股份制的发展，为企业集团的发展提供了良好的微观基础。

2. 企业兼并的发展是企业集团发展强有力的催化剂。随着市场调节作用的发挥和竞争的展开，企业之间的兼并也就开始发展起来。1986年颁布的《企业破产法》（试行），进一步推动了企业的兼并。③ 以致兼并范围愈来愈大，由最初少数几个城市本地区、本行业内的企业兼并，向全国许多城市跨地区、跨行业的兼并发展；兼并数量愈来愈多。仅依据24个省、自治区、直辖市的不完全统计，1986~1988年就有2739家企业兼并了3265家企业。④

3. 企业之间和地区之间的横向经济联合更大规模的发展，为企业集团的发展提供了更坚实的基础。比如，1981年全国各地主要协作项目有8555个，1984年发展到17000个，1985年超过40000个，当年落实的经济联合项目总金额达到60亿元，比1984年增加了20亿元。⑤

1986年3月，国务院依据对发展横向经济联合的经验的总结，并针对这方面存在的问题，做出了《关于进一步推动横向经济联合若干问题的规定》，就发展横向经济联合（特别是企业之间的横向联合）一系列重要问题做了规定。⑥ 这个规定指出：企业之间的联合，是横向经济联合的基本形式，是发展的重点。企业之间的横向经济联合，要在自愿的基础上，坚持"扬长避短、形式多样、互惠互利、共同发展"的原则，不受地区、

---

① 《中国经济年鉴》（1981），经济管理杂志社，第Ⅱ–128~129页。
② 《中共中央关于经济体制改革的决定》，人民出版社1984年版，第33页。
③ 《中国经济年鉴》（1987），经济管理出版社，第Ⅹ–29~31页。
④ 《中国经济年鉴》（1989），经济管理出版社，第Ⅲ–14~15页。
⑤ 《中国经济体制改革十年》，经济管理出版社1988年版，第294~295页。
⑥ 《中国经济年鉴》（1987），经济管理出版社，第Ⅹ–10~12页。

部门、行业和所有制的限制。要通过企业之间的横向经济联合，发展一批企业集团。

企业之间的经济联合，提倡以大中型企业为骨干，以优质品牌产品为龙头进行组织。联合可以是紧密型的、半紧密型的或松散型的。

发展经济横向联合，要有利于提高经济效益，有利于促进企业组织结构、产业结构和地区布局合理化，有利于形成商品市场、资金市场和技术市场，有利于打破条块分割，实现政企职责分开，以及所有权与经营权分开。

要维护企业横向经济联合的自主权，允许企业自愿参加，自愿退出。政府要积极推动和引导企业横向经济联合，特别是跨地区、跨部门、跨行业之间的经济联合，但要防止继续采取行政办法拼凑所谓经济联合组织。企业之间的横向经济联合组织是企业性的，不能变成行政性的公司。

这个规定还要求政府在改进计划管理，促进物资和资金的横向流通，加强生产与科技结合以及保障经济联合组织的合法权益方面，给以支持。

这个规定进一步推动了企业横向经济联合的发展。在上述各个因素的推动下，企业集团有了较大的发展。据对 28 个省市的统计，到 1988 年底，全国各类企业集团已经达到了 1326 个。其中，大型集团有 100 多个。[1]

总的说来，企业集团的发展对我国经济的发展和改革起了积极作用，但真正符合规范要求的不多。于是，1987 年 12 月，国家体改委和国家经委依据国务院的有关规定，联合提出《关于组建和发展企业集团的几点意见》，以期规范企业集团的发展。[2]

但企业集团规范化，要经过很长的时间。这样，1991 年 8 月，国家计委、国家体改委、国务院生产办公室根据国务院关于选择一批大型企业集团进行试点的精神，就实现这项任务向国务院提出了请示意见。[3]

企业集团进行试点的目的是：促进企业组织结构的调整；推动生产要素合理流动；形成群体优势和综合功能；提高国际竞争能力；提高宏观调控的有效性。

---

① 《中国经济年鉴》(1989)，经济管理出版社，第Ⅲ-5 页。
② 《中国经济年鉴》(1988)，经济管理出版社，第Ⅸ-17 页。
③ 《中国大中型企业改革与发展之路》下册，中共中央党校出版社 1993 年版，第 247~249 页。

　　试点企业集团必须具备的条件是：有一个实力强大、具有投资中心功能的集团核心和多层次的组织结构；企业集团的核心企业与其他成员之间，要通过资产和生产经营的环节组成一个有机的整体，但各自都具有法人资格。

　　选择试点企业集团要遵循的原则是：符合国家经济发展战略和产业政策，在生产建设和出口创汇中占有重要地位；提倡采取公有制企业间相互参股的形式，协调中央和地方、核心企业与成员企业之间的利益关系；提倡发展跨地区、跨部门的竞争性企业集团，不搞行业垄断与地区封锁；坚持政企职责分开，企业集团的核心企业不能承担政府的行政管理职能，也不能把行政性公司翻牌为企业集团；既要积极引导，又要谨慎稳妥，切忌一哄而起。

　　这个请示意见还就企业集团的内部管理以及政府对企业集团的管理提出了要求。

　　1991年12月14日，国务院在批转国家计委、国家体改委、国务院生产办公室《关于选择一批大型企业集团进行试点请示的通知》中提出：决定选择一批大型企业集团进行试点。

　　这个决定的贯彻执行，推动了企业集团试点的规范化。

五、国有资产管理改革的起步

　　1985~1992年，在有计划的商品经济理论指导下，国有资产管理体制改革正式起步。如前所述，有计划的商品经济具有从计划经济向社会主义市场经济过渡的特点。与此相联系，国有企业作为相对独立的商品生产者和经营者也具有从作为政府行政机关附属物向作为市场主体过渡的特点。这样，一方面，国有资产所有权与经营权有了更大程度的分离；另一方面，国有资产管理机构也适应这种分离的需要而初步建立起来。

　　随着企业经营权的扩大，进一步增强了企业的活力。但国有资产管理体制改革滞后于国有企业改革的现象更趋于严重，以致国有资产监管工作没有跟上。于是，国有企业工资侵蚀国有利润现象更趋于严重，国有资产流失现象泛滥。正是这种实践呼唤加强国有资产的监管，建立国有资产管理机构。

　　适应这一要求，1988年1月，国务院正式决定，建立国家国有资产管理局，把国有资产的产权管理职能从政府的行政管理职能和一般经济管理职能中分离出来，由该局统一归口管理。同年3月25日，七届全国人大一次会议通过的政府工作报告中又明确指出："要抓紧建立国有资产管理体制。"4月9日全国人大批准了国家国有资产管理局的建立。8月31日，国家机构编制委员会审议并确定了国家国有资产管理局的"三定"方案。这是一个很重要的法规性文件，它不仅涉及国家国有资产管理局这个机构如何建立的问题，更重要的是，它也初步提出了构建中国新的国有资产管理体制的一些基本原则，使这项艰难的起步工作有了比较明确的方向和法制依据。根据"方案"的规定：国家国有资产管理局作为国有资产的代表者，是国务院专门管理国有资产的职能机构；而且，将按照"统一领导、分级管理"的原则（"方案"的提法是"统一政策、分级管理"，以后的文件改成了现提法），逐步建立起从中央到地方的国有资产管理体系。它的任务是，对中华人民共和国境内和境外的全部国有资产（包括固定资产、流动资产和其他国有资产）行使管理职能，重点是管理国家投入各类企业（包括中外合资、合作企业）的国有资产。为了维护全民所有制财产，保护所有者的利益，国家赋予它行使国有资产所有者的代表权、国有资产监督管理权、国家投资和收益权以及资产处置权等权力。

国家国有资产管理局主要职责是：①会同有关部门制定国有资产管理的政策、法规及规章制度并组织实施。②负责国有资产的清产核资、产权界定、进行产权登记、处理产权纠纷、建立健全国有资产管理信息系统等基础性管理工作。③会同有关部门按照分级监管的体制决定或批准企业国有资产的经营形式和国有企业的设立、合并、分立、终止、拍卖、审批产权变动和财务处理的重大问题，组织清算和监缴被撤销、解散企业的国有资产。④对国家投资的分配和国有资产重大投资项目提出意见和建议，并对投资效益进行重点跟踪监测。⑤参与研究国有企业税后利润和国家股权收益的分配方案，并监缴国有资产产权收益。⑥会同有关部门制定考核国有资产保值增值的指标体系。监督、考核和评价企业国有资产的资产负债、经营损益等财务状况。⑦会同有关部门研究制定资源性国有资产管理和行政事业单位国有资产的制度和方法，参与处理重大产权纠纷。⑧制订国有资产评估的法规和管理制度并监督、检查执行情况。

在国有资产管理局建立以后，主要进行了以下工作：①调查研究，摸清家底。各级国有资产管理机构组建后，认真贯彻了国务院《关于加强国有资产管理工作的通知》精神，对中央和地方在境内外国有资产存量、分布、管理、效益等情况进行了调查，对国有资产在承包、租赁、中外合资、股份制、集团经营、企业兼并等改革中出现的问题进行了调查。通过调查研究，摸清了家底，为有针对性地制定国有资产管理工作的方针政策打下了基础。②进行了清产核资的准备工作。1991 年 3 月，国务院成立了清产核资领导小组。清产核资工作从 1992 年开始试点，清产核资的范围是全民所有制企业、事业单位、党政机关、社会团体、军队和武警，以及由其投资或举办的国内其他企事业单位。重点是清查核实各企业中的国有资产。③开展了产权变动中的国有资产评估工作。1990 年底，据辽宁、上海等 8 省市的不完全统计，已对 34.47 亿元的国有资产进行了评估，评估后资产平均升值率为 67.7%。④参与了清理整顿公司工作，防止在公司"撤、并、转"过程中国有资产流失。⑤清理整顿境外国有资产产权。针对许多境外国有资产长期以个人名义在当地注册带来的弊端，国有资产管理局会同财政部，对以个人名义在境外注册的企业办理了明确产权归属的法律手续。⑥参与了完善承包制的工作。据北京、山西、湖北等 6 个省市的统计，国有资产管理部门参与发包的企业已占承包企业总数的 61%。⑦初步建立了国有资产年度报告制度。根据编报汇总结果，1991 年末全国国有资产总额为 26846 亿元。其中，经营性国有资产为 19536 亿元，占 72.8%；非经营性国有资产为 7310 亿元，占 27.2%。[①]⑧进行了国有资产管理体制改革的试点工作。

上述情况表明：国有资产管理局的建立，是中国国有资产管理体制改革正式起步的主要标志，并推动了国有资产产权的管理工作。

但是，正像有计划的商品经济和作为相对独立的商品生产者和经营者的企业具有过渡性的特征一样，1988 年建立的国有资产管理局也是如此。其突出表现是：既建立了负责国有资产管理的机构——国有资产管理局，又仍然保留了原有的政府职能部门承担的国有资产管理职能。这就意味着前述的计划经济体制下国有资产管理的四个特征并没有根本性

---

① 彭成洪主编：《国有资产管理》，中国财政经济出版社 2002 年版，第 58~59 页。

的转变。而这一点正是国有资产管理局不能真正发挥其应有作用的根本原因。因为在其他政府管理部门职能还没有根本转变的情况下，国有资产所有者职能的专业化，必然要受到原来的既有权力和利益格局的掣肘。国有资产管理这种混乱局面不仅使得新成立的国有资产管理局难以发挥其作用，甚至在客观上还加剧了国有资产严重流失的局面。不仅如此，这种状况也使得政企分开不能从根本上得到实现，国有企业不能成为市场主体。因此，深化国有管理体制改革，就成为一个紧迫的任务。

第二节 国有工业企业内部的制度改革与经营管理

一、普遍推行厂长负责制

1985~1992 年间，国有企业内部的制度改革主要包括两方面：①普遍推行厂长负责制。②人事、劳动、工资制度的改革。

1984 年 5 月六届全国人大二次会议正式宣布：逐步将国营企业党委领导下的厂长负责制改为厂长负责制。1984 年 10 月党的十二届三中全会又强调了要实行厂长负责制。据此，先在北京、天津、上海、沈阳、大连、常州 6 个城市进行了厂长负责制试点。依据这些试点经验的总结，并且为了规范厂长负责制，以及厂长与企业党组织和职代会之间的关系，1986 年 9 月，中共中央、国务院颁发了《全民所有制工业企业厂长工作条例》、《中国共产党全民所有制工业企业基层组织工作条例》和《全民所有制工业企业职工代表大会条例》。[①] 在这些条例的规范和推动下，厂长负责制在企业中迅速推开。

为了使厂长负责制取得更有力的法律保障，依据推行厂长负责制经验的进一步总结，1988 年 4 月七届全国人大一次会议通过的《中华人民共和国全民所有制工业企业法》，又对厂长负责制做了专门的规定。[②] 如果仅就国有企业内部制度的改革来说，实行厂长负责制，是这部工业企业法的灵魂。

这些条例和法律对厂长负责制以及企业基层党委和职工代表大会的

①《中国大中型企业改革与发展之路》下册，中共中央党校出版社 1993 年版，第 192~197 页。
②《中国经济年鉴》(1989)，经济管理出版社，第Ⅷ-15 页。

职权做了明确规定。

（一）关于厂长负责制

厂长的产生和任期。其产生方式，一是主管部门委任或者招聘；二是企业职工代表大会选举。政府主管部门委任或者招聘的厂长人选，须征求职工代表的意见；企业职工代表大会选举的厂长，须报主管部门批准。厂长实行任期制，每届任期3~5年，可以连任。

厂长的地位和职权。厂长是企业法定代表人。企业建立以厂长为首的生产经营管理系统。厂长在企业中处于中心地位，对企业的物质文明和精神文明建设负有全面责任。厂长依法领导企业的生产经营管理工作，行使下列职权：决定或者报请审查批准企业计划；决定企业行政机构设置；提请政府主管部门任免或者聘任、解聘副厂级行政领导干部；任免或者聘任、解聘企业中层行政领导干部；提出工资调整、奖金分配和福利基金使用的方案，以及重要的规章制度，提请职工代表大会审查同意或审议决定；奖惩职工，提请政府主管部门奖惩副厂级行政领导干部。

企业设立管理委员会。该委员会协助厂长决定企业的重大问题。其成员由企业各方面负责人和职工代表组成。厂长任主任。

厂长的奖惩。厂长在领导企业完成计划、提高产品质量和服务质量、提高经济效益和加强精神文明建设等方面成绩显著的，由政府主管部门给予奖励。厂长在工作中发生过错，也由主管部门依据情节轻重给予处分。[①]

（二）关于党的企业基层组织

企业中党的基层委员会的主要任务：保证和监督党和国家各项方针、政策的贯彻实施；搞好企业党的思想建设、组织建设，改进工作作风；支持厂长实现任期目标和生产经营的统一指挥，做好职工思想政治工作；加强对群众组织的思想政治领导，做好群众工作。

保证和监督的主要内容：企业生产经营的社会主义方向；企业职工能够充分享有民主权利；企业正确处理好国家、企业和职工三者利益关系；企业遵纪守法，维护国家利益和企业的合法权益；企业和厂长正确

---

① 这里需要补充指出：1986年12月国务院《关于深化企业改革增强企业活力的若干规定》对厂长的奖惩问题还做了具体规定："凡全面完成任期内年度责任目标的，经营者的个人收入可以高于职工平均收入的1~3倍。做出突出贡献的还可以再高一些。完不成年度责任目标的，应扣减厂长的个人收入。"见《中国经济年鉴》（1987），经济管理出版社，第X-31页。

执行党的方针、政策。

保证监督的主要方法：组织党员、干部学习党和国家的方针、政策、法律、法规，发挥党员的先锋模范作用；定期听取厂长的工作报告，提出意见和建议；加强纪律检查工作；健全党的组织生活制度，开展批评与自我批评；通过各种形式监督干部。

（三）关于职工和职工代表大会

职工有参加企业民主管理的权利；有享受劳动保护、劳动保险、休息、休假的权利；有对领导干部提出批评和控告的权利。

职工代表大会是企业实行民主管理的基本形式，是职工行使民主管理权力的机构。职工代表大会行使下列职权：听取和审议厂长关于企业的经营方针、长远规划、年度计划、基本建设方案、重大技术改造方案、职工培训计划、留用资金分配方案、承包和租赁经营责任制方案的报告；审查同意或者否决企业的工资调整方案、奖金分配方案、劳动保护措施、奖惩办法以及其他重要的规章制度；审议决定职工福利基金使用方案、职工住宅分配方案和其他有关职工生活福利的重大事项；评议、监督企业各级行政领导干部，提出奖惩和任免的建议；根据政府主管部门的决定选举厂长，报政府主管部门批准。

在这些条例和法律的推动下，厂长负责制在国有工业企业中，以燎原之势迅速铺开。到 1987 年 12 月底，国有工业企业实行厂长负责制的已达 4.4 万个，占同类企业总数的 77%。1988 年底，全国有 95% 的国有工业企业实行了厂长负责制。根据 29 个省、自治区、直辖市和国务院 34 个部委对 2.76 万个已经实行厂长负责制的工业企业的统计分析，厂长能够较好地行使指挥权、决策权、用人权，党政工三者关系协调，企业工作有很大起色的占 40%；工作有起色、效果一般的占 50%；问题较多、领导班子内部不团结的占 10%。[①]可见，厂长负责制对我国经济发展起了积极的推动作用。

显然，上述各项条例和法律仍然是以政企不分为前提的。因此，按照这些规定实行的厂长负责制，同现代企业制度所要求的法人治理结构

---

① 《中国经济体制改革十年》，经济管理出版社 1988 年版，第 236 页；《中国经济年鉴》（1989），经济管理出版社，第Ⅲ-4 页。

还有重大差别。但这些条例和法律，相对于 1983 年国务院颁发的《国营工业企业暂行条例》规定的党委领导下的厂长负责制来说，仍不失为我国工业企业领导制度的重大变革。

二、改革企业内部的人事、劳动和工资制度

在计划经济体制下，在人事、劳动和工资制度方面，事实上逐步形成了干部任职终身制、职工就业终身制和分配方面的平均主义；这三方面的形象说法是"铁交椅"、"铁饭碗"和"大锅饭"。市场取向的改革，在人事、劳动和工资方面，就是要根本改变"铁交椅"、"铁饭碗"、"大锅饭"。

（一）人事制度的改革

这期间人事制度的改革，主要就是前面说过的由党委领导下的厂长负责制改为厂长负责制。除此以外，还开始进行了以下两项重要改革：

1. 实行公开招标选聘承包经营者。1987 年普遍推行承包经营责任制以后，就开始试行通过公开招标的方式，择优选聘承包经营者。到1987 年，全国实行承包制的国有工业企业中，通过公开招标选聘承包经营者的约占 30%。[①] 有些地方还开始建立承包经营者市场。经验证明：通过公开招标选聘承包经营者，不仅有利于优化承包经营方案，而且有利于克服"铁交椅"的弊端，有利于经营者市场的形成，有利于企业家的成长。

2. 干部聘任制。这期间开始推行这项制度的范围，不仅限于企业主管部门对厂长的聘任，而且扩及厂长对副厂长、中层干部和技术人员的聘任。实行这种制度，要求有明确的聘任期内的目标责任制。聘任期满以后，依据完成目标责任状况，决定是否续聘和奖惩。随着承包经营责任制和厂长负责制的实行，干部聘任制也在许多企业逐步开展起来。并且，对"铁交椅"形成了强大冲击。

（二）劳动制度的改革

1980 年以后，我国就开始了劳动制度的改革。到 80 年代中期，这项改革已经取得了很大进展。依据这项改革经验的总结，1986 年 7 月，国务院发布了关于劳动制度改革的 4 个规定。即《国营企业实行劳动合同制暂行规定》、《国营企业招收工人暂行规定》、《国营企业辞退违纪职工暂行

① 《中国大中型企业改革与发展之路》下册，中共中央党校出版社 1993 年版，第 64 页。

规定》和《国营企业职工待业保险暂行规定》。[①]1988 年 4 月七届全国人大一次会议通过的《中华人民共和国全民所有制工业企业法》,[②]以及 1992 年 7 月国务院发布的《全民所有制工业企业转换经营机制条例》,[③]对劳动制度改革问题做了进一步规定。

1. 企业享有劳动招工权。企业按照面向社会、公开招收、全面考核、择优录用的原则,自主决定招工。

2. 企业有权决定用工形式。企业可以实行合同化管理或者全员劳动合同制。企业可以与职工签订有固定期限、无固定期限或者以完成特定生产工作任务为期限的劳动合同。企业和职工按照劳动合同规定,享有权利和承担义务。

3. 企业有权在做好定员、定额的基础上,通过公开考评,择优上岗,实行合理劳动组合。对富余人员,企业可以采取发展第三产业、厂内转岗培训、提前退出岗位休养以及其他方式安置;政府有关部门可以通过厂际交流、职业介绍机构调剂等方式,帮助其转换工作单位。富余人员也可以自谋职业。

4. 企业有权依照法律、法规和企业规章,解除劳动合同、辞退、开除职工。对被解除劳动合同、辞退和开除的职工,待业[④]保险机构依法提供待业保险金,劳动部门应当提供再就业机会。

5. 待业保险基金的筹集和使用。职工待业保险基金的来源是:企业按照其全部职工标准工资总额的 1%缴纳的待业保险基金;职工待业保险基金存入银行后,由银行按国家规定支付的利息;地方财政补贴。

职工待业保险基金的开支是:宣告破产的企业职工和濒临破产的企业法定整顿期间被精简的职工,在待业期间的待业救济金、医疗费和救济费;上述两类企业的已经离休、退休职工或符合离休、退休条件的职工的离休、退休金;企业辞退职工和终止、解除合同的工人,在待业期间的待业救济金和医疗补助费;待业职工的转岗训练费和生产自救费等。

---

①《中国大中型企业改革与发展之路》下册,中共中央党校出版社 1993 年版,第 188~192 页。

②《中国经济年鉴》(1989),经济管理出版社,第Ⅷ—15 页。

③《中国经济年鉴》(1993),经济管理出版社,第 595~601 页。

④ 在中国由计划经济体制向市场经济体制转轨时期,待业和失业这两个概念有一定程度的区别,但主要内容是相同的。所以,本书除引文以外,多用失业这个概念。

（三）工资制度的改革

1979 年以后，我国就开始了工资制度的改革。但在 1985 年以前，主要还是伴随扩大企业自主权，扩大了企业对奖金的分配权。此外，还有一些企业进行了两方面试点：一是工资总额与经济效益挂钩浮动；二是试行新的工资形式。但在 1985 年以后，特别是随着以实行承包制为重点的经济体制改革的扩展，工资制度改革也向前发展了。

为了贯彻党的十二届三中全会《关于经济体制改革的决定》的精神，国务院于 1985 年 1 月发布了《关于国营企业工资改革问题的通知》，就国营企业工资改革一系列问题做了明确规定。[①] 1992 年 7 月，国务院发布的《全民所有制工业企业转换经营机制条例》，又对工资改革问题做了进一步规定。[②]

从 1985 年起，在国营大中型工业企业中，实行职工工资总额同经济效益挂钩的制度。

1. 企业的工资总额依照政府规定的工资总额与经济效益挂钩的办法确定，企业在提取的工资总额内，有权自主使用、自主分配。

2. 要从实际出发，选择能够反映企业经济效益的指标，作为挂钩指标。工业企业一般可以实行工资总额与上缴利税挂钩，产品单一的企业可以同最终产品的销量挂钩。政策性亏损企业，可以按减亏幅度作为主要经济指标与工资总额挂钩。经营性亏损企业，在扭亏为盈以后，工资总额才可以随经济效益按比例浮动。

3. 企业工资总额与经济效益挂钩浮动的比例，一般上缴利税总额增长 1%，工资总额增长 0.3%~0.7%，某些特殊行业和地区，可以超过 0.7%，但最多不超过 1%。上缴利税下降时，工资总额要相应下浮。为了保证职工的基本生活，下浮工资总额可做适当限制。

4. 企业内部的工资改革，要贯彻按劳分配原则，体现奖勤罚懒、奖优罚劣，体现多劳多得、少劳少得，体现脑力劳动和体力劳动、简单劳动和复杂劳动、熟练劳动和非熟练劳动、繁重劳动和非繁重劳动之间的合理差别。至于具体工资分配形式，是实行计件工资还是计时工资，工

①《中国大中型企业改革与发展之路》下册，中共中央党校出版社 1993 年版，第 171~172 页。
②《中国经济年鉴》（1993），经济管理出版社，第 595~601 页。

资制度是实行等级制，还是实行岗位（职务）工资制、结构工资制，是否建立津贴、补贴制度，以及浮动工资、浮动升级等，均由企业根据实际情况，自行研究决定。但不论实行什么工资形式和工资制度，都必须同建立、健全以承包为主的多种形式的经济责任制结合起来，层层落实，明确每个岗位、每个职工的工作要求，使职工的劳动报酬与其劳动贡献挂起钩来。

至于国营小型工业企业，按照国家有关规定，继续实行全民所有、集体经营、照章纳税、自负盈亏的办法，在缴足国家税收、留足企业发展基金之后，由企业自主分配。

1988 年，在 40 多万个国营企业中，已有 80%的企业在不同程度上推进了企业内部分配制度的改革。这些工资改革对提高经济效益起了有益的作用。据有关部门 1989 年调查，实行工资总额与经济效益挂钩的企业的利税率，比没有实行挂钩的企业要高出 5 个多百分点，而工资增长率要低 1~2 个百分点。①

但是，上述企业内部的人事、劳动和工资改革，像承包经营责任制和厂长负责制一样，都是以政企不分为前提的，因而本身就存在很大局限性。而且在执行中也存在诸多问题。但它们毕竟是市场取向改革中的一个过渡环节，是起了有益作用的。

三、加强企业经营管理

1976 年粉碎"四人帮"以后对企业进行的整顿，特别是 1979 年以后对企业进行的整顿，使企业面貌发生了很大变化。但是，由于计划经济体制还未根本改革，企业经营管理人员素质不高，以及以包（各种形式的承包经营责任制）代管（企业管理）倾向等多种因素的影响，企业经营管理落后的面貌并没有根本改变。其突出表现是许多企业产品质量差，物质消耗高，经济效益差。这种情况不适应市场取向改革的要求，也不适应社会主义现代化建设的要求。为此，1986 年 7 月国务院发布了《关于加强工业企业管理若干问题的决定》。②

1. 要把提高产品质量、降低物质消耗和提高经济效益，作为考核企

---

① 《中国经济年鉴》（1989），经济管理出版社，第Ⅳ-48 页。
② 《中国大中型企业改革与发展之路》下册，中共中央党校出版社 1993 年版，第 186~187 页。

业经营管理水平的主要指标。为此，提出国家特级企业、国家一级企业、国家二级企业和省（自治区、直辖市）级先进企业的主要标准。

国家特级企业的主要标准是：主要产品质量和物质消耗指标达到国际先进水平，进入世界先进行列。国家一级企业的主要标准是：主要产品质量达到国际 20 世纪 70 年代末 80 年代初的先进水平，主要物质消耗指标达到 1985 年国内同行业先进水平。国家二级企业的主要标准是：有在国内同行业领先、适合市场需要的优质名牌产品，主要物质消耗指标达到1985 年国内同行业先进水平。省（自治区、直辖市）级先进企业的主要标准是：有在省内同行业领先、适合市场需要的优质名牌产品，主要物质消耗指标达到 1985 年省（自治区、直辖市）内同行业先进水平。

2. 为了实现上述目标，要积极推行和完善全面质量管理，建立质量保证体系；要认真搞好节约能源、降低物质消耗工作；要加强企业管理基础工作，加快企业管理现代化步伐，大力推进企业的技术进步，加快产品更新换代和技术改造；要加强财务管理，搞好经济核算；要改进和加强经营工作，从生产型转变为生产经营型；要认真抓好生产安全工作。

3. 为了加强企业的经营管理，要普遍推行厂长负责制，同时健全职工民主管理制度；要完善和发展企业内部的经济责任制，做到责权利相结合；要切实搞好职工培训，不断提高职工队伍素质；要加强劳动纪律，从严治厂；要加强和改进思想政治工作。同时，政府各级经济管理部门要贯彻政企分开原则，保证企业的正当权益，并从多方面为企业提高经营管理水平创造良好的外部环境。

上述各项加强企业经营管理规定的贯彻执行，使企业管理基础工作有所加强。许多企业抓了标准化、计量、定额、信息、规章制度、基础教育、班组建设七项管理建设并取得了一定成效。据教育和劳动部门统计，1989 年培训的工人达 1830 万人，占工人总数的 24.5%；其中，岗位和技术业务培训的职工分别为 490 万人和 1340 万人。在大中型企业中，各种定额已建立起来。据机电、冶金、化工、纺织等 11 个部门不完全统计，已制定劳动、物资、资金、费用等各项劳动定额 20 多万项。其中，当年制定的有 800 多项，定额覆盖面已占全部生产工人的 50%以上。在产品技术标准方面，据国家技术监督局统计，全国工业企业制定和修订的国家标准 2652 个，国家标准的累计数已达 1.6 万个，其中 70%达到国际 70 年代末 80 年代初的水平，部分已达当代世界先进水平；制定各行各业的专业标准，当年有 1257 个，累计数已达 5500 多个。计量工作也有发展，全国制定一级计量合格标准的企业有 150 个，累计数已达 734 个；制定二级计量合格标准的企业有 1800 个，累计数已达 12000 多个。这些企业的计量器具配备率、计量检测率，都在 90% 以上。同时，一批管理基础好的大中型企业，结合技术进步，用现代化管理技术来改进传统的管理方式，创造了一些具有特色的管理方法。归纳起来大体有：企业整体优化法、专业系统控制法和生产现场规范管理法三大类。与此同时，各地区、各部门还抓了以"抓管理、上等级，全面提高素质"为主要内容的企业升级工作。1987~1990 年通过企业自愿申请、地区和部门推荐，主管部门严格考核，审定了一级企业 133 个；二级企业 4211 个，其中工业企业 3629 个，占二级企业的 86.2%，占预算内工业企业总数的 9.3%；省、自治区、直辖市审定的先进企业 18000 个。据 45 个国家一级企业与升级前的 1985 年相比，60% 的产品质量上了一个等级，利润、消耗和效益指标，大大优于同行业的平均水平。其中，百元资金利税率高出 3.28 倍，人均实现利税高出 5.8 倍，全员劳动生产率高出 3.96 倍。

合理化建议和劳动竞赛活动，在各地普遍展开。据全国总工会发布的公报，全国有 139 万职工提出各类合理化建议 1389 万件，其中被采纳的 653 万件。在已实施的合理化建议中，能计算价值的 176 万件，创造和节约的价值达 156 亿元。同时，全国有 371 万个基层单位开展了社会主义劳动竞赛，为国家多创经济效益 100 亿元。[1]

但是，企业经营管理改善状况很不理想。比如，1984~1992 年，国营独立核算工业企业资金利税率由 24.2% 下降到 9.71%；亏损企业亏损总额由 26.61 亿元增加到 369.27 亿元。[2]当然，造成这种经济效益大幅度下降的原因是多方面的。举其要者有：由农产品和基础工业产品价格上扬、工资上升和贷款利息增长而导致的企业成本大幅上升，由乱收费、乱摊派、乱罚款而导致的企业收入的大量流失，等等。但上述经济效益下降状况也表明这期间企业经营管理水平并无显著提高。

---

① 《中国经济年鉴》(1990)，经济管理出版社，第 II-18 页；《中国企业管理年鉴》(1991)，企业管理出版社，第 595 页。

② 《中国统计年鉴》(1985)，第 375 页；《中国统计年鉴》(1993)，第 430、438 页。

第二章　非国有经济的改革与发展

第一节　城镇集体经济的改革与发展

一、城镇集体经济的改革

党的十一届三中全会以后，就开始纠正过去长期存在的根本否定集体所有制，用管理国营企业办法管理集体企业的"左"的错误，并在把经营自主权归还于集体企业、改统负盈亏为自负盈亏等方面取得了重要进展。但由于各种因素的制约，这方面的正确政策并没有得到有效的贯彻；而且，已经取得的改革成果并不巩固，甚至有反复。有的地方城镇集体企业的主管部门将已归还企业的自主权又收回来。这是其一。其二，20世纪50年代建立起来的集体所有制实现形式的本身，也需要适应生产力发展的要求，并依据改革经验的总结来进行改革。其三，伴随国营经济改革的深入发展，集体经济的改革，也显得更迫切了。凡此种种情况表明，城镇集体的经济改革，仍然是这期间的一项重要任务。而且，这方面的改革仍然是这期间城镇集体发展的一个最重要动力。

为此，1984年10月，轻工业部、全国手工业合作总社依据党的十二届三中全会《关于经济体制改革的决议》做出了《关于轻工业集体企业若干问题的暂行规定》。同年11月，国务院批转了这个规定。① 依据这些决

① 《中国经济年鉴》(1985)，经济管理出版社，第 X–27 页。

议和规定，这期间在城镇集体工业方面进行了以下七项重要改革：

1. 进一步维护集体所有制，把集体企业应该享有的权利全部归还给企业。为此，1986 年 6 月，国务院就批转轻二部、全国手工业合作总社《关于纠正平调二轻集体企事业资产问题的报告》发出通知，要求保护集体经济的合法权益，禁止任何组织或个人用任何手段侵占或破坏集体财产。要求各地区各部门对本地区所发生的平调二轻集体企事业资产的问题，进行一次认真检查，并采取坚决措施加以纠正。①

2. 广泛推行以承包制为重点的多种形式的经营责任制。20 世纪 80 年代初，各地城镇集体企业就开始实行多种形式的承包经营责任制。到 1984 年底，实行这种责任制的城市集体企业已经达到总数的 70%；到 1985 年底，又上升到 85%。1987 年国营企业普遍实行承包经营责任制以后，城市集体企业的承包经营责任制又得到了进一步发展，并借鉴国有企业实行公开竞争招标和抵押承包的经验，将竞争机制和风险机制引入承包制，进一步完善了这种责任制。

在城市集体企业普遍实行承包经营责任制的同时，有些小型集体企业也开始试行租赁经营责任制。1988 年 6 月，国务院发布的《全民所有制小型工业企业租赁经营暂行条例》明确提出："集体所有制工业企业实行租赁经营的，可参照本条例执行。"②在这个精神的指导下，租赁制在城市集体企业中得到了进一步发展和完善。

3. 开始推行股份合作制和股份制。如果说，推行以承包制为重点的多种形式经营责任制，还只是实行所有权和经营权分离的改革，那么，实行股份合作制，则是一种更根本的产权制度改革。因为在这里既有劳动的联合，又有资本的联合；收入分配也是根据劳动和资本这两种要素进行的。但这种制度在 20 世纪 50 年代中期我国手工业合作化过程中就已经产生了。后来，由于急于求成的"左"的错误，否定了这种适合我国社会生产力要求的、很有生命力的制度，代之以完全劳动联合并完全按劳分配的手工业生产合作社。然而，改革以后在有些城镇集体企业中试行的股份合作制，又不是完全重复过去的做法。比如，仅就资本入股

---

①《改革开放十四年纪事》，中共中央党校出版社 1993 年版，第 593 页。这里需要说明：我国轻工系统包括一轻系统和二轻系统，属于前者的是国营工业，属于后者的是集体工业。

②《中国经济年鉴》(1989)，经济管理出版社，第Ⅷ-22 页。

来说，就不只是集体企业成员的个人资本，还有集体企业的资本（由集体企业自身积累而来），以及国家和联社的投资。

相对股份合作制来说，股份制则更是一种根本性产权制度改革。因为这里只有资本的联合，而且股份制是公司制中的一种最发展的形态。当然，这两种制度各有适用的条件和范围以及各自具有的优越性和局限性。这期间，在城镇集体企业中也开始实行股份制。依据对 34 个省、自治区、直辖市和计划单列市的不完全统计，到 1991 年底，全国共有各种类型的股份制企业 3220 家，其中原来为城镇集体企业的就占到总数的63%。[①]

4. 在发展横向联合的基础上，组建企业集团。像国有企业一样，随着竞争的开展，城镇集体企业之间以及它与其他各种所有制企业之间的横向联合也发展起来。在这个基础上，许多企业集团也组建起来。这期间组建起来的企业集团主要有以下四种形式：①由联合或兼并形成的专业化企业集团。如由 32 家企业联合建成的广东半球实业集团。②由多家企业参股形成的股份制企业集团。如由 150 多个入股成员组成的金狮集团股份有限公司。③由工贸结合形成的企业集团。如广州万宝电器集团公司。④以资产为纽带，集生产、经营和服务于一体的综合性企业集团。如浙江二轻企业集团。

5. 在对外开放方面也取得了重要进展。对外开放是经济改革的延伸和重要内容。改革以来，城镇集体企业（特别是东南沿海地区的城镇集体企业）在引进外国资金和技术、发展对外贸易以及举办"三来一补"、中外合资企业和中外合作企业等方面，发挥了愈来愈重要的作用。到 20世纪 80 年代中期以后，随着全国对外开放事业的发展，这种作用就更为明显。到 1988 年全国轻工系统累计利用外资总额已达 15.1 亿美元，占当年全国利用外资总额 102.26 亿美元的 14.8%。[②]其中，1115 个中外合资和合作经营企业直接吸收外资 5 亿美元；引进技术、设备 2 亿美元；"三来一补"费用 3 亿美元；外国贷款 4.2 亿美元。

6. 推行厂长负责制。以上五方面的改革，主要是涉及城镇集体企业

---

① 《股份制企业组建和试点政策汇编》，企业管理出版社 1992 年版，第 25~27 页。
② 《中国统计年鉴》（1993），第 647 页。

的外部改革。第六点是城镇集体企业的内部改革。80年代初，在城镇集体企业中就开始进行厂长负责制改革试点。1984年，党中央、国务院决定在国有企业逐步推行厂长负责制以后，厂长负责制也在城镇集体企业中推行开来。到1986年底，辽宁省二轻系统已有81%的城镇集体企业实行了厂长负责制，其中部分企业还实行了厂长任期目标责任制。全国其他各省在这方面的情况也大体类似。

7. 实行职工退休费统筹。改革以前，城镇集体企业职工的退休费，都由各个企业自己支付，但由于有些企业经营状况不佳和退休职工人数增加等方面的原因，支付不了。为此，轻工业部依据国务院的精神在1984年和1985年两次发出关于轻工业集体企业实行退休费用统筹的规定，要求二轻系统集体企业退休费由企业自支逐步转向社会统筹。到90年代初，大体实现了这个转变过程，从而初步解决了城镇集体企业职工老有所养的问题。

以上各项改革都是初步的、不规范的、不巩固的。为了巩固和规范已有的改革，把改革进一步推向前进，同时也为了规范和加强城镇集体企业内部的管理，依据改革经验的总结，1991年9月国务院发布了《城镇集体所有制企业条例》。

二、《城镇集体所有制企业条例》的主要内容[①]

城镇集体企业的性质。城镇集体所有制企业是财产属于劳动群众集体所有，实行共同劳动，在分配方式上以按劳分配为主体的社会主义经济组织。

集体企业应当遵循的原则是：自愿组合、自筹资金、独立核算、自负盈亏，自主经营、民主管理，集体积累、自主支配、按劳分配、入股分红。

集体企业、职工代表大会和厂长（经理）在国家法律、法规的规定范围内享有的权利（职权）如下：

集体企业的权利是：对其全部财产享有占有、使用、收益和处分的权利，有权拒绝任何形式的平调；自主安排生产经营服务活动；享有法定的定价、外贸、信贷和投资方面的权利；确定经济责任制形式、工资形式和奖金、分红办法的权利；决定机构设置、人员编制、劳动组织形

———————————

① 《中国经济年鉴》（1992），经济管理出版社，第708~712页。

式、用工办法以及录用、辞退和奖惩职工的权利等。

职工代表大会的职权是：制定、修改集体企业章程；选举、罢免、聘用、解聘厂长（经理）、副厂长（副经理）；审议厂长（经理）提交的议案，决定企业重大的经营管理问题；审议并决定企业职工工资形式、工资调整方案、奖金和分红方案、职工住宅分配方案以及职工奖惩办法等。

厂长（经理）的职权是：领导企业日常生产经营和行政工作；主持编制并向职工代表大会提出企业的中长期发展规划、年度生产经营计划和固定资产投资方案，以及机构设置方案和劳动组织的调整方案；任免或者聘任、解聘企业中层行政领导干部；提出企业年度财务预算、决算方案和利润分配方案，以及经济责任制方案、工资调整方案、劳动保护措施方案和奖惩办法等。

集体企业和厂长（经理）也要按照国家的法律、法规的规定承担相应的义务（职责）。

集体企业的财产管理。集体企业的公共积累，归本企业劳动群众集体所有；集体企业中的联合经济组织的投资，归该组织范围的劳动群众集体所有；职工股金，为职工个人所有；集体企业外的单位和个人投资，归投资者所有。

集体企业的收益分配。集体企业的税后利润，由企业依法自主支配，按规定确定公积金、公益金、劳动分红和股金分红的比例；企业职工劳动报酬必须坚持按劳分配原则；股金分红要同企业盈亏相结合。企业盈利，按股分红，企业亏损，不得分红；企业必须提取职工养老、待业等保险基金。

显然，这个条例还很不成熟，甚至还有许多计划经济体制的色彩。但在当时起了巩固和促进城镇集体企业改革的作用，加强了企业管理，并因此推进了城镇集体企业生产的发展。

三、城镇集体经济的发展

这期间的改革和发展措施促进了城镇集体经济生产的发展。1984~1992 年，城镇集体工业产值由 1017.74 亿元增加到 2777.21 亿元；平均每年增长 8%；占全国工业总产值比重由 13.5%下降到 7.5%。[①]

---

① 《中国统计年鉴》（1993），第 396、412、413、443 页。

这些数字表明，这期间乡镇集体工业仍然得到了较快的发展。但是，相对乡镇集体工业 1979~1984 年的增长速度来说，速度是下降了。这主要是由于城镇集体企业受计划经济体制的影响比乡镇集体企业要深得多；而这期间对城镇集体企业推行的以承包制为重点的经营责任制，像国营企业一样，在增强企业活力方面也呈现出乏力状态。

第二节　乡镇集体经济的改革与发展

一、乡镇集体经济的改革

党的十一届三中全会以后，乡镇集体工业在改革方面取得了显著成就。但在这方面，乡镇集体工业也存在我们在本章第一节叙述过的城镇集体工业的情况，还有深化改革的任务。

这期间，乡镇集体工业改革的主要要求是："进一步完善适应社会主义有计划商品经济发展的乡镇企业运行机制，如市场导向的经营机制、自负盈亏的风险机制、优胜劣汰的竞争机制、多劳多得的分配机制、合同聘用的劳动机制、外引内育的人才机制、自我积累的发展机制、自我监督的约束机制等，使乡镇企业进一步适应外部环境和市场变化，不断增强企业活力。"[1]

其主要内容是：在巩固和发展集体所有制的前提下，建立和完善以承包制为重点的多种形式的经营责任制，以及建立和完善以厂长负责制为重点的企业内部制度改革；同时，试行了股份合作制、股份制，以及在发展横向经济联合的基础上组建了企业集团。到 1988 年，乡镇集体工业企业就普遍推行了承包经营责任制。在第一轮承包到期以后，到 1990 年底，又有 95% 的乡镇集体工业企业开始了第二轮承包。在这个过程中，逐步实行了公开招标确定承包人，实行风险抵押承包，合理确定承包指标体系和承包期；在普遍实行厂长负责制的基础上，把承包制与厂长目标责任制结合起来；又通过承包指标层层分解，把承包制与企业内部的各种经济责任制结合起来。这样，就初步把竞争机制、风险机制、约束

---

[1]《国务院批转农业部关于促进乡镇企业持续健康发展报告的通知》（1992 年 3 月 18 日），《中国经济年鉴》（1993），经济管理出版社，第 625 页。

机制和激励机制纳入了承包制和厂长负责制，使它们逐步趋于完善。

二、乡镇集体经济的发展

这期间乡镇集体经济的发展，除了主要依靠深化改革以外，还有以下三个重要因素：[①]

1. 调整产业结构和地区布局。这期间在这些方面的主要要求是：在产业结构方面乡镇工业企业要因地制宜，积极开发利用当地资源，大力发展农副产品加工业、原材料工业、建材工业和农用工业；在合理开发资源的前提下发展采矿业；根据条件和市场需求，积极发展为大工业配套服务、出口创汇、劳动密集型产品和城乡人民生活必需品，特别是要大力发展出口创汇产业。在地区布局方面，沿海地区和有条件的地区要立足于现有企业的技术改造，在提高中发展；中部地区要发挥当地资源优势，搞好综合开发，实行发展与提高并重；西部和起步较晚的地区，要依据自己的特点，坚持以经济开发为主的方针，加快发展，并在发展中提高。

这期间在上述各方面都取得显著进展。在调整产业结构方面，尤其在1988年下半年开始经济调整后的一段时间内表现尤为明显。1989年，乡镇工业企业关闭2.51万个，减少职工51.96万人，减少产值39.55亿元。其中，国家产业政策限制的工业行业，分别占70.7%、71.7%、77.1%；停产4.55万个，减少职工63.37万人，减少产值55.51亿元，其中，国家产业政策限制的行业分别占这三项数字的36.5%、76.5%和76%。在这些关停的企业中，由于产业调整的占12.1%，原料短缺的占10.9%，耗能高的占2.6%，环境污染的占1.2%，资金短缺的占25%，管理不善的占16.6%。[②]数字表明，这些关停的企业大部分都是与经济调整直接或间接相联系的。

这期间乡镇工业企业在发展创汇产业方面也取得了突出的进展。改革以前，农产品的加工品虽然在出口商品中占很大的份额，但多与当时社队工业企业无缘。但到1992年，乡镇企业出口交货总额（主要是工业品）达到1192.7亿元，约占全国外贸出口商品收购总额的1/4以上，约占

①《国务院批转农业部关于促进乡镇企业持续健康发展报告的通知》（1992年3月18日），《中国经济年鉴》（1993），经济管理出版社，第623~626页。
②《中国经济年鉴》（1990），经济管理出版社，第Ⅲ-13页。

乡镇工业总产值的 9%。①

　　这期间在地区布局方面，尽管东部和中部、西部三个地区在乡镇工业发展水平上还存在较大的差距，但这三个地区的乡镇工业都有很大的发展。到 1991 年，全国乡镇企业总产值 11613.5 亿元，占社会总产值的 26.51%，占农村社会总产值的 61.11%，平均每个职工全年劳动生产率为 9613.6 元。其中，东部地区这四个数字分别为 7631.2 亿元、30.56%、69.62%、16192 元；中部地区分别为 3500.7 亿元、24.17%、55.10%、8624 元；西部地区分别为 481.6 亿元、11.16%、28.50%、5722 元。②当然，这些数字同时表明：调整乡镇企业布局还是一个长期的任务。

　　2. 提高企业素质。改革以来，乡镇工业虽然有了很大的发展，但从总体上说，技术水平、管理水平和职工文化水平低仍然是制约乡镇工业发展的重要因素。因此，从技术、管理和职工等方面提高企业素质，仍然是发展乡镇工业的迫切要求。这期间在这些方面也有很大的提高。到 1990 年，在乡镇集体企业中，共有 117 家获国家二级企业称号，1893 家获省级先进企业称号，3057 家获地市级先进企业称号，5696 家获县级先进企业称号；600 多家被批准为国家出口基地企业。企业升级工作带动了企业的管理、职工培训和技术进步。到 1992 年，乡镇集体企业职工具有初中以上文化水平的约占职工总数的 70%；工程技术人员 187.1 万人，占职工总数的 3.7%；平均每个乡镇集体企业职工占有固定资产原值从 1984 年的1200 多元提高到 6603 元。③

　　3. 政府的支持。政府依据我国经济改革与发展的需要和乡镇企业的情况，确定了对乡镇集体企业实行积极扶持、合理规划、正确引导、加强管理的方针。根据国家的产业政策和行业发展规划，对企业的发展方向进行指导和监督；对企业开展技术指导、人才培训和经济、技术服务；指导、帮助和监督企业开展劳动保护、环境保护等工作。为符合国家产业政策、经济和社会效益好的企业，在能源、原材料、资金、运输以及

　　①《中国经济年鉴》(1993)，经济管理出版社，第 123 页；《中国统计年鉴》(1993)，第 397、633 页。

　　②《中国乡镇企业》1993 年第 5 期。说明：东部地区包括北京、天津、河北、辽宁、上海、江苏、浙江、福建、山东和广东；中部地区包括山西、吉林、黑龙江、安徽、江西、河南、湖北、湖南、四川和陕西；西部地区包括内蒙古、广西、海南、贵州、云南、西藏、甘肃、青海、宁夏和新疆。

　　③《中国经济年鉴》(1991)，经济管理出版社，第Ⅱ-12 页；《中国经济年鉴》(1993)，经济管理出版社，第 123~124 页。

培训、招用专业技术人才和引进先进技术等方面创造条件。这些都是促进这期间乡镇集体工业发展的重要因素。

为了巩固和规范乡镇集体工业的改革和发展，并依据经验的总结，1990年7月，国务院发布了《乡村集体所有制企业条例》；1992年3月，国务院又批转了农业部《关于促进乡镇企业持续健康发展的报告》。①这两个重要文件，对包括工业在内的乡镇集体企业的改革和发展的基本问题做了明确规定。

三、《乡村集体所有制企业条例》的主要内容

乡镇集体企业的性质和国家的政策。乡村集体所有制企业是我国社会主义公有制经济的组成部分。乡村集体所有制企业实行自主经营，独立核算，自负盈亏。

国家保护乡村集体所有制企业的合法权益，禁止任何组织和个人侵犯其财产。国家对集体所有制企业实行积极扶持，合理规划，正确引导，加强管理的方针。

乡村集体企业的所有者和经营者。企业财产属于举办该企业的乡或村范围内的全体农民集体所有，由乡或村的农民大会（农民代表会议）或者代表全体农民的集体经济组织行使企业财产的所有权。企业实行承包、租赁制或者与其他所有制企业联营的，企业财产的所有权不变。企业所有者依法决定企业的经营方向、经营形式和厂长（经理）人选。实行承包或租赁制的企业，企业所有者应当采取公开招标、招聘和推荐等方式确定经营者。

企业经营者是企业的厂长（经理）。企业实行厂长负责制。厂长（经理）对企业全面负责，代表企业行使职权。

乡村集体企业的管理。企业职工（职工代表大会）有参加企业民主管理，对厂长（经理）和其他管理人员提出批评和控告的权利。

企业招用职工应当依法签订劳动合同，实行灵活的用工形式。企业对职工实行按劳分配的原则。有条件的企业，应当参照国家有关规定实行职工社会保险。

---

① 《中国经济年鉴》（1991），经济管理出版社，第Ⅵ-18~20页；《中国经济年鉴》（1993），经济管理出版社，第623~626页。说明：后一个文件的主要内容，我们在本节第一、二部分已经涉及，在第三部分是叙述前一个文件的主要内容。

企业税后利润，留给企业的部分不应低于 60%，由企业自主安排，主要用做增加生产发展基金，进行技术改造和扩大再生产，适当增加福利基金和奖励基金。企业税后利润交给企业所有者的部分，主要用于扶持农业基本建设、农业技术服务、农村公益事业、企业更新改造或者发展新企业。

这一条例虽然还有许多不完善之处，但在当时对促进包括工业在内的乡镇集体企业的生产和发展起了积极作用。

同这期间整个国民经济发展进程（详见本篇第五章）相联系，乡镇集体工业的发展也经历了三个阶段。一是 1985~1988 年的高速发展；二是 1989~1991 年的治理整顿；三是 1992 年的高速增长。但总体来说，这期间乡镇集体企业处于高速增长阶段。1984~1992 年，乡镇集体工业产值由 1245.35 亿元增加到 11323.98 亿元，占全国工业产值的比重由 16.3% 上升到 30.6%。1985~1992 年，乡镇集体工业产值平均每年增长 25.5%，不仅显著超过它本身 1979~1984 年的增长速度，而且大大超过了 1985~1992 年全国工业的增长速度（16.1%），更是远远超过了这期间城镇集体工业的增长速度，充分显示了乡镇企业异军突起的风貌。[①]全部乡镇企业的发展，也呈现出相同的景气。1985~1992 年，乡镇企业中集体单位增加值由 562.67 亿元增加到 3007.94 亿元。其增速远远超过了同期国内生产总值的增速，因而其在国内生产总值所占的比重由 6.3% 急剧上升到 11.3%（详见附表、附表 2）。

然而，乡镇企业素质差（包括管理、职工和技术等方面）、结构不合理和污染环境重等问题仍有待解决。

第三节　个体经济的发展

1984 年 10 月召开的党的十二届三中全会提出："坚持多种经济形式和经营方式的共同发展，是我们长期的方针。""当前要注意为城市和乡镇集体经济和个体经济的发展扫除障碍，创造条件，并给予法律保护。特

①《中国统计年鉴》（1993），第 396、412、413、443 页。

别是在以劳务为主和适宜分散经营的经济活动中，个体经济应该大力发展。"①在这个精神的鼓舞下，再加上 1985 年全国经济高速增长的形势，这年个体经济获得了飞速的发展。

在这种情况下，个体工业发展中的各种问题也突出起来。除了继续存在的阻碍城乡个体工业顺利发展的"左"的思想和乱收费以外，这些问题主要是：

1. 部分个体工商户生产经营中的违章违法活动。包括偷工减料，以次充好，短尺少秤，掺杂使假；生产经营有害人身健康的食品、假冒伪劣产品、毒品以及反动、荒诞、诲淫诲盗的文化产品等。

2. 由于一部分个体工商户偷税漏税或税收征管不严以及各种因素的作用，使得一部分个体工商户收入过高。据 1986 年上半年对北京、上海、浙江、福建、沈阳、武汉、重庆等 12 个省市 5 万多城乡个体工商户的抽样调查，1985 年人均收入为 3063 元，约高于工薪人员收入（包括工资、劳动保险和福利等）的 1 倍。其中，年收入在 1500 元以下的占 48.9%，1500~3000 元的占 20%，3000~5000 元的占 18.3%，5000~10000 元的占 7.1%，10000 元以上的占 5.7%。②个体工商户缺乏医疗、住房和劳保福利，有自己的投资，承担一定风险，部分人的劳动强度大、劳动时间长，因而收入应该高一些。但其中确有一部分人收入高，是由于采取了偷税漏税等非法手段。

3. 对个体工商户管理的法规不健全，工商行政管理部门人员少，部分人员素质差。工商行政管理部门和税务、银行、城建、物价、劳动、卫生、公安、交通、商业等部门，都对个体工商户实行管理很不协调，甚至抵销了管理力量。这些都造成了对个体工商户的管理力度很不够。

为了解决这些问题，这期间政府采取了以下重要措施：

1. 为了加强对个体工商户的监督、管理，保护其合法权益，1987 年 8 月国务院发布了《城乡个体工商户管理条例》，③对个体工商户一系列生产经营问题进一步做了明确规定。

个体工商户的合法权益受国家法律保护，任何单位和个人不得侵害。

①《中共中央关于经济体制改革的决定》，人民出版社 1984 年版，第 33 页。
②③《中国经济年鉴》（1987），经济管理出版社，第 V-50 页。

除有法律和政策规定的以外，任何单位和个人不得向个体工商户收取费用。

个体工商户可以在国家法律和政策允许的范围内，经营工业、手工业、建筑业、交通运输业、商业、饮食业、服务业和修理业等。

个体工商户可以个人经营，也可以家庭经营。个人经营的，以个人全部财产承担民事责任；家庭经营的，以家庭全部财产承担民事责任。

个体工商户可以根据经营情况请一两个帮手；有技术的个体工商户可以带三五个学徒。请帮手、带学徒应当签订书面合同，约定双方的权利和义务，规定劳动报酬、劳动保护、福利待遇、合同期限等。

个体工商户生产经营所需场地以及原材料、燃料和货源等，经政府批准的要统筹安排，由国营批发单位供货的要合理安排，不得歧视。个体工商户可以凭营业执照在银行或其他金融机构开立账户，申请贷款。

个体工商户应当遵守国家法律和政策的规定，自觉维护市场秩序，遵守职业道德，从事正当经营，不得从事违法活动。

个体工商户应当按照税务机关的规定纳税，不得漏税、偷税、抗税。为了加强对个体工商户税收的征管工作，1986年1月国务院发布了《城乡个体工商户所得税暂行条例》。该条例规定：城乡个体工商户按照十级超额累进所得税税率缴纳所得税。累进税率从7%~60%。[1]

2. 为了强化国家对个体工商户的管理，这期间对个体工商户进行了整顿。特别是1989年下半年至1990年上半年的治理整顿，取得了比较明显的成效。依据14个省市的不完全统计，这次整顿共查处违法违章行为46.6万多起，查处非法经营重要生产资料和耐用消费品的有1.7万多户，强买强卖、欺行霸市、哄抬物价的有13000多户，责令停业整顿的8000多户，吊销营业执照的4500多户，触犯刑律移交司法机关惩处的495人。在治理整顿中，还在个体工商户中进行了法制教育和职业道德教育，促进了守法经营。1990年，个体工商户违法违章率比上年下降了20%。[2]

3. 为了加强个体工商户的自律，1986年12月经国家经委批准，成立了中国个体劳动者协会。在这次成立会上，通过了《中国个体劳动者协会章程》，选举了第一届理事会以及会长和副会长，还表彰了500多名先进

① 《中国经济年鉴》（1987），经济管理出版社，第X-49页。
② 《中国经济年鉴》（1991），经济管理出版社，第Ⅲ-270页。

的个体工商户。① 这对加强个体工商户的自律，产生了深远的影响。

经过上述各项工作，这期间个体经济进入了快速发展阶段。1984~1992 年，个体工商户由 933 万户增长到 1534 万户，增长 64.4%；从业人员由 1304 万人增长到 2468 万人，增长 89.3%；注册资金由 100 亿元增长到 601 亿元，增长 501%。当然，这期间个体经济适应整个国民经济调整的需要，各个年份的经济增长速度也有波动（详见附表 33）。

这期间，个体经济主要分布在第三产业、农村和东部。1992 年，在个体经济中，第三产业户数占的比重为 87%，第一、二产业合计为 13%；农村户数比重为 69%，城市为 31%；东部地区户数比重为 49.4%，中部为 30.5%，西部为 20.1%。②

第四节　私营经济的初步发展

实践证明，在我国社会主义初级阶段，具有资本主义性质的私营经济在一定范围内的存在和发展，是适应社会生产力发展要求的。但 1955 年下半年掀起的对生产资料私有制进行社会主义改造的高潮，在取得伟大成就的同时，也存在改造速度过快、改造范围过宽的严重缺陷，使得私营经济在 1956 年上半年就基本上改造成为社会主义公有制。1958 年开始的"大跃进"和 1966 年开始的"文化大革命"，又进一步把残存的私营经济扫荡无遗。

1978 年底召开的党的十一届三中全会，实现了以"阶级斗争为纲"到以社会主义经济建设为中心的根本转变，并开始实行旨在解放和发展生产力的改革开放政策。在这种政治、经济形势下，适应社会生产力发展要求的私营经济就应运再生。而且，改革以来个体经济的发展，也必然会在一定范围内导致私营经济的再生。事实也正是这样。但这时私营企业还未取得合法地位，都是存在于个体经济和集体企业的名义下。据有关单位估算，经过 80 年代初（特别是 1984 年）以来的发展，到 1987

---

①《中国经济年鉴》(1987)，经济管理出版社，第 V–50 页。
②《中国经济年鉴》(1993)，经济管理出版社，第 838~839 页。

年底，存在于个体经济和集体企业名义下的私营企业总数全国已经达到
22.5 万户，从业人员总数为 360 万人。①事实证明，在坚持以社会主义公
有制为主体的前提下，发展包括私营经济在内的非公有制经济，对于充
分利用社会生产资源，增加生产、市场供应、财政税收和出口创汇，扩
大就业，丰富人民生活，乃至促进社会主义市场经济的形成，都有积极
作用。当然，也有负面影响。但这不是主要的，而且是可以限制的。总
之，经济改革和经济发展提出迫切要求：进一步解放思想，从根本上清
除长期以来存在的根本否定私营经济在我国社会主义初级阶段的地位和
作用的"左"的思想，给私营经济以应有的合法地位。

适应这一客观要求，1987 年 10 月召开的党的十三大报告中首次明确
提出：私营经济是存在雇用劳动关系的经济成分。但在社会主义条件下，
私营经济一定程度的发展，是公有制经济必要的和有益的补充。必须尽
快制定有关私营经济的政策和法律，保护它们的合法利益，加强对它们
的引导、监督和管理。②

这个建议为 1988 年 4 月召开的七届全国人大一次会议所接受，并在
通过的《宪法（修正案）》中做了相应的规定。《宪法》规定："国家允许
私营经济在法律规定的范围内存在和发展。国家保护私营经济的合法的
权利和利益，对私营经济实行引导、监督和管理。"③从此，私营经济在我
国社会主义初级阶段中的法律地位，就在作为根本大法的《宪法》中被确
定下来。

但当时私营经济发展中还有许多重要问题有待解决。诸如对私营企
业权益的保护，对私营企业违章、违法经营的管理，对私营企业税赋的
处理等，都需要法规给予解决。为此，国务院于 1988 年 6 月发布了
《私营企业暂行条例》、《私营企业所得税暂行条例》和《关于征收私营企业
投资者个人收入调节税的规定》。④

按照《私营企业暂行条例》，私营企业是指企业资产属于私人所有、
雇工 8 人以上的营利性的经济组织。私营经济是社会主义公有制经济的

①《中国经济年鉴》（1988），经济管理出版社，第Ⅸ–157~158 页。
②《中国共产党第十三次全国代表大会文件汇编》，人民出版社 1987 年版，第 32 页。
③《中华人民共和国第七届全国人民代表大会第一次会议文件汇编》，人民出版社 1988 年版，第 119 页。
④《中国经济年鉴》（1989），经济管理出版社，第Ⅷ–6~8、25~26 页。

补充。国家保护私营企业的合法权益。私营企业必须在国家法律、法规和政策规定的范围内从事经营活动。该条例对私营企业的种类、开办和关闭、权利和义务、劳动管理、财务和税收、监督和处罚等方面的重要问题做了明确规定。

按照上述的税收条例规定，私营企业所得税依照35%的比例税率计算征收；其税后利润用于生产发展基金的部分，免征个人收入调节税。相对当时个体经济的税收来说，这些税收政策是比较优惠的。

这些法律、法规对私营企业在社会主义初级阶段地位和作用的估计，虽然没有达到1997年召开的党的十五大那样的高度（详见本书第九篇的叙述），但在当时条件下，这些法律、法规的制定和贯彻执行，就在形成必要的法律环境、消除对私营企业的歧视和私营企业主本身的顾虑、确认私营企业应有的生产经营权利（包括与外资企业合资经营、合作经营和承揽来料加工、来样加工、来件装配，从事补偿贸易的权利）以及提供比较优惠的税收政策等方面，为私营经济的发展创造了有利条件，从而促进了私营经济的发展。

但在1989年夏季以后的一段时间内，私营经济的发展又有所减缓。但在后来，特别是在1992年初邓小平发表谈话以后，又为私营经济的发展创造了良好的舆论氛围。所以，总起来说，1984年以来，私营经济得到了比较快的发展。当然，还只是初步发展。这种发展的重要特征如下。

1. 发展速度很快。改革以后私营企业的发展是从零起步的。但在1989~1992年，私营企业户数由90581户增加到139633户，增长54.1%；从业人员由164万人增长到232万人，增长41.5%；注册资金由84亿元增长到221亿元，增长163.1%；产值由97亿元增长到205亿元，增长113.4%；消费品零售额由34亿元增长到91亿元，增长167.6%（详见附表33）。此外，还有大量的私营企业是以个体企业和集体企业的名义存在的。

2. 私营企业以独资企业和合伙企业为主，但有限责任公司的发展很快，比重上升。1991年，在私营工业中，独资企业、合伙企业和有限责任公司分别占总户数的56.8%、40.5%、2.7%。但1992年，有限责任公司户数上升到17673户，比上年增加了165%，其速度远远超过了独资企业和合伙企业，比重也显著上升。

3. 私营企业以小型为主，但规模在扩大。户均注册资金，1991 年仅为 9.7 万元，1992 年增加到 15.8 万元，上升了 62.9%。

4. 科技型和出口创汇型私营企业迅速增长。1992 年，私营科技型企业增长到 2348 户，比上年增加了 151%；出口创汇型企业达到 2230 户，比上年增加了 78%；创汇金额折合人民币 9.6 亿元，比上年增长 77%。另据不完全统计，全国约有 500 多家私营企业与外商举办合资企业和合作经营企业。还有一部分私营企业到境外投资办企业。①

5. 私营企业在改革后开始发展时主要分布在农村和东部地区，但后来城市和中西部地区的私营企业的发展速度在加快，比重在上升。1991 年，在私营企业的户数、从业人员和注册资金的总数中，农村分别占 58%、63% 和 49%，城市分别占 42%、37% 和 51%。但 1992 年农村这三个指标只是分别增长了 18%、16% 和 41%，而城市分别增长了 46%、44% 和 117%。因此，1992 年，在私营企业的户数、从业人员和注册资金的总数中，农村占的比重分别下降到 53%、58% 和 38%，城市占的比重分别上升到 47%、42% 和 62%。② 改革开始以后，私营企业主要分布在东部地区，中部、西部地区不多。后来，虽然中部、西部地区在发展私营企业方面的速度加快，但直到 90 年代初都变化不大。1992 年，在全国私营企业户数和注册资金的总数中，东部地区分别占到 68.5% 和 76.9%，中部地区仅占 20.2% 和 14.6%，西部地区更少，只占 11.3% 和 8.5%。③

尽管这期间私营企业获得迅速发展，但在这方面也还存在一些问题。诸如"左"的影响还存在，对私营企业仍有歧视，私营企业主也有顾虑；私营企业在融资等方面还有困难，私营企业本身有消极因素，再加上部分私营企业主素质差，违章违法经营时有发生，劳资关系问题也不少；管理法规不配套，多部门管理带来的不协调，工商行政管理部门人员少，其中部分人员素质不高，从而造成管理不力，乱收费、乱摊派、乱罚款对私营企业也有影响等。

①②《中国经济年鉴》(1993)，经济管理出版社，第 841 页。
③《中国工业发展报告》(1996)，经济管理出版社，第 297 页。

第三章 继续发展市场体系和深化宏观经济管理体制改革

第一节 继续发展市场体系

伴随所有制企业和宏观经济管理改革的发展，这期间市场体系也得到了进一步发展。

1992 年，社会消费品零售总额由 1984 年的 3376.4 亿元增长到 10993.7 亿元（详见附表 24）。社会生产资料销售总额由 4500 亿元增长到 14769 亿元。[①]

这期间随着国有经济单位合同工以及私营企业和"三资"企业的大量增长，正在或已经成为商品的劳动力也大量增长，从而劳动力市场迅速扩大。

这期间金融市场也迅速扩大。就货币市场来说，同业拆借市场在 1984 年开始发展的基础上，1986 年以后得到迅速扩大，成为金融市场中规模最大的市场。在总结经验的基础上，从 1985 年开始在全国推行商业票据承兑贴现业务。从 1986 年开始，中央银行也正式开办了对商业银行贴现票据的再贴现业务。就资本市场来说，这期间不仅于 1981 年开始发行的国债得到了很大发展，而且在 1985 年以后又相继发行了金融债券和

---

① 《中国生产资料市场统计年鉴》（各年），中国统计出版社。

企业债券。在 80 年代中期以后，股份制改革试点已经启动，向社会公开发行的股票数量也显著增加。就证券流通市场来说，1986 年沈阳市信托投资公司在全国首先开办了企业债券的柜台转让业务。1988 年又在全国包括沈阳、上海、广州和深圳等在内的 54 个大中城市开办国债券转让业务。由此我国开始形成了以国债交易为主的证券流通市场。1990~1991 年先后建立了上海证券交易所和深圳证券交易所。1992 年证券发行额达1280 亿元。其中，国库券 410 亿元，国家重点建设债券 127 亿元，金融债券 255 亿元，企业债券和股票分别为 379 亿元和 109 亿元。证券流通总量 1044 亿元。[①]1992 年，建立国务院证券委员会和证券监督委员会，发布了一系列规定，初步规范了证券市场，并初步形成集中交易和分散交易相结合的格局。即上海证券交易所、深圳证券交易所交易上市公司的个人股，北京的全国证券交易自动报价系统进行国库券交易和法人流通股试点，天津、武汉、沈阳交易中心则主要是进行国库券和投资基金债券的交易；分散在全国各地的 3000 多个证券营业网点进行债券的柜台交易。在外汇市场方面，1986 年以后，外汇调剂业务由中国银行移交国家外汇管理局办理，并在各省、市、自治区相继建立了外汇调剂中心，在北京建立了全国调剂中心。同时扩大了调剂范围，允许外商投资企业之间以及外资企业与国内企业之间进行外汇调剂，地方政府留成的外汇也可以进入调剂市场。

　　这期间房地产市场、技术市场和旅游市场都有很大发展。1987~1992年，商品房销售面积和销售额分别由 2697.24 万平方米增加到 4288.86 万平方米，由 1100967 万元增加到 4265938 万元。1992 年，技术市场成交额达到 1416182 万元。1985~1992 年，国际旅游收入由 125000 万美元增长到 394687 万美元（详见附表 25）。

第二节　深化宏观经济管理体制改革

　　1985~1992 年，宏观经济管理体制改革在各个领域都深化了。

---

①《中国经济年鉴》（1993），经济管理出版社，第 833 页。

这期间，在深化计划、投资体制改革方面，总体说来，主要是继续缩小国家对重要产品产量的指令性计划范围，扩大指导性计划和市场调节范围；扩大地方、部门、企业在固定资产投资计划管理方面的权限；实行多种形式的计划承包责任制和利用各种经济手段。为了增强企业活力和增强国家宏观调控能力，1987~1991年国家计委还先后相继对大型联营企业实行计划单列，对大型基本建设集团项目实行专项安排，对55家大型企业集团实行计划单列试点。

仅就投资体制来说，这期间开始实行了以下一些重要改革：①对长期、重大建设实行分层次管理：全国性重点建设工程由中央政府或以中央政府为主承担；区域性重点工程和一般工程由地方政府承担。同时扩大企业投资决策权，使其成为一般建设的投资主体。②为了保证重点建设有稳定资金来源，建立基本建设基金制。③为了用经济手段管理投资，建立投资公司。④为了增强企业投资能力和提高投资效益，还在项目建设管理、投资决策和拓宽投资渠道等方面推行了一系列改革。主要是：全面推行基本建设项目投资包干、工程指标承包、技术经济承包和设备承包等项责任制；建立投资项目评估审议制度；推广基本建设"拨改贷"制度，发展金融市场和鼓励外商投资。

这期间计划、投资体制改革取得重要进展。1984~1992年，国家指令计划管理的工业产品产值比重由40%左右下降到11.7%，国家统一分配的物资由60多种减少到19种。[①]

这期间价格改革采取了调放结合，以放为主的方针。主要是实行了三次较大的价格改革：一是从1985年开始，除粮、油的合同定购部分和棉花、糖料等少数几种关系国计民生的重要农产品收购价格仍由国家定价外，绝大部分农产品价格均由市场调节。二是从1985年开始，先后放开了多种重要工业消费品（包括缝纫机、手表、收音机、自行车、名烟、名酒、电风扇和电冰箱）的价格。三是对工业生产资料继续实行"双轨制"，并在1985年以后，将此前生产资料计划外部分实行加价20%的办法，放宽为计划外部分实行议价。

---

① 《中国经济年鉴》（1992），经济管理出版社，第46页；《中国经济年鉴》（1993），经济管理出版社，第53页。

　　这期间在放开物价方面取得了重要成就。1984~1992 年，国家定价的农副产品价格比重由 40%以上下降到 12.5%，国家定价的社会零售商品价格比重由 50%以上下降到 5.9%，国家定价的生产资料价格比重由 60%以上下降到 18.7%。与此相对应的，就是政府指导价和市场调节价比重的上升（详见附表 31）。同时，一些重要工业生产资料价格双轨制的范围以及计划价与市场价的差价均趋于缩小。所以，如果仅就最主要产品的价格来说，那么改革前存在的行政指令定价的格局已经转到主要由市场调节了。

　　这期间在深化财税体制改革方面做了多方面的探索。在政府和企业的财务关系方面，主要就是前述的承包经营制，同时推广基本建设投资的"拨改贷"。在中央政府和地方政府的财务关系方面，在 1980 年开始实行的"分灶吃饭"制度到期以后，为了改变原来在地方政府之间存在的苦乐不均和中央政府财政收入比重下降过大的状况，在 1985 年和 1986 年对"分灶吃饭"制度做了某些调整，但作为主要内容的包干制并没有根本改变。在中央政府财政部门与各经济主管部门的财政关系方面，进一步推行了财务大包干制和基金制，即把原要列入国家预算的一部分财政收支划给有关经济部门，由其自行管理收支。在税收方面，1985 年以后，相继开征了城市维护建设税、房产税、车船使用税和城镇土地使用税四种地方税；还开征了一些新税种，包括集体企业和事业单位的奖金税、固定资产投资方向调节税、印花税和特别消费税等；进一步完善了个人所得税，包括开征本国公民的个人收入以及集体企业、个体工商户和私营企业的所得税。还要提到：承包经营责任制和利改税虽然各有其不同的作用，但都混淆了税和利这两种不同的功能，需要改变。为此，从 1989 年起，又进行了税利分流的试点，为 1994 年税制改革做了较好的准备。

　　这期间深化金融改革的内容主要包括：①进一步建立金融系统。1986 年重新组建了交通银行。此后，还陆续建立了中信实业银行、光大银行、华夏银行、民生银行、招商银行、深圳发展银行、浦东发展银行和广东发展银行，大批城市信用社、信贷投资公司和证券公司，以及上海证券交易所和深圳证券交易所。继 1983 年中国人民保险公司成为独立的经济实体以后，1986 年又建立了新疆建设兵团农牧业保险公司，其后又恢复了中国人寿保险公司在国内的业务，建立了平安保险公司和四川省人寿保险公司，并恢复了典当业务。②进一步改进信贷资金管理制度。

1985年，为了加强宏观经济调控，中央银行将原来实行的存贷差额指标管理的办法改成实存实贷的管理办法。而在后来面临严重通货膨胀的形势下，1989年又将实存实贷改成限额管理。在这期间，进一步重视运用经济手段开拓信贷资金来源和贷款途径。如1988年在物价大幅上扬的情况下，曾经实行过保值储蓄。③进一步发展金融市场，已见前述。④改革涉外金融制度。主要内容有二：一是逐步放开国内金融机构经营外汇业务。继1982年国家外汇管理局成为独立的经济实体以后，又成立了承担吸收外资、经营外汇的中国国际信托投资公司。后来，各国有商业银行和交通银行等金融机构也都经营外汇业务。这就打破了原来中国银行独家经营外汇业务的格局，在外汇经营领域开始形成多家经营的寡头垄断竞争局面。二是陆续引进了一批外资金融机构。到1992年底，已有29个国家和地区的金融机构在我国15个城市设立了231家代表处。伴随以上各项金融改革的深化，中央银行在宏观经济调控中的作用也逐步加强起来。

这期间进一步改革了商业管理体制。主要包括：①进一步改革商品购销体制。一是从1985年起，开始取消粮食、食油和棉花的统购制度和生猪的派购制度，大多数城市的蔬菜市场也放开了。二是商业部计划管理的商品由1984年的26种减少到1991年的12种，扩大了市场调节原因。实行了30年的棉布计划供应也在1984年以后宣告结束。除成品油仍实行计划供应外，其他工业品全部敞开供应。②进一步改革多层次的批发体制，使得延续30多年的"三固定"（固定的供应对象、货源和价格）和"一、二、三、零"（一级、二级、三级批发站和零售企业）的封闭式经营、并以行政指令手段调配商品的运行机制，转变为"三多一少"（多种的经济成分、流通渠道、经营方式和减少流通环节）的开放式经营并以市场配置商品的运行机制。③进一步改革企业管理体制。一是商业部系统进一步下放直属企业，并扩大企业经营自主权。二是继续在国有大中型商业企业全面推行经营承包责任制，到1987年底，达到13324个，占总数的61.2%。三是继续在国有小型企业实行"改、转、租、卖"，到1987年底，达到87880个，占总数的81.9%。其中，改为集体经营的占55.6%，转为集体所有的占4.2%，实行租赁经营的占39.8%，卖出的占0.45%。[①]

这期间还推动了劳动、工资和社会保障制度的改革。1992年，国有经济单位使用的劳动合同制职工由1984年的174万人增加到2058.5万人，占职工总数的比重也由2%上升到18.9%；实行工资总额与经济效益挂钩浮动的企业已经达到95544户，职工人数达到3223.2万人；参加基本养老保险职工7774.7万人。这年已经基本实现了养老保险费用的县（市）统筹，还有11个省（自治区、直辖市）已过渡到省（自治区、直辖市）统筹，铁路、水利、电力、邮电、建筑等系统实行了按行业统筹；参加失业保险的企业47.6万户，职工7443万人。[②]

这期间又进行了一次政府机构改革。1982年的政府机构改革没有也不可能真正到位。而且此后行政机构和人员再次膨胀，与经济改革和发展的矛盾又尖锐起来。于是，从1988年开始，国务院按照转变职能、精干机构、精简人员、提高效率，以及逐步理顺政府和企事业单位等项原则，再次进行机构改革，将国务院机构由原来的76个精简到66个。这次机构改革并没有在地方政府进行，也不可能真正到位，精简的机构和人员又出现反复。但这次改革提出的以转变政府职能为目标，对尔后的政府机构改革具有深远影响。

---

① 《20年经济改革回顾与展望》，中国计划出版社1998年版，第139~143页。
② 《中国劳动统计年鉴》（各年），中国统计出版社。

第四章　对外开放的进一步发展

　　首先，"三资"工业企业在 1979~1984 年初步发展的基础上，1985~1992 年得到了进一步的发展。为了促进这期间"三资"企业的发展，政府进一步采取了一系列政策措施。

　　1. 进一步建立和健全涉外立法。这期间先后颁布的重要法律和法规有：《中华人民共和国外资企业法》（1986 年）、《中华人民共和国中外合作经营企业法》（1988 年）、《中华人民共和国中外合资经营企业法》（根据 1990 年 4 月 4 日第七届全国人民代表大会第三次会议关于修改《中华人民共和国中外合资经营企业法的决定》修正），以及《国务院关于鼓励外商投资的规定》（1986 年）、《国务院关于鼓励台湾同胞投资的规定》（1988 年）和《国务院关于鼓励华侨和港澳同胞投资的规定》（1990 年）。这些法律和法规不仅涵盖了全部"三资"企业，而且囊括了外国商人和港、澳、台商人的投资，同时放宽了政策。比如，1990 年新修订的《中华人民共和国中外合资经营企业法》明确规定：对合资企业不实行国有化；外方也可以担任合资企业董事长；合资企业可以规定合营期限，也可以不规定合营期限等。①

　　2. 进一步扩大开放地区。1985 年 2 月，国务院决定将长江三角洲、珠江三角洲和闽南厦门、漳州、泉州三角地区开辟为沿海经济开放区。1988 年上半年，又先后设立了山东半岛和辽东半岛经济开放区，以及全国最大的经济特区——海南省经济特区。1990 年 6 月，又决定开发和开

---

① 《中国经济年鉴》（1991），经济管理出版社，第Ⅵ–32~33 页。

放上海浦东。这对全国改革开放是一件具有重要意义的事件。1992 年以来，在这方面又采取了重大步骤：①实行沿边开放，将黑河、绥芬河、满洲里、晖春、凭祥、未兴镇、河口县、畹町、瑞丽、伊宁、塔城、博乐、二连浩特开辟为边境开放城市。 ②进一步对内陆省市扩大开放，将重庆、岳阳、武汉、九江和芜湖 5 个沿长江城市，哈尔滨、长春、呼和浩特和石家庄 4 个边境、沿海地区省会（首府）城市，太原、合肥、南昌、郑州、长沙、成都、贵阳、 西安、兰州、西宁和银川 11 个内陆地区省会（首府），实行沿海开放城市政策。这样，我国对外开放就形成了经济特区—沿海开放城市—沿海经济开放区—内地开放城市这样一个包括不同开放层次、具有不同开放功能的梯度推进格局。

3. 进一步拓宽外商投资领域。改革以来，外商在华投资遍及一、二、三产业，但以第二产业中的轻工业居多。这同政府对外商投资领域实行的鼓励、限制和禁止政策是相关的。当然，这项政策还需要坚持下去。但有些项目长期放在禁止之列，不利于经济发展，为此，1992 年政府放宽了对投资领域的限制。过去列为禁止的商业、外贸、金融、保险、航空、律师、会计等，允许开展试点投资；过去限制投资的土地开发、房地产、宾馆、饭店、信息咨询等逐步放开。

4. 进一步开放国内市场。改革以来，对外商投资企业的内销控制很严，致使外国大的跨国公司投资大型生产项目受阻。1992 年以后，强调以市场换技术，允许有些符合条件的项目以内销为主，甚至全部内销。这些项目主要是：高技术项目；能替代进口的项目，大多是原材料工业；大型生产性项目。至于那些国内已具备生产能力，技术又不先进的一般产品，不在开放市场之列。

5. 进一步扩大税收减免。改革以来，就对外商投资企业实行税收减免政策，但优惠有限。其表现是：①合营企业的所得税率一般是 33%，其优惠是 1 年免征所得税，2 年减半。②工商统一税没有减免。③外商作为投资进口的机器设备还要缴关税。1991 年以后，进一步扩大税收减免。主要是：①外商投资企业的所得税率一律为 33%。但设在经济特区的外商投资企业和设在经济技术开发区的外商生产性投资企业减按15%的税率征收企业所得税。对于外商生产性投资企业，经营期在 10 年以上的，从开始获利的年度起，第一、第二年免征企业所得税，第三、第四、第五年减半征收企业所得税。②外商作为投资进口的机器设备和物料免征关税。③对外商投资企业的工商统一税也实行了一些减税优惠。

6. 实现外汇平衡的措施。政府为解决外商投资企业的外汇平衡问题，1988 年成立了全国和省市外汇调剂中心，外商投资企业可以在该中心按外汇调剂价调剂外汇余缺。

7. 发展股份制外商投资企业。为适应国际惯例和扩大开放的需要，1992 年，政府开始扩大试行股份制外商投资企业，上海、深圳批准举办约 20 家中外双方投资的股份有限公司，并批准一些企业通过发行 B 股股票来筹集资金。

8. 成立外商投资企业协会。为沟通政府和外商投资企业之间的信息，1987 年全国成立了外商投资企业协会，并在 44 个省、自治区、直辖市和计划单列市成立了分会。

此外，这期间还在下放吸引外资审批权限和简化审批手续以及加强基础设施等方面进一步改善了外商投资环境。

上述各项政策措施大大促进了这期间"三资"企业的发展。

1985~1992 年总计实际利用外资为 815.02 亿美元。其中，外商直接投资 312.92 亿美元。在直接投资中，合资企业占 171.82 亿美元，合作企业占 70.90 亿美元，独资企业占 49.89 亿美元（详见附表 35）。

但这期间"三资"企业的发展也是有曲折的。比如，1989 年由于国内外经济、政治因素的影响，外商投资企业协议项目数比上年减少了 2.79%，协议投资和实际使用投资也仅分别比上年增长 5.71% 和 6.23%。而 1992 年在邓小平谈话的推动下，外商投资企业协议项目数比上年增长了 250.6%，协议投资和实际使用投资也分别比上年增长了 160.1% 和 107.4%。[1] 所以，总体来说，1985~1992 年（特别是 1992 年）"三资"企业获得了迅速的发展，由 1979~1984 年的起步阶段进入了这期间的发展阶段。

这期间"三资"企业发展的重要特点是：①在"三资"企业中，合资企业和外资企业比重大幅度上升，合作经营企业比重大幅度下降。1985~1992 年，合资企业在项目总数、协议资金和实际使用资金中的比重分别由 13.4% 上升到 64.9%，由 34.2% 上升到 47.7%，由 35% 上升到 57.2%；

---

[1]《中国对外经济贸易年鉴》(1994)，中国社会出版社。

合作经营企业分别由 52.4% 下降到 18.6%，由 58.9% 下降到 29.7%，由 35.2% 下降到 26.6%；外资企业由 1.5% 上升到 16.5%，由 0.8% 上升到 22.6%，由 0.8% 上升到 16.2%。[①] ②"三资"企业高度集中在沿海地区，特别是集中在广东、福建两省及其所属的深圳、珠海、汕头、厦门 4 个经济特区。在 1979~1991 年外商投资项目和协议金额总数中，沿海地区分别占 89.7% 和 81.5%，内地分别占 9.5% 和 7.1%。③"三资"企业开始集中在第三产业（主要是宾馆和饭店等），后来比重下降，但仍不小；第一产业占的比重一直较小；第二产业开始占的比重也不大，后来稳步上升。但多数集中在劳动密集型的轻工业，资金、技术密集型产业的比重不大。④"三资"企业的外方资金来源主要是集中在少数国家和地区，特别是港澳台地区。到 1991 年为止，按照协议金额总数计算，港、澳地区占了 62.2%，台湾省占 5.7%，合计占 67.9%。⑤"三资"企业在我国经济生活中的地位上升。这表现在增加投资、产值、出口和税收，提高技术和管理水平，以及扩大就业等方面。

但在这期间，随着"三资"企业的加速发展，也带来诸多问题。主要是：①由于在下放引进外资权力的同时，缺乏有效的宏观调控，导致重复引进现象严重。②由于对外商作为投资的设备高估价，对国有资产低估价，导致国有资产流失。③由于对外商投入设备和物料高计价，对出口产品低计价，导致利润不合理的外流和实盈虚亏。④由于对"三资"企业实行优惠政策，事实上使国营企业处于不平等的竞争地位，对国营企业形成一定的冲击。⑤部分"三资"企业中职工的工作时间长，劳动强度大，劳动条件差，劳动保险没建立，导致劳资关系紧张。⑥部分"三资"企业造成环境污染。

但是，这些问题只是这期间发展"三资"企业的次要方面，主要方面是取得的成就。而且，有些问题在发展"三资"企业过程中是难以完全避免的，随着各方面条件的成熟和工作的改进，可以逐步得到解决。当然，也需要认真注意解决这些问题。

这期间对外开放的进一步发展还表现在进出口贸易的增长上。在这方面采取的最重要措施还是深化对外贸易体制改革。

---

① 《中国对外经济贸易年鉴》(1994)，中国社会出版社。

如前所述，1985 年以来，国有经济实行了以承包经营制为特征的改革。这项改革在对外贸易体制方面也明显地表现出来。

国务院从 1987 年开始，在经贸部系统的外贸专业总公司及其所属的地方分公司，实行外贸承包经营责任制。具体做法是：经贸部只对各外贸公司下达出口计划、出口收汇计划和盈亏总额等三项宏观计划指标。至于如何完成这些指标，则由各外贸公司根据自身的实际情况自主决定。对完成上述三项指标的外贸公司，经贸部给予一定的奖励；反之，则扣发奖金乃至取消外贸经营权。

后来，国务院又决定：从 1988 年起在全国实行以地方承包为主的外贸承包经营责任制。这个改革方案使承包制的主体发生重大变化（由原来的外贸公司作为承包者变为由地方政府作为承包者），同时使外贸体制很多方面改革取得了一些新的进展。主要是：①在计划体制方面，中央政府直接向各省、自治区、直辖市和计划单列市下达出口计划、上缴外汇计划和进出口盈亏总额三项指标，各地方政府承担完成三项指标的全部责任，并相应享有自定出口商品种类、数量、价格和经营方式等方面的权力。②在财务体制方面，实行计划内进出口由中央财政统负盈亏，超计划进出口由地方财政自负盈亏；各地方的外贸专业总公司的分公司在财务上与中央财政脱钩，与地方财政挂钩。③在经营体制方面，进一步明确经营分工范围，对进出口商品按其性质分为三类：由外贸专业总公司经营的少数大宗资源性产品；主要由地方外贸公司经营的许可证、配额商品；实行放开经营的商品。④在价格体制方面，除粮食、化肥等少数关系国计民生的大宗进口商品外，对进口物品原则上一律实行代理作价，国家财政不再给予价差补贴。⑤在外汇分配方面，扩大了地方外汇留成比例，规定地方超计划出口收汇中 80% 的外汇可留归地方使用。开放外汇调剂市场，允许外贸公司和出口生产企业按市场价格用留成外汇自由调剂外汇。

此外，这期间还选择外贸专业总公司系统的轻工、工艺和服装三个行业，进行企业自负盈亏的试点改革。即允许这三个行业中的外贸公司将出口所创外汇中的大部分留归己用，通过灵活运筹能力实现自负盈亏。[1]

---

[1]《20 年经济改革回顾与展望》，中国计划出版社 1998 年版，第 162~164 页。

　　对外贸易体制改革深化推动了这期间进出口贸易的发展。1992年进出口贸易总额由1984年的1201亿元增长到9119.6亿元。其中出口总额由580.5亿元增长到4676.3亿元，进口由620.5亿元增长到4443.3亿元（详见附表34）。

　　这期间对外承包工程和劳务合作在深化改革和扩大开放形势的推动下，也获得了进一步发展。对外承包工程完成的经营额由1984年的4.94亿美元增长到1992年的24.03亿美元，对外劳务合作完成的经营额由1.29亿美元增长到6.46亿美元（详见附表36）。

第五章　经济调控与运行

第一节　1985~1988 年，经济在乏力的调控中从过热走向过热

一、1985 年上半年超高速增长，下半年急速回落

由于传统的经济体制和发展战略的影响，以及体制和战略转轨时期各种特有矛盾的作用，导致 1984 年第四季度工业超高速增长。其具体过程是：1984 年下半年在酝酿全面开展经济体制改革时，国务院决定要给银行以信贷自主权。有关部门确定的办法，是以 1984 年的贷款总额作为 1985 年的贷款限额。但由于没有考虑到银行吃惯了"大锅饭"，还没有自主管理信贷的经验。于是，银行为扩大 1985 年的信贷限额，10 月份起放手发放固定资产贷款，由此造成投资失控。同时，国务院还决定要使国有企业职工工资总额同本企业经济效益挂钩浮动。有关部门在研究具体办法时，设想以 1984 年的工资总额作为 1985 年的工资总额基数，企业职工工资可以按此基数同经济效益挂钩浮动。但也由于没有考虑到国有企业吃惯了"大锅饭"，还没有做到自负盈亏，这个办法刚刚风传下去，企业就突击提工资，竞发奖金，以扩大本企业的工资总额基数。由此造成消费基金增长失控。这两个失控又造成货币发行失控。这年第四季度货币发行量比上年同期增加了 164%；全年合计，年末货币流通总量比上年末增加 49.5%。投资和消费过度膨胀又导致工业超高速增长。1984 年第一至第三季度工业增长速度达到 12.5%，已属不低；第四季度又遽然增长

到 17.9%。①由此造成消费品特别是投资品（主要又是能源、交通和原材料）供应紧张，物价大幅度上扬，进口物资剧增和外汇储备大幅下泻。显然，工业的这种超高速增长不仅不可能持久，而且会对经济改革和发展造成严重后果。

为此，国务院于 1984 年 11 月中旬发出严格控制银行信贷和发放职工奖金的紧急通知。但由于失控来势很猛，失控现象仍在继续发展，工业过热势头也在发展。以致 1985 年第一季度工业生产比上年同期增长 22.97%，第二季度增长 23.4%。

这种形势迫使人们不得不加大经济调整的力度。1985 年 2~10 月，国务院先后召开 4 次省长会议，以期在制止工业和整个经济过热方面统一思想。这年还在这方面采取了一系列经济的、法律的和行政的措施。

在控制信贷失控方面，采取了紧缩银根的方针。重要措施有：实行"统一计划、划分资金、实贷实存、相互融通"的信贷资金管理办法；先后两次提高城乡居民定期存款利率和贷款利率；中国人民银行总行对所属分行和各专业银行总行的信贷计划、信贷差额、现金投放和回笼计划，按季进行控制和检查，乡镇企业和专业户向农业银行和信用社贷款一般要有 50% 的自有资金；加强对低息贷款的管理。

在控制投资过度膨胀方面，采取了以下重要措施：重申严格按计划办事，实行行政首长负责制；各级银行不准发放计划外固定资产贷款；各地区、各部门不准用银行贷款以自筹资金名义擅自扩大基本建设规模；除建设银行外，其他银行不得办理自筹基本建设的存款和贷款。

控制消费基金过快的主要措施有：严格征收奖金税；下达 1985 年国有单位工资总额计划指标，从总量上控制工资总额的增长；对实行工资与经济效益挂钩浮动的国有企业开征工资调节税，对国有事业单位也开征奖金税；要求各级政府和事业单位削减行政经费，控制社会集团购买力。

控制外汇收支的主要措施有：坚持实行额度管理，严禁非法倒卖外汇，加强贸易外汇的管理；实行计划控制。对地方、部门使用自有外汇进口，实行严格的计划控制；由国家下达的进口计划用汇指标，各地区、各部门不得突破；对出口商品收汇，实行全额比例留成。一般出口商品

①《中国经济年鉴》(1989)，经济管理出版社，第 II−25 页。

收汇留成，按 25%留给地方、部门和企业；利用税收调节外汇收支。对进出口产品征、退产品税或增值税，对若干进口商品开征进口调节税；为控制盲目引进和多头对外，对进出口商品实行许可证制度。

在控制物价上涨方面，实行的主要措施有：重大的价格改革措施和重要商品调价，必须按国务院统一部署进行；凡属国家定价的生活资料和工业生产资料，都必须严格执行国家规定的价格；重要生产资料的供应业务和紧缺耐用消费品的批发业务，都应掌握在国有商业、供销社、物资供销部门和生产这种产品的生产单位手中；对实行市场调节的农副产品，国有商业和供销社要积极参与市场调节，平抑市价；服务、饮食行业不得乱涨价、乱收费。

上述各项措施是在经济体制转轨时期采用的，因而相对过去来说，已经包含了较多的经济、立法等间接手段，但行政手段还很突出。而且，为了适应调整经济的需要，还不得不恢复部分的行政管理手段。这样，与行政手段相联系的弊病（如"一刀切"的调整）就不可避免。

但这些措施有效地制止了工业和整个国民经济的过热。由于各项调控措施到位并发生作用，从 1985 年第三季度起，基本建设投资和工业生产的增长都趋于下降。与上年同期相比，基本建设投资的增长速度，7 月略减，为 50.2%，8 月降到 28.6%，9 月降到 23.7%，10~12 月略有回升；工业生产的增长速度，7 月开始下降到 20.4%，8 月下降到 17.5%，9 月下降到 14.5%，10 月下降到 11.7%，11 月下降到 8.8%，12 月略有回升，为10.2%。社会商品零售物价指数第一至第三季度分别为 5.6%、8.8%、10.1%，但 10 月份达到高峰后，物价上升势头也开始放缓。[①]

正因为上述各项措施到下半年才到位和发生作用，因而从 1985 年全年看，工业和整个国民经济仍然过热。这年工业总产值和国内生产总值分别比上年增长了 21.4%和 13.5%；全社会固定资产投资、国有单位的固定资产投资、基本建设投资、工业基本建设投资分别增长了 38.8%、41.8%、44.6%和 30.7%；社会总需求大于总供给的差率为 25.2%；现金流通量增长了 24.7%；社会商品零售价格增长了 8.8%。[②]这里需要说明：这年

①《中国经济年鉴》（1986），经济管理出版社，第Ⅱ-2~3 页。
②《中国统计年鉴》（1997），第 42、150、155、160、267、413 页；《中国经济年鉴》（1989），经济管理出版社，第Ⅱ-7 页。

物价上升不完全是由于社会总需求大于总供给引起的，同放开副食品价格的价格改革也有很大关系。

上述各项措施虽然没有改变1985年工业和国民经济的过热状态，但却有利于1986年和1987年进一步缓解这种过热状态。

二、1986~1987年"软着陆"未实现

1985年9月，中国共产党全国代表会议《关于制定"七五"计划建议的说明》指出："'七五'期间，大体可分为两个阶段。前两年要控制社会总需求，解决经济增长速度过快、固定资产投资规模过大和消费基金增长过猛的问题，在保持1985年固定资产投资总规模的条件下，做一些小的调整，改善投资结构，加强重点建设。这样用两年多的时间逐步解决当前存在的问题，比在今年下半年集中解决效果好些，可以避免由于刹车过急而造成的损失和震动。但分散两年解决，不易引起大家的重视，搞不好也可能控制不住。这一点需要各级领导特别加以注意。'七五'后三年，再根据情况，适当增加投资。但对建设总规模仍需进行必要的控制，这是多年来的重要历史经验。"[①] 这里虽然未用"软着陆"这个词，但就其内容来说，针对1984年第四季度以来发生的工业和整个国民经济过热问题实际上提出了"软着陆"的方针，分析了"软着陆"政策的好处及其可能发生的危险（即"软着陆"不成功）。

依据这个政策精神，由国务院提出的并经1986年3月六届全国人大四次会议通过的国民经济和社会发展计划规定：这年工业总产值比上年增长8.8%，大大低于上年的增长速度；国有单位固定资产投资为1570亿元，大体上维持在上年实际水平。[②] 这些主要指标集中体现了紧缩的财政、货币政策。

但是，1986年第一季度工业产值与上年同期相比仅增长了4.4%。于是，经济"滑坡"的呼声四起。但实际上这是工业从高速增长回落到正常增长的必经过程，其结果也不会造成经济"滑坡"。这年第一季度工业增长4.4%，是以上年第一季度超高速增长（其增幅为22.97%）为基数的。而且1985年下半年工业增幅是逐季回落的。所以，只要1986年能够

①《中国经济年鉴》(1986)，经济管理出版社，第I-20~21页。
②《中国经济年鉴》(1986)，经济管理出版社，第I-76页。

保持正常的发展势头，这年工业增长速度仍然可以达到计划规定的8.8%。但经济"滑坡"的呼声，不仅是由于对1986年第一季度工业增长4.4%的误解，更深层的原因是片面追求经济增长战略在实际经济工作中的影响。由于顶不住这种呼声的压力和这种战略的影响，从1986年第二季度起，又开始放松了财政、货币的双紧政策；于是，又导致这年第二至第四季度工业增幅逐季上升，第二季度为5.3%，第三季度为9%，第四季度又高达15.8%。[①]

但总体说来，1986年还是执行了财政、金融的双紧政策，因而1985年出现的工业和整个国民经济的过热状态有所缓解。这年工业总产值和国内生产总值分别比上年增长了11.7%和8.8%；全社会固定资产投资、国有单位的固定资产投资、基本建设投资和工业基本建设投资分别增长了22.7%、23.7%、9.5%和19.1%；社会总需求大于社会总供给的差率为13.45%；现金流通量增长了23.3%；社会商品零售价格增长了6%。[②]这年工业和国内生产总值的增长速度比上年有了大幅度下降。全社会的和国有单位的固定资产投资的增幅比上年略有下降，但即使扣除了价格上涨因素，仍然大大超过工业、国民经济的增长率和1985年的投资规模。社会总需求大于总供给的差率比1985年还有扩大。现金流通量增幅比上年稍有下降，但显著超过了经济增长率和物价上涨率之和。物价上涨率虽然低于上年，但这年不仅没有大的价格措施出台，而且加强了物价的行政指令管制。所以，这些数据表明，1984年第四季度和1985年上半年出现的经济过热，只是在1986年得到了进一步缓解，但远未消除。

鉴于1986年只是初步抑制了1984年末和1985年的工业和国民经济的过热状态，1987年3月由国务院提出的并经六届全国人大五次会议通过的国民经济和社会发展计划，仍然按照"七五"计划头两年的部署，把1987年工业总产值的增长速度定为7%；把国有单位的固定资产投资定为1950亿元，大体上维持在1986年的水平。并且针对1986年计划外投资、非生产性建设投资和非重点建设投资增长过快的情况，提出了

---

　①《中国经济年鉴》（1987），经济管理出版社，第Ⅱ-1页；《中国经济年鉴》（1988）《序》，经济管理出版社。

　②《中国统计年鉴》（1997），第42、150、155、160、267、413页；《中国经济年鉴》（1989），经济管理出版社，第Ⅱ-7页。

"三保三压"的方针，即保计划内建设，压计划外建设；保生产性建设，压非生产性建设；保国家重点建设，压非国家重点建设。显然，这些规定也体现了紧缩的财政货币政策。

由于这些政策的贯彻执行，经济过热状态得到了进一步遏制。这年工业总产值和国内生产总值分别比上年增长了 17.69% 和 11.7%；全社会固定资产投资、国有单位的固定资产投资、基本建设投资和工业基本建设投资分别比上年增长了 21.5%、17.8%、14.2%、28.4%；社会总需求大于总供给的差率为 13.6%；现金流通量增长了 19.4%；社会商品零售价格上升了 7.3%。[①]上述各项指标，同 1985 年相比，除了社会总需求大于总供给的差率有所扩大以外，工业和国内生产总值增长率、投资增长率、现金流通量增长率和社会商品零售价格上涨率均显著降低。但同 1986 年相比，除了投资增长率和现金流通量增长率下降以外，工业和国内生产总值增长率、社会总需求大于总供给的差率以及社会商品零售价格上涨率均有上升。所以，同 1985 年相比，可以说工业和国民经济过热状态在 1987 年得到了进一步缓解；同 1986 年相比，工业和国民经济的过热状态又有回升。但不论如何说，1985 年 9 月确定的"七五"计划头两年实现经济"软着陆"的方针，以及与之相联系的财政、货币双紧政策，并未在 1987 年得到真正、完全的落实。

三、1988 年再次过热

鉴于上述情况，1988 年 3 月由国务院提出的并经七届全国人大一次会议通过的国民经济和社会发展计划规定：1988 年经济工作的基本方针，是进一步解放思想，进一步稳定经济，进一步深化改革，以改革总揽全局。依此方针，确定 1988 年工业和国民生产总值的增长率分别为 8% 和 7.5%；全社会固定资产投资总规模为 3300 亿元，其中国有单位固定资产投资 2060 亿元，略低于上年的实际水平。[②]可以认为，这些主要经济指标是体现了进一步稳定经济方针的要求的。

但不久，又对 1987 年的经济调整工作做了过于乐观的估计，认为这年经济增长速度比较高，也比较正常健康，我国经济生活中开始出现了

---

①《中国统计年鉴》(1997)，第 42、150、155、160、267、413 页；《中国经济年鉴》(1989)，经济管理出版社，第Ⅱ-7 页。

②《中国经济年鉴》(1988)，经济管理出版社，第Ⅰ-46 页。

增长和稳定相统一的新情况。还提出了加快沿海地区经济发展的全国性战略。从根本上说来，这种估计和战略都是同急于求成的传统的经济发展战略相联系的。这样，就导致在实际上完全放弃了稳定经济的方针和紧缩的财政、货币政策，而代之以高经济增长方针和扩张的财政、货币政策。

于是，从 1988 年第一季度起，工业和国民经济急剧升温。1988 年第一季度工业比上年同期增长 16.9%，第二季度增长 17.5%，第三季度增长 18.1%，第四季度增长 18.8%。这年 1 月份社会商品零售价格比上年同期上升 9.5%；在 1~9 月间，每月以 1~4 个百分点的增幅上升，到 9 月份上升为 25.4%；10 月份以后物价上升势头趋缓，12 月份仍上升为 26.7%。[①] 于是，这年 8 月中下旬，全国许多城市爆发了居民争提存款，抢购商品的风潮。

在工业和国民经济过热的形势下，1988 年 9 月中共中央召开的十三届三中全会提出了治理经济环境、整顿经济秩序、全面深化改革的方针。由于这个方针的贯彻执行，从 1988 年第四季度起，工业和国民经济的过热状态就开始降温。

但从 1988 年全年来看，这年工业和国民经济仍然是过热的。这年工业总产值和国内生产总值分别比上年增长了 20.8%和 11.3%；全社会固定资产投资、国有单位的固定资产投资、基本建设投资和工业基本建设投资分别增长了 25.4%、23.3%、17.2%和 19%；社会总需求大于社会总供给的差率为 16.2%；现金流通量增长了 46.7%；社会商品零售物价上升了 18.5%。[②]上述各项指标均大大超过了处于经济降温阶段的 1986 年和1987年；而且除了工业、国内生产总值和全社会固定资产投资的增幅低于经济过热的 1985 年以外，社会总需求大于总供给的差率、现金流通量增长率和社会商品零售价格的增幅均大大超过了 1985 年。可以认为，1988 年工业和国民经济过热状态超过了 1985 年。这种过热状态的形成原因，除了上述的经济体制、经济战略和转轨时期各种特有矛盾以外，还由于它

①《中国经济年鉴》（1988），经济管理出版社，第Ⅱ–3、Ⅳ–43 页。
②《中国经济年鉴》（1989），经济管理出版社，第Ⅱ–7 页；《中国统计年鉴》（1997），第 42、150、155、160、267、413 页。

是 1984 年底以来工业、国民经济过热的持续发展及其作用的叠加。就物价涨幅过高的原因来说，除了主要由于多年积累的、过大的社会总需求大于总供给的差率以外，还同经济秩序混乱相联系的乱涨价有关，也同推进价格改革时机的选择不当有关。1988 年上半年，物价涨幅已经很高，更大的物价涨势已经成为群众的消费预期。在这种情况下，党和政府在 6 月份还提出价格改革要"闯关"，接着又提出要在 5 年内理顺价格。这无疑对价格涨势起了火上浇油的作用。

与工业和国民经济再次过热相联系，工业、整个产业结构失衡和地区结构趋同状态更加严重，技术升级缓慢，市场秩序更加混乱。1985~1988 年，工业与农业产值增长速度之比由 1∶0.22 扩大为 1∶0.15；电力、成品钢材和运输量的弹性系数（以工业产值增长率为 1）分别由 0.58 缩小为 0.52，由 0.56 缩小为 0.40，由 0.22 缩小为 0.10。[①] 这样，工业和国民经济的再次调整就成为势在必行的事。

但需着重指出：尽管就工业和国民经济的运行来说，1985~1988 年从过热走向过热，但这期间我国工业获得了高速增长，我国经济上了一个大台阶（详见附表 3）。这是必须充分肯定的。

第二节　1989~1991 年，经济在治理整顿中发展

一、治理整顿方针的提出

前述的 1988 年工业和国民经济的过热与结构失衡，以及经济秩序的混乱，就是提出治理整顿方针最重要的历史背景。

1988 年 9 月召开的党的十三届三中全会提出了治理经济环境、整顿经济秩序、全面深化改革的方针。李鹏总理依据党中央决定在 1989 年 3 月召开的七届全国人大二次会议上做了题为《坚决贯彻治理整顿和深化改革的方针》的报告。1989 年 11 月召开的党的十三届五中全会又做了《关于进一步治理整顿和深化改革的决定》。该决定就治理整顿的任务、主要目标、必须抓住的重要环节以及必须实行的基本政策措施等一系列问题，

---

① 《中国经济年鉴》（1989），经济管理出版社，第Ⅱ-4 页。

做了明确规定。①

从 1989 年起，用 3 年或者更长一些时间完成治理整顿的基本任务，即努力缓解社会总需求超过总供给的矛盾，逐步减小通货膨胀，使国民经济基本转上持续稳定协调发展的轨道，为本世纪末实现国民生产总值翻两番的战略目标打下良好的基础。

具体说来，①坚决控制社会总需求，是治理整顿的首要任务。为此，要压缩投资总规模，坚决调整投资结构，切实控制消费需求的过快增长，坚持实行从紧的财政信贷政策。②加强农业等基础产业，调整经济结构。要集中力量办好农业；努力保持能源和重要原材料生产的稳定增长，大力提高运输效率；大力调整加工工业，克服盲目发展现象。③认真整顿经济秩序特别是流通秩序。要进一步治理整顿公司特别是流通领域的公司，逐步消除流通领域秩序混乱的状态；坚决整顿市场秩序；逐步解决生产资料价格"双轨制"问题；下大力量加强市场管理和物价管理；坚决制止和纠正乱收费、乱摊派、乱罚款现象。④千方百计提高经济效益。要坚定不移地把经济工作转到以提高经济效益为中心的轨道上来；提高经济效益必须依靠科技进步；强化企业管理，提高管理水平；认真抓紧抓好扭亏增盈工作；扎扎实实地全面深入开展"双增双节"运动。⑤继续深化改革和扩大对外开放。

可见，这次治理整顿的主要目标，不但有压缩需求、解决总量失衡的要求，而且有调整结构、解决结构失衡的要求，还有深化经济体制改革、解决总量和结构失衡机制的要求，以期为经济持续、稳定、协调发展打下良好基础。

因此，如果不说这次治理整顿所包括的深化经济改革的要求，那么，它在实际上就是一次经济调整。

有关这期间深化经济改革和提高企业管理的历史过程，我们在前面已经做过叙述。下面着重叙述这期间总量控制和结构调整的历史过程。

二、1989 年治理整顿的起步

在党中央、国务院治理整顿方针的指引下，1989 年治理整顿迈出了重要一步。

---

① 详见《中共中央关于进一步治理整顿和深化改革的决定》，人民出版社 1989 年版。

1. 工业和国民经济的超高速增长有了急剧的改变。1989 年计划规定，工业产值比上年增长 8%，国民生产总值增长 7.5%。执行结果，工业实际增长 8.5%，国民生产总值增长 4.2%。[①]前者略超计划，后者显著低于计划；前者比 1989 年增幅回落了 12.3 个百分点，后者回落了 7.1 个百分点。这年下半年工业生产还出现了逐季逐月下滑过多的局面。与上年相比，1989 年第一季度工业增长 10.4%，第二季度增长 11.1%，第三季度增长 5.4%，第四季度增长 0.7%。按月计划，7 月份增长 9.6%，8 月份增长 6.1%，9 月份增长 0.9%，10 月份下降 2.1%，11 月份增长 0.9%，12 月份增长 3.4%。[②]为了制止工业下滑的势头，这年政府在增拨流动资金和保证能源生产等方面，先后采取了一系列措施。

2. 社会总需求得到有效控制。首先是大幅度压缩了投资需求。这是压缩社会总需求和调整经济的决定性措施。1989 年计划安排，全社会固定资产投资 3300 亿元，比上年预计完成的 4220 亿元压缩 920 亿元，下降 21.8%。其中，国有单位的固定资产投资 2100 亿元，压缩 510 亿元，下降 19%。[③]为此，不仅砍掉了一批包括楼堂馆所在内的非生产性项目，而且停建、缓建了一批一般的生产性项目，特别是加工工业项目。据统计，这年国有单位的基本建设和更新改造项目，比上年减少 4.3 万个，压缩了 26%；当年新开工项目比上年减少 4.1 万个，压缩了 53%。[④]这样，执行结果，这年全社会固定资产投资实际为 4410.4 亿元，比上年实际完成数减少了 7.2%；国有单位的固定资产投资为 2808.2 亿元，减少了 7%；国有单位的基本建设投资为 1551.74 亿元，减少了 1.6%；国有单位工业基本建设投资为 822.22 亿元，增加了 1.2%。虽然没有完成原定的投资计划，但全社会和国有单位的固定资产投资下降幅度还是很大的。再考虑到价格上升因素，下降幅度就更大了。扣除价格上升因素，国有单位的全部基本建设投资和工业基本投资也都是大幅下降的。在压缩投资规模的同时，还调整了投资结构。1989 年，国有单位基本建设投资中，生产性建设投资比重由上年的 65.9% 上升到 68.6%；能源工业和运输邮电业的投资

①《中国经济年鉴》（1989），经济管理出版社，第 I–18 页；《中国统计年鉴》（1997），第 42、413 页。
②《中国经济年鉴》（1990），经济管理出版社，第 II–16 页。
③《中国经济年鉴》（1989），经济管理出版社，第 I–18 页。
④《中国经济年鉴》（1990），经济管理出版社，第 II–1 页。

比重分别由 24.7% 上升到 28.8%，由 14.4% 上升到 15.1%。其次是压缩了消费需求。1989 年，全国居民消费水平比上年实际下降了 0.5%；其中，农业居民下降了 0.8%，非农业居民下降了 1.6%；这年社会集团购买力为 693 亿元，比上年下降了 12%。[①]

3. 工业和整个产业的结构有了初步调整。依据治理整顿的要求，在压缩投资规模的同时又调整了投资结构，再加上其他的调整结构的措施，就使得农业、能源、原材料和交通运输的增长速度都加快了，加工工业的发展速度受到了抑制，使工业和整个产业的结构有了一定程度的调整。工业与农业产值、能源总量、主要原材料、铁路货运量的增长速度的对比关系，分别由 1988 年的 1∶0.15 上升为 1∶0.25，由 1∶0.29 上升为 1∶0.54，由 1∶0.35 上升为 1∶0.53，由 1∶0.15 上升为 1∶0.53。[②]

4. 物价涨势回落。由于大幅度压缩了社会总需求，并通过经济增长（特别是农业丰收）和结构调整增加了有效供给，使社会总需求大于总供给的差率由上年的 16.9% 下降为 1989 年的 8%。还由于实行紧缩的财政政策特别是紧缩的信贷政策，再加上两次提高居民储蓄存款利息率，并实行保值储蓄，使现金流通量的增长率由上年的 46.7% 下降到 9.8%。这样，物价涨势逐月回落。与 1988 年同期相比，1 月、2 月的物价指数为 27% 和 27.9%，以后逐月下降，到 10 月、11 月、12 月为 8.7%、7.1%、6.4%；全年物价上涨 17.8%，比上年的 18.5% 下降了 0.7 个百分点。但其中的新涨价因素只有 6.4 个百分点，明显低于上年的 15.9 个百分点。[③]

可见，1989 年虽然是治理整顿的开端，但取得了明显进展。

但是，经济的总量和结构失衡、经济效益低下以及通货膨胀等原来存在的老问题并没有根本解决，而且工业速度滑坡和市场销售疲软等新问题又发生了。在治理整顿期间，工业增幅在一定范围内下降，是治理整顿的一个主要要求。但下降过多，特别是 1989 年 9~11 月出现的接近零增长甚至负增长，就很不正常。这年工业速度滑坡是同市场疲软相联系的。1989 年 8 月以后，社会商品零售总额也出现负增长，全年累计增长

---

① 《中国统计年鉴》（1997），第 150、155、160、292 页；《中国经济年鉴》（1990），经济管理出版社，第 Ⅱ-2~9 页。

② 《中国经济年鉴》（1990），经济管理出版社，第 Ⅱ-16~17 页。

③ 《中国统计年鉴》（1997），第 267 页；《中国经济年鉴》（1990），经济管理出版社，第 Ⅱ-2 页。

8.9%，扣除物价上升因素，实际下降 7.6%。这年物资系统的生产资料销售额名义下降 0.8%，实际下降 18.2%。[①]在经济体制和经济战略的转轨时期，是一种"速度效益型"经济。这样，随着工业速度的滑坡，工业经济效益又进一步下滑了。1989 年，国营独立核算工业企业资金利税率由上年的 20.6%下降到 17.2%；亏损企业亏损总额由 81.92 亿元猛增到 180.192 亿元。[②]与工业速度滑坡、市场疲软相联系，工业企业的产成品资金、企业之间的相互拖欠货款的"三角债"、工厂的停工和半停工、潜在的失业和待业工人都大大增长了。凡此种种都是治理整顿需要进一步解决的问题。

三、1990 年治理整顿的进展

1990 年，党中央和国务院决定继续推进治理整顿，并采取了坚持总量控制、适时调整紧缩力度和积极调整结构等一系列措施，在治理整顿方面继续取得了进展。

1. 保持了工业和国民经济的一定速度增长。1990 年计划规定，工业和国内生产总值分别比上年增长 6%和 5%。执行结果，二者实际分别增长了 7.8%和 3.8%。[③]前者超过计划，后者低于计划；前者比上年低 0.7 个百分点，后者比上年下降 0.3 个百分点。这年年初工业生产继续呈现从上年第四季度开始的下滑局面，但从第二季度开始回升。这年头两个月工业负增长，3 月份开始正增长，第一季度比上年同期仅增长 0.3%；第二季度增长 4.1%；第三季度增长 5%；第四季度增长 14.2%，其中最后两个月达到 15%左右。[④]为了扭转与市场销售疲软相联系的年初工业生产滑坡的局面，这年采取了一系列刺激需求和改善工业生产条件的措施。主要是在坚持财政、货币双紧政策的前提下，适度增加了固定资产投资和流动资金贷款；放松了对社会集团购买力的限制；3 月和 8 月两次调低存款利率 2.34 个百分点；继 1989 年 12 月下调人民币对美元汇率 21.1%之后，1990 年再次下调 9.6%；恢复托收承付的结算方式和大力清理企业之间"三角债"；加快价格的结构性调整；对煤炭实行"四统一"（即统一分

---

① 《中国经济年鉴》(1990)，经济管理出版社，第 II-2 页。
② 《中国统计年鉴》(1993)，第 430、437 页。
③ 《中国统计年鉴》(1997)，第 42、413 页。
④ 《中国经济年鉴》(1991)，经济管理出版社，第 II-2 页。

配、统一订货、统一运输和统一调度）；对部分重点骨干企业实行"双保"（国家保企业的基本生产条件，企业保完成国家的计划任务和上缴税利）；建立国务院生产委员会，以加强对工业、交通生产的领导。

2. 继续控制了社会总需求的增长。首先是控制固定资产投资规模，并调整投资结构。1990 年计划规定，全社会固定资产投资 4100 亿元；其中，国有单位固定资产投资为 2510 亿元，二者均低于 1989 年实际完成数。执行结果，全社会固定资产投资为 4517 亿元，比上年增长2.4%；国有单位固定资产投资、基本建设投资和工业基本建设投资分别为 2986.3 亿元、1703.81 亿元和 852.6 亿元，分别比上年增长 6.3%、9.8%和 4%。[①]虽然都超过了计划指标，但扣除价格上升因素，实际低于上年或比上年略有增加。同时，调整了投资结构。1990 年，在国有单位基本建设投资中，农林水利投资比重由上年的 3.3%上升到 4.1%，能源工业投资由 28.8%上升到 32%，运输邮电业投资由 15.1%上升到 15.9%；生产性投资比重由 68.6%上升到 72.2%，非生产性投资由 31.4%下降到 27.8%。[②]这样，基础工业和基础设施的建设得到了加强，一般加工工业和非生产性的建设受到了控制。

其次是控制消费需求的增长。1990 年，全国居民消费水平、农业居民和非农业居民的消费水平分别比上年增长了 3.4%、0.3%和 7.5%。[③]前两个指标增幅都不高，第三个指标增幅高一些，但也显著低于 1988 年；而且三者都是在 1989 年负增长的基础上提高的。但社会集团消费增幅稍大一些，这年社会集团消费零售总额比上年增长 4.3%。[④]

3. 进一步调整了工业和整个产业的结构。这年基础工业有了加强，加工工业受到控制。1990 年，基础工业比上年增长 6.5%，加工工业增长 4.1%；前者占工业总产值的比重由上年的 21.2%上升到 21.5%，后者由 46.9%下降到 46.4%。[⑤]

4. 进一步控制了物价涨势。由于继续控制了社会总需求，并在保持

① 《中国统计年鉴》（1997），第 150、155、160 页。
② 《中国经济年鉴》（1990），经济管理出版社，第Ⅱ-8 页。
③ 《中国统计年鉴》（1997），第 292 页。
④ 《中国经济年鉴》（1991），经济管理出版社，第Ⅱ-3 页。
⑤ 《中国经济年鉴》（1991），经济管理出版社，第Ⅱ-15 页。

工业和国民经济适度增长的条件下调整了工业和国民经济结构，特别是由于农业连续两年丰收，有效供给有了进一步增长，于是社会总需求大于总供给的差率由上年的 8% 下降为 1990 年的 4%，回到了正常区间。诚然，这年财政货币双紧政策有所松动，现金流通量增幅为 12.8%，高于上年的 9.8%。[①]但由于上年 3 月开始的物价增幅下降势头的惯性作用，1990年前三季度各项物价指数仍呈逐季下降趋势，第四季度稍有回升，还低于前两个季度。全年社会商品零售物价比上年上升 2.1%，比上年回落了15.7 个百分点；生产资料价格涨幅为 3.1%，比上年回落了 18.4 个百分点。[②] 而且，这年物价涨幅回落是在改革以来价格调整迈出最大步伐的条件下取得的。这年先后调高了 10 多项工农业基础产品和民用燃料、生活消费品以及 20 多项服务项目的价格，其出台项目之多，调价幅度之大，调价金额之巨，超过以往各年。

可见，1990 年治理整顿取得了重大进展。

但是，由于这年货币流通量增长幅度超过经济增长和物价的增幅，潜在的通货膨胀压力增大。至于工业和整个产业结构失衡、市场销售疲软、工业产成品积压、企业互欠货款以及经济效益低下的问题，都还没有解决或没有根本解决。比如，社会商品零售总额直到这年 6 月份才开始正增长，并逐月回升，1~5 月平均下降 2.6%，6~8 月平均增长 1.5%，9~10 月平均增长 5.5%，11~12 月平均增长 10.3%，全年仅比上年增长1.9%，扣除物价因素，实际有所下降。[③]再如，国有独立核算工业企业资金利税率由 1989 年的 17.2% 下降到 1990 年的 12.4%，亏损企业的亏损总额由180.19 亿元增加到 348.76 亿元。[④]

四、1991 年治理整顿的基本完成

1991 年是"八五"（1991~1995 年）计划的第一年，也是治理整顿的第三年。这年继续推进了治理整顿，并基本完成了治理整顿的主要任务。

1. 继续推进工业和国民经济的适度增长。1991 年计划规定，工业和国内生产总值分别比上年增长 6% 和 4.5%。执行结果，二者实际分别增长

①《中国经济年鉴》（1991），经济管理出版社，第Ⅱ-4 页。
②《中国经济年鉴》（1991），经济管理出版社，第Ⅱ-1~2 页。
③《中国经济年鉴》（1991），经济管理出版社，第Ⅱ-3 页。
④《中国统计年鉴》（1993），第 430、437 页。

了 14.8%和 9.2%，①都大大超过了原定计划和上年的增长速度，速度都偏高，特别是工业的增长速度偏高。为了促进工业的增长，这年除了继续深化改革和扩大开放，增加投资总量和调整投资结构，继续增补流动资金和新产品开发基金、治理"三乱"，继续整顿经济秩序特别是流通秩序，以及开展"质量、品种、效益年"活动，提高企业管理水平以外，还着重抓了以下两项工作：①促进市场销售，改变前两年市场销售疲软的局面。1991 年，全国社会商品零售总额达到 9397.7 亿元，比上年增长了 13.2%，扣除物价上升因素，实际增长 10%。这年生产资料销售额达到3129.1 亿元，比上年增长 24.5%。②清理"三角债"和限产压库取得明显成效。这年全国"三角债"估计约 2500 亿元。其形成原因主要是：固定资产投资有缺口；企业亏损；产品积压；商品交易秩序混乱，结算纪律松弛。从1991 年 9 月起，在国务院统一领导下，在全国范围内开展了从固定资产项目拖欠源头入手清理"三角债"，截至 12 月末，国家注入银行贷款1306 亿元，地方政府和企业自筹 24 亿元，共清理"三角债"1360 亿元，超额完成全年清理 1000 亿元的计划目标，取得了投入 1 元资金清理 4 元的效果。据中国工商银行对 40000 户国营工业企业统计，1991 年末产成品资金占用额为 1096 亿元，比 6 月末减少 229 亿元，超额完成全年压缩产成品资金占用 200 亿元的计划目标。②

2. 继续控制固定资产投资规模，进一步改善投资结构。1991 年计划规定，全社会固定资产投资总规模为 5000 亿元；其中，国有单位的固定资产投资为 3245 亿元。按现价计算，二者均高于 1990 年完成数。执行结果，全社会固定资产投资达到 5594.5 亿元，比上年增长 21.6%；国有单位的固定资产投资、基本建设投资和工业基本建设投资分别达到 3713.8 亿元、2115.8 亿元和 1147.21 亿元，分别比上年增长 24.4%、24.2%和34.6%。③这四项指标均超过了计划，即使扣除物价因素，也都有大幅度增长。同时，调整了投资结构，进一步加强了基础工业和基础设施建设。1991 年，国有单位基本建设投资中，农林水利投资增长了 31.2%，原材

①《中国统计年鉴》(1997)，第 42、413 页。

②《中国经济年鉴》(1992)，经济管理出版社，第 59 页。

③《中国统计年鉴》(1997)，第 150、155、156 页。

料工业投资增长了 24%，运输邮电业投资增长了 40.1%。[①]

3. 1991 年，原计划继续调整工业和整个产业结构，但在执行过程中，尽管基础工业和基础产业都有发展，但由于工业的增长速度偏高，远没有达到预期的目的。这年农业、能源总量和货运总量分别比上年增长了 3.7%、0.9% 和 1.8%，与工业增长速度的比例关系分别为 1：0.25、1：0.06 和 1：0.11。[②]

4. 继续实现了物价的基本稳定。这年社会总供给和总需求都有较大幅度的增长，因而前者大于后者的差率仅比上年略有提高，约为 5% 以上，还是居于正常区间。与此相联系，1991 年社会商品零售价格比上年提高 2.9%，生产资料销售价格总水平与上年持平。[③] 还要提到，这年物价基本稳定也是在价格调整和改革迈出较大步伐条件下实现的。1991 年，先后提高了原油、钢铁、铁路货运和粮油的销售价格，放开了部分工业消费品价格，并对部分工业原材料双轨价格进行了并轨。

因此，到 1991 年为止，治理调整的主要任务已经基本完成。但是，供需总量基本平衡的基础仍很脆弱，通货膨胀的压力在加大，工业和整个产业结构失衡以及经济效益低下状态并未根本改变。国有独立核算工业企业资金利税率由 1990 年的 12.4% 下降到 1991 年的 11.8%，亏损企业的亏损总额由 348.76 亿元增加到 367 亿元。[④] 但就治理整顿的主要目标来说，基本上是实现了的。

第三节　1992 年，经济在邓小平南方谈话精神鼓舞下迅速步入高增长

1992 年是基本完成治理整顿主要任务后的第一年，也是"八五"计划的第二年。依据邓小平 1992 年初南方谈话和 3 月中共中央政治局会议的精神，国务院提出了抓住有利时机，加快经济发展的方针。

[①]《中国经济年鉴》(1992)，经济管理出版社，第 51 页。
[②]《中国统计年鉴》(1997)，第 215、369、413、514 页。
[③]《中国经济年鉴》(1992)，经济管理出版社，第 52 页。
[④]《中国统计年鉴》(1993)，第 430、437 页。

　　为了促进工业和国民经济在提高经济效益的前提下加快发展，除了深化改革和扩大开放，加强农业、水利、交通运输、邮电等基础产业和基础设施建设，调整一、二、三产业结构和地区经济布局以外，主要采取了以下两项措施。

　　1. 加快调整工业结构，提高工业经济效益。其主要要求是：①继续保持能源和重要原材料等基础工业的稳定增长。②按照市场需求组织生产，限制供大于求、不适销不对路产品的生产，不再造成新的积压。③调整产品结构和企业组织结构，关停并转一部分生产能力过大、产品无销路和扭亏无望的企业。④大力抓好资源、能源的节约和综合利用。⑤努力提高产品质量，加速资金周转，降低消耗，减少亏损，增加实现利税。为此，主要采取了以下办法：①从 1992 年起，把工业总产值只作为一般统计指标，建立工业增加值指标，以完善工业经济效益评价考核指标。[①] ②从贷款、税收、物资供应和运力等方面支持适销对路产品、名优产品、高新技术产品和其他要鼓励发展的产品的生产。③公布对主要产品停产、限产和鼓励生产的目录，及时发布市场信息。④实行压缩不合理库存与技术改造、流动资金贷款双挂钩，推进限产压库工作。⑤为了促进工业资金循环，继续 1991 年开始的清理"三角债"的做法，从解决"三角债"源头入手。重点对固定资产投资项目拖欠这个源头进行了清理，1991~1992 年全国共注入资金 540 亿元（其中包括银行贷款 505 亿元，地方和企业自筹 34.3 亿元），清理拖欠项目 14121 个（其中，基本建设项目 5420 个，技术改造项目 8701 个），连环清理 1838 亿元。同时还组织重点行业、重点企业清理流动资金 325 亿元。这样，除少数项目外，全国基本建设和技术改造项目在 1991 年以前形成的拖欠已经基本清理完毕。这两年共清理拖欠款 2163 亿元（其中，1991 年清理 1360 亿元，1992 年清理 803 亿元），实现了注入 1 元资金清理拖欠 4 元的效果。[②] ⑥继续开展"质量、品种、效益年"活动，同时严厉打击制造和贩卖假冒伪劣产品的违法行为。⑦大力开拓国内外市场，促进工业品的销售。

　　2. 合理安排工业固定资产投资的规模和结构。工业基本建设投资的

---

　　①《中国经济年鉴》（1993），经济管理出版社，第 628 页。
　　②《中国经济年鉴》（1993），经济管理出版社，第 65 页。

使用，主要是继续加强能源、原材料建设，支持高新技术发展。加工工业主要搞技术改造，原则上不再铺新摊子。技术改造投资的使用，重点是大力降低能源、原材料消耗；提高产品质量和档次，开发新产品，增加短线产品的生产能力；搞好引进技术的消化吸收，增加出口创汇产品的生产。采取措施防止不必要的重复建设、重复引进。1992年固定资产投资达到8080.1亿元，比上年增长44.4%。其中，国有单位的固定资产投资、基本建设投资、工业基本建设投资和工业技术改造投资分别为5498.7亿元、3012.65亿元、1458.31亿元、1076.68亿元，分别比上年增长48.1%、42.4%、27.1%、36.3%。国有单位工业基本建设投资中，能源和原材料工业的投资增长了28.4%，加工工业增长了25.4%。[①]

　　上述各项重要措施促进了1992年工业和国民经济的发展。这年工业总产值比上年增长了24.7%，比上年增长速度提高了近10个百分点。这年国内生产总值比上年增长了14.2%，增幅比上年高出5个百分点。[②]1992年工业和国民经济的高速增长有多方面原因：①1989~1991年的治理整顿期间，相对来说，增长速度是比较低的。因而，1992年高速增长带有一定的恢复性增长。②这三年的治理整顿，为高速增长形成了相对宽松的总供需环境，并积累了一定的物质条件。如1989~1991年钢材供给大于使用1223万吨，到1991年末，钢材库存达到1581万吨，为当年消费量的45%。[③]③在邓小平1992年初南方谈话精神的鼓舞下，经济改革有了很大的发展，为经济发展创造了许多条件。如直接融资在资金筹集中的作用明显上升。④就经济周期看，1992年是周期的上升阶段。

　　但是，这年工业及国民经济毕竟发展过快了，由此带来了一系列问题。①基础产业和基础设施的"瓶颈"制约作用再次突出，交通运力不足，能源供应紧张。②货币流通量增长过大。1992年现金流通量比1991年增长了36.4%，[④]大大超过了经济增幅和货币化程度提高的需要。③全年物价涨幅明显加大，逐季呈上升趋势。1992年商品零售价格比上年上

　　①《中国统计年鉴》（1997），第150、155、160、174页。
　　②《中国统计年鉴》（1997），第413页。
　　③《中国经济年鉴》（1993），第72页。
　　④《中国统计年鉴》（1993），第664页。

升了 5.4%，大大超过了 1991 年 2.9% 的增幅；①其中，上半年增幅为 4.9%，到 12 月份为 6.8%。生产资料价格也呈上升势头，第一季度上升 4.5%，上半年上升 6.4%，全年上升 9.3%。当然，这年物价上涨，同价格改革有很大关系。在商品零售价格上升的 5.4% 中，属于国家计划调整和放开价格的部分约占 4 个百分点，属于市场调节自发上涨的部分约占 1.4 个百分点。② ④金融秩序混乱和股票热、房地产热、开发区热等泡沫经济已经开始出现。如有的金融机构以高利率向系统外拆出资金，这些资金大量用于炒股票、炒房地产和投资开发区。⑤工业经济效益低下状况并无改变。国有独立核算工业企业资金利税率由 1991 年的 11.8% 下降到 1992 年的 9.7%，亏损企业亏损总额由 367 亿元增加到 369.27 亿元。③

　　形成工业和国民经济发展速度过快的原因，从认识上说，是片面理解了邓小平在 1992 年初南方谈话中提到的"抓住时机，发展自己，关键是发展经济"的精神，忽视了他同时提到的"不是鼓励不切实际的高速度，还是要扎扎实实，讲求效益，稳步协调地发展"的精神。④ 当然，从根本上说，还是传统的经济体制和经济战略的影响，以及体制和战略转轨时期特殊矛盾的作用。比如，在 1992 年基本建设投资总额中，国家预算内的投资只占 12.4%，而国内贷款和自筹资金则分别占了 27.4% 和 40.3%；在更新改造投资总额中，这三方面投资比重分别为 1.4%、40.7% 和 49.6%。⑤ 显然，这种状况是同投资主体多元化带来的盲目性，以及缺乏有力的企业自我约束机制和宏观调控机制相联系的。

---

① 《中国统计年鉴》（1997），第 267 页。
② 《中国经济年鉴》（1993），经济管理出版社，第 104~105 页。
③ 《中国统计年鉴》（1993），第 430、437 页。
④ 《邓小平文选》第 3 卷，人民出版社 1993 年版，第 375 页。
⑤ 《中国经济年鉴》（1993），经济管理出版社，第 75~76 页。

第六章 1985~1992年，发展产业经济的主要成就和经验

第一节 发展产业经济的主要成就

1. 市场趋向改革取得了全面进展。一是以社会主义公有制为主体的、多种所有制共同发展的格局进一步显露。1984~1992年，国有工业占工业总产值比重由69.1%下降到51.5%，集体工业由29.7%上升到35.1%，其他经济类型工业由1.2%上升到13.4%。这期间，在社会消费品零售总额中，国有单位由45.5%下降到41.3%，集体单位由39.6%下降到27.9%，其他经济类型由14.9%上升到30.8%。这里还要着重提到，乡镇企业在1984年以后进一步充分显示了异军突起的面貌。1985~1992年乡镇企业增加值占国内生产总值的比重由8.6%上升到16.8%（详见附表1、附表13、附表24、附表32）。二是国有经济推行了以实行承包经营制为特征的改革。三是市场体系、宏观经济管理体制改革和对外开放都获得了进一步发展。

2. 总的说来，宏观经济仍呈良好发展态势。

（1）这期间尽管出现两次经济过热，经济仍获高速增长。1992年国内生产总值比1984年增长了106.7%，年均增长9.5%。其中，第一产业增加值增长了33.9%，年均增长3.7%。粮食产量由40731万吨增长到44266万吨，增长8.7%；棉花由625.8万吨下降到450.8万吨，下降28%；

油料由 1191 万吨增长到1641.2 万吨，增长 37.8%。

第二产业增长了 151.6%，年均增长 12.2%。其中，工业增长了 154.8%，年均增长了 12.4%，建筑业增长了 121.6%，年均增长 10.5%。原煤产量由 1984 年的 7.89 亿吨增长到 1992 年的 11.16 亿吨，增长 41.4%；原油由 11461 万吨增长到 14201 万吨，增长 24%；电由 3770 亿千瓦小时增长到 7539 亿千瓦小时，增长 99.9%；钢由 4347 万吨增长到 8094 万吨，增长 86.2%。[①]

第三产业增长 126.5%，年均增长 10.8%。其中，货物周转量由 1984 年的 15694 亿吨公里增长到 1992 年的 29218 亿吨公里，增长 86.2%；旅客周转量由 3620 亿人公里增长到 6949 亿人公里，增长 91.9%；邮电业务总量由 47.68 亿元增长到 290.94 亿元，增长 5.1 倍；城市供水总量由 1176474 万立方米增长到 4298437 万立方米，增长 2.65 倍；公共电汽车由 41282 辆增长到 87093 辆，增长 1.1 倍；人工煤气由 231351 万立方米增长到 1495531 万立方米，增长 5.5 倍；液化石油气由 535289 万吨增长到 2992699 万吨，增长 4.6 倍；天然气由 168568 万立方米增长到 628914 万立方米，增长 2.7 倍；高等学校在校学生数由 139.6 万人增长到 218.4 万人，增长 56.4%；中等学校由 4860.9 万人增长到 5354.4 万人，增长 10.1%；小学由 13557.1 万人下降到 12201.3 万人，下降 10.1%；研究生由 57566 人增长到 94164 人，增长 58.9%；出国留学人员由 3073 人增长到 6540 人，增长 1.1 倍；国有企事业单位专业技术人员由 7466000 人增加到 17596532 人，增长 135.6%；艺术表演团体由 3397 个下降到 2753 个，下降 19.1%；公共图书馆由 2217 个增加到 2565 个，增长 15.7%；图书出版总印数由 63.5 亿册增长到 63.4 亿册，增长 1.4%；杂志出版总印数由 21.8 亿册增长到 23.6 亿册，增长 8.3%；报纸出版总印数由 180.8 亿份增加到 257.9 亿份，增长 42.6%；医院、卫生院由 67169 个下降到 61352 个，下降 8.7%；医生由 138.1 万人增加到 180.8 万人，增长 30.9%；床位由 216.6 万张增加到 274.4 万张，增长 26.7%（详见附表 3、附表 20、附表 21、附表 22、附表 23、附表 27、附表 28、附表 29、附表 30）。

可见，这期间总的情况是经济增长速度很高。当然，各产业之间也

① 《中国经济年鉴》(1993)，经济管理出版社，第 364~365、446~447 页。

很不平衡，有些产品甚至下降。下降是由多种复杂因素引起的。比如，棉花产量下降既同产业结构调整有关，又同工作中的缺陷有关。而中小学在校学生的减少则同人口增长率下降以及与此相联系的人口年龄结构变化有关。至于艺术表演团体减少和医院、卫生院的减少，在很大程度上是改革深化的表现。

（2）物价涨幅过高。其中，有的年份达到中位甚至高位通货膨胀。1992 年居民消费价格比 1984 年上升了 98.6%，年均上升 9.6%。其中，1985 年为 9.3%，1988 年为 18.8%，1989 年为 18%。

（3）城镇登记率由 1984 年的 1.9%轻微上升到 1992 年的 2.3%。

（4）由于国际收支状况继续趋好，外汇储备继续大幅攀升，由 1984 年的 82.2 亿美元增加到 1992 年的 194.43 亿美元（详见附表 4、附表 5、附表 6、附表37）。

3. 在产业结构变化方面，则呈现出复杂的状态：有趋于协调和优化的一面，也有趋于失衡的一面，就第一、二、三产业的对比关系来说，在工业化过程中，第一产业比重下降，第二、三产业比重上升是符合规律的现象。就这期间的具体情况来说，第一产业比重下降过多，由 1984 年的 32%下降到 1992 年的 21.8%，使得农业发展又滞后于国民经济的发展(详见附表 2)。

在工业内部，轻工业和重工业继续协调发展。1984~1992 年，轻工业和重工业占工业总产值比重分别由 47.4%下降到 46.6%，由 52.6%上升到 53.4%，大体上还是协调的。但是，在重工业产值中，制造工业产值比重在这期间由 50.9%上升到 53.7%，采掘工业和原材料工业由 49.1%下降到 46.3%（详见附表 14、附表 15）。这样，从整个工业 （包括轻工业和重工业）的基础工业和加工工业的关系来看，又出现了基础工业发展滞后的问题，以致基础工业"瓶颈"作用进一步加剧。就全部产业来看，也呈现出类似状况。1984~1992 年，基础产业产值在社会总产值中占的比重由 44.97%下降到 36.1%；而非基础产业由 55.03%上升到 63.9%。[①]

但在轻工业产值中，以农产品为原料的产值比重由 1984 年的 67.9%继续下降到 1992 年的 67.2%，以非农产品为原料的产值比重由 32.1%上

---

① 详见拙著：《中华人民共和国工业经济史 （1949.10~1998)》，山西经济出版社 1998 年版，第 899~900 页。

升到32.8%（详见附表16）。这又是结构优化的表现。这期间能源生产继续增长，能源节约继续取得成效。1992年，能源生产总量由77855万吨标准煤增长到107256万吨标准煤，增长37.8%。这期间，能源消费弹性系数由0.51下降到0.37。[①]

这期间农业内部结构继续趋于优化。种植业产值占农业总产值的比重由1984年的74.1%下降到1992年的61.5%，林牧渔业的比重由25.9%上升到38.5%（详见附表12）。

4. 1984~1992年，大型工业企业产值在工业总产值中的比重由31.8%上升到36.4%；中型企业由19.8%上升到21.1%；小型企业由48.4%下降到42.6%（详见附表17）。这也符合工业集中的规律。

5. 地区布局有所改善。1984~1992年，东部地区工业产值比重由59.78%上升到65.73%，中部和西部地区由40.22%下降到34.27%（详见附表18）。这就改变了20世纪60年代中期以后工业过于向中部和西部地区集中的状况，并且是适应了社会生产发展的要求。

6. 经济效益总体良好。1985~1992年，全社会固定资产投资效果系数是在0.359~0.705之间波动的，社会劳动生产率增长是在2.2%~12.8%之间波动的（详见附表8、附表9，不包括1990年）。但这期间，速度效益型特征仍很明显，以致1990年经济只增长了3.8%，社会劳动生产率还下降了10.2%。

7. 人民生活继续获得显著改善。1984~1992年，全国居民、农村居民和城镇居民的消费水平分别由354元提高到1070元，由283元提高到718元，由662元提高到2356元；三者分别提高了202.26%、153.71%、255.89%（详见附表7）。但这些数字也显示：1979~1984年，农村居民与城镇居民生活水平的确是被显著缩小了，但在1985~1992年，这个差距又被拉大了。

但总体来说，这期间在实现20世纪最后20年经济发展目标方面又向前迈进了一大步。并预示可以提前实现这个宏伟目标。1992年的国内生产总值比1980年增长2.03倍，城镇居民和农村居民的恩格尔系数分别达到了52.9%和57.6%（详见附表3、附表7）。这表明，从总体上说，城

---

①《中国经济年鉴》（1993），经济管理出版社，第492页。

乡居民均解决了温饱问题。

第二节 发展产业经济的主要经验

伴随着产业经济的发展以及对实践的总结，发展产业的经验也有了进一步发展。1984年党的十二届三中全会，1986年提出的"七五"计划，1991年提出的十年规划和"八五"计划，对这些经验做了全面、系统的总结。特别是党的十三大报告对这些经验做了精辟的概括。在经济发展战略方面，党的十三大强调："必须坚定不移地贯彻执行注重效益、提高质量、协调发展、稳定增长的战略。"这个战略的基本要求，归根到底，就是要从粗放经营为主逐步转上集约经营为主的轨道。为此，必须着重解决好以下三个重要问题：①把发展科学技术和教育事业放在首要位置，使经济建设转到依靠科学技术进步和提高劳动者素质的轨道上来。②保持社会总需求和总供给的基本平衡，合理调整和改造产业结构。③进一步扩大对外开放的广度和深度，不断发展对外经济技术交流与合作。在经济体制改革方面，首次提出："新的经济运行机制，总体上来说应当是'国家调控市场，市场引导企业'的机制"。[①]

1985~1992年发展产业经济的巨大成就，是同贯彻作为这些经验总结的政策相联系的。

但是，这些政策本身也有不完善的地方，在许多方面又都没有得到充分的贯彻。由于缺乏经验，宏观调控方面也存在缺陷。以致发生了以下问题：①经济增长很不稳定。1985年发生了经济过热。此后的经济调整未到位，经济"软着陆"未实现，又出现了1988年的经济过热。此后的调整由于力度过大以及其他因素的作用，导致了经济"硬着陆"，以致1989年和1990年经济增长率只有4.1%和3.8%，远远低于我国潜在增长率。[②]但在1992年，经济增长率又迅速上升到14.2%（详见附表3）。与此

---

① 详见《中国共产党第十三次全国代表大会文件汇编》，人民出版社1987年版，第14~27页。
② 即指一个国家在一定的经济发展阶段内，在既定的技术和资源条件下，在实现充分就业和不发生通货膨胀的情况下，所能达到的可持续的经济增长率。就我国长期的经验数据来看，这个增长率约为9.5%；其合理区间为7%至9%~9.5%。

相联系，基础产业"瓶颈"制约和地区产业结构趋同加剧。②原来在计划经济体制下长期存在的以外延扩大再生产方式为主的状况并无根本改变。在1980年、1984年和1992年这三个时点上，国有工业更新改造投资在固定资产投资中的比重，分别为29.2%、34.5%、39%。①③国有企业改革滞后。这期间改革的许多方面都取得了重大进展，特别是产品价格体制改革在1992年取得了决定性进展。但相对说来，国有企业改革是滞后的。其原因除了国有企业改革缺乏经验，本身难度较大（包括形成配套条件的工作量大，传统观念的阻力大，触及各类社会群体的利害既广泛又深刻等）以外，主要是由于没有把国有企业改革真正摆在经济体制改革的中心位置上。与此相联系，没有抓紧国有企业改革配套条件的建设，主要是失业、医疗和养老保险制度的建设。再有，就是同1989年以后广泛流行的计划经济与市场调节相结合的提法，也有重要的联系。④上述各点必然造成经济效益下滑。1984~1992年，国有工业资金利改税由24.2%下降到9.7%；全社会基本建设投资固定资产交付使用率由71.8%下降到65.6%。当然，这期间经济效益下降还有其他多方面的原因。

上述各种问题的发生，主要还是计划经济体制、传统经济战略和"左"的思想的影响，以及理论上、认识上的局限。而且，整个说来，1985~1992年，我国经济体制改革呈现出全面展开阶段的特征，在发展方面又上了一个新的台阶。所以这些问题同1978年以前长期犯的"左"的路线错误，也是有原则区别的。

---

①《中国固定资产投资统计年鉴》（1950~1995），中国统计出版社，第25、112、258页。

第九篇

市场取向改革制度初步建立阶段的产业经济
——以实现经济总量（或人均国民生产
总值）翻两番、人民生活达到小康水平
为战略目标的社会主义建设
新时期的产业经济（三）
（1993~2000 年）

导　言

　　针对 1989 年夏季以后出现的计划经济思想的回潮及其阻碍改革深化的严重情况，从 1990 年 12 月起，作为中国改革开放和现代化建设总设计师邓小平多次讲话。特别是在 1992 年初的讲话中，他坚定指出："计划经济不等于社会主义，资本主义也有计划；市场经济不等于资本主义，社会主义也有市场。计划和市场都是经济手段。"① 这个精辟论断，从根本上解除了把计划经济和市场经济看做属于社会基本经济范畴的思想束缚，使人们在计划与市场关系问题上的认识有了新的重大突破。这个重要思想不仅是马克思主义的重大发展，而且为尔后召开的党的十四大确立社会主义市场经济体制的改革目标奠定了理论基础，从而开辟了我国市场取向改革的一个崭新阶段，即市场经济理论指导下建立社会主义市场经济体制的阶段，对我国改革起了极为重要的指导作用。

　　1992 年召开的党的十四大依据经济改革实践的发展和认识的深化，特别是依据邓小平 1992 年初讲话精神，提出：我国经济体制改革的目标是建立社会主义市场经济体制，以利于进一步解放和发展生产力。②

　　为了贯彻党的十四大关于建立社会主义市场经济体制的决定，1993 年 11 月召开了党的十四届三中全会。全会做出了《关于建立社会主义市场经济体制若干问题的决定》。决定指出，社会主义市场经济体制是同社会主义基本制度结合在一起的。建立社会主义市场经济体制，就是要使

---

① 《邓小平文选》第 3 卷，人民出版社 1993 年版，第 364、367、373 页。
② 《中国共产党第十四次全国代表大会文件汇编》，人民出版社 1992 年版，第 22 页。

市场在国家宏观调控下对资源配置起基础性作用。为实现这个目标，必须坚持以公有制为主体、多种经济成分共同发展的方针；进一步转换国有企业经营机制，建立适应市场经济要求，产权清晰、权责明确、政企分开、管理科学的现代企业制度；建立全国统一开放的市场体系，实现城乡市场紧密结合，国内市场与国际市场相互衔接，促进资源的优化配置；转变政府管理经济的职能，建立以间接手段为主的完善的宏观调控体系，保证国民经济的健康运行；建立以按劳分配为主体，效率优先、兼顾公平的收入分配制度，鼓励一部分地区一部分人先富起来，走共同富裕的道路；建立多层次的社会保障制度，为城乡居民提供同我国国情相适应的社会保障，促进经济发展和社会稳定。这些主要环节相互联系又相互制约，构成社会主义市场经济体制的基本框架。① 这次全会的决定，把党的十四大关于经济体制改革的目标和基本原则加以系统化、具体化，是我国建立社会主义市场经济体制的总体规划，是 20 世纪 90 年代进行经济体制改革的行动纲领。

上述指导思想在 1996 年 3 月八届全国人大四次会议的报告中，特别是在 1997 年 9 月党的十五大报告中得到了进一步的发展。八届全国人大四次会议依据党的十四届五中全会通过的《关于制定国民经济和社会发展"九五"计划和 2010 年远景目标的建议》，提出了未来 15 年的主要奋斗目标是："九五"时期，全面完成现代化建设的第二步战略部署，2000 年在人口将比 1980 年增长 3 亿左右的情况下，实现人均国民生产总值比 1980 年翻两番；基本消除贫困现象，人民生活达到小康水平；加快现代企业制度建设，初步建立社会主义市场经济体制。2010 年，实现国民生产总值比 2000 年翻一番，使人民的小康生活更加宽裕，形成比较完善的社会主义市场经济体制。②

党的十五大进一步提出：从现在起到 21 世纪的前 10 年，是我国实现第二步战略目标、向第三步战略目标迈进的关键时期。我们要积极推进经济体制和经济增长方式的根本转变，努力实现"九五"计划和 2010 年远景目标，为 21 世纪中叶基本实现现代化打下坚实基础。在这个时期，

---

① 《中共中央关于建立社会主义市场经济体制若干问题的决定》，人民出版社 1993 年版，第 36~40 页。

② 李鹏：《关于国民经济和社会发展"九五"计划和 2010 年远景目标纲要的报告》，人民出版社 1996 年版，第 14~15 页。

建立比较完善的社会主义市场经济体制，保持国民经济持续、快速、健康发展，是必须解决好的两大课题。①调整和完善所有制结构。②加快推进国有企业改革。建立现代企业制度是国有企业改革的方向。把国有企业同改组、改造、加强管理结合起来。积极推进各项配套改革。力争到 20 世纪末大多数国有大中型骨干企业初步建立现代企业制度，经营状况明显改善，开创国有企业改革和发展的新局面。③完善分配结构和分配方式。④充分发挥市场机制作用，健全宏观调控体系。⑤加强农业基础地位，调整和优化经济结构。还要实施科教兴国战略和可持续发展战略，努力提高对外开放水平，以及不断改善人民生活。①

为了贯彻党的十五大精神，1999 年 9 月召开的党的十五届四中全会就国有企业改革和发展的若干重大问题作出了决定。这些重大问题主要包括：国有企业改革和发展的主要目标与指导方针，从战略上调整国有经济布局，推进国有企业战略性改组，建立和完善现代企业制度，加强和改善企业管理，以及加快国有企业技术进步和产业升级等。②

上述指导思想引导着这期间（1993~2000 年）产业经济改革和发展的历史过程。

---

① 《中国共产党第十五次全国代表大会文件汇编》，人民出版社 1997 年版，第 20~30 页。
② 详见《中共中央关于国有企业改革和发展若干重大问题的决定》，人民出版社 1999 年版，第 1~26 页。

第一章 国有经济实行以建立现代企业制度为特征的改革与国有企业的改组、改造和管理

第一节 国有经济实行以建立现代企业制度为特征的改革

一、以国有企业改革为重点和加快国有企业改革方针的提出

就总的发展趋势看，1978 年党的十一届三中全会以来，我国的经济体制改革走的是一条以国有企业改革为中心的路子。1984 年党的十二届三中全会还明确提出了这一点。但是，由于缺乏经验，由于国有企业改革本身的难度很大，它所要求的配套条件很高，也由于传统计划经济观念的束缚，还由于实际上对这项工作抓得不得力，特别是由于建立社会保障制度的工作抓得不得力，国有企业改革实际上迟迟没有成为经济体制改革的重点。

但在 90 年代以来，特别是 1994 年以来，由于非国有经济（特别是非公有经济）继续以很高的速度发展，传统计划经济体制下形成的卖方市场向买方市场的过渡，适应市场经济要求的宏观调控基本框架的初步形成，全方位的、多元化的、宽领域的对外开放格局的发展，市场竞争变得异常激烈起来。在这种情况下，国有企业改革、发展滞后，就成为十分突出的经济、政治问题。这时国有企业改革成为经济体制改革重点，不仅是异常迫切的经济、政治需要，而且有了更成熟的条件。这主要是：

1978 年以来在这方面已经积累了较丰富的经验，全党、全国人民已在这方面形成了较多的共识，有了完整的国有企业改革方针。江泽民总书记在 1995 年 5 月宣布："党中央、国务院确定，国有企业改革是今年体制改革的重点。"1996 年 7 月江泽民总书记又代表党中央提出"加快国有企业改革和发展步伐"的方针。[①]

二、国有大中型工业企业的改革

（一）抓大放小方针提出的依据

依据我国社会主义初级阶段社会生产力发展水平、国有企业发展的历史和现状以及经济体制改革的经验，为了巩固和加强国有经济的主导地位，推进现代化建设，国有企业改革，必须从搞活整体国有经济着眼，对现有国有经济进行战略性改组，贯彻抓大放小的方针。

抓大放小方针的提出，还依据了对大企业和小企业在国民经济的地位的分析。据第三次全国工业普查，1995 年国有大中型工业企业为 15668 个，仅占工业企业单位数的 0.2%；资产总计 39346.4 亿元，占 44.5%；工业增加值 7122.1 亿元，占 29.2%；产品销售收入 21518.8 亿元，占 27.9%；上缴税金 2265.5 亿元，占 48.8%；实现利润 705 亿元，占乡及乡以上工业的 43.1%。与此相应的数字，就是国有小型工业企业的数字。[②]

基于上述分析，本章在叙述 1993~2000 年期间国有企业改革时，是将大中型企业与小型企业的改革进程分开叙述的。在叙述大中型企业改革进程时，着重分析了建立现代企业制度的试点和股份制企业的发展，组建企业集团的试点和企业集团的发展。

（二）《中华人民共和国公司法》的颁布

国有企业特别是国有大中型企业的改革方向，是建立以公司制作为企业组织形式的现代企业制度。为了适应建立现代企业制度的需要，规范公司的组织和行为，我国政府于 1993 年 12 月 29 日公布了《中华人民共和国公司法》（简称《公司法》），[③]并于 1994 年 7 月 1 日起施行。

---

① 江泽民：《坚定信心，明确任务，积极推进国有企业改革》，《人民日报》1995 年 7 月 13 日第 1~2 版；江泽民：《坚定信心，加强领导，狠抓落实，加快国有企业改革和发展步伐》，《人民日报》1996 年 7 月 4 日第 1~2 版。

②《人民日报》1997 年 2 月 19 日第 2 版。

③ 陈清泰主编：《建立现代企业制度试点工作手册》，中国经济出版社 1996 年版，第 435~459 页。

《公司法》在第一章总则中提出：本法所称公司是指依照本法在中国境内设立的有限责任公司和股份有限公司。有限责任公司和股份有限公司是企业法人。有限责任公司，股东以其出资额为限对公司承担责任，公司以其全部资产对公司的债务承担责任。股份有限公司，其全部资本分为等额股份，股东以其所持股份为限对公司承担责任，公司以其全部资产对公司的债务承担责任。

公司股东作为出资者按投入公司的资本额享有所有者的资产收益、重大决策和选择管理者等权利。公司享有由股东投资形成的全部法人财产权，依法享有民事权利，承担民事责任。公司中的国有资产所有权属于国家。

公司以其全部法人财产，依法自主经营，自负盈亏。公司在国家宏观调控下，按照市场需求自主组织生产经营，以提高经济效益、劳动生产率和实现资产保值增值为目的。公司实行权责分明、管理科学、激励和约束相结合的内部管理体制。

国有企业改建为公司，必须依照法律、行政法规规定的条件和要求，转换经营机制，有步骤地清产核资，界定产权，清理债权债务，评估资产，建立规范的内部管理机构。

设立公司必须依照本法制定公司章程。公司章程对公司、股东、董事、监事、经理具有约束力。公司的经营范围由公司章程规定，并依法登记。

公司可以设立分公司，分公司不具有企业法人资格，其民事责任由公司承担。

公司可以设立子公司，子公司具有企业法人资格，依法独立承担民事责任。

公司从事经营活动，必须遵守法律，遵守职业道德，加强社会主义精神文明建设，接受政府和社会公众的监督。公司的合法权益受法律保护，不受侵犯。

公司职工依法组织工会，开展工会活动，维护职工的合法权益。公司应当为公司工会提供必要的活动条件。国有独资公司和两个以上的国有企业或者其他两个以上的国有投资主体投资设立的有限责任公司，依照宪法和有关法律的规定，通过职工代表大会和其他形式，实行民主管理。

公司中中国共产党基层组织的活动，依照中国共产党章程办理。

《公司法》第二至第十章中，分别就有限责任公司的设立和组织机构、股份有限公司的设立和组织机构、股份有限公司的股份发行和转让、公司债券、公司财务和会计、公司合并和分立、公司破产解散和清算、外国公司的分支机构以及法律责任做了规定。

《公司法》的颁布和实施，为建立现代企业制度的试点，为规范已经建立的公司组织和行为，为规范政府对公司的管理，提供了法律依据。

（三）建立现代企业制度的试点和股份制企业的发展

20世纪90年代初，我国公司制企业已经发展到了很大的规模，但很不规范。为了积极稳妥地推进国有企业建立现代企业制度的工作，还需进行这方面的试点。1993年12月，国务院建立了现代企业制度试点工作协调会议制度，由国家经贸委和国家体改委等14个部委、局参加，并由有关部委起草试点方案。到1994年11月初，形成了以党的十四届三中全会决议和《公司法》为依据的并经国务院原则同意的《关于选择一批国有大中型企业进行现代企业制度试点的方案（草案）》。该方案就试点的一系列基本问题做了规定。[①]

1. 试点的目的和原则。通过试点，要达到以下目的：寻求公有制与市场经济相结合的有效途径，转换企业经营机制；转变政府职能，探索政企职责分开的路子；理顺产权关系，逐步建立国有资产管理体系，确立企业法人财产权；完善企业内部领导体制和组织管理制度。

试点工作应遵循以下原则：发挥国有经济的主导作用，确保国有资产（资本）保值增值；出资者所有权（股权）与企业法人财产权相分离，保障出资者、债权人和企业的合法权益；贯彻执行《公司法》，重在企业组织制度创新和转换企业经营机制；从我国国情和企业实际出发，吸收借鉴国外有益经验，继承、借鉴与创新相结合；推进相关的配套改革，为建立现代企业制度创造必要的外部条件；分类指导，稳步推进，发挥地方、部门、企业和职工的积极性，搞好试点。

2. 试点的内容。包括：完善企业法人制度；确定试点企事业单位国

---

① 《全国建立现代企业制度试点工作会议文件汇编》，改革出版社1995年版，第120~131页。

有资产投资主体；确立企业改建为公司的组织形式；建立科学、规范的公司内部组织管理机构；改革企业劳动、人事、工资制度；健全企业财务会计制度；发挥党组织的政治核心作用。

3. 试点的配套措施。包括：转变政府职能，改革政府机构；调整企业资产负债结构；加快建立社会保险制度；减轻企业办社会的负担；解决试点企业的富余人员问题；发展和规范各类市场中介组织。

4. 试点的步骤。包括以下三个阶段：①准备阶段，完成制定试点方案，确定试点企业名单，报国务院批准后公布实施。②实施阶段，完成试点企业清产核资，界定产权，清理债权债务，评估资产，核实企业法人财产占用量；明确投资主体；设置合理的股权结构，制定公司章程，建立公司治理结构，依法注册登记；改建后的公司按《公司法》规范运作。③总结完善阶段，要认真总结试点经验，写出试点工作报告，提出在全国范围内推进建立现代企业制度的意见。以上三个阶段的工作大体上分别在 1994 年、1995~1996 年和 1997 年基本完成，并取得了试点的成效。

国家抓的百户建立现代企业制度试点在制度创新和提高经济效益等方面都取得了重要进展。截止到 1996 年底，百户试点企业的改革方案都已经批复并开始实施。100 户试点企业中的 98 户，分别按以下四种形式进行改制：①17 户由工厂制直接改制为多元股东持股的公司制，其中，股份有限公司 11 户，有限责任公司 6 户。②有 69 户由工厂制企业改为国有独资公司。其中，先改制为国有独资公司，再由国有独资公司作为投资主体，将生产主体部分改制为股份有限公司或有限责任公司的有 29 户。这样，多元投资主体的已有 46 户。③由原行业主管厅局"转体"改制为纯粹控股型国有独资公司的有 10 户。④按照先改组后改制的原则进行结构调整、实行资产重组改组的有 2 户，即上海无线电三厂解体、淄博化纤总厂被齐鲁石化公司兼并。①在 100 家试点企业中有 84 家成立了董事会，有 72 家成立了监事会。

地方政府抓的 2343 户现代企业试点也取得了重大进展。其中，到 1997 年上半年，已经有 540 户改造成股份有限公司，占 23%；改造成有限责任公司的企业 540 户，也占 23%；改造成国有独资公司的企业 909

---

① 《中国经济年鉴》(1997)，中国经济年鉴社，第 679 页。

户，占 38.8%；尚未完成改造的有 307 户，占 13.2%。在已改制为公司的 1989 家企业中，有 71.9% 的企业已组成了董事会，63% 的企业成立了监事会，总经理由董事会聘任的已占 61%，多数试点企业的总经理已能够行使《公司法》赋予的职权。

1996 年，中央和地方试点企业资产负债率为 65.8%，比上年下降 2.4 个百分点；资产增值率 26.5%；分流社会性服务机构 2265 个，分离人员 11.7 万人；分流的企业富余人员 61.1 万人，约占试点企业职工总数的 6%。其中，安排到其他单位的 13.1 万人，下岗培训的 11.5 万人，提前退休的 15.4 万人，待业的 21.1 万人。

但是，由于各种条件的限制，在中央政府和地方政府抓的建立现代企业制度的试点中，在政企分离、理顺产权关系和建立法人治理结构等方面，也还存在需要进一步解决的问题。

这期间我国国有大中型企业改革的进展，并不限于百户建立现代企业制度的试点，大量的还表现为股份制企业（包括责任有限公司和股份有限公司）的发展。据不完全统计，截止到 1996 年底，全国股份制企业已达到 3.6 万家。其中，有限责任公司 2.68 万家，以国有企业为主改建或新设的股份有限公司 9200 多家，股本总额约 6000 亿元，从业人员约 750 万人。9200 多家股份有限公司固定资产平均余额约为 5300 亿元，分别占全国工业企业固定资产净值平均余额的 13.6%，占全国国有工业企业的 20.6%，占全国国有大中型企业的 24.9%。

这期间以《公司法》为依据而进行的规范工作也取得了重要进展。据估算，上述的 9200 多家股份有限公司经规范后，能纳入《公司法》轨道、进行依法登记的大致有 6000 多家。

股份制企业的发展，对我国改革和发展起了重要作用。

1. 与百户建立现代企业制度试点相类似（当然是在更大的范围内），在理顺产权关系、建立法人治理结构、实现科学管理等方面，为建立现代企业制度探索和积累了经验。

2. 开辟了国有企业直接融资的渠道，建立了企业资本金补充机制，降低了企业资产负债率。据对 9200 多家股份有限公司统计，共向社会筹资约 1500 亿元，向内部职工筹资约 350 亿元，筹集外资约 800 亿元。许多上市公司建立起资本的补充机制。这样，降低了企业的资产负债率，提高了企业的资信度。据统计，已上市的 27 家境外上市公司，在境外发行股票前，资产负债率平均在 70% 以上。发行股票后，负债比例通常降至 50% 左右。另外，据对全国 2000 多家股份公司测算，1995 年其资产负债率平均为 57.8%，比同期全国国有企业平均 67.8% 的资产负债率，低 10 个百分点。

3. 增强了国有资产的保值增值能力。这主要来自四个方面：①国有资产经过评估，在公司设立参股时就有了较大的增值。据国家国资局对 2700 多家股份公司统计，其改制为股份公司时，国有企业净资产评估增值率为 27%。②股份有限公司股票溢价发行使国有资产增值。据 1996 年上市的 200 多家股份有限公司统计，其股票溢价水平平均增幅为 300%~400%。③堵住了国有资产流失的暗渠，股份公司大多数都按规定建立健全了财务制度，实行资产负债管理。年度财务报告经过注册会计师查证，所有者权益得到相应的保护。④国有资产控制和支配社会资本的能力不断增强。在 9200 多家股份有限公司的 6000 多亿元股本总额中，国家股占 43%，法人股占 25.1%。在这些企业中，国家以 43% 的份额控制和支配 57% 的社会资本。

4. 扩大了企业规模，提高了经济效益。据 1995 年末的测算，深沪上市公司的平均净资产总额为 5.76 亿元/户，而国有大中型企业年末固定资产净值平均为 9293 万元/户。1995 年，国有工业企业平均销售利润为 562 万元/户，而 2000 多家股份有限公司平均销售利润为 1816 万元/户；国有大中型企业平均销售利润为 2299 万元/户，而同期在深沪上市的股份公司平均税后利润为 6338 万元/户。[①]

但是，相对 100 户建立现代企业制度的试点来说，在这里叙述的大范围股份制企业的发展，在政企关系、产权关系和法人治理结构等方面还存在更多的不规范问题。

（四）现代企业制度的初步建立

1997 年党的十五大提出："力争到本世纪末大多数国有大中型骨干企业初步建立现代企业制度，经营状况明显改善，开创国有企业改革和发

---

① 《中国经济年鉴》(1997)，中国经济年鉴社，第 690~692 页。

展的新局面。"① 这就是三年改制、脱贫的任务。为此，1997 年以来，党和政府在推进政企分开，实现"三改一加强"，鼓励兼并、规范破产、下岗分流、减员增效和再就业工程，加快社会保障制度建设，以及增资减债、降低资产负债率，禁止"三乱"、减轻企业负担等方面，进一步采取了一系列措施，加快了国有大中型企业的改革，使得现代企业制度的基本框架初步建成。其主要标志有二：①截至 2000 年底，2919 户国有大中型企业按《公司法》进行公司制改革的企业有 2005 户，改制面达到68.7%。这表明大多数国有大中型骨干企业已实行了公司制改革。②在改制企业中，董事会按法定程序聘任总经理的有 1414 户，占改制企业的 70.5%，董事长不兼任总经理的 922 户，占改制企业的 46%；董事会成员中 1/3 以上的董事不在经理层任职的企业有 793 户，占改制企业的39.6%；由外派监事会或外请监事，不由企业任职人员担任监事的企业有599户，占改制企业的 29.9%。② 这表明改制企业的公司治理结构开始向规范化发展。三年改制任务的基本完成，促进了三年脱贫任务的基本实现。1997 年，提出三年脱贫目标时，当年国有及国有控股工业实现利润仅有 806.5 亿元；国有及国有控股大中型亏损企业 6599 户。但到 2000 年，国有及国有控股工业企业实现利润 2392 亿元，比 1997 年增长 1.97 倍；亏损企业减少 4799 户，脱困率为 72.7%。③

但前述的国有企业公司制改革中不规范问题仍然没有根本解决。国有企业改革仍是任重道远。

（五）组建企业集团的试点和企业集团的发展

如前所述，20 世纪 90 年代初，我国企业集团已经有了很大的发展，但多数都不规范。为此，1991 年 12 月国务院决定选择一批大型企业集团进行试点。第一批为 57 户。经过试点在这方面取得了重要进展。

1. 基本上完成了第一批 57 户试点企业集团的组建工作。到 1997 年上半年，在 57 户企业集团中，有 15 户参加了建立现代企业制度的试点，有 32 户成为股票上市公司。其中，发行 A 股的有 30 家，发行 B 股的有 3 家，境外上市的有 10 家；同时，试点企业集团已初步形成了比较规范的

---

① 《中国共产党第十五次全国代表大会文件汇编》，人民出版社 1997 年版，第 24~25 页。
② 《中国经济年鉴》（2001），中国经济年鉴社，第 795 页。
③ 《中国经济年鉴》（2001），中国经济年鉴社，第 98 页。

母子公司体制，并在深化母公司内部改革方面取得了进展。

2. 制定了一系列配套改革政策，为企业集团的发展创造了较好的外部条件。①落实了自营进出口权、外经权和外事权。到 1997 年上半年，57 家企业集团基本上都取得了自营进出口权，有 27 家拥有外经权，51 家取得了外事权。②落实了融资政策。到 1997 年上半年，57 家试点企业集团中有 38 家成立了财务公司，43 家股票在境内外上市，属于国家重点企业的 512 户都实行了主办银行制度。③落实了税收政策。到 1997 年上半年，有 25 家企业集团实行了母子公司合并报表、统一纳税。④国家对试点企业集团的技术创新给予了支持。到 1997 年上半年，已有 26 家试点企业集团建立了技术中心。⑤落实了增资减债政策。到 1997 年上半年，基本上实现了试点企业集团（包括核心企业及其全资或控股的子公司）的"拨改贷"资金本息余额转为国家资本金，金额达到 140 亿元。

3. 为企业集团的进一步发展创造了许多好经验。主要包括：理顺产权关系，规范母子公司体制和法人治理结构；完善集团融资功能，强化集团公司主体地位；立足市场，强化集团战略管理；统一营销策略，提高市场辐射功能；依托资本市场，强化资本经营，实行投资控制，优化资本结构；实施名牌战略，拓展国内外市场；推进技术创新，增强发展后劲。

4. 扩展了企业集团功能，壮大了集团实力，初步形成了一批在市场上具有一定竞争力的企业集团，从而对促进结构调整和提高规模效益起到了一定的积极作用。

但企业集团试点也还存在许多问题。①外部环境还没完全理顺。主要是：企业集团组建过程中，"拉郎配"等形式的行政干预依然存在；政企不分，妨碍了集团母公司的现代企业制度建立；投融资体制改革还没到位，限额以上项目还要经过层层行政审批；条块分割问题还存在，跨地区、跨行业企业集团的建立和发展都会遇到很多困难。②集团母公司内部改革也没到位，科技、产品和市场的开发能力不足。

显然，这些问题主要还是要靠深化企业集团试点的工作来解决。为此，国务院于 1997 年 5 月批转了国家计委、国家经委、国家体改委《关于深化大型企业集团试点工作意见的通知》，对深化大型企业集团试点工作提出了新的要求，试点企业集团由 57 家扩大到 120 家。这 120 家试点企业集团在全国独立核算国有工业企业中，资产、销售收入、实现利税的比重均在 1/4 左右，而实现利润则超过一半。这些试点企业集团在关系到国民经济命脉的重要部门和关键领域占有支配地位。

深化大型企业集团试点工作的主要目的是：①在国民经济的关键领域和关键行业中形成一批大型企业集团，积极发挥大型企业集团在国民经济中的骨干作用。②本世纪末，大型企业集团初步建立以资本为主要联结纽带的母子公司模式的现代企业制度，成为自主经营、自负盈亏、自我发展、自我约束的法人实体和市场竞争主体。③推动生产要素的合理流动和资源的优化配置，联结和带动一批企业的改组和发展，形成规模经济，增强在国内外市场上的竞争力。④提高国有资产的营运效率和效益，确保国有资产的保值增值。⑤转变政府职能，逐步实现政企分开，促进跨地区、跨行业的经济联合，增强国家宏观调控的能力。

深化大型企业集团试点，需要重点解决三个问题：①试点企业集团母公司及其成员企业在清产核资、界定产权的基础上，按照《公司法》的有关规定进行规范或改建，逐步理顺集团内部产权关系，形成以资本为主要联结纽带的母子公司体制。②明确试点企业集团母公司的出资人地位，建立出资人制度，其中，试点集团母公司是国有独资公司的，其出资人应是国家授权投资的机构或国家授权的部门；少数具备条件的试点集团母公司，经国务院批准，可以作为国家授权投资的机构。③建立科学、民主的领导体制和决策体制。试点企业集团母公司与子公司都要按照《公司法》建立法人治理结构，形成权力机构、经营机构和监督机构相互分离和制衡的机制。

深化大型企业集团试点工作，采取的重要措施是：加快现代企业制度建设，强化内部管理和提高经营者素质，建立真正的市场优势，在结构调整中实现发展。还要推进各项配套改革。主要包括改革投资体制，拓宽融资渠道；改革财税体制以适应跨地区企业集团的发展；兼并、破产、减人增效、增资减债等方面也要适应企业集团发展的需要。

经过上述工作，企业集团得到发展。①截止到 2000 年底，全部企业集团（指全国省部级以上部门批准成立的企业集团和年末资产总计和主营收入均在 5 亿元以上的企业集团，下同）2655 家，企业集团资产总计 106984 亿元，比上年增长 12.7%；营业收入 53260 亿元，比上年增长

21.7%。②国有企业集团、试点企业集团占据重要地位。2000 年全部企业集团中，母公司为国有及国有控股企业集团资产总计为 100321 亿元，占全部企业集团的 93.8%，比上年增长 23.4%。参加统计的国家试点企业集团 119 家，占全部企业集团总数的 4.48%，拥有年末资产总计为 45151 亿元，营业收入为 22872 亿元，分别占全部企业集团资产总计的 42.2% 和 42.9%。③特大型企业集团增多。1998 年，中国石油天然气集团公司、中国石油化工集团公司和上海宝钢集团公司成立。1999 年，航天、航空、核工业、船舶、兵器五个军工总公司改组为 10 个集团总公司。2000 年，中国电信、中国移动通信、中国联合通信和中国卫星通信四大集团公司又相继建立。④企业集团总体上经济效益好转，科技开发投入力度加大。2000 年，全部企业集团实现利润总额 2903 亿元，比上年增长 68.5%，其中国有及国有控股企业集团实现利润总额 2588 亿元，比上年增长 81.4%。2000 年，全部企业集团资产负债率为 58.8%，比上年下降 1 个百分点；总资产报酬率 4%，比上年提高 1.8 个百分点；劳动生产率为人均 23.3 万元，比上年的 18.7 万元提高了 24.6%；研究开发费用达到 480 亿元，比上年增长 35.3%，研究开发费用占主营业务收入比重为 0.9%，比上年提高 0.1 个百分点。⑤一批特大型企业集团进入《财富》500 大企业。2000 年，年末资产总计和营业收入均在 50 亿元以上的特大型企业集团 140 家，比上年增加 15 家。根据《财富》杂志公布的结果，2000 年我国 12 家大型企业集团进入美国《财富》500 大企业。它们是：中国石油化工总公司（68 名）、国家电力公司（77 名）、中国石油天然气集团公司（83 名）、中国工商银行（213 名）、中国电信集团（228 名）、中国银行（251 名）、中国化工进出口总公司（276 名）、中国移动通信集团公司（336 名）、中国建设银行（411 名）、中国粮油进出口总公司（414 名）、中国农业银行（448 名）、香港怡和集团（494 名）。①

　　但在企业集团的改革和发展方面也存在不少问题。诸如组建企业集团中存在不合理的行政干预及其他困难；集团公司内部的关系有待理顺；企业集团盲目扩张，主业不突出，竞争力弱；在部分行业存在垄断等。

---

　　①《中国经济年鉴》（2001），中国经济年鉴社，第 797~798 页。

三、国有小型工业企业的改革

小型企业是国民经济的重要组成部分，是地方财政收入的重要来源，在促进经济繁荣、提供就业机会、改善人民生活、保障社会稳定等方面发挥着重要作用。国有小型企业改革是企业改革的重要组成部分。为了充分发挥小企业在国民经济和社会发展中的积极作用，必须加大改革力度，加快放开搞活小企业的步伐。为此，国家经贸委于1996年7月颁发了《关于放开搞活国有小型企业的意见》，以推动各地放开搞活国有小企业工作健康发展。

放开、搞活小企业的原则。认真贯彻党的十四届三中全会决定精神，以邓小平同志提出的"三个有利于"作为决定小企业改革措施取舍和检验其得失的根本标准，大胆探索，勇于实践，着眼于从整体上搞好国有经济，"搞好大的"与"放活小的"并举；在确保国家所有者权益的条件下，从实际出发，采取多种形式和方法放开搞活小企业；紧密依靠职工群众，将小企业的改革和发展与职工切身利益结合起来，加强职工的参与和监督；把放开搞活小企业的权力和责任主要放在地方政府，加强领导，统筹规划，稳步推进。

小企业改革的方向是实行政企分开，使企业自主走向市场；转换经营机制，使企业成为自主经营、自负盈亏、自我发展、自我约束的法人实体。

小企业改革要因地制宜、因行业制宜、因企业制宜，允许企业依据自身特点，选择适合企业生产力水平的改制形式，区别对待，分类指导，形式多样，不搞一个模式，不一刀切。①在保留原所有者权益的基础上，吸收其他投资，依照《公司法》组建有限责任公司。②改建为股份合作制，吸收职工参股，实行劳动合作与资本合作相结合，按劳分红与按股分红相结合，实施民主管理。③鼓励跨地区、跨行业、跨所有制的联合、兼并。④不变更企业所有者，将企业全部或部分资产出租，或依照承包协议将经营权赋予承包人。⑤通过公开竞价或协议定价，有偿转让企业的部分或全部净资产。⑥鼓励小企业引资嫁接改造，嫁接的方式可以是整体嫁接，也可以是部分嫁接，合资比例不限。⑦长期亏损、扭亏无望、不能清偿到期债务的企业，依法实行破产。⑧可将管理混乱、经营不善的困难小企业委托给实力较强的优势企业经营管理。⑨生产、经营情况好的，可继续保持原企业组织形式，加强管理，提高经济效益。⑩其他可以采取的形式。

在小企业改制中要注意做到：①要落实企业债务责任，严防逃、废债；要进行资产评估，防止国有资产流失，不得将国有资产无偿量化分给职工。②小企业要紧密围绕市场开展生产和经营活动，以市场为出发点和落脚点。③小企业要把改革、改组、改造和加强企业管理结合起来。④要增强改制工作的透明度，调动职工群众参与改革的积极性；改制后的企业根据不同情况，都要采取相应形式加强职工的民主管理和监督。⑤妥善处理好改制后职工的分流安置和离退休职工的生活保障问题。⑥加强小企业改革的宏观政策指导。⑦要建立和完善为小企业服务的各种中介机构。⑧金融机构要创造条件，积极探索，发展面向小企业的各项服务。⑨要建立小企业管理人员和职工的培训制度。⑩要加快有关小企业的市场法规建设。

相对国有大中型企业改制来说，小型企业改制难度较小，因而获得了迅速的进展。到 2000 年底，国有小型企业已经实现改制的有 51698 户，改制面已经达到了 81.4%以上。①

但在这个过程中也发生过不少问题。诸如对放活小企业采取放任自流和一卖了之的态度；在推行股份合作制企业中又存在"刮风"的情况；在已改制的公司制和股份合作制企业中还存在不规范的状况。因此，要完全实现小型企业的改制，还是一个艰巨的任务。为此，不仅要坚持贯彻和发展这方面已有的有效政策和措施，还特别需要把小企业的改制与对小企业的必要扶持结合起来，发展为小企业的服务体系（包括融资、购销、技术和管理培训以及信息提供等）。

四、国有资产管理在探索中曲折前进

1992 年党的十四大明确了中国经济体制改革的目标是建立社会主义市场经济体制。并强调要通过理顺产权关系，实行政企分开，使企业真正成为法人实体和市场竞争主体，并承担国有资产保值增值的责任。在这种形势下，推进国有资产管理改革，就显得更加重要了。这突出表现为以下三点：①它是解决政企职责分开、国有资产所有权与经营权分离

---

① 《中国经济年鉴》(2001)，中国经济年鉴社，第 800 页。

的一个必要的前提。②它是国有企业真正成为市场主体的关键。③它是解决当时突出存在的国有资产状况不清、管理混乱、资产闲置浪费和被侵占流失问题的根本出路。

依据党的十四大精神，以及中国深化改革的实际需要，对国有资产管理体制改革，党的十四届三中全会明确提出："加强企业中的国有资产管理。对国有资产实行国家统一所有、政府分级监管、企业自主经营的体制。按照政府的社会经济管理职能和国有资产所有者职能分开的原则，积极探索国有资产管理和经营的合理形式和途径。加强中央和省、自治区、直辖市两级政府专司国有资产管理的机构。有关部门对其分工监管的企业国有资产要负起监督职责。根据需要可派出监事会，对企业的国有资产保值增值实行监督。"①党中央和国务院还提出："允许地方试点，探索建立国有资产管理的具体方式。"

依据这些精神，这期间在改革国有资产管理体制问题上，从以下三个方面做了探索和实践：

1. 在构建国有资产的管理、监督和经营体系方面的探索和实践。在这方面，上海和深圳等地的实践创造了好的经验。上海从 1993 年 7 月起，着手对国有资产管理体制进行改革，形成了"两级管理、三个层次"的国有资产管理体制。所谓"两级管理"，即通过市对区县的综合授权，市、区县两级政府对所属企业中的国有资产行使所有者职能；所谓"三个层次"，即构造国有资产管理委员会及专司机构——国有资产管理办公室，国有资产经营公司，以及国有独资公司、控股公司和参股公司三个层次的国有资产管理和营运体系。第一层次由市政府设立市国有资产管理委员会及其办事机构——市国有资产管理办公室，实现政府的社会经济管理职能同国有资产所有者职能的分离。市国有资产管理委员会作为市国有资产所有权的总代表，依法对本市国有资产进行管理，并对其行使所有者职能，负责组建市国有资产经营机构并授权其经营国有资产。市国有资产管理办公室同时又是市政府专司国有资产管理的职能部门。第二层次组建国有资产经营机构，并以授权方式使其承担国有资产的经营职能，实现国有资产管理职能同国有资产经营职能的分离。国有资产

---

① 《中共中央关于建立社会主义市场经济体制若干问题的决定》，人民出版社 1993 年版，第 9 页。

经营机构主要有两种形式：一是将企业主管局改制为国有资产控股公司，按政企分开的原则将其原有的行政职能移交给市经委等政府部门。二是以优势企业为龙头组建企业集团公司。第三层次对国有企业进行公司制改造，重构产权制度，实现出资者所有权与企业法人财产权的分离。改组后的国有企业变为规范的国有独资公司，控股公司和参股公司依法拥有法人财产权，成为具有法人地位的市场竞争主体，实行自主经营、自负盈亏。作为国有资产经营机构，国有控股公司或集团公司依据其投资份额，行使出资人职能，享有相应的资产收益权、重大决策权和选择经营者等出资者权利，同时承担相应的义务和责任。

上海在构造国有资产管理、经营体系的过程中，同步进行了国有资产监控体系的建设。在机构设置上，首先，在国有资产管理办公室下设立专职监控机构，对全市国有资产行使监控职能。其次，在国有资产经营机构设立监事会，监事会成员由体外监事和体内监事两部分组成，按资产运营和资产监督分工原则，体外监事由政府部门领导和有关专家组成。再次，资产经营机构向所投资企业外派监事会。为了加强对公司财务会计活动的管理和监督，同时还实行了向公司委派财务总监和财务会计主管的制度。

这些地区对建立社会主义市场经济条件下的国有资产管理、监督和经营体系进行的积极探索，尽管还有不少问题需要研究，但为构建新的国有资产管理体制提供了有益经验。把这些经验概括起来，就是建立国有资产的管理、监督和经营体系。这个体系可以包括以下三个层次：①建立国有资产管理局，承担国有资产的管理和监督职能，但不承担国有资本的经营职能。②建立承担国有资本经营职能的单位，保证国有资本的保值增值。从现有的实践看，可采取以下三种形式：组建新的国有资本经营公司，专司国有资本的营运；对有条件的大型企业或企业集团授权，使其成为国有资本的投资主体；由企业主管部门转变职能，改组为授权的国有资本投资主体。③依据现代企业制度所要求的出资者所有权与公司法人财产权分离的原则，在国有资本投资主体的下面，把原有的国有企业改造成为市场竞争主体的现代企业制度。

2. 在加强国有资产监管方面的探索和实践。国务院依据党的十四届三中全会精神于 1994 年发布了《国有企业财产监督管理条例》。[①] 该条例的颁布，为建立国有资产监督管理体系，明确政府有关部门和企业对国有资产保值增值的责任，防止国有企业资产流失提供了法律保障。有关地区、部门和企业贯彻条例工作取得了以下成效：①初步形成了国有企业财产监管制度。②强化了企业经营管理国有资产的意识，促进了企业加强资产经营管理。③从资产经营的角度客观评价经营者的经营业绩，加强了对经营者的监督。

随着改革的发展，政府对国有企业监督不力的问题暴露得很尖锐。在这种情况下，国务院于 1998 年 5 月 7 日发出《关于向国有重点大型企业派出稽查特派员方案的通知》，随即付诸实施。建立稽查特派员制度是实现政企分开的重大举措，是国家对国有企业管理方式的重大转变，也是对企业领导人员管理制度的重大改革。这个制度符合国际惯例，实际上也是 1994 年国务院颁布的《国有企业财产监督管理条例》的发展。实践表明，它对于推进国有企业改革和规范企业行为，具有重要意义。

此后，特别是 2000 年以来针对企业法人治理结构不健全、内部人控制严重情况，在加强国有企业监管方面又采取了一系列重大举措。①建立健全了国有企业监事会制度。为了进一步从体制上加强对国有企业监督，确保国有资产及其权益不受侵犯，2000 年 3 月 15 日，国务院发布了《国有企业监事会暂行条例》，决定由国务院向国有重点大型企业派出监事会，并授权各省、自治区、直辖市人民政府参照条例规定，对其下属企业派出监事会。这是对稽查特派员制度的进一步完善，目的是从制度上规范和强化国有企业监督，变外部监督为内部监督，变临时监督为日常监督。按照《国有企业监事会暂行条例》的规定，国有重点大型企业监事会由国务院派出，向国务院报告，代表国家对国有重点大型企业的国有资产保值增值状况实施监督。监事会以财务监督为核心，对企业的财务活动及企业负责人的经营管理行为进行监督，确保国有资产及其权益不受侵犯。监事会与企业是监督与被监督的关系，不参与、不干预企业的经营决策和经营管理，尊重企业的经营自主权，保护企业负责人搞好企业的积极性。通过检查企业财务、经营效益、利润分配、国有资产保

①《建立现代企业制度试点工作手册》，中国经济出版社 1996 年版，第 465~469 页。

值增值、资产运营等情况，监事会对企业负责人的经营管理业绩进行评价，提出奖罚、任免建议。监事会每次对企业进行检查结束后，要及时做出检查报告。①同时，废止了1994年7月24日发布的《国有企业财产监督管理条例》。②积极推进财务总监委派制和聘任制，进一步强化国有企业财务总监监督机制。为维护国有企业的所有者权益，强化对企业的财务监控，在明确企业产权关系的基础上，积极试行财务总监委派制和聘任制，国有资产授权经营公司由董事会聘任财务总监，母公司可向所属全资或控股的子公司委派或推荐财务总监。《国有企业监事会暂行条例》发布以后，为了加强对国有企业的监督管理，许多地方明确规定：财务总监以外部监事身份进入企业监事会，进一步加强企业财务监督力量。③继续推行对国有企业会计委派制试点。据调查，2000年全国已有20个省、市、自治区对国有大中型工业企业进行了会计委派制试点，试点总数在618家，被委派人员大都处在企业财会体系的关键位置；其个人利益与派驻企业脱钩。实施会计委派制有助于提高会计信息的真实性，使政府对国有企业的财务监督力度进一步加大。这些措施都会有力促进对国有企业的监管，但这方面任务仍很艰巨。

3. 建立国有资产管理机构的改革实践在曲折中发展前进。如前所述，1988年建立国有资产管理局具有过渡性的特点，其作用也没有得到充分的发挥，但就其实现国家的社会经济管理职能与国有资产所有权职能的分离这个改革方向来说是正确的。但到1998年国务院机构改革时，将独立的国有资产管理局并入财政部。这固然是出于精简庞大的政府机构的需要，但也反映了对原有的国有资产管理体制弊病及其改革方向的认识不清。就其实现国家社会经济管理职能与国有资产所有权职能合一的回归来说，是国有资产管理体制改革的一种倒退。

当然，也应该看到：在1998年以后，政府在构建国有资产的管理、监督和经营体系，加强国有资产监管以及切实精简政府机构和转变政府职能方面做了大量工作，并取得显著成效。

但是，撤销独立的国家国有资产管理部门，是不符合国有资产管理体制改革方向的。问题在于：在独立的国有资产管理局撤销以后，管理

①《经济日报》2000年8月18日第2版。

国有资产由政府各个职能部门分割行使：人事权在人事部、组织部或大企业工委，投资权在计委，国有企业的宏观调控和资产处置权在经贸委，资产收益权在财政部。有关国有资产的重大决策、选择经营者等权力，实质上仍然为各个部门所把握，国有资产管理部门或者根本不存在，或者有名无实，要实现政府双重职能的转变，在实践中由于专门的国有资产管理机构的缺失而无法操作。

这样，在改革已经取得进展的情况下又引发了一系列问题。主要是：①政府对国有资产管理又实行多头管理，管人、管事和管资产相脱节。如，主管企业的干部考核部门不考核资产经营效益，却负责经营者的选择。国家经济综合部门监督着国有资产的运营，却不能选择经营者。这种人为的分割导致了国有资产运营效率低下等一系列问题。②国有资产无人真正负责，造成了国有企业的"内部人控制"问题，引发了国有资产流失、收入分配混乱、逃税、逃废银行债务等现象。③政府职能没有真正转变，干预企业的问题仍然存在，企业的自主经营权还没有真正落实。

造成上述问题是与撤销国有资产管理局相联系的。具体说来，有两方面：一是国有企业的出资人职能由不同部门分割行使，形成"九龙治水"的局面，名义上大家都负责，实际上谁也不负责，也负不了责，形不成真正意义上的"问责"制度。二是政资不分，政府部门既承担社会经济管理职能，又承担国有资产管理者职能，造成了政府以国有资产管理者的身份干预企业的正常经营活动。

还需指出，由多个政府职能部门分割行使国有资产出资人职能，而没有一个专门的国有资产管理机构，似乎与计划经济体制下的国有资产管理机构设置有些相同之处。但是，那时国家是把国有企业的管理与对国有资产的管理捆在一起进行的，没有一个专门的国有资产管理机构，其弊端表现为管理效率低下，尽管如此并没有出现管理真空和管理失控。但在1998年撤销国有资产管理局以后，一方面强调在微观上要给予国有企业自主权，要摆脱对国家投资企业的行政管理而转向产权管理；另一方面却没有统一的国有资产管理机构作为现实的产权主体。这种国有资产管理机构改革与国有企业改革的不配套，表现的就不仅仅是国有管理低效率，而更多地表现为内部人控制和严重的国有资产流失。在这种情况下，对国有资产管理机构的改革显得更加必要和紧迫。

正是依据上述经验的总结和改革的要求，2002 年召开的党的十六大提出建立国有资产管理机关。这当然不是 1988 年建立国有资产管理局的简单重复，而是在新的更高层次上的再建。这一点，拟在第十篇分析。

第二节　国有企业的改组、改造和管理

一、"三改一加强"方针的提出

1996 年 5 月，江泽民总书记代表党中央提出："把国有企业的改革同改组、改造和加强管理结合起来，以构造产业结构优化和经济高效运行的微观基础。"① 这是党中央在 1992 年党的十四大以后提出的搞好国有企业改革和发展的一条十分重要的方针，是对国有企业改革和发展新经验的全面总结，是符合我国国有企业实际状况的。

改革以来的一段时期内，人们自觉不自觉地把国有企业搞不活的原因全部归结为国有企业改革的滞后。这一点确实是国有企业活力不强的最重要、最基本的原因。但实践表明，国有企业搞不活的原因，还有其他的诸多方面。其中重要的还有，企业组织和产业组织不合理，企业技术改造进展缓慢，企业管理落后。我国已经搞活的许多国有企业的经验从正面证明了这一点，大量没有搞活的国有企业的教训从反面证明了这一点。

二、对国有企业实行战略性改组

企业组织形态的"大而全"、"小而全"，以及企业承担办社会职能，是传统计划经济体制的伴生物。1958 年，中共中央就提出和实施建立比较完整的工业体系的区域经济的任务。60 年代中期以后更加强化了这一点。这样，改革以前，企业组织"大而全"、"小而全"，企业办社会以及地区之间过多重复建设就已经发展到了很严重的地步。改革以后，政企分开一直没有得到根本解决。20 世纪 80 年代初开始实行的财政分灶吃饭制度，延续了十来年。1994 年开始实行了以划分中央政府和地方政府事权为基础的分税制，但改革并没有到位。改革以来，中央政府逐步下放

① 《人民日报》1996 年 7 月 4 日第 1 版。

了投资和引进外资的权限，但有效的宏观调控并没跟上。这期间，市场虽有很大发展，但发育并不健全，行政性垄断和无序的、不平等的、过度的竞争还相当普遍。这样，企业组织、产业组织和产业结构不合理状态不仅没有得到扭转，甚至有所加剧。在实行对外开放的条件下，还出现了盲目重复引进。在社会生产力大大发展的条件下，又出现了生产能力的相对过剩，主要是结构性的过剩。

分别说来，①大中小型企业的总量规模和平均规模都小，大企业比重低，企业规模不经济和规模结构不合理。1996年，全国乡和乡以上独立核算工业企业总产值为64886亿元。其中，大中小型企业总产值分别为24756亿元、9539亿元、30591亿元；三者比重分别为38.2%、14.7%、47.1%。全国平均每个企业产值为1238.8万元。其中大中小型企业分别为35038.6万元、5659.2万元、590万元（详见附表17）。②企业组织"大而全"、"小而全"，地区产业结构趋同，企业之间和地区之间的专业化协作程度低。机械工业是最有条件实行专业化生产的行业。但20世纪90年代中期，中国机械工业专业化程度大约只达到经济发达国家五六十年代的水平。比如，中国铸造行业专业化比重只有30%，锻造为15%，热处理为20%，电镀为40%；而经济发达国家这四项数据分别为80%、75%、70%、90%。中国机电行业约有80%的企业为"大而全"、"小而全"的厂子。[1]据计算，我国各省工业结构相似系数大于0.9的，1981年为18个，1984年为17个，1989年为17个，1994年为13个；大于0.8的，1981年为25个，1984年为25个，1989年为22个，1994年为21个。"九五"期间30个省、自治区、直辖市中，将机械工业定为本省(市、区) 支柱产业的有25个，电子业24个，化工业23个，建筑业19个，冶金业15个，轻纺业11个。③产业集中度低。据有关学者按1993~1995年三年平均数计算，在全国37个主要工业部门中，产量较多的8个厂集中度超过50%以上的只有1个（即具有自然垄断性质的石油天然气开采业），集中度在40%~50%的有3个，30%~40%的有2个，20%~30%的有7个，10%~20%的有6个，10%以下的有18个。④许多工业部门的生产能力相对过剩。按一般标准，生产能力利用率达到80%的算正常。但1995年全国第三次

---

[1] 《中国工业发展报告》(1996)，经济管理出版社，第218页。

工业普查资料表明：在 94 种主要工业产品中，生产能力利用率在 60% 以上的就有 59 种，占总数的 62.8%；在 50% 以下的有 178 种，占 19.1%。另据有关单位统计，1997 年 900 多种工业产品中，有半数以上生产能力利用率在 60% 以下。⑤国有资产在产业之间的分布，也有同国有经济主导地位不相适应的情况。国有资产存量约有 60% 分布在工业和建筑业等竞争性比较强的领域，分布在交通、邮电等基础产业和基础设施垄断性较强的领域的不足 20%。⑥许多国有企业资产质量差，经济效益低，亏损严重。这些情况表明，对国有企业的改革和发展来说，实行战略性改组已是一项十分重要、紧迫的任务。

诚然，改革以来，随着地区之间横向经济联合的展开，股份制企业、非国有企业的发展，市场体系（包括股票市场）的发育，以及《破产法》的实行，国有资产存量调整工作和企业的兼并、破产已经有了一定的进展。据粗略统计，在 20 世纪 80 年代，全国 25 个省、自治区、直辖市和 14 个计划单列市共有 6226 户企业兼并 6966 户企业，共转移存量资产 82.25 亿元，减少亏损企业 4095 户，减少亏损金额 5.22 亿元。①《破产法》从 1988 年实施到 1993 年 6 年中全国共破产企业 940 户。②这些企业大多数是集体企业，但也有一部分是国有企业。

为了促进国有企业的改革和发展，还必须大力推进国有企业的战略性改组。为此，1994 年 2 月，在全国企业管理座谈会上，朱镕基副总理首先提出，解决国有企业困难问题要走兼并破产和减人增效的路子，希望加大这方面的工作力度。这一思路提出了实现国有企业改组的两个基本途径。同年 6 月 24 日，国务院原则上同意了国家经贸委等九部委《关于在若干城市进行企业"优化资本结构"试点的请示》，并对试点工作提出了明确要求："试点应在整体推进转换国有企业经营机制的前提下，在补充企业资本金、减轻企业债务负担、分离社会服务职能、建立优胜劣汰机制等方面实现重点突破。"③为此于 1994 年 10 月国务院下达了《关于在若干城市试行国有企业破产有关问题的通知》。1997 年 3 月，国务院又

---

① 《改革》1994 年第 12 期。
② 《中国工业发展报告》(1998)，经济管理出版社，第 108 页。
③ 《全国建立现代企业制度试点工作会议文件汇编》，改革出版社 1995 年版，第 91 页。

下达了《关于在若干城市国有企业兼并破产和职工再就业有关问题的补充通知》，该通知对于企业兼并破产和职工再就业工作的组织领导，企业兼并破产和职工再就业工作计划的制定与审批，企业破产预案的制定，资产评估机构资格及破产财产处置，妥善安置破产企业职工，简化呆坏账核销手续，破产责任的追究，严格按照有关文件规定规范企业破产，加大鼓励企业兼并的政策力度，以产定人，下岗分流，适当减免贷款利息，缓解企业困难等一系列问题做了规定。通知要求优化资本结构试点城市都要建立再就业服务中心。

为此，1997年8月劳动部、国家经贸委、财政部联合发出《关于在企业"优化资本结构"城市建立再就业服务中心的通知》。要求试点城市把建立再就业服务中心，保证资金到位，落实再就业计划等作为实施企业兼并破产、减员增效计划和核销银行呆坏账准备金的前提条件。再就业服务中心的基本任务是为下岗职工在规定的时间内提供职业培训、职业介绍、就业指导、组织劳务输出、办理社会保险等促进再就业方面的帮助和服务，同时发放基本生活和门诊医疗费用。再就业服务中心的管理，要采用托管合同的方式，即区分破产企业、兼并企业、减员增效企业三种情况签订不同类型的合同。托管最长时间不超过两年，受托管的下岗职工如果两次无正当理由不接受再就业服务中心介绍就业岗位的，再就业服务中心可以提前解除托管合同。下岗职工实现了再就业，就与再就业服务中心解除托管关系，并与原企业解除劳动关系。托管期满，仍未就业的下岗职工，应与再就业服务中心解除托管合同，并与原企业解除劳动关系，到当地就业服务机构登记，符合规定的享受失业保险的有关待遇。通知规定，采用政府、社会、企业各出一部分资金的办法，破产企业依法取得的土地使用权和资产变现中所得的职工安置费，兼并企业和减员增效的企业或主管部门为下岗职工缴纳的职工安置费应一律拨付给再就业服务中心统筹使用。试点城市根据企业兼并破产和职工再就业的数量，确定政府、企业和社会三部分用于再就业服务的资金比例，并尽快将资金拨入再就业服务中心。各再就业服务中心根据筹集到的资金的承受能力，确定接收下岗职工的数量。

1994年，国务院确定的优化资本结构试点城市为18个，1996年扩大到58个，1997年又扩大到111个，并在这方面取得了重要进展。1996

年，58 个试点城市兼并企业 1192 户，资产总额 292 亿元，负债总额 278 亿元，其中银行贷款本息余额 197 亿元，已停息或免息 13.3 亿元，涉及职工 113 万人；破产 1099 户，资产总额 249.8 亿元，负债总额 429.9 亿元，涉及职工 68 万人。这年试点城市的企业分离非生产机构 5908 个，涉及 103 万人。[1]

1997 年在这方面继续取得了进展。这年破产终结的企业 675 户，被兼并企业 1022 户，减人增效企业 789 户，核销银行呆坏账准备金 320.5 亿元。其中用于破产企业 170.35 亿元，用于被兼并企业 90.15 亿元，用于减员增效企业 60 亿元。1997 年，在企业增资减债方面，着重抓了两项工作：① "拨改贷" 本息余额转为国家资本金的工作。②股票上市。截至 1997 年，已累计将约 600 亿元 "拨改贷" 本息余额转为国家资本金。1997 年，股票发行重点支持 100 家现代企业制度试点企业、512 家重点国有企业和 120 家企业集团，全年共选定 A 股企业 209 家，其中，属于 100 家现代企业制度试点和 120 家企业集团范围的企业 79 家。100 家现代企业制度试点企业已有 40 家改制上市，占总数的 40%；512 家重点企业中已有 186 家改制上市，占总数的 36%；120 家试点企业集团中也已有 59 家有了上市公司，占总数的 49%。1997 年 3 月，试点城市建立职工再就业服务中心 1777 个，进入中心的人数达 89.6 万人。据统计，截至 1997 年底，通过实施再就业工程，使得包括试点城市在内的全国 433.5 万名国有企业下岗人员实现了再就业。[2]

1998 年继续大力推进这方面的工作。这年 6 月 9 日党中央、国务院专门下发了《关于切实做好国有企业下岗职工基本生活保障和再就业工作的通知》。[3]这虽然是对全国说的，但对优化资本结构试点城市的再就业工作会有推动作用。国务院还决定，1998 年将核销银行呆账坏账准备金的总额增加到 400 亿元，把 "拨改贷" 和基本建设经营性基金转为国家资本

---

① 这里还要补充说明：企业办社会负担中最突出的问题是企业自办中小学校、医院、后勤服务单位以及富余人员的安置。据统计，全国企业自办中小学校达 1.8 万所，在校生 610 万人，教职工 60 万人，每年需教育经费 30 亿元（不包括基本建设投资）。全国企业及非卫生部门自办的卫生机构 11 万个，职工 140 万人，约占全国卫生机构的 1/3。据试点城市国有大中型企业调查，富余职工约占职工总数的 17.12%。

②《光明日报》1998 年 6 月 24 日。

③《人民日报》1998 年 6 月 23 日第 1~2 版。

金增加到 500 亿元。[1]

还要提到：1997 年，国务院就把纺织、兵器、航天三个行业列入了优化资本结构试点的计划。1998 年初，国务院又发出《关于纺织工业深化改革调整结构解困扭亏工作有关问题的通知》，全面贯彻落实鼓励兼并、规范破产、下岗分流、减员增效和再就业工程的方针，以压缩淘汰落后棉纺锭为手段，以国有纺织工业企业集中的城市的结构调整为重点，妥善分流安置下岗职工，坚定不移地走"压锭、减员、调整、增效"的路子，切实抓好纺织工业深化改革、调整结构、解困扭亏工作，[2]并将这项工作逐步推广到煤炭、机械等行业。这些也都是实现国有企业战略性改组的重要措施。

但这期间国有企业战略性改组，并不限于上述的优化资本结构试点的城市和行业，更多的还是试点的范围以外。这里需要特别提到：这期间开始出现了对实现这种战略改组具有重大意义的强强联合和兼并。1997 年 10 月，金陵石化、扬子石化、仪征化纤、南化公司以及江苏石油集团联合组建了中国东联石化集团有限责任公司；同年 11 月，中国石化总公司齐鲁石化公司实现了对淄博化纤总厂和淄博石油化工厂的兼并，这起兼并涉及债务总额 30 多亿元。二者分别是改革以来最大的国有企业之间的强强联合和兼并。[3]

但这期间国有企业的战略改组也还存在许多需要进一步解决的问题。诸如政企未分开，部门分割和地区分割，行政干预过多，社会保障制度还未基本建立，使这种改组还存在很多困难。要完成国有企业战略性改组，还有赖于经济改革的深化，还要做出艰苦的努力。

三、加强国有企业的技术改造

改革以来，国有企业技术改造取得了重大进展。"六五"期间，依据重工业比重过大、轻工业比重过小的情况，技术改造重点支持了轻工业，促进了轻工业的迅速发展和升级换代，以及轻重工业的协调发展。"七五"期间依据经济增长中的"瓶颈"制约，技术改造重点转向了能源、交通、通信、原材料等基础产业，缓解了"瓶颈"制约。"八五"期间企业技术改

---

① 《中华人民共和国第九届全国人民代表大会第一次会议文件汇编》，人民出版社 1998 年版，第 20 页。
② 《经济日报》1998 年 6 月 22 日第 2 版。
③ 《人民日报》1993 年 11 月 10 日第 1 版。

造总量达到 1.07 万亿元，超过了前 10 年的总和。这期间依据长期存在的技术改造投资使用分散，以致长线产品得不到有效控制，短线产品得不到充分发展，形不成合理的经济规模等问题，提高了技术改造投资的集中度，资金逐步转向国家重点建设项目。这期间，全国开发重点新产品约 3 万项，投产率 80%，新产品实现利税 220 多亿元，增长 2.54 倍。[①] 1994 年开始实施的对重点行业的重点企业加大技术改造力度、加快改革步伐的"双加"工程，涉及 56 个技术改造重点项目，投资总额达 1000 亿元以上，更是加快了企业技术改造。

"九五"以来，在这方面继续取得进展。比如，1997 年工业企业新产品产值比上年增长 13.3%，比工业产值增幅高 2.1 个百分点；新产品产值率为 5.9%，比上年提高 0.2 个百分点。

但是，由于传统的重外延、轻内涵的经济发展战略和经济体制没有得到根本改变，企业技术进步缓慢状态也没有发生根本变化。据统计，1995 年底，国有大中型企业经过比较全面技术改造的只有 20% 左右；设备老化率已达 25%；技术装备水平达到 80 年代国际水平的只有 26.1%，属于国内先进水平的仅占 27.7%，属于国内一般水平的占 33.4%，属于国内落后水平的占 12.8%。[②] 其新度系数平均为 69%，其中机械工业还只有 60%。机电一体化比重更低，数控机床产量比重仅为 1.4%，拥有量比重为 5%，远远低于发达国家的 30% 和 80% 的比重。据估计，20 世纪 90 年代中期，我国多数国有企业的技术装备水平比国际先进水平落后 15~20 年；技术进步对我国经济增长贡献率不到 30%，远远低于发达国家 50%~70% 的水平。这些数字表明，加强国有企业的技术改造，对国有企业的改革和发展来说，也是一个极为重要的紧迫任务。

这期间，采取以下措施，加强企业的技术改造。

1. 政府和企业都要在经济增长方式方面实现观念的转变。在传统的经济体制和经济战略的影响下，形成了根深蒂固的重外延、轻内涵的观念。这种观念还没发生根本转变。1995 年技术改造投资占固定资产投资的比重，比 1990 年还下降了近两个百分点。这个数字表明，如果不在经

---

①《人民日报》1995 年 10 月 21 日第 1 版。

②《人民日报》1997 年 7 月 19 日第 2 版。

济增长方式方面实现观念的根本转变，在国有企业的技术改造就很难得到加强。当然，这种观念固定化的根源还是传统经济体制。

2. 深化国有企业改革，使它成为市场主体和投资主体，形成具有激励和约束相结合的技术改造机制，以根本改变当前许多国有企业在这方面既缺乏动力，又不承担风险的状况。

3. 进一步发育产品市场和要素市场，形成全国统一的、有序的、平等竞争的、价格机制合理的市场体系，从市场方面增强企业技术改造的压力，并规范其行为，根本改变当前在地方保护下形成的低水平的重复建设、重复引进和过度竞争，乃至依靠制造假冒伪劣产品来维持企业生存的状况。

4. 深化科技体制改革，推进"产、学、研"联合，以根本改变在计划经济体制下形成的，还普遍存在的"产、学、研"分离的状况，加速科技成果的转化。

5. 逐步建立完善的、有效的全社会技术改造的宏观调控体系，着重综合运用财政、金融、产业政策和法律手段，建立新的投资统计体系和投资导向信息发布制度，以切实提高技术改造投资在固定资产投资中的比重和效益，减少无效投资和低效投资，特别是要避免低水平的重复建设，并促进乃至强制淘汰落后设备。

在宏观调控方面还要把加强国有企业技术改造与企业改制和改组结合起来。要使改造成为促进改制和改组的重要手段，特别是要运用各种调控手段把改造投资流向引导到适合产业政策需要的国有大企业方面来，在低息贷款和股票上市的选择上更要向这方面倾斜。要继续实施对重点行业的加快技术改造力度、加快改革步伐的"双加"工程。当然，同时需要给国有小企业和非国有企业以适当支持。

还要从提高外资利用水平来推进国有企业的技术改造。这不仅是既要重视引进，又要重视消化、吸收和创新；既要重视设备的引进，又要重视新产品开发技术的引进，特别是还要避免低水平重复引进，切实把引进作为推进企业技术改造的有效手段。

6. 把企业技术改造纳入技术创新工程。技术创新工程是新技术的研究开发到首次商业化应用，要求以企业作为技术创新的主体，创新的各个环节保持系统性，并以市场作为检验技术创新成功与否的最终标准。

为此，一要建立健全企业技术创新运行机制，加强企业技术中心建设，推动"产、学、研"的联合，使企业具有开发自主知识产权的产品和技术；① 二要严格遵守项目决策程序，切实做好市场的预算与市场容量的分析，以及经济效益的评估，以提高项目决策的科学性；三要切实做好技术改造项目全过程的管理工作。

四、加强国有企业的经营管理

改革以来，特别是 90 年代以来，许多国有企业的经营管理取得了重大进展。

1. 经营方式的转变。主要是：由过去在计划经济体制下只面向计划逐步转变为面向市场；由过去只重视基础管理、专业管理和日常管理逐步转变为在重视这些管理的同时，高度重视战略管理；由过去单纯的产品经营逐步转变为在搞好产品经营的同时，全方位开展资本经营，并推行多角经营、国际经营和名牌战略。

2. 企业管理制度的完善和创新。1984 年普遍推广的厂长负责制得到了巩固和发展。在推行公司化改造的企业中，开始建立董事会、总经理和监事会相互制衡的新的企业领导制度。新的劳动、人事和工资制度也得到了进一步发展。1993 年 7 月实施了与国际接轨的新的财务会计制度。

3. 企业组织机构的调整和创新。调整企业组织机构，逐步采用事业部和矩阵式管理。适应计划经济要求的橄榄型的企业组织（企业技术开发机构小、生产机构大、营销机构小）开始向适应市场经济要求的哑铃型的企业组织（企业技术开发机构大、生产机构小、营销机构大）转变。

4. 企业职业道德建设和文化建设的发展。在加强职业道德建设的同时，开始运用 90 年代初从经济发达国家传入的企业形象设计（CIS），以加强企业的文化建设，塑造企业形象，端正企业经营思想，激发职工积极性，增强企业凝聚力。

5. 企业管理现代化的发展。主要是电子计算机在企业管理的全过程和全系统开始得到广泛运用，加强了企业的各项管理。

6. 企业专业管理和基础管理的加强。①采用国际标准（包括国际先进标准）、现代的管理方法和手段，制定科学的质量控制规范，推行严格

---

① 国家经贸委：《关于 1998 年国有企业改革和发展工作的意见》，《经济日报》1998 年 6 月 22 日第 2 版。

的质量监测和控制。1994 年又相继成立"质量体系认证机构国家认可委员会"、"实验室国家认可委员会"和"认证人员国家注册委员会"，并开展了工作。这就使产品质量认证、质量体系认证和实验室认可工作取得了重大进展，许多产品质量有了显著提高。②企业技术管理和技术开发能力有了提高。与 1990 年相比，1995 年我国大中型工业企业建立的技术开发机构、从事技术开发的科技人员和技术开发经费分别增长了61.5%、60.1%和 193%。③在企业生产组织中开始运用数控加工（CNC）、柔性制造（FMS）和计算机集成系统（CIMS）等现代柔性生产形式，以增强企业的灵活应变能力、生产效率和竞争能力。

　　但是，上述各点并不是全部国有企业的情况，而只是其中部分企业在这些方面取得的不同程度的进展。实际上，多数国有企业还没有从根本上摆脱管理落后的状况。据 1994 年有关研究单位对 2012 户亏损企业的调查，由于管理混乱而造成亏损的企业达到 697 户，占调查总数的34.64%。①另外，据 1995 年有关研究单位的一次调查资料，国有企业的基础管理水平提高的占 25%，保持原有水平的占 30%，水平下降的占45%；专业管理、现场管理和经营战略管理这三项数据分别依次为 23%、40%、37%，20%、27%、53%，63%、23%、10%。与此相联系，企业经济效益下滑。国有独立核算工业企业的资金利税由 1992 年的 9.71%下降到 1995年的 8.01%。国有企业经济效益不佳有多方面原因。摘其要者有：由于传统的经济体制和经济战略的影响，以及转轨时期改革和发展某些方面的失误所造成的企业技术改造缓慢、富余人员多、资产负债率高和企业办社会的负担重；由改革的进展导致的企业利润的转移（如价格和工资改革引起的企业成本的上升）；由乱收费、乱摊派、乱罚款造成的企业收入的流失等。但上述数字在某种程度上也反映了企业管理的落后状况。

　　为了改变这种落后状况，总体说来，需要继续以贯彻《"九五"企业管理纲要》为契机，推动企业面向市场，进行管理创新。这包括经营方式、管理制度、组织形式、职业道德建设和文化建设以及管理手段的创新。在这方面，要继续深入开展学习邯郸钢铁总厂的活动。该厂在 1991~1995 年于企业内部创造了"模拟市场，成本否决"的管理办法，大大提

---

①《经济日报》1994 年 6 月 6 日第 2 版。

高了企业管理水平和企业经济效益。这种办法的实质是：企业面向市场，自觉运用作为市场经济基本规律的价值规律，通过加强企业管理，提高生产要素的运营效益。1996 年初，国务院已和国家经贸委在该厂召开了"全国学习邯钢经验暨企业管理工作会议"，号召全国学习邯钢经验。

还要按照 1997 年 1 月中共中央《关于进一步加强和改进国有企业党的建设工作的通知》，①突出抓好国有企业领导班子建设，大大提高领导人员素质。这是加强企业管理、搞好国有企业的关键。为此，①选好配强党委书记、厂长（经理）和董事长，优化领导班子的整体结构。实行公司制的企业，党委书记、董事长可由 1 人担任。由 1 人担任的，应具备两个职务所要求的条件和能力，同时配备 1 名党委副书记以主要精力抓党的工作。党委书记和董事长分开配备的，党员董事长可任党委副书记，党委书记可任副董事长。根据工作需要和人员条件，党委成员可依法分别进入董事会、监事会和经理班子；董事会、监事会、经理班子中的党员具备条件的，可按照有关规定进入党委会。董事长与总经理原则上分设。实行工厂制的国有中小企业党政领导的任职形式，要根据本单位的实际和本人条件，宜分则分，宜兼则兼，不搞"一刀切"。②改进对国有企业领导人员管理的办法。要适应建立社会主义市场经济体制的要求，合理确定对企业领导人员的管理范围，制定适合企业特点的具体办法，切实严格管理。要积极探索通过市场配置企业经营者的有效途径，推进企业经营者职业化的改革试点工作。③切实加强对国有企业领导班子成员的政治、业务培训。按照《中共中央组织部、国家经贸委关于印发〈"九五"期间全国企业管理人员培训纲要〉的通知》的要求，分级负责，用 3 年左右时间，对国有大中型企业的领导人员普遍进行一次工商管理培训，培训中要突出邓小平理论和社会主义市场经济的内容。通过培训，使企业领导人增强党的观念、群众观念、法制观念，树立正确的世界观、人生观、价值观，增强参与市场竞争的能力。④切实加强对国有企业领导人员的监督。要充分运用党内监督、法律监督、职工民主监督、财务审计监督和舆论监督等手段，加强对他们在重大问题特别是资金运作、用人决策上的监督。严格实行资产经营责任制、企业年度审计和厂长（经

① 《人民日报》1997 年 3 月 11 日第 1、3 版。

理）离任审计制度、企业领导人员收入申报制度、直系亲属工作安排回避制度和职工代表大会民主评议企业领导人员制度。⑤建立对国有企业领导人员的激励机制。逐步形成比较规范的对优秀领导人员的奖励制度，把物质奖励和精神奖励结合起来。

加强国有企业领导班子的工作已经开始取得成效。按照党中央、国务院的部署，在全国范围内对国有企业领导班子进行了考核。截止到1997年底，全国已基本完成考核任务的国有企业为13万户，占应考核总数的94%；调整企业领导班子4.2万个，占已考核总数的31.5%；调整企业领导班子成员7.9万人，占已考核人员总数的14%。通过考核和调整，国有企业领导班子的整体素质有所提高。

此外，要进一步实行和完善新的企业经济效益评价指标。①按照建立现代企业制度的要求，为了综合、全面评价和反映企业经济效益状况，财政部决定从1995年起采用新的企业经济效益评价指标体系。这套体系包括：销售利润率、总资产报酬率、资本收益率、资本保值增值率、资产负债率、流动比率（或速动比率）、应收账款周转率、存货周转率、社会贡献率、社会积累率。上述企业经济效益评价指标主要是从企业投资者、债权人以及企业对社会的贡献三个方面来考虑的。从投资者的角度来看，侧重于关心企业盈利能力和资本保值增值情况。其指标包括销售利润率、总资产报酬率、资本收益率、资本保值增值率。从债权人的角度来看，侧重于关心企业财务状况，即企业资产负债水平和偿债能力。其指标包括资产负债率、流动比率（或速动比率）、应收账款周转率、存货周转率。从国家或社会的角度来看，主要是衡量企业对国家或社会的贡献水平，其指标包括社会贡献率和社会积累率。

20世纪90年代以来，上述各项措施已经在不同程度上得到了贯彻，并提高了国有企业的经营管理水平。

---

① 《人民日报》1995年1月10日第2版。

第二章　非国有经济的改革深化与发展

第一节　城镇集体经济的改革深化与发展

1993 年,《中共中央关于建立社会主义市场经济体制若干问题的决定》指出:"现有城镇集体企业,也要理顺产权关系,区别不同情况可改组为股份合作制企业或合伙企业,有条件的也可以组建为有限责任公司,少数规模大、效益好的,也可以组建为股份有限公司或企业集团。"[①] 在这些思想的指导下,这期间城镇集体经济的改革得到了进一步深化。

1. 清产核资是深化集体企业改革的一项基础性工作。为了统筹协调这项工作,1995 年国家成立了由国家经贸委、财政部、国家税务总局三部委组成的城镇集体企业清产核资办公室。在全国城镇集体企业清产核资办公室的统一组织下,全国各地开展了城镇集体企业清产核资工作,这是新中国成立以来的第一次。全国城镇集体企业清产办通过对试点的 13313 户城镇集体企业进行清产核资,基本摸清了这些企业的家底。据清产办的统计,1996 年 6 月底,全国城镇集体所有制企业单位共有 51.4 万个。13313 户试点企业占全国城镇集体企业总数的 2.6%,其中大中型企业 588 户,工业企业 2538 户,涉及全国 226 个市 (地)。1.3 万多户企业资产总额为 1417.1 亿元,其中,固定资产占 23.9%,流动资产占 66.1%,

---

① 《中国经济年鉴》(1994),中国经济年鉴社,第 5 页。

长期投资占 6.7%，无形资产占 0.9%，递延及其他资产占 2.4%。全部负债总额为 1173 亿元，资产负债率为 80.3%。企业所有者权益总额为 279.8 亿元，其中，实收资本 255.6 亿元，占 91.4%；资本公积金 37.2 亿元，占 13.3%；盈余公积金 54.8 亿元，占 19.6%；未分配利润赤字 67.8 亿元，占 24.2%。在实收资本中，集体资本、国家资本、法人资本、外商资本和个人资本分别占 77.2%、1.9%、13%、2%、5.9%。全部试点企业资产损失资金挂账总额为 155.1 亿元，其中，资产损失净额为 81.7 亿元，占52.7%；资金挂账为 73.4 亿元，占 47.3%。1.3 万户试点企业 1995 年实现销售收入 1237 亿元，利润 1.1 亿元，上缴税金总额 23.92 亿元。总资产报酬率为 0.08%，净资产利润率为 0.4%，人均创利 76.8 元。[①] 1997 年，城镇集体企业清产核资试点工作有了进一步扩大，1998 年以后在全国展开，并取得成效。

2. 界定产权是深化集体企业改革另一项基础工作。1996 年，城镇集体企业产权界定工作取得了重大进展。通过有关部门的共同努力，产权界定政策文件于 1996 年初正式发布。主要文件有：财政部、国家经贸委和国家税务总局联合发布的《城镇集体所有制企业、单位清产核资财务处理暂行办法》、《城镇集体所有制企业、单位清产核资产权界定暂行办法》，劳动部、国家国有资产管理局、国家税务总局联合发布的《劳动就业服务企业产权界定规定》，中国轻工总会、中华全国手工业合作总社、国家税务总局联合发布的《轻工业企业集体资产管理暂行规定》。这些办法和规定基本上解决了长期困扰城镇集体企业的产权关系界定上的矛盾，为集体企业的改革与发展创造了有利条件。有关规定在以下两个方面取得了政策性突破：①明确区分了国家政策行为与投资行为的界限。这项规定从根本上否定了有关部门过去将国家对集体企业的政策优惠行为视为投资行为，进而要追索国有产权的错误做法。②明确区分了国有单位一般扶持行为与投资行为的界限。这些规定从根本上否定了有关部门和企业过去长期将国有单位对集体企业的扶持行为（包括贷款担保行为）当做投资行为，进而要索取集体企业产权的错误做法。[②] 这些文件促进了界定

---

① 《中国经济年鉴》（1997），中国经济年鉴社，第 683 页。

② 《中国经济年鉴》（1997），中国经济年鉴社，第 684 页。

产权的工作。

3. 在城镇集体企业中居于重要地位的小企业的改革有了重大进展。90 年代中期以来，许多地区对这类企业的改革采取了"兼并、租赁、转产、调整、扶持、拍卖、破产"等办法，区别企业不同情况，"一厂一策"，分类实施。在深化城镇集体企业改革中具有重要作用的股份合作制企业有了迅速的发展。有些规模大、经济效益好的企业继续向股份有限公司或企业集团发展。据 1996 年上半年对全国综合改革试点县（市）小企业（主要是城镇集体小企业）改革的调查，组建集团占 1.69%，企业兼并占 5.47%，组建公司占 7.80%，股份合作制占 35.13%，承包租赁占 15.70%，委托经营占 15.24%，出售转让占 11.02%，合资经营占 3.42%，破产处理占 1.03%，其他占 3.81%。[①]

但是，城镇集体企业在改革和发展方面存在许多困难。重要的有：由于来自行政机关方面的阻力，难以实现政企分离；侵犯集体企业的财产和权益的事屡有发生，导致集体资产流失；许多集体企业设备老化，缺乏资金、技术和管理人才，经济效益差；有些部门和地区还没有把城镇集体企业改革和发展放在应有的位置；国家在保障、扶持和促进城镇集体企业的改革和发展方面的法规、政策、管理机构和调控手段还很不完善。所有这些都造成集体企业活力不强，使得包括城镇集体工业在内的集体工业总产值中的比重由 1992 年的 35.1% 下降到 2000 年的 13.8%（详见附表 13）。其中有统计口径变化的因素，但也反映了集体企业活力的不强。因而，亟需采取包括改革在内的措施，以增强集体企业的活力。

第二节　乡镇集体经济的改革深化与发展

一、乡镇集体经济改革和发展的法律保证

1996 年 10 月，我国颁布了《中华人民共和国乡镇企业法》（简称《乡镇企业法》）。[②]《乡镇企业法》的公布施行，确立了乡镇企业在国民经济中

---

① 《中国工业经济》1997 年第 3 期，第 10 页。
② 《经济日报》1996 年 10 月 31 日第 2 版。

的法律地位，用法律的形式将党中央、国务院发展乡镇企业的一系列方针政策稳定下来，明确了发展乡镇企业的基本方针、重要原则和主要任务，明晰了乡镇企业的产权关系，理顺了乡镇企业的管理体制。《乡镇企业法》还提出了国家促进和扶持乡镇企业发展的很多具体措施，对乡镇企业多年来的一些政策措施和成功经验也用法律的形式予以肯定。《乡镇企业法》提出，侵犯乡镇企业合法权益以及乡镇企业不履行义务、违反有关法律和行政法规规定的行为，应承担法律责任。

《乡镇企业法》的公布施行，标志着乡镇企业的改革发展有了强有力的法律保证。

二、促进乡镇集体经济改革和发展的主要措施

1992 年 3 月，国务院批转了《农业部关于促进乡镇企业持续健康发展的报告》。为了适应乡镇企业深化改革和健康发展的需要，在总结新的经验基础上，1997 年 3 月，中共中央、国务院又转发了《农业部关于我国乡镇企业状况和今后改革与发展意见的报告》。[①]这个报告系统地提出了今后 15 年乡镇企业改革和发展的主要措施。但这些措施是在 1992 年 3 月报告的基础上提出来的，并且是以总结 90 年代以来的经验为依据的，因而实际上早已得到了实施，并取得了巨大成就。

1. 不断深化企业改革。深化乡镇企业改革，必须坚持以"三个有利于"为标准，认真贯彻党中央、国务院关于"积极支持，正确引导，总结经验，逐步规范"的原则，尊重农民的实践，积极探索创新，注重实际效果。改革的形式可以多种多样。有条件的企业可以组建有限责任公司、股份有限公司或企业集团；一般的集体企业，可以完善承包制，也可以实行股份合作制；小型、微利、亏损企业，可以通过租赁、拍卖、联合、兼并、破产等办法进行要素重组。不论哪种形式，都要坚持以下几点：①政企职责分开，政府从直接管理生产经营转向宏观规划、指导、管理、监督、协调、服务，使企业真正成为自主经营、自负盈亏、自我约束、自我发展的市场主体。②优化企业内部的经营机制和激励机制，使所有者、经营者、劳动者能够充分发挥积极性，主动为企业的发展多做贡献。③确保企业集体资产保值增值，不得流失。

①《经济日报》1997 年 4 月 24 日第 2 版。

股份合作制改造，在 90 年代乡镇企业改革中引人注目。到 1996 年底，农村各种形式的股份合作制企业约达 14.4 万家。这些企业总资本金 1245 亿元当中，国家股金 37.4 亿元，占 3%；乡村集体资本金 541 亿元，占 43.5%；法人资本金 240 亿元，占 19.3%；个人资本金 317 亿元，占 25.5%；外商资本金 108 亿元，占 8.7%。①1997 年，全国乡镇企业中的股份合作制企业增加到 16.9 万个，股份制企业达到 24621 个，股票上市公司 35 家；全国性的企业集团达到 1039 家。②

2. 大力推进科技进步。乡镇企业要不断提高科技进步对经济增长的贡献率，积极采用新技术、新工艺、新设备和新材料，加快技术改造，不断开发新产品，提高产品的技术含量。依托现有科研开发机构，不断进行技术开发和创新。提倡有条件的企业自办科研所，不断提高消化、吸收、创新技术的能力。有条件的企业要大力发展高新技术产业。要同国有企业、科研院所、大专院校进行各种形式的经济、技术合作。要十分重视人才培养和引进，造就一支庞大的乡镇企业人才队伍。

科技进步在乡镇集体企业经济增长贡献率，"七五"末为 35%，"八五"末上升到 45%。1992~1996 年，乡村两级企业中工程技术人员由187 万人增加到 370 万人，占职工总数的比重由 3.6%提高到 6.2%。③

3. 切实加强经营管理。抓好企业基础管理、专业管理和现场管理，积极推行现代化管理，提高科学管理水平。建立健全各项管理制度，建立和完善企业民主管理和监督制度。

1996 年，全国有 1000 多家乡镇企业执行了 ISO 9000 标准，60 多家企业通过了国际质量认证，2000 多家企业通过了全面质量管理验收，验收合格企业累计达到 22000 家。④

4. 努力优化产业、产品结构。要根据市场需求、国家产业政策和本地资源优势，合理调整结构。继续实行多业并举，发展优势产业和产品，积极带动第一产业，调整优化第二产业，加快发展第三产业，促进农村一、二、三产业协调发展。大力兴办集约型的农业企业。特别注意利用

---

① 《人民日报》1998 年 2 月 6 日第 2 版。
② 《人民日报》1998 年 2 月 28 日第 6 版；《经济日报》1998 年 5 月 31 日第 7 版。
③ 《光明日报》1997 年 8 月 20 日第 2 版。
④ 《中国经济年鉴》(1997)，中国经济年鉴社，第 685 页。

农副产品资源优势，大力发展农副产品加工业和储藏、保鲜、运销业，实行种养加、产供销一条龙，农工商、贸工农一体化，使农民和企业建立稳定的经济联系，形成利益共同体，为农户与市场之间架起桥梁，形成以市场牵"龙头"、"龙头"建基地、基地连农户的格局，带动农业的企业化、集约化和产业化。

1996 年底，在全国乡镇企业中，累计批准的贸工农联合商品基地 1100 家，获外贸进出口权的企业 546 家。[①]1997 年，全国乡镇企业中外合资、合作企业 29779 个；出口创汇企业 15 万家；出口交货值达到 6947 亿元，超过了全国的 40%。[②]

5. 坚持实行大中小企业并举。要不断优化乡镇企业组织结构，积极培植大中型乡镇企业，发展规模经济，引导一批企业向大规模、高科技和外向型方向发展。继续推进横向经济技术联合，鼓励以骨干企业为龙头，以名牌产品为依托，以资产为纽带，组建和创办跨地区、跨行业、跨所有制，集生产经营、科技开发、内外贸于一体的各种类型的企业集团，提高规模效益。数量众多的中小型乡镇企业要走小而专、小而精、专业化生产、社会化协作的路子。

"八五"期间，一大批大中型乡镇企业迅速崛起。按照国家大中型企业划分标准，到 1995 年底，已有 4531 家乡镇企业被确认为大中型乡镇企业。这些大中型乡镇企业从企业个数上说，只占全国乡镇企业总数的 0.02%，但拥有的资产总额却占全国乡镇企业资产总额的 10.8%，其销售收入、利税总额和出口交货值分别占全国乡镇企业的 6.5%、8.1% 和 13.2%。1995 年，全国大中型乡镇企业固定资产（原值）平均为 3564 万元，是全国乡镇企业固定资产平均水平 5.8 万元的 615 倍；实现工业增加值平均为 2891 万元，是全国乡镇企业平均水平 15 万元的 193 倍；实现利润平均为 671 万元，上缴税金平均为 355 万元，分别比全国乡镇企业的平均水平高出 398 倍和 380 倍；投入 450 亿元，占同期全国乡镇企业总投入的 15%；所开发出的新产品占全国乡镇企业新产品总数的四成以上；大中型乡镇企业国家统检产品合格率为 95%，高出全国乡镇企业平均水平

①《中国经济年鉴》（1997），中国经济年鉴社，第 685 页。
②《经济日报》1998 年 5 月 17 日第 7 版、5 月 31 日第 7 版。

26 个百分点；大中型乡镇企业的产销率和优质产品率均在 90%以上；1768 个大中型出口创汇乡镇企业完成出口产品交货值 710 亿元，占全国乡镇企业出口总额的 13.2%，其中出口交货值在 2000 万元以上的企业 900 多家。这些乡镇企业大都兴办了中外合资、合作企业，并在境外办企业近 900 家。[①]

6. 积极引导集中连片发展。发展乡镇企业要十分注意从原来的分散布局向相对集中、连片开发转变，与工业小区和小城镇建设互为依托，互相促进，共同发展；节约土地，减少公共设施投入，保护和建设环境，提高聚集效应，带动第三产业的发展，增加就业容量。

7. 继续推进东西合作。东部地区乡镇企业基础较好，要发挥资金、人才、管理和区位优势，大力发展技术密集型、资金密集型产业和外向型经济，努力推动企业上规模，技术上水平，产品上档次，在有利于优化产业、产品结构的前提下，逐步把一些劳动密集型、资源加工型产业向中西部地区转移。中西部地区要充分发挥自然资源和劳动力优势，大力发展资源加工型和劳动密集型产业，提高深加工、精加工水平，增加产品附加值，加快发展步伐。东中西部要坚持优势互补、互利互惠的原则，加强联合与协作，全面实施东西合作示范工程，各展所长，共同发展，走出一条以东带西、以西促东、携手共进的发展道路。

"九五"时期以来，中西部乡镇企业发展速度明显加快。1996 年，中部和西部乡镇工业增加值比上年分别增长 37.22%和 39.24%，分别比东部地区高 20.91 和 22.93 个百分点。从各地区所占比重看，1996 年，东部地区乡镇工业增加值占全国的 62.67%，比上年下降 3.6 个百分点；中部地区占 35.06%，比上年上升 3.39 个百分点；西部地区占 2.27%，比上年上升 0.29 个百分点。[②]

8. 重视资源和环境保护。乡镇企业要坚决贯彻可持续发展战略，十分注意合理地开发利用资源，保护耕地，保护环境，决不能滥占耕地，破坏资源，不能走先污染、后治理的路子。

各地通过加强环境管理，进行产业结构、行业结构和产品结构的调

①《人民日报》1996 年 9 月 26 日第 1 版。
②《中国经济年鉴》(1997)，中国经济年鉴社，第 685 页。

整，开展污染治理，使乡镇企业环境污染加重的趋势有所控制。1996 年乡镇企业万元工业增加值的废水、废气和废渣排放量分别比 1990 年降低52.3%、49.9%和50.6%，关停了43000家污染企业。[①]

对乡镇企业实行"积极扶持，合理规划，分类指导，依法管理"的方针，努力创造乡镇企业改造和发展的政策环境。主要内容包括：坚持以集体经济为主导，多种经济成分共同发展；鼓励和重点扶持经济欠发达地区、革命老区和少数民族地区发展乡镇企业；鼓励支持乡镇企业按规定多形式、多渠道筹集发展资金；运用信贷、财政手段鼓励和扶持乡镇企业发展；积极鼓励和支持人才的培养；大力支持发展外向型经济；加快技术改造和科技开发；鼓励扶持治理环境污染；切实减轻乡镇企业负担。

上述政策措施，再加上这期间我国整个国民经济高速增长的宏观环境，就使乡镇集体企业获得了高速增长。1992~2000 年，乡镇集体企业增加产值由 3007.94 亿元增长到 9424.87 亿元。这是从总的方面说的，并不是说乡镇集体企业的增长速度在各个年份之间没有差别。实际上，同整个国民经济发展态势相适应，这期间各个年份之间乡镇集体企业的增长速度也有差别。与 1993 年经济过热相联系，乡镇集体企业也获得了超高速增长；1994~1996 年伴随着经济"软着陆"，乡镇集体企业增速缓缓下降；1997~1998 年，整个经济增速进一步下降，但总体说来，还是在平稳高速增长轨道上发展，乡镇集体企业也呈现出类似的发展态势。但这期间，乡镇集体企业增速低于非公有制经济，因而国内生产总值比重由 1992 年的 11.3%下降到 10.5%（详见附表 1、附表 32）。

第三节　个体经济的持续发展

1993~2000 年，个体经济的发展获得了前所未有的有利的社会条件。

1. 在邓小平 1992 年初南方谈话和党的十四大以后，人们进一步从"左"的思想禁锢中解放出来，以"三个有利于"的标准正确认识个体经

---

① 《中国经济年鉴》（1997），中国经济年鉴社，第686页。

济的发展，以更积极的态度贯彻执行以公有制为主体、多种经济成分共同发展的方针。此后，全国各省、自治区、直辖市和计划单列市都发布了促进个体经济发展的政策措施。国家工商局于 1993 年也制定了《关于促进个体经济、私营经济发展的若干规定》，在从业人员、经营范围、经营方式和审批程序上都有不同程度的放宽。[①]这里还要特别提到：党的十五大指出，"公有制为主体、多种所有制共同发展，是我国社会主义初级阶段的一项基本经济制度"；"非公有制经济是我国社会主义市场经济的重要组成部分"。[②]这就为包括个体经济在内的非公有制经济做了正确的定性和定位，为其发展拓展了广阔的空间。

2. 1993 年以来，我国经济开始步入了高速增长的阶段。这就为这期间个体经济的迅速发展提供了有利的宏观经济环境。

3. 1993 年夏季以后，由于加强了宏观经济管理，混乱的市场秩序和"三乱"状况有了很大的改变。这就为个体经济的发展提供了一个有利的市场条件和社会条件。

4. 90 年代以来，特别是 90 年代中期以来，城市个体工业比农村个体工业有了更快的发展，中西部个体工业比东部个体工业有了更快的发展，个体工业中的科技型工业有了更快的发展。这种城乡结构、地区结构和产业结构的变化，是这期间个体工业迅速发展的一个重要因素。

5. 改革初期，个体企业的从业人员主要是农民、城市待业人员和社会其他闲散人员。而 90 年代以来，除了上述人员以外，有愈来愈多的大中专毕业生和研究生，原为国家机关企业、事业单位的管理人员、科技人员和工人（包括离休、退休和停薪留职、辞职人员）投身个体企业。个体经济从业人员数量增加、结构变化和素质提高，也是这期间个体经济迅速发展的一个重要因素。

6. 90 年代以来，个体经济的规模迅速扩大。这也促进了个体经济的发展。

7. 1998 年 6 月中共中央、国务院《关于切实做好国有企业下岗职工基本生活保障和再就业工作的通知》指出：要大力发展集体和个体、私营经

①《中国经济年鉴》(1994)，中国经济年鉴社，第 667 页。
②《中国共产党第十五次代表大会文件汇编》，人民出版社 1993 年版，第 21~23 页。

济，鼓励下岗职工自谋职业或组织起来就业。对下岗职工申请从事个体工商经营、家庭手工业或开办私营企业的，工商、城建等部门要及时办理有关手续，开业 1 年内减免工商管理等行政性收费；对符合产业政策、产品适销对路的，金融机构应给予贷款。[①]这表明，发展个体经济已经成为国有企业下岗职工实现再就业的一条重要渠道。因而，进一步促进个体经济的发展。

1992~2000 年，个体工商户由 1534 万户增加到 2571 万户，增长 67.6%；从业人员由 2468 万人增加到 5070 万人，增长 105.4%；注册资金由 601 亿元增加到 3315 亿元，增长 451.6%（详见附表 33）。当然，适应整个国民经济形势的变化，这期间各个年份的速度也有变化。

这期间，个体经济结构仍呈现以下特点：主要分布在第三产业、农村和东部。2000 年，在个体工商户的总户数中，第一、二、三产业的比重分别为 5.4%、12% 和 82.6%；农村和城镇占的比重分别为 56.2% 和 43.8%；东、中、西部占的比重分别为 48.3%、34% 和 17.7%。[②]

但是，个体经济的发展也存在很多问题。主要是：不利于个体经济发展的"左"的思想尚未完全消除，对个体经济的多头行政管理，也有不利影响；"三乱"加重了个体经济的负担；个体经济的市场场地建设和融资等方面还有困难；个体经济本身的消极因素。

第四节　私营经济的进一步发展

像本章第三节叙述个体经济一样，这期间私营企业的发展也获得了改革以来前所未有的有利条件。

1. 1992 年党的十四大以来，特别是党的十五大以来，私营经济和其他非公有制经济一起，不是被确定为社会主义经济必要的、有益的补充，而是被确定为社会主义市场经济的重要组成部分。这就为私营企业的发展营造了良好的政策环境。这种良好的政策环境，不仅是私营企业

---

①《经济日报》 1998 年 6 月 23 日第 3 版。
②《中国经济年鉴》(2001)，中国经济年鉴社，第 790 页。

高速增长的最重要的条件，而且使早已存在的、大量的、以集体工业名义存在的私营企业纷纷丢掉"红帽子"，还其真面目。

2. 1992 年初邓小平南方谈话发表以后，我国改革步伐大大加快。1995 年党中央对国有企业改革提出了"抓大放小"的方针。这个方针对集体企业的改革也有指导意义。这样，无论是国有企业的"放小"，还是集体企业的改制，都要在坚持公有制为主体的前提下，采取多种方式。其中一种方式就是将一部分公有企业出卖给私人企业主。这就为私营工业的资本扩张提供了兼并的对象。但改革深化在促进私营工业方面还不仅限于这一点。比如，随着劳动制度改革的深化，就为私营工业发展释放出了大量的职工，特别是其中的经营管理人员和工程技术人员。而在 1998 年 6 月中共中央、国务院发出《关于切实做好国有企业下岗职工基本生活保障和再就业工作的通知》以后，发展私营经济又成为与国有企业深化改革相联系的下岗职工实现再就业的一条重要渠道。总之，深化改革的环境，是推动这期间私营企业发展的一个重要因素。

3. 1993 年以来，我国经济开始步入了高速增长的阶段。这种宏观经济环境不仅在需求和供给等方面为私营工业的发展提供了条件，而且要求进一步利用和发挥包括私营经济在内的非公有制经济的生产资源，以推动整个社会生产力的发展。

4. 1993 年夏季以后，随着宏观经济管理的加强，整顿市场秩序取得了进展，为私营企业的发展营造了较好的市场环境。

这期间私营企业的发展呈现以下特点：

1. 高速增长。1992~2000 年，私营企业户数由 139633 户增长到 1761769 户，增长 11.61 倍；从业人员由 232 万人增长到 2406 万人，增长 9.4 倍；注册资金由 221 亿元增长到 13307 亿元，增长 59.2 倍；产值由 205 亿元增长到 10739 亿元，增长 51.4 倍；消费品零售额由 91 亿元增长到 5813 亿元，增长 62.9 倍（详见附表 33）。

2. 这期间私营企业中有限责任公司的比重上升很快，占有主要地位。2000 年，在 1761769 户私营企业中，独资企业、合伙企业和有限责任公司分别占 28.4%、9.9% 和 61.7%。

3. 这期间私营企业虽然仍以小型企业为主，但规模迅速扩大，大型企业增速很快。1992~2000 年，私营企业户均注册资金由 15.7 万元增加到

75.6 万元（详见附表 33）。

4. 在私营企业中，总体说来，管理、技术水平都低，但资金和技术密集型企业、科技型企业和出口创汇型企业迅速增长。1997 年，在科技型企业中，国有的占 21%，集体的占 47%，股份制和股份合作制占 9%，个体的和私营的也占到 13%。[①]

5. 在产业结构方面，私营企业仍以第三产业为主。2000 年，私营企业中，第一、二、三产业的户数比重分别为 2.3%、39.4% 和 58.3%。

6. 相对农村来说，城市私营企业发展速度快些，并已经占了大部分；相对东部来说，中部和西部发展快些，但也没有根本改变原来存在的东部占主要地位的格局。到 2000 年，城市私营企业户数比重上升到 61.3%，农村户数比重下降到 38.7%；东部地区私营企业户数为 68.5%，中部为 18.1%，西部为 13.4%。[②]

这些情况表明，私营经济在经历了改革以来的初步发展以后，从 1992 年起进入了持续高速发展阶段。这期间私营经济虽然发展很快，但我们在第八篇第二章第四节已经提到的那些问题并没有完全解决。

---

① 《经济日报》1997 年 10 月 5 日第 3 版。
② 《中国经济年鉴》(2001)，中国经济年鉴社，第 788~789 页。

第三章 现代市场体系的初步形成和现代宏观经济管理体制框架的初步建立

第一节 现代市场体系的初步形成

这期间，伴随市场取向改革的深化和社会主义现代化建设的发展，现代市场体系也有很大的发展。

1. 商品市场的发展。2000 年，社会消费品零售总额由 1992 年的 10993.7 亿元增长到 34152.6 亿元（详见附表 24）。社会生产资料销售总额由 14769 亿元增长到 52000 亿元。[①]同时，商品价格又进一步市场化。1990~2000 年，社会商品零售总额中，市场调节价的比重由 93%进一步上升到 95.8%；农副产品收购总额中，比重由 81.8%上升到 92.5%；生产资料销售总额中，比重由 73.8%上升到 87.4%（详见附表 31）。批发市场和零售市场都有了很大发展，期货市场也在不断地规范中得到发展。可以说，商品市场体系已经初步建立。

2. 劳动力市场的发展。2000 年，职工人数为 11259 万人。其中，国有经济单位职工为 8100 万人，随着劳动、工资制度改革的深化，其就业

---

① 《中国经济年鉴》(2001)，中国经济年鉴社，第 114 页。

和工资已在不同程度上实现了市场化；非国有单位职工 3157 万人（详见附表 5），其就业和工资基本上实现了市场化。

3. 金融市场的发展。一是货币市场的发展。2000 年，银行间拆借市场交易额达到 6728 亿元，银行间债券市场回购交易量达到 1.57 万亿元，商业汇票累计发生额达到 7445 亿元，贴现累计发生额达到 6447 亿元。二是证券市场的发展。1993~2000 年，上市公司总数由 229 家增加到1254家，股票市价总值由 3531.01 亿元增加到 48090.94 亿元；国债发行额由 381.31 亿元增加到 4657 亿元；期货总成交额由 5521.99 亿元增加到 16082.29 亿元。2000 年，企业债券发行额和证券投资基金规模分别达到 83 亿元和 562 亿元（详见附表 26）。三是 2000 年外汇市场累计成交各种货币折合美元 422 亿元。四是 2000 年保险费收入达到 1595.9 亿元。其中，财产保险费收入 598.4 亿元，人身保险费收入 997.5 亿元。当年支付财产险赔款 305.9 亿元，支付人寿险赔款 221.5 亿元。[①]

房地产技术和旅游市场的发展。1992~2000 年，实际销售商品房屋面积由 4288.86 万平方米增加到 18637.1 万平方米，商品房屋销售额由 4265938 万元增长到 39354423 万元；技术市场成交额由 1416182 万元增长到 6507519 万元，国际旅游收入由 394687 万美元增长到 1622460 万美元（详见附表 25）。

上述的商品市场和要素市场的发展规模和价格形成机制这两方面的基本情况表明：到 2000 年，中国现代市场体系已经初步形成。当然，在这方面也还存在许多亟待解决的问题。诸如要素市场（特别是要素市场的价格机制）发展滞后，地区封锁，市场分割，交易秩序和信用关系混乱；市场体系现代化程度低。

第二节　现代宏观经济管理体制框架的初步建立

这期间宏观经济管理体制改革取得了重大进展，其中有些方面还取得了突破性进展。

---

① 《中国经济年鉴》（2001），中国经济年鉴社，第 74~75 页。

这期间计划投资体制改革取得了重要进展。计划体制改革取得重大进展的主要表现是：指令性计划大幅度缩小，指导性计划逐步成为计划的主要形式，市场逐步成为社会生产资源配置的主要方式。在生产方面，1979 年以前，国家计划对 25 种主要农产品产量实行指令性计划管理，到 20 世纪 90 年代末已全部取消。改革前，工业产品有 120 多种由国家计委下达指令性计划，到 90 年代末也已减少到不到 5 种，占全国工业总产值的比重由 70% 下降到不足 4%。在流通方面，国家计委负责平衡、分配的统配物资，1979 年为 256 种，国家计划收购和调度的农产品、工业消费品和农业生产资料为 65 种；到 90 年代末，二者分别减少到不足 5 种和不足 10 种。

投资体制改革尽管滞后，但也取得重要进展。改革以前，作为计划经济体制重要组成部分的投资体制，具有投资主体单一（主要是中央政府）、投资决策层次单一（主要也是中央政府）、投资方式单一（主要是中央政府财政拨款）、投资来源单一（主要是中央政府财政资金）和管理方式单一（主要是中央政府的行政指令）五个特点。经过 20 多年改革，到 90 年代末，这五个方面都发生了巨大变化。一是投资主体多元化，形成了中央和地方政府、企业以及国内外私人等投资主体的多元化格局。二是投资决策多层次，形成了中央政府、地方政府、行业部门、企业和私人等多层次项目决策。三是投资方式多样化，形成了政府投资与合资、合作、股份合作、项目融资（BOT、TOT 等）、承包、租赁等多种方式。四是投资来源多渠道，形成了财政拨款、国内银行贷款、投资主体自有资金、发行债券、国外贷款、外商直接投资等多种资金来源渠道。五是管理方式间接化，国家在投资管理中逐步用指导性计划取代指令性计划；逐步依靠市场机制作用和运用经济杠杆来取代行政命令。但投融资体制仍不适应发展社会主义市场经济的要求。主要表现在：政府投资包揽过多，企业作为最重要的投资主体还缺乏充分的投资决策权，对非国有投资领域限制过多；国有资本的产权关系不够明晰，出资人不到位，激励和约束机制不健全，投资决策主体与投资责任主体不一致；直接融资和间接融资都还存在许多体制性障碍，融资渠道和融资方式不宽；市场秩序混乱，尚未形成公开、公平、有序的竞争局面；投资宏观管理体系不完善，特别是对投资项目管理上基本上还是沿用计划经济的行政审批制。

因此，亟需深化改革。

　　这期间价格改革继续取得重要进展。一是继续放开竞争性商品价格。主要是：①用先调后放的办法，各地区先后放开粮食和食用油的销价。这样，实行了约40年的低价供应城镇居民粮油制度，从此宣告结束，粮油购销价格倒挂问题得到较为彻底的解决。②继续放开尚未放开的工业消费品价格。③工业生产资料大部分并轨实行单一的市场价格。④大幅度地调高了农产品收购价格和能源、原材料价格。这样，到2000年，政府定价在社会商品零售总额中的比重，由1992年的5.9%下降到3.2%；在农副产品收购总额中，则由12.5%下降到4.7%；在生产资料销售总额中则由18.7%下降到8.4%（详见附表31）。二是建立健全价格宏观调控体制。主要是初步建立了重要商品的价格调节基金制度和重要商品的储备制度；建立与价格宏观调控体制相适应的省市区一级调控体系；建立全面、准确、及时反映价格总水平变动的价格指数体系，从宏观上监测市场价格的变化。

　　这期间财税体制改革取得的重大进展是：①在预算体制改革方面，建立了中央和地方分税制为基础的分级预算管理体制；停止财政向银行透支，中央财政赤字通过发行国债来弥补，地方财政不准打赤字；并由单一预算逐步转向复式预算，开始建立中央财政向地方财政的转移支付制度，试行零基预算和国库集中统一支付制度。因而初步形成了公共财政预算制度框架。②税收体制改革的主要内容有：在商品课税方面，取消了原来的统一工商税，确立了以规范的增值税为核心，辅之以消费税、营业税的新流转税体系，原对农、林、牧、水产业征收的产品税改为征收农林特产税；在所得税方面，将过去对不同所有制企业征收不同的所得税改为实行统一的内资企业所得税，并建立了普遍适用于中、外籍人员和城乡个体工商户的统一的个人所得税；在其他工商税制方面，扩大了资源税征收范围，开征了土地增值税，取消、合并了一些小税种；在税收征管制度方面，各地税务机构分设国税局和地方税务局。由此初步构建了新的税收制度的基本框架。

　　这期间金融体制改革取得的重大进展，集中起来说就是初步建立了适应社会主义市场经济要求的金融体制框架。①初步建立了金融组织体系的基本框架。中国金融组织体系由四类金融机构组成：一是国家金融管理机构，就是中央银行即中国人民银行。中央银行享有货币发行垄断权，是唯一的货币发行银行；它代表政府依法监管全国的金融活动和金融机构[①]，维护支付、清算系统的正常运行，持有、管理、经营国家外汇储备和黄金储备，代理国库收支和相关金融业务，代表政府从事有关国际金融活动，因而称政府的银行；它作为最后贷款人，在商业银行资金不足时，可向其发放贷款或提供再贴现，因而又称银行的银行；它负责制定和实施货币政策，调节全社会货币供应量，以保持货币币值的稳定，是国家重要的宏观经济调控机构。二是商业银行，包括国有独资商业银行、股份制商业银行，是以经营存、贷款和办理转账为主要业务，以营利为主要目标的金融企业。三是政策性银行。这是由政府设立的、以贯彻国家产业、区域和对外经济政策为目标的金融机构。中国设有三家政策性银行：国家开发银行、中国进出口银行和中国农业发展银行。政策性银行资金来源主要靠财政拨款、发行政策性金融债券以及回收的贷款，不面向社会公众吸收存款，有特定的服务领域并往往提供有财政贴息的优惠贷款。但政策性银行的资金不同于财政资金，它的贷款也要还本付息，经营也要考虑盈亏，力求做到保本微利。四是非银行金融机构。这主要包括保险公司、城市及农村信用合作社、信托投资公司、财务公司、证券公司、证券交易中心、基金管理公司、金融租赁公司、邮政储金汇业局和典当行等。②金融市场体系有了较大发展，初具规模（详见本章第一节）。③中央银行金融宏观调控体系初步建立。中国人民银行确定保持人民币币值的稳定，并以此促进经济的发展，作为货币政策的目标；推出了货币供应量指标体系，将货币供应量作为货币政策的中介目标；调控方式已基本实现了信贷规模管理这种直接调控向间接调控的转变，即运用存款准备金、再贴现、利率、公开市场操作、中央银行贷款等货币政策工具，控制货币供应量，调节信贷结构。

　　这期间商业流通体制改革取得的重大进展是：①商品市场体系初步建立（见本章第一节）。②公有制商业企业制度改革深化。其中，大企业推行公司制改造，小企业试行股份合作制。③非公有制商业有进一步进展。1992~2000 年，私营商业消费品零售额由 91 亿元增长到 5813 亿元，

---

① 从 2003 年 4 月 28 日起，中国人民银行的这项职能改由新建立的中国银行监督管理委员会承担。

个体商业消费品零售额由 1861 亿元增长到 11499 亿元（详见附表 33）。④商品流通方面建立间接调控制度的进展。一是改革国家商业行政管理机制。适应政府转变职能的要求，1993 年国务院机构改革时，撤销商业部和物资部，组建国内贸易部；1998 年国务院机构改革时，又进一步将国内贸易部改组为国家经贸委的国内贸易局。二是加强商品流通方面的立法。三是建立重要商品的储备制度和重要农产品的风险基金。四是发展市场中介组织。

这期间劳动、工资制度的改革也取得了重大进展。在劳动制度改革方面，可以说这期间市场择业已成为主导方式。改革重要内容包括：一是大力发展就业服务事业。二是全面实施再就业工程。三是实施了农村劳动力跨地区流动有序化工程。四是加强宏观经济政策在扩大就业方面的力度。经过以上工作初步形成了国家政策指导，企业自主用人，个人自主择业，市场调节供求，社会提供服务的就业格局。[1]

在工资制度的改革方面，到 20 世纪 90 年代末，伴随劳动就业的市场化，工资也市场化了。这时在工资的调控方面，全国各省、自治区、直辖市对未实行公司化改造的企业，改进了企业工资总额同经济效益挂钩的办法，把国有资产保值增值作为挂钩企业提取新增效益工资的决定指标；对已实行公司化改造的企业不实行挂钩办法，按工资总额增长低于经济效益增长、实际平均工资增长低于劳动生产率增长的原则调控工资水平；颁布或进一步调整了最低工资标准。还有许多地方政府进行了国有企业经营者实行年薪制试点工作。

这期间社会保障制度改革取得的重大进展，除了继续建立健全有关的政策法规，进一步改革社会保障管理体制以外，主要对组成社会保障体系的各个项目，特别是对作为重点的养老、医疗和失业保险以及社会救济制度进行了重大改革。①养老保险制度的改革。随着改革的进展，1997 年，我国正式开始在全国建立统一的城镇企业职工基本养老保险制度，采取社会统筹与个人账户相结合的模式。企业缴费比例为工资总额的 20%左右，个人缴费比例为本人工资的 8%。企业缴费的基本养老保险费一部分用于建立统筹基金，一部分划入个人账户；个人缴纳的基本养

---

[1]《20 年经济改革：回顾与展望》，中国计划出版社 1998 年版，第 151、369 页。

老保险费计入个人账户。基本养老金由基础养老金和个人账户养老金组成，基础养老金由社会统筹基金支付，月基础养老金为职工社会平均工资的 20%，月个人账户养老金为个人账户基金积累额的 1/120。经过几年的推进，基本养老保险的参保职工已由 1992 年末的 7774.7 万人增加到 2000 年末的 10447.5 万人；但机关事业单位职工和退休人员仍实行原有的养老保障制度。此外，1991 年，中国部分农村地区开始养老保险制度试点。农村养老保险制度以"个人缴费为主、集体补助为辅、政府给予政策扶持"为基本原则，实行基金积累的个人账户模式。到 2001 年底，全国已有 6000 万农民参加了农村社会养老保险。②医疗保险制度的改革。1998 年，我国正式开始在全国建立城镇职工基本医疗保险制度，也采取社会统筹与个人账户相结合的模式。所有企业、国家行政机关、事业单位和其他单位及其职工必须履行缴纳基本医疗保险费的义务。用人单位的缴费比例为工资总额的 6%左右，个人缴费比例为本人工资的 2%。单位缴纳的基本医疗保险费一部分用于建立统筹基金，一部分划入个人账户；个人缴纳的基本医疗保险费计入个人账户。统筹基金主要用于支付住院和部分慢性病门诊治疗的费用；个人账户主要用于支付一般门诊费用。1994~2000 年，参加基本医疗保险的职工人数由 374.6 万人增加到 2000 年的 2862.8 万人。③失业保险制度的改革。自 1986 年开始，中国开始建立失业保险制度，为职工失业后提供基本生活保障。1999 年，中国又把失业保险推进到一个新的发展阶段。失业保险覆盖城镇所有企业、事业单位及其职工；所有企业、事业单位及其职工必须缴纳失业保险费。单位的缴费比例为工资总额的 2%，个人缴费比例为本人工资的 1%。失业保险待遇主要是失业保险金。失业保险金按月发放，标准低于最低工资标准、高于城市居民最低生活保障标准。1992~2000 年，失业保险参保人数由 7928 万人扩大到 10355 万人。④改革社会救济制度，建立最低生活保障制度。1993 年，中国正式开始对城市社会救济制度进行改革，尝试建立最低生活保障制度。到 1999 年，全国所有城市和有建制镇的县城均建立了最低生活保障制度。地方政府根据当地维持城市居民基本生活所必需的费用来确定最低生活保障标准。家庭人均收入低于最低生活保障标准的城市居民均可申请领取最低生活保障待遇。到 2001 年，全国领取城市最低生活保障金的人数达 1170.7 万人。①总结上述情况，我国以国有企业职工基本养老保险、失业保险、医疗保险和城市居民最低社会保障制度为重点的生活保障体系已经初步形成。但是，中国社会保障制度的改革和建设并未完成，并且面临着多方面的严峻挑战。一是城市社会保障覆盖范围还不够宽，大量城市集体、私营和外商投资企业的职工、自由职业者、个体工商户和进城农民工仍未纳入社会保障范围。二是社保资金筹集困难，逃缴拖欠保费现象严重，地方财政支出结构调整力度不够，对中央财政依赖性较大，一些补充社会保障基金的渠道尚未落实。三是人口老龄化和失业压力加大，对养老、失业和医疗保险提出更高要求，而资金积累和保障服务功能很不适应。四是农村和小城镇社会保障刚开始探索，大部分地区还是空白。

　　这期间适应经济改革和发展的需要，进行了两次政府机构改革。①1993 年的改革。与 1982 年和 1988 年两次改革相比较，这次改革的特点：一是把适应建立社会主义市场经济体制的要求作为改革目标。二是把转变政府职能作为改革重点。具体要求是：按照市场取向改革的要求，加强宏观经济调控和监督部门以及社会管理部门，减少行政事务和对企业的直接管理；合理划分各部门的职责权限，避免交叉重复，调整机构设置，并精简各部门的内设机构。这次改革是在试点基础上，由中央政府到地方政府逐步展开的，历时三年。这次改革取得了成效。这次改革前国务院机构再次膨胀到 70 个，改革后精简到 59 个，同时精简了内设机构。②1998 年的改革。这次改革按照发展社会主义市场经济的要求，根据精简、统一、效能的原则，转变政府职能，实现政企分开，建立办事高效、运转协调、行为规范的行政管理体系，完善国家公务员制度，建设高素质的专业化行政管理干部队伍。国务院机构改革的重点，是调整和撤销那些直接管理经济的专门部门，加强宏观调控和执法监管部门，按照权责一致的要求，调整部门的职责权限，明确划分部门之间职责分工，完善行政运行机制。这次改革在中央政府和地方政府方面取得了较大成效。就国务院来说，除国务院办公厅外，国务院组成从 40 个减少到 29 个。国务院直属机构与办事机构也进行相应的调整与改革。按照转变政府职能、

①《经济日报》2002 年 4 月 30 日第 8 版、3 月 1 日第 4 版、3 月 6 日第 2 版、3 月 11 日第 3 版。

实行政企分开的要求，国务院各部门转交给企业、社会中介组织和地方的职能有 200 多项；在部门之间调整转移的职能有 100 多项；部门内设的司局级机构减少 200 多个，精简 1/4；人员编制总数减少 47.5%。

　　总之，在这期间，现代宏观经济管理体制框架已初步建立。但也只是初步的，而且管理体制各组成部分改革进展也不平衡。如投资、金融和社会保障等方面改革滞后状况，并未根本改变。

第四章 对外开放总体格局的初步形成

首先，"三资"企业在 1993~2000 年期间获得了持续高速增长。

1. 像个体企业和私营企业的发展一样，在 1992 年初邓小平南方谈话以后，"三资"企业的发展也获得了前所未有的、宽松的政策环境。而在党的十五大以后，"三资"企业也不再只是被看做社会主义经济必要的和有益的补充，而是被看做社会主义经济的重要组成部分。这就为"三资"企业的发展开辟了广阔的空间。

2. 20 世纪 90 年代以来，我国经济开始步入高速增长阶段。这种宏观经济环境是"三资"企业高速增长的重要条件。这里值得着重提出：在 1997 年 7 月以后，亚洲一些国家先后发生了金融危机。这种危机对我国经济发展也产生了重大影响。但我国在承诺人民币不贬值，并给予一些国家资金援助的条件下，仍然赢得了经济的高速增长。这也为"三资"企业的持续高速发展创造了一个重要条件。

3. 20 世纪 90 年代中期，中共中央、国务院提出了对国有企业实行"三改一加强"。这一方针的贯彻执行，在许多方面和不同程度上都有赖于"三资"企业，同时也有利于"三资"企业的发展。

4. 20 世纪 90 年代中期以来，我国利用外资政策不断调整，法规不断完善，也促进了"三资"企业的发展和提高。在改革开放初期，为了吸引外资，我国制定了许多对外商投资的优惠政策。但是，经过 10 多年的改革开放，我国已经吸收了大量的外资。形势的变化使我国必须对外资政策进行适当的调整。为了使外商投资符合我国的产业政策，国家计划委员会、国家经济贸易委员会和对外贸易经济合作部于 1995 年 6 月 20 日联合颁布了《指导外商投资方向暂行规定》，并同时发布了《外商投资产业指导目录》。其重要内容有：①鼓励外商投资领域有所扩大。按照《九十年代国家产业纲要》，结合外商投资的特点，《暂行规定》明确规定，属于农业新技术、农业综合开发和能源、交通、重要原材料工业建设的项目及其他五个方面的项目，列为鼓励类外商投资项目。《指导目录》按18大类分列了172项鼓励外商投资的产业和项目。这就扩大了鼓励外商投资的范围。②对外商开放领域有所放宽。过去不对外商开放即禁止外商投资的一些领域，如航空运输、民用航空、商业、物资供销、对外贸易、金融、保险、证券、会计、审计、法律咨询服务，贵金属矿开采、冶炼、加工，金刚石及其他天然宝石等贵重非金属矿的勘探、开采及加工等，允许在一定范围内有步骤地进行吸收外商投资的试点。③吸引外商投资到中西部有优惠的规定。为了吸引外商到中西部地区投资，加快中西部地区的经济发展，《暂行规定》规定，属于能够发挥中西部地区的人力和资源优势，并符合国家产业政策的项目，列入鼓励类外商投资项目；属于国内已开发或者引进技术，生产能力已能满足国内市场需要的项目，如确能发挥中西部地区资源优势且符合国家产业政策的，可以适当放宽对外商投资的限制。[1]1996年又对外商投资企业的减免税政策进行了调整。为了使内资企业与外商投资企业平等竞争，我国决定从1996年4月1日起，逐步取消对外商投资企业的资本性货物进口的税收优惠政策。但在1997年7月以后，亚洲一些国家发生了金融危机。面对这种新的形势，我国在利用外资方面又做了有利于吸引外资的调整。[2]2000年10月又修改了《中华人民共和国合作经营法》和《中华人民共和国外资企业法》，以利于利用外资。

上述因素推动了这期间"三资"企业的持续高速增长。2000年实际利用外资由1992年的192.02亿美元增长到593.56亿美元。其中，外商直接投资由110.07亿美元增长到407.15亿美元。在外商直接投资中，合资企业由61.15亿美元增长到143.43亿美元，合作企业由21.22亿美元增长到65.96亿美元，独资企业由25.02亿美元增长到192.64亿美元。1993~

---

① 《人民日报》1995年6月28日第2版、7月5日第3版。
② 《人民日报》1998年6月17日第1版。

2000 年，实际利用外资合计数分别相当于 1979~1984 年的 24.5 倍，1985~1992 年的 5.2 倍（详见附表 35）。1993 年以来，我国在引进外资方面连续多年居世界第二位（仅次于美国），居发展中国家第一位。

这期间，"三资"企业的发展具有以下重要特点。

1. 从外商投资来源来看，尽管这期间在实现投资来源多元化方面有了重大进展，但港澳台投资还占一半以上。到 2000 年底，港澳台企业占外资企业总数 63.3%，占认缴资本额的 53.3%。[①]

2. 从外商投资企业的形式来看，已经发生了重大变化。1984 年，中外合作企业在外商直接投资中居第一位，合资企业居第二位，独资企业居第三位；到 1992 年，合资企业居第一位，独资企业居第二位，合作企业居第三位。到 2000 年，独资企业居第一位，合资企业居第二位，合作企业居第三位（详见附表 35）。

3. 从外商投资企业的规模来看，以小型企业为主。2000 年，新增外商投资企业 20727 户，其中 3000 万美元以上企业仅为 118 户，1000 万~3000 万美元的企业为 1354 户，其余 19255 户均为 1000 万美元以下的企业。[②]

4. 就外商投资的产业布局来看，第二产业逐步上升到第一位，第三产业居第二位，第一产业仍居第三位。在 2000 年新增的外资企业中，第二产业为 15300 户（其中制造业中就有 14901 户），居第一位；第三产业为 4799 户，居第二位；第一产业 628 户，居第三位。

5. 就外商投资的地区布局来看，仍然保持东部第一、中部第二、西部第三的格局。在 2000 年新增的外资企业中，东部就占了 17816 户，中部为 2015 户，西部仅有 896 户。[③]

6. 就外商投资企业的生产经营状况看，总的情况是好的。据财政部对 46000 家外商投资工业企业 1995 年的财务报表统计，外商投资工业企业平均资本利润率和销售利润率分别为 6% 和 3.5%，均高于国有工业企业。如果考虑到一些外商投资企业通过转移价格方式降低利润的因素，其实际盈利状况还要好得多。

以上各点表明：这期间我国"三资"企业已经进入了一个持续高速发展阶段。

---

①②③《中国经济年鉴》（2001），中国经济年鉴社，第 791 页。

随着"三资"企业的发展，它在我国社会经济生活中的重要地位趋于上升。这表现在增加投资、就业、出口和税收以及提高技术和管理等方面。比如，2000 年外商投资约为当年我国固定资产投资总额的 10.3%（详见附表 8 和附表 35）。

但是，随着"三资"企业的发展，不仅使原有的某些问题加重，而且带来了新的问题。诸如一些行业中的股权控制、市场支配和品牌收购损害了民族工业；以技术换市场在许多场合不能实现，市场转让了，但先进技术引进不到；由于对"三资"企业仍有优惠政策，使国内企业处于不平等的竞争地位；由于中方企业竞相合资，导致中方利益受损；外方采用价格手段，导致利润外流，虚亏实盈；有些中方股权代表的素质不高，也缺乏有效制约和监督机制，导致国有资产流失；在有些"三资"企业中，中方职工的物质福利得不到保证等。

这期间对外开放的持续高速发展，还在对外贸易方面表现出来。为了促进对外贸易的发展，并适应外贸企业建立现代企业制度和复关谈判要求，全面推行了外贸体制的改革。主要是：①取消指令性计划，国家对进出口总额、出口收汇和进口用汇制定指导性计划，政府通过经济、法律等手段引导外贸企业完成指导性计划指标。为确保进出口贸易和国际收支基本平衡，国家采取国际贸易通行做法对之进行宏观调节。②进一步推行外贸放开经营权，加快授予有条件的国有工商企业和科研院所外贸经营权。③加大外贸管理体制改革力度，进一步放开出口和进口商品的管理。④根据"产权清晰、权责明确、政企分开、管理科学"和分类指导、分步实施的原则，加快了外贸企业建立现代企业制度的步伐，推进公司化改造。⑤从 1994 年 1 月 1 日起我国外汇体制进行了重大改革。主要是：一是改革现有的汇率制度，实现计划汇率和市场调剂汇率两种汇率并轨，建立以市场供求为基础的、单一的、有管理的浮动汇率制度。其特点是：以前一天外汇市场交易价格为基础，参照国际金融主要货币的变动情况，由中国人民银行公布人民币汇率。国家主要运用经济手段，如货币政策、利率政策，调节外汇供求，保持汇率的相对稳定。新的汇率制度为人民币将来成为可兑换货币打下了基础。从 1994 年 4 月 1 日起，中国人民银行每日公布人民币对美元等各种可自由兑换货币的人民币市场汇价中间价，作为当日银行间外汇市场外汇与人民币买卖的交易基准汇价。二是改革外汇管理制度，实行人民币经常项目下有条件可兑换。汇率并轨后，相应取消了原来的外汇留成制度和上交外汇制度，实行银行结汇、售汇制；取消外汇指令性计划，国家主要运用经济、法律手段实现对外汇和国际收支的宏观调控。人民币经常项目下有条件可兑换的主要内容是，实行银行结汇、售汇制，即在实行法定计划制的基础上，取消经常项目正常对外支付用汇的计划审批，境内企事业单位、机关和社会团体可凭有效对外支付凭证，用人民币到外汇指定银行办理兑付。但对外国投资者利润汇出实行核准制；对向境外投资、贷款、捐赠的汇出，继续实行审批制度。[1]

这些改革促进了这期间进出口贸易的高速增长。2000年，进出口贸易总额由1992年的9119.6亿元增长到39273.2亿元。其中，出口贸易由4676.3亿元增长到20634.4亿元，进口贸易由4443.3亿元增长到18638.8亿元。2000年，对外贸易依存度高达43.9%（详见附表1、附表34）。由于1997年亚洲金融危机的影响，这期间有的年份进出口贸易的增长速度呈现出很大差别。但总体说来，保持了高速增长的态势。

在深化改革和扩大开放的形势下，这期间对外承包工程和劳务合作也有很大的发展。2000年，对外承包工程完成营业额由1992年的24.03亿美元增长到83.79亿美元，对外劳务合作完成营业额由6.46亿美元增长到28.13亿美元。1995~2000年对外设计咨询完成营业额由1.33亿美元增长到1.34亿美元（详见附表36）。

以上情况表明：经过20多年的发展，到2000年，对外开放总体格局已经初步形成。

---

[1]《20年经济改革回顾与展望》，中国计划出版社1998年版，第168~170页。

第五章　经济调控与运行

第一节　1993~1997 年，经济过热与加强宏观调控方针的提出和实施

一、1993 年上半年，经济过热与加强宏观调控方针的提出和实施

综合分析国内和国际的各种条件，1993 年国民经济和社会发展计划确定宏观调控最主要的目标是：国民生产总值增长 8%，把社会商品零售物价水平上升幅度控制在 6%左右。据此确定的主要任务是：继续把加强农业放在首位；突出抓好交通、通信、能源、水利、重要原材料等基础设施和基础工业建设；加快第三产业的发展，促进第一、二、三产业协调发展；充分发挥各地优势，促进地区经济协调发展；大力发展科技、教育事业，促进科技、教育与经济建设密切结合；进一步扩大对外开放，有效利用国外资金、资源、技术和市场。[1]

1993 年上半年，在邓小平南方谈话和党的十四大精神鼓舞下，改革开放不断取得新进展，生产、建设、流通和对外经济技术交流全面发展。但是，我国经济在继续前进中，也出现了一些新的问题，某些方面的情况还比较严峻，主要是从 1992 年开始的整个国民经济过热状态有了进一步的加剧。①货币过量投放，金融秩序混乱。截至 1993 年 6 月 23 日，全

---

①《中国经济年鉴》(1993)，经济管理出版社，第35~38页。

国货币净投放 585 亿元，比上年同期多投放 532 亿元。由于乱集资、乱拆借的影响，居民储蓄增长缓慢，大量资金体外循环，银行正常贷款不能完全保证，有些基层银行出现支付困难。1993 年 1~5 月城乡居民储蓄存款增加 912 亿元，比上年同期少增加 226 亿元。②投资需求和消费需求都出现膨胀的趋势。1993 年上半年国有单位固定资产投资比上年同期增长 70.6%，银行工资性现金支出和对个人其他现金支出增长 36.7%，行政企事业管理费现金支出增长 90%，都大大超过经济增长的幅度。③财政困难状况加剧。1~5 月，国内财政收入比上年同期下降 2.2%，而财政支出比上年同期增长 15.9%，收支相抵仅结余 11 亿元，比上年同期少结余 206 亿元。④工业增长速度越来越快，基础设施和基础工业的"瓶颈"制约进一步强化。1993 年 6 月份工业增幅达到 30.2%。交通运输特别是铁路运输十分紧张，一些干线限制口的通过能力仅能满足需求的 30%~40%。电力、油品供需缺口越来越大，有的地方又出现"停三开四"现象。钢材、水泥、木材等建筑材料由于供需矛盾突出，价格上涨较猛。⑤出口增长乏力，进口增长过快，国家外汇结存下降较多。据海关统计，1~5 月出口总额比上年同期增长 8.2%，进口总额增长 26.9%。截至 6 月 10 日，国家外汇结存 193 亿美元，比上年同期减少 56 亿美元。⑥物价上涨越来越快，通货膨胀呈现加速之势。从 1992 年 10 月开始，物价上涨幅度逐月加快，到 1993 年 1 月上涨幅度达到 8.4%，3 月份开始突破两位数，为 10.2%，6 月份达到 13.9%。加上服务项目涨价较快，6 月份全国居民生活费用价格指数上涨幅度已达 16.6%。1993 年上半年生产资料价格指数比上年同期上升 44.7%。上述情况表明，如果不抓住时机，进一步深化改革，抓紧实施宏观调控措施，势必导致社会供需总量严重失衡，通货膨胀进一步加剧，甚至会引起经济大的波动，影响社会安定。

党中央、国务院高度重视这些问题。1993 年初以来多次指出，要认真对待，抓紧解决，并相继采取了稳定和加强农业，制止乱集资、违章拆借和规范股票市场，以及加强房地产投资和交易管理、清理整顿开发区等一系列措施。6 月 24 日，中共中央、国务院发出了《关于当前经济情况和加强宏观调控的意见》，做出了加强宏观调控的重大决策。①

---

① 《中国经济年鉴》(1994)，中国经济年鉴社，第 45~46 页。

党中央、国务院强调指出：为了保持经济发展的良好势头，现在必须下决心解决经济中的突出问题。在解决问题时，需要注意把握以下三点：①统一思想认识。由于对工业速度是否过快、投资规模是否过大、货币供应量是否过多、通货膨胀是否在加剧等问题的看法不完全一致，影响了宏观调控措施的贯彻落实。为了解决当前经济中的突出问题，首先必须进一步统一思想认识，特别是各级领导干部对当前经济形势要有正确的、清醒的认识。要按照中央的要求，积极、正确、全面地领会邓小平同志南方谈话和党的十四大精神，把解放思想和实事求是统一起来，切实贯彻"在经济工作中要抓住机遇，加快发展。同时要注意稳妥，避免损失，特别要避免大的损失"的重要指导思想，把加快发展的注意力集中到深化改革、转换机制、优化结构、提高效益上来。②着眼于加快改革步伐。当前经济中出现的问题，从根本上讲在于原有体制的弊端没有消除，社会主义市场经济体制尚未形成，那种盲目扩张投资、竞相攀比速度、缺乏有效约束机制等问题没有得到根本解决。在这种情况下，解决当前的问题必须采用新思路、新办法，从加快新旧体制转换中找出路，把改进和加强宏观调控、解决经济中的突出问题，变成加快改革、建立社会主义市场经济体制的动力。③主要运用经济办法，也要采取必要的行政手段和组织措施。要强化间接调控，更多地采取经济手段、经济政策和经济立法。通过加强宏观调控，既能有效解决当前经济问题，又有利于继续增强微观经济活力和市场机制作用的充分发挥。对那些主要是由于行政行为导致经济秩序混乱的问题，也要采取必要的行政手段加以解决。特别是在当前经济运行机制不健全的情况下，行政手段更不可缺少。

针对1993年经济生活中存在的问题，党中央、国务院决定采取以下加强和改善宏观调控的措施：①严格控制货币发行，稳定金融形势。全年货币发行量要控制在1500亿元，这要作为1993年宏观调控的首要目标。首先要把住基础货币投放这个闸门，严格控制社会需求的过快增长，认真整顿金融秩序，切实加强现金管理。②坚决纠正违章拆借资金。③灵活运用利率杠杆，大力增加储蓄存款。5月15日提高储蓄存款利率以来，已经收到一些积极效果，但力度还不够；7月上旬再次提高银行存、贷款利率。同时，对3年、5年和8年期定期储蓄存款实行保值。④坚决制止各种乱集资。⑤严格控制信贷总规模。强化中央银行对全社会信贷总规模的宏观控制，各家银行和非银行金融机构要严格按照中国人民银行总行下达的年度信贷计划执行，未经批准不得突破，并按季监控，按月考核。银行贷款首先要支持农业生产和农副产品收购；支持产品在国内外市场有销路、效益好的国有工业企业的流动资金需要，对于产品无销路、效益不好或挪用资金参与乱集资、炒房地产、炒股票的企业要减少以至停止贷款；积极支持外贸出口的贷款需要，对囤积外汇或不按规定及时结汇的外贸公司，要从严控制贷款发放；固定资产投资贷款要集中用于国家计划内的农业、交通、通信、能源、重要原材料、水利等国家重点建设项目，特别是铁路建设和1993年内可以竣工投产的建设项目。⑥专业银行要保证对储蓄存款的支付。各专业银行和商业银行要建立存款支付责任制，大力组织存款，压缩一般贷款，清理收回不合理提款和拆借资金，以增强银行的支付能力。⑦加快金融改革步伐，强化中央银行的金融宏观调控能力。中国人民银行要通过深化改革，真正成为对全国信贷、货币进行宏观调控和统一管理各类金融机构的中央银行。贷款规模的调剂权集中到中国人民银行总行，取消中国人民银行省级分行7%的贷款规模调剂权。⑧投资体制改革要与金融体制改革相结合。从改革投资体制入手，尽快建立政策性银行，逐步实现政策性金融与商业性金融相分离。组建国家长期开发信用银行、出口信贷银行等政策性银行，专门承担政策性投融资和贷款任务。当前，各专业银行也可先采取过渡办法，在内部分设账户、分别管理，实行政策性和商业性业务分开。过渡期间的财务核算办法，实行单独记账，统负盈亏。⑨限期完成国库券发行任务。1993年发行国库券的利率，随着银行再次提高利率而相应提高。各地区、各部门必须在1993年7月15日以前完成国库券发行任务。⑩进一步完善有价证券发行和规范市场管理。⑪改进外汇管理办法，稳定外汇市场价格。⑫加强房地产市场的宏观管理，促进房地产业的健康发展。⑬强化税收征管，堵住减免税漏洞。⑭对在建项目进行审核排队，严格控制新开工项目。对不符合国家产业政策、资金来源不落实、建设条件不具备、市场前景不明的项目，特别是高档宾馆、写字楼、度假村等，要下决心停缓建，腾出资金保国家重点建设项目，保1993年计划内项目。各级政府和财政、银行部门，要加强建设资金的调度，保证国家预算内建设资金和银行投资贷款按资金的正常需要比例到位。所有新开工项目，必须是有正当资金来源、产品有市场销路和经济效益好的项目。新开工基本建设大中型项目，必须经国务院批准后方能开工。对于基本建设小型项目，除农业、水利、交通、能源、学校、医院、粮棉仓储设施、城市公用设施、职工住宅以及合同已经生效的利用外资项目外，其他项目1993年内也要严格控制新开工。借用国外商业贷款，要严格按国家计划执行，不得任意突破，特别是不准用商业贷款倒换人民币来扩大建设规模。⑮积极稳妥地推进物价改革，抑制物价总水平过快上涨。1993年内，除按原计划再出台提高铁路货运价和整顿电价外，各地方都不要再出台新的调价项目（包括服务收费项目）。受国家调价影响较大的后续产品，价格调整也要从严掌握。对1992年下半年以来一些地区和部门，未经国家批准越权决定出台的提价项目和行政性收费要进行清理，并严格按价格管理条例进行查处。对已经放开的重要商品价格要加强监测，通过立法规范企业价格行为。已经放开粮价的地区，要进一步发挥国有粮食部门稳定市场、稳定粮价的作用。严格执行农业生产资料最高限价。⑯严格控制社会集团购买力的过快增长。

在实施上述措施过程中，必须继续高度重视农业问题；要大力开展增产节约、增收节支活动，反对铺张浪费；继续抓好《全民所有制工业企业转换经营机制条例》的落实，进一步强化企业内部经营管理，推进企业的技术进步和扭亏增盈工作；要坚持"两手抓"，抓住一些大案要案，坚决果断处理，推动纠正各种不正之风，反对贪污腐败，改变社会不良风气，使中央的宏观调控措施得到人民群众的拥护和支持。

党中央、国务院关于加强宏观调控措施的实施取得了积极成效。主要表现在：制止并收回了大部分违章拆借的资金，初步控制住了乱集资，金融秩序得到了整顿，居民储蓄存款回升，货币投放得到了有效控制，1993年全年货币发行量基本实现了预期的控制目标，金融形势趋于好转；外汇调剂市场上人民币对美元的汇价下半年迅速回落并稳定在基本正常的水平；过高的经济和工业速度开始得到控制，开发区热、房地产热开始降温；财政收入进度加快，全年财政赤字控制在年初预算目标之内；投资品价格猛涨的势头有所控制；重点建设和技术改造得到加强等。

但是，由于加强宏观调控措施的政策效应充分显现出来需要一个过程，深层次的体制性、结构性矛盾还有待于通过深化改革和结构调整逐步地加以解决，1993年工业和国民经济的发展还存在诸多重大问题：

第一，全社会固定资产投资规模过大，投资结构不合理。1993年全社会固定资产投资达到13072.3亿元，比上年增长了60.8%（详见附表8）。这些数字表明，国民经济投资增长速度过快，规模过大。而且在投资总额中，基础产业占的比重过小，非基础产业占的比重过大；基本建设投资占的比重过大，更新改造投资占的比重过小。但是，这年工业重点建设和技术改造还是有了加强。

第二，国内生产总值增长速度过快，结构不合理状况没有根本改变。1993年，国内生产总值达到了34634.4亿元，比上年增长了13.5%。这年重工业比重略有上升，轻工业比重略有下降，二者分别为53.5%和46.5%；重工业产值中的采掘工业和原材料工业的比重都有上升，制造工业比重下降，三者分别为10.4%、42.6%、47.1%（详见附表1、附表3、附表4、附表5）。

第三，物价涨幅过高。这首先是同货币增加过多相联系的。到1993年末，货币供应量M0（流通中现金）、狭义货币供应量M1（M0＋企业活期存款）、广义货币供应量M2（M1＋企业定期存款＋储蓄存款等）分别达到5864.7亿元、16280.4亿元、34879.8亿元，分别增长35%、39%、27%。1993年，商品零售价格、居民消费价格、工业品出厂价格、主要原料燃料和动力购进价格、固定资产投资价格分别比上年提高了13.2%、14.7%、24%、35.1%、26.6%（详见附表4）。

可见，党中央、国务院加强宏观调控方针的贯彻执行，虽然在1993年取得了重大成就，但在消除1992~1993年上半年形成的经济过热方面，仅仅是开了一个好头，更艰巨的任务还在后面。但后来的实践证明，这个方针在避免经济的大起大落，实现经济"软着陆"方面起了决定性的作用。

二、1994年"软着陆"起步

依据国内外各种条件的分析，1994年国民经济和社会发展计划确定的宏观调控最主要目标是：国内生产总值比上年增长9%，商品零售价格涨幅控制在10%以内。据此确定的主要任务是：坚持把发展农业放在首位，全面发展农村经济；大力调整结构，改善经营管理，提高效益，搞好国有大中型企业；保持合理的固定资产投资规模，着力优化投资结构；

进一步扩大对外开放，积极有效地利用国外资金、资源、技术和市场；切实把经济建设转到依靠科学技术进步的轨道。加强和改善宏观调控的政策措施是：宏观调控的基本出发点是保持改革、发展和稳定的相互协调、相互统一；宏观调控的基本任务是保持社会总供给与总需求的大体平衡；宏观调控要着力控制物价总水平的上涨幅度；宏观调控体系要在深化改革中不断完善。①

但是，由于各种因素的制约（其中包括经济增长以及物价上升的惯性作用），这年计划确定的经济总量目标并未完全实现，只能看作"软着陆"的起步。这年经济运行的基本结果如下：

1. 经济总量的增长速度比上年虽有了下降，但降幅不大，仍处于过热状态。1994 年，国内生产总值达到 46759.4 亿元，比上年增长了 12.6%。这年轻工业和重工业产值在工业总产值中的比重，分别由上年的 46.5% 下降到 46.3%，由 53.5% 上升到 53.7%；采掘工业、原材料工业和制造工业产值在重工业产值中的比重，分别由上年的 10.4% 下降到 8.5%，由 42.6% 下降到 32.9%，由 47.1% 上升到 58.6%（详见附表 1、附表 3、附表 4、附表 5）。可见，这年某些基础产业"瓶颈"制约状况未见好转。

2. 全社会的固定资产投资规模增幅比上年有了大幅下降，但规模仍然偏大，结构也有不合理之处。1994 年全社会固定资产投资达到 17002.1 亿元，比上年增长了 30.4%（详见附表 8）。这年就绝对量增长来说，基础产业和非基础产业的建设，特别是基础产业的重点建设都有加强；基本建设和更新改造也都有加强。但是，就比重来说，这年基础产业投资有所加强，非基础产业投资有所削弱；基本建设投资有所加强，更新改造投资有所削弱。前一点表明投资结构优化，后一点表明投资结构不合理状况有了进一步发展。

3. 物价指数以比上年更大的幅度上升。1994 年，商品零售价格、居民消费价格、工业品出厂价格、主要原料燃料动力价格、固定资产投资价格分别比上年提高了 21.7%、24.1%、19.5%、18.2% 和 10.4%（详见附表 4）。这是改革以来物价涨幅最高的一年，是多种因素综合作用的结果。①1992 年以来经济持续过热，投资和消费基金持续膨胀，货币供应持续

---

① 《中国经济年鉴》（1994），中国经济年鉴社，第 28~30 页。

过快增长。到 1994 年底，M0、M1、M2 分别达到 7288.6 亿元、20540.7 亿元、46923.5 亿元，分别又比上年增长了 24.3%、26.1%、34.5%。1991~ 1994 年，M0、M1 和 M2 分别年均增长 29%、28.7% 和 29.9%，分别比 GDP 年均增长 11.7% 与物价年均增长 10.4% 之和高出 6.3、6.0 和 7.2 个百分点。[1]显然，货币供应过多，是物价大幅上升的根本原因。②农业基础相对脆弱，在盲目追求工业高速增长的过程中又在一定程度上忽视了农业生产，致使农产品供应不足，成为推动物价上涨的一个最重要的因素。1994 年，与农业生产直接相关的食品价格的上涨因素，大约占了零售价格上涨 21.7% 中的 13 个百分点，即占了 60%。[2]③各项经济改革，特别是价格改革，也在一定程度上推动了物价总水平的上升。④对物价管理有所放松，法制不健全，市场交易不规范，流通秩序比较混乱，乱涨价现象比较普遍。这些在物价上涨方面也起了推波助澜的作用。

总体来说，1994 年在实现经济"软着陆"方面已经取得了重要进展，但远未实现"软着陆"，只是实现"软着陆"的起步。

三、1995 年"软着陆"迈出重大步伐

综合分析各种条件，1995 年国民经济和社会发展计划确定宏观调控最主要目标是：国内生产总值增长 8%~9%，商品零售价格涨幅控制在 15% 左右。据此规定的主要任务：①以提高经济增长质量和效益为中心，保持经济适度增长。②坚决抑制通货膨胀，控制物价上涨幅度。这是 1995 年宏观调控的首要任务，是处理改革、发展、稳定三者关系的关键，是难度很大的任务。因为在这年价格涨幅 15% 的调控目标中，上年涨价延续到这年的滞后影响约占 10 个百分点，这年可调控的余地只有 5 个百分点左右。③切实加强农业，保证主要农产品稳定增长。④把调整工业生产结构、提高经济效益放在突出位置。⑤保持合理的固定资产投资规模，优化投资结构。⑥进一步扩大开放，积极有效地利用外资。⑦坚持把科技、教育放到优先发展的战略地位。加强和改善宏观调控的政策措施是：实行 1994 年底中共中央经济工作会议明确提出的适度从紧的财

---

①《中国经济年鉴》(1995)，中国经济年鉴社，第 76 页；《中国经济年鉴》(1996)，中国经济年鉴社，第 127 页。

②《中国经济年鉴》(1995)，中国经济年鉴社，第 4 页。

政、货币政策；严格控制固定资产投资和消费基金的过快增长；整顿流通秩序，加强对市场价格的调控和监管；努力为深化国有企业改革创造必要的宏观经济环境；进一步完善宏观调控体系。①

由于党中央、国务院关于改革和发展一系列政策更进一步贯彻，以及宏观调控力度加大等方面的原因，1995 年在实现经济"软着陆"方面迈出了重大步伐。这年经济运行的结果如下：

1. 1995 年，经济增幅在上年下降的基础上，又以更大的幅度下降；但结构调整进展迟缓。1995 年国内生产总值达到 58478.1 亿元，比上年增长 10.5%，增幅比上年下降 2.1 个百分点。这里还要着重提到：到 1995 年，我国已经提前 5 年实现了原定的国民生产总值翻两番的目标。1995 年，轻工业产值占工业总产值的比重由上年的 46.3% 上升到 47.3%，重工业比重由 53.7% 下降到 52.7%；在重工业产值中，采掘工业比重由 8.5% 下降到 7.9%，原材料工业由 32.9% 下降到 32.5%，制造业由 58.6% 上升到 59.6%（详见附表 1、附表 3、附表 14、附表 15）。可见，基础产业"瓶颈"制约作用未见缓解。

2. 这年全社会的固定资产投资在上年大幅度下降的基础上，又有大幅下降，投资产业结构未见改善。1995 年全社会固定资产投资达到 20019.3 亿元，比上年增长了 14.7%（详见附表 8）。

3. 价格指数大幅下降。1995 年商品零售价格，居民消费价格，工业品出厂价格，主要原料、燃料、动力购进价格和固定资产投资价格涨幅分别为 14.8%、17.1%、14.9%、15.3%、5.9%。尽管这年价格指数仍然很高，但比 1994 年涨幅已有大幅度下降（详见附表 4）。这是由于贯彻了上述党中央、国务院一系列政策的结果，特别是实行适度从紧的货币政策的成效。到 1995 年底，流通中现金为 7885 亿元，比上年增长 8.2%，比上年增幅下降 16.1 个百分点。全年净投放现金 600 亿元，比计划少投放 900 亿元，比上年少投放 820 多亿元；M1 为 23987 亿元，比上年增长 16.8%，比上年增幅下降 9.4 个百分点；M2 为 60751 亿元，比上年增长 29.5%，比上年增幅下降 5.0 个百分点。1995 年 M0 和 M1 分别比同年经济增长率与物价增幅之和低 16.8 和 8.2 个百分点，M2 年增长率仍高出同年经济增长率与物价增幅之和，但高出幅度减少（由 1991~1994 年年均高出 7.2 个百分点下降到 1995 年高出 4.5 个百分点）。货币供应量增幅下降，促进物价涨幅明显回落。[①]

基于国民经济总量增幅以及物价增幅大幅下降这样两个最重要情况，可以认为，1995 年在实现"软着陆"方面已经迈出了重大步伐。当然，还没有完成实现"软着陆"的任务。

四、1996 年进一步走向"软着陆"

基于对各种因素的分析，1996 年国民经济和社会发展计划确定宏观调控最主要目标是：国内生产总值增长 8%，商品零售价格涨幅控制在 10%左右。据此确定的主要任务是：①保持经济适度增长，提高国民经济的整体素质和效益。②继续实行适度从紧的财政货币政策，把抑制通货膨胀作为宏观调控的首要任务，使物价总水平上涨幅度进一步降到 10%左右。实现这一目标既有有利条件，又有不利条件。上年物价上涨对当年的滞后影响由 1995 年的 9.7 个百分点缩小为 1996 年的 2~3 个百分点。③切实加强农业，全力夺取农业丰收。④继续深化国有企业改革，搞好各项配套改革。⑤进一步优化投资结构，努力提高投资效益。⑥提高对外贸易效益，加强对利用外资的引导。⑦加快科技成果转化，优先发展教育事业。在推进经济增长方式转变方面的政策措施是：经济增长要立足于充分利用现有基础；提高科技进步对经济增长的贡献率；狠抓资源节约与有效利用；进一步优化企业组织结构和投资结构；充分发挥市场机制优胜劣汰的作用；为经济增长方式转变创造良好的宏观环境。[②]

由于这些政策的贯彻执行，使得经济进一步走向"软着陆"。这年经济运行的结果如下：

1. 这年经济增幅进一步下降，结构有所改善。1996 年国内生产总值达到了 67884.6 亿元，比上年增长了 9.6%。1996 年，轻工业产值占工业总产值的比重由上年的 47.3%上升到 48.1%，重工业比重由 52.7%下降到 51.9%；在重工业产值中，采掘工业由 7.9%上升到 8.4%，原材料工业由 32.5%下降到 31.6%，制造业由 59.6%上升到 60%（详见附表 1、附表 3、

[①]《中国经济年鉴》（1996），中国经济年鉴社，第 128 页。
[②]《中国经济年鉴》（1996），中国经济年鉴社，第 47~52 页。

附表 14、附表 15）。

2. 这年全社会的固定资产投资又有大幅度下降，投资的产业结构也有改善。1996 年，全社会固定资产投资达到了 22913 亿元，比上年增长了 14.5%（详见附表 8）。

3. 价格指数又有大幅度下降。1996 年，商品零售价格，居民消费价格，工业品出厂价格，主要原料、燃料、动力价格和固定资产投资价格分别比上年增长了 6.1%、8.3%、2.9%、3.9% 和 4%（详见附表 4）。其中，居民消费价格涨幅偏高。但包括居民消费价格在内，所有价格涨幅均低于国内生产总值的增长率。这同坚持贯彻适度从紧的货币政策是相联系的。"八五"时期，我国货币供应量增长过高，流通中现金、狭义货币和广义货币年均增长 24.4%、26% 和 29.7%，大大高于同期经济增长与物价涨幅之和。1996 年，货币发行得到有效控制，货币供应量增幅回落。1996 年末，流通中现金为 8802 亿元，比上年增长 11.6%；狭义货币为 28515 亿元，增长 18.9%；广义货币为 76095 亿元，增长 25.3%。[①]

1996 年经济增长率进一步下降，物价上涨率也显著低于经济增长率。因此，可以认为，1996 年实现了进一步走向"软着陆"。当然，结构调整以及提高经济质量和效益的任务还远没有完成。

五、1997 年成功实现"软着陆"

1997 年，国民经济和社会发展计划规定的最主要的宏观调控目标是：经济增长率为 8%，全国商品零售价格上涨幅度为 6%。依此目标提出的主要任务是：继续加强农业基础地位，全面发展农村经济；进一步搞好国有企业，保持工业适度增长；保持适度投资规模，大力优化投资结构；加强价格调控监管，降低物价上涨幅度；转变外贸增长方式，提高利用外资质量；进一步减少财政赤字，继续保持金融稳定；努力发展科技教育和各项社会事业，推进社会主义精神文明建设；继续改善人民生活，加快实现再就业工程。在加大结构调整力度方面还提出：以增量带动和促进存量调整，努力解决经济生活中"大而全，小而全"和盲目重复建设问题；以市场需求为导向，培育新的经济增长点；继续深化经济体制

---

①《中国经济年鉴》（1997），中国经济年鉴社，第 100 页。

改革，形成有利于结构调整的体制环境。①由于实施了这些政策措施，也由于继续实施适度从紧的财政政策和货币政策，注意掌握调控力度，1997 年终于成功地实现了经济"软着陆"。这年经济运行的结果如下：

1. 1997 年经济总量增幅继续回落到合理增长区间。这年国内生产总值达到了 74462.6 亿元，比上年增长了 8.8%（详见附表 1、附表 3）。

2. 结构调整取得进展。①工业行业结构调整向好的方向发展。电子和通信行业高速增长，远远高于一些传统产品。1997 年，电子工业总产值比上年增长 24.9%，而轻工系统总产值比上年增长 5.6%，纺织行业工业总产值比上年增长 13.96%，煤炭行业中原煤和洗煤分别比上年增长 1.7% 和 7.4%。②工业企业组织结构调整步伐加快，国有大型企业对经济发展的支撑作用增强。这年国家重点联系的 507 户国有大型企业实现工业总产值和销售收入分别占全部国有企业的 51.4% 和 61.3%。盈利向少数特大型企业及企业集团集中。全年盈利 1 亿元以上的企业 152 户，实现利润 891 亿元，占 507 户重点企业利润总额的 93.4%，为全部国有工业利润总额的近两倍。其中，盈利 10 亿元以上的盈利大户 13 户，实现利润 490.4 亿元，占 507 户重点企业利润总额的 51.4%，比全部国有工业利润还多 37.7 亿元。③企业产品结构调整加快，技术含量高、市场需求较旺的产品增长较快。程控交换机、电子计算机、半导体集成电路、轿车、组合音响等生产比上年增长 0.224~1.7 倍，而一些生产能力严重过剩的一般日用消费品及机电设备的生产继续低速增长或下降，如金属切削机床、拖拉机、木材等都是负增长。企业开发新产品取得新进展。全年工业企业新产品产值比上年增长 13.2%；新产品产值率达 5.9%，比上年提高 0.2 个百分点。④国产品牌质量档次明显提高，成为消费品市场的主导品牌。据国家统计局 1997 年底对全国大中城市零售商场销售的 100 种主要商品调查，国产品牌在消费品市场占较大优势，市场占有率高于国外品牌。电冰箱、洗衣机、空调器、个人电脑的国产品牌市场占有率分别达 93%、83%、57% 和 60%。在调查的 100 种商品中，有 85 种国产品牌居市场占有率和销量第一。尤其是家电市场，国产名优产品占据较大的市场份额。如长虹彩电的市场占有率已达 25.4%，海尔电冰箱达 35.3%，海尔空调器

---

① 《中国经济年鉴》（1997），中国经济年鉴社，第 18~23 页。

达 30.7%，新科影碟机达 37.8%。⑤地区间结构调整初步开展，工业增长速度差距缩小，1997 年东、中、西部地区工业总产值比上年分别增长 13.5%、13% 和 10.9%，增长速度比较接近。随着国内市场统一性与竞争性的加强，地区间的分工和协作逐步发展，新的重复建设逐步减少，企业跨地区的兼并联合增加。①

3. 这年全社会的固定资产投资的增幅比上年又进一步回落。1997 年，全社会固定资产投资达到 24941.1 亿元，比上年增长了 8.8%。这年各项投资都有增长，但就比重来说，基础产业投资得到了加强，更新改造有了削弱（详见附表 8）。

4. 开始形成买方市场，②价格指数进一步下降。总体上看，1997 年消费品市场、生产资料市场和投资品市场都开始呈现出买方市场的基本格局。据对 613 种主要商品供求情况的调查分析，1997 年上半年供求基本平衡的商品的比例为 89.0%，供不应求和供过于求的各为 5.5%。到下半年，供求基本平衡的商品的比例变为 66.6%，比上半年下降 22.4 个百分点；供过于求的占 31.8%，上升了 26.3 个百分点，供不应求的仅占 1.6%，下降了 3.9 个百分点。

1997 年，商品零售价格和居民消费价格分别增长了 0.8% 和 2.8%，工业品出厂价格下降了 0.3%，主要原料、燃料、动力价格和固定资产投资价格分别比上年上升了 1.3% 和 1.7%（详见附表 4）。这一点，同继续执行适度从紧的货币政策是相关的。1997 年，现金流通量 10178 亿元，全年投放 1376 亿元，比上年增长 15.6%；狭义货币 34826 亿元，比上年增加 5032 亿元，增长 16.5%；广义货币 90995 亿元，比上年增加 14132 亿元，增长 17.3%。③

依据上述情况，可以认为 1997 年由于执行党中央、国务院的一系列方针政策，在坚持适度从紧的货币政策的同时，注意了适度微调，终于

①《中国经济年鉴》(1998)，中国经济年鉴社。
② 本书所说的买方市场，是指供求基本平衡和供略大于求的市场。
③《中国经济年鉴》(1998)，中国经济年鉴社，第 117 页。

成功实现"软着陆"。[1]需要着重指出：这在我国经济史上是第一次。这年形成的高增长、低通胀的局面，是过去多年没有的。这年基础产业和基础设施的"瓶颈"制约作用也明显缓解。这年初步形成的买方市场，又是一个具有重大历史意义的根本性转变。这些成就是在亚洲一些国家1997年7月开始发生的金融危机，并对我国经济发生重大影响的条件下取得的。所以，1997年经济发展的成果，是极其伟大的成就！当然，调整结构和提高经济质量等问题还没有根本解决。

第二节　1998~2000年，在反过冷、反通缩中实现经济的持续快速发展

一、1998~1999年，在反过冷、反通缩中遏制了经济下滑趋势

1998年，国民经济和社会发展计划规定的宏观调控的最主要目标是：经济增长率8%；商品零售价格涨幅控制在3%以内，居民消费价格涨幅控制在5%左右。据此目标，这年国民经济和社会发展的主要任务是：稳定和加强农业基础地位，全面发展农村经济；提高工业运行质量，积极培育新的经济增长点；保持固定资产投资规模适度增长，调整和优化投资结构；进一步发展开放型经济，提高对外开放水平；加强财政收支管理，防范和化解金融风险；实施科技兴国和可持续发展战略，全面发展各项社会事业；加大再就业工程实施力度，继续改善人民生活。[2]

依据党的十五大精神和1998年的情况（如有效需求不足和市场销售不旺，亚洲一些国家金融危机的深化及其对我国经济发展负面影响的加大等），还要实行适度从紧的货币政策。按照宏观经济发展目标的要求，计划确定1998年广义货币增长16%~18%，与上年实际增幅持平；狭义货币增长17%左右，略高于上年；现金投放1500亿元，现金流通量达到

---

① 笔者曾经同许多学者一样，认为1996年实现了经济"软着陆"。但这年经济增长率为9.6%，还处在我国潜在增长率（为7%~9%）以上。这年居民消费价格指数为108.3，处于中度通货膨胀。只有到了1997年经济增长才下降到8.8%，处于合理的增长区间。这年消费指数下降到102.8，属于轻度通货膨胀。所以笔者后来认为，到1997年才实现了经济"软着陆"（详见拙著：《我国"九五"、"十五"宏观经济分析》，经济管理出版社2002年版，第3~10页）。

② 《中华人民共和国第九届全国人民代表大会第一次会议文件汇编》，人民出版社1998年版，第43~50页。

11678亿元，增长14.7%，低于上年。[①]

　　这年在发展经济方面采取以下政策措施：

　　1. 适度扩大投资需求，增加基础设施、高新技术产业和企业技术改造的投入。增加投资仍是经济增长、刺激内需的重要措施，1998年全社会固定资产投资预定达到27850亿元，增长10%以上。要把投资重点放在农林水利建设，铁路、公路、通信、环保等基础设施建设，普通居民住宅建设以及高新技术产业和企业技术改造方面。在加快投资的同时，还要注意保护好国内企业，防止亚洲一些国家利用货币贬值，将大量廉价的钢材、水泥等基建材料投放国内市场，确保新增加的固定资产投资能够主要转化为国内需求而不是进口需求。同时，切实防止单纯扩大生产规模和盲目重复建设，充分发挥现有企业的潜力，不能再盲目铺新摊子，集中力量加快有市场前景、效益好的在建项目建设。

　　2. 积极开拓国内市场特别是农村市场，促进消费需求的适度增长，扩大工业品的市场空间。①工业企业要主动适应市场需求的变化，及时调整产品结构，不断推出市场前景好、效益高的拳头产品，提高生产企业开拓市场的能力。②要加强对市场变化的分析研究，发挥市场信息引导作用，搞好产销衔接。③要大力开拓市场，改善城乡居民消费环境和消费条件，促进消费需求的增长。④要加大普通居民住宅建设和市政基础设施投资力度，积极培育新的经济增长点。

　　3. 积极扩大出口，保持合理进口，坚决打击非法进口与走私。①要进一步推进以质取胜和市场多元化战略。优化出口商品结构，提高出口商品的质量和档次，大力开拓独联体和东欧、非洲、拉美等潜力较大的新市场。②要深化外贸体制改革，积极推进大中型生产企业实行自营出口；对国家确定的重点企业，赋予进出口经营权，尽快由审批制改为登记备案制，商品出口配额要更多地向生产企业倾斜。③要在还贷有保证的条件下，扩大进出口银行和其他商业银行的出口信贷规模，支持成套设备出口和工程承包。④要继续完善出口退税政策，根据国家财力可能，提高某些重要出口商品的出口退税率。⑤要鼓励有条件的企业向上述市场潜力较大的地区销售产品，特别是利用当地的市场和资源投资办厂，

---

　　①《中国经济年鉴》(1998)，中国经济年鉴社，第120~121页。

转移国内过剩生产能力。⑥要加强对进口的宏观调控，严禁成品油和新闻纸等商品过度进口冲击国内市场。进一步加强打击走私、逃税骗税和反倾销的工作力度，防止非法进口和不正当竞争对国内市场的冲击。

4. 要加快结构调整，大力发展高新技术产业，加快利用高新产业改造传统产业。要加快重点产品的升级步伐，在机电、化工、汽车、能源、通信、重要原材料、信息、生物等重点产业中，抓一批有高附加值、高技术含量和成本有优势、市场有前景的重点产品，带动产品结构合理化和提高产品竞争力。要重点促进电子、信息及自动化技术的发展，积极探索建立符合我国国情的高新技术风险投资机制，促进科技成果的转化，并有重点地引进一批高新技术，组织好消化吸收。对市场前景好拥有自主知识产权的高新技术项目，予以重点扶持，尽快实现产业化。加快采用高新技术改造传统产业，重点是应用生物技术等改造我国传统的农业，发展高效、优质和高产农业；应用集成电路技术、光纤通信技术、计算机技术、先进制造技术等改造我国的机械、电子、汽车、石油化工和建筑等国民经济支柱产业；应用高速铁路运输技术、内河航运技术、电子技术、煤炭洁净利用技术等发展我国的公路、铁路、水运、航空、电力、煤炭等基础设施和基础工业。

5. 促进乡镇企业和中小企业的发展。要采取有效措施，遏制近几年乡镇企业增长速度大幅度下滑的趋势。①要加快乡镇企业改革，进一步发挥其机制灵活的优势。②把发展乡镇企业与推进农业产业化和建设农村社会化服务体系结合起来，使之相互促进。③积极鼓励东部地区同中西部地区合作发展乡镇企业，在产品开发和市场开拓上进一步加强联合。④清理整顿乡镇企业税外收费，减轻乡镇企业负担。在巩固和强化大型企业和企业集团在国民经济中地位的同时，积极扶持和推进中小型企业的发展。引导中小型企业向"小而精"、"小而专"、"小而特"的方向发展。信贷投放要注意支持那些产品有市场、有效益和开发应用新技术的中小型企业。各有关方面要在市场信息、新技术推广、人员培训、市场开拓、国际合作等方面，加强对中小型企业的指导和服务。

上述政策措施的实施，使1998年上半年经济的运行取得了以下结果：

1. 经济平稳增长。这年上半年国内生产总值达到34731亿元，比上年同期增长 7%。[1]

2. 结构调整继续展开。这年上半年，能源行业增速呈下降趋势，能源生产总量同比下降 5.5%。铁路、公路、水运货运量持续下降，分别下降 5.9%、6.6%、5.1%，运量减少最多的是煤炭和石油。农用工业品和日用工业品生产相对比较稳定。冶金、有色金属、化工、建材等投资品产量增长速度较高，其中钢增长 6%，钢材增长 6.9%，10 种有色金属增长 10.7%，平板玻璃增长 7.6%。增长最快的是电子通信等高附加值产品。邮电通信业累计完成业务总量 1113.9 亿元，比上年同期增长 37.7%；电子信息产品制造业完成工业总产值 2248 亿元，同比增长 26.2%。工业内部各产业增速的这种此消彼长，固然有国际油价下跌、国家基础设施投资拉动、有关产品走私严重等因素在起作用，但也反映出工业产业结构的积极变化。[2]

3. 全社会固定资产投资持续增长，投资结构继续改善。上半年，国有单位固定资产投资 5828 亿元，同比增长 13.8%。农业和交通邮电通信业投资分别比上年同期增长 16.1% 和 32.4%。[3]

4. 买方市场进一步发展，市场价格低位运行。全国商品零售价格同比下降 2.1%，居民消费价格下降 0.3%，工业品出厂价格下降了 5%。据对 601 种主要商品的调查，上半年供过于求的占 74.2%，供求基本平衡的占 25.8%，已无供不应求的商品。[4]

上述数据表明，党和政府一系列政策的贯彻执行，特别是 1998 年初实施的扩大内需、刺激经济增长的措施已经初见成效。这主要表现在三方面：①各层次货币供应量增速与经济增长及物价回落状况基本适应，尤其是金融机构贷款呈逐月加快态势。1998 年 6 月末，反映社会总需求变化的货币指标广义货币余额为 94656.4 亿元，比上年同期增长 14%；反映企业资金松紧的货币指标狭义货币余额为 33776.3 亿元，比上年同期增长 8.7%；市场现金流通量为 9720 亿元，比上年同期增长 6.6%。前 6 个月，

---

① 《人民日报》1998 年 7 月 18 日第 1 版。
② 《人民日报》1998 年 7 月 16 日第 1 版；《经济日报》1998 年 7 月 25 日第 1 版。
③ 《人民日报》1998 年 7 月 18 日第 1 版。
④ 《人民日报》1998 年 7 月 18 日第 1 版；《光明日报》1998 年 7 月 24 日第 6 版；《经济日报》1998 年 7 月 25 日第 1 版。

金融机构贷款尤其是国有独资商业银行贷款呈逐月加快态势。6月末，金融机构各项贷款余额为78797.6亿元，比上年同期增长15.6%。[1] ②固定资产投资增长速度逐月加快，第一季度同比增长10.3%，上半年同比增长13.8%。[2] ③投资品生产增速较快。以上三项先行指标加速回升态势表明，政府扩大内需、刺激经济的措施正在落实。

但1998年上半年经济增长率并没有达到8%。其主要原因：①亚洲金融危机不仅没有减弱，还在继续发展，使我国第二季度出口增幅明显放慢，第一季度出口增幅13.2%，第二季度仅增长7.6%，回落5.6个百分点。这必然影响到中国经济的增长。②上半年十几个省出现严重的水灾，使我国夏粮减产11%，第二季度农业增长速度明显放慢。根据测算，这使GDP增长速度减少0.4个百分点。此外，水灾还对有关省份的工业、投资、交通运输业也造成影响。[3] ③经济增速下降具有惯性。④扩大内需等项政策实施力度难以把握，其完全落实也需要一个过程。

然而，实现1998年经济增长目标的困难，不仅由于亚洲一些国家金融危机的继续深化，以及上半年的自然灾害，而且由于7月以来我国长江中下游和嫩江、松花江流域发生了历史罕见的特大水灾。这不仅给人民的生命财产造成了严重的损失，也给实现1998年增长目标带来了更大困难。还由于上半年以来，通货紧缩的形势开始进一步显露出来。作为通货紧缩主要指标的产品价格指数全面持续回落。1998年上半年，商品零售价格指数比上年同期下降了2.1%，居民消费价格指数下降了0.3%，作为最主要的农副产品的粮食和猪肉的价格指数分别下降了11.2%和12%，生产资料市场价格指数下降了4.3%。

还要提到，1998年1~7月，消费品零售总额同比实际增长9.2%，增幅比上年同期回落1个多百分点；出口增长6.9%，增幅回落19.2个百分点；固定资产投资（不包括集体和个体）增长15.6%，但外商、集体和个人投资比上年下降。根据1998年上半年情况估计：消费和净出口在推动1998年经济增长中的作用下降。这个缺口需要由增加投资来弥补。在这种情况下，在进一步拓展国内外市场的同时，增加投资就显得非常重

---

① 《人民日报》1998年7月14日第1版。
②③《光明日报》1998年7月18日第1版。

要了。

但 1998 年以来，在货币政策方面采取了多种力度相当大的措施。这些政策措施对促进上半年的经济增长起了一定的积极作用。但是，货币政策尽管有财政政策不可替代的积极作用，但像任何事物一样，它也有局限性。一般说来，它在经济扩张时期遏止经济过热方面的作用较大，在经济紧缩时期制止经济下滑方面的作用较小，而且时滞长、见效慢。在中国当前金融企业和工商企业财务约束作用较大、大部分工业生产能力过剩、初级买方市场已经形成、市场竞争趋于剧烈、资金供应相对宽裕，特别是在金融改革滞后、货币传导机制不灵等项条件下，在促进经济增长目标实现方面，单是依靠货币政策，很难及时充分奏效。但是，财政政策有货币政策不可替代的优点。在许多情况下（不是在一切场合）紧缩时期在促进经济增长方面的作用较大，而且时滞短、见效快。这样，在推行货币政策的同时，着重加大财政政策的实现力度，就显得突出重要。

正是在这种情况下，1998 年 6~7 月，中共中央、国务院又转发了国家发展计划委员会《关于今年上半年经济运行情况和下半年工作建议》，并决定实施积极的财政政策，增发 1000 亿元财政债券，并配套增加 1000 亿元银行贷款，用于增加基础设施建设投资。这是必要的、及时的。据有关单位当时测算，这笔国债的使用，大约可以带动银行增加配套贷款 1000 亿元。这 2000 亿元的投资可形成的最终需求，可推动国内生产总值增长两个多百分点。当然，形成这种需求也有一个过程。但 1998 年即使按一半收效计算，也可使增长率提高一个多百分点，从而可以有力促进 8% 经济增长目标的实现。但这笔巨额投入的意义并不仅仅限于这一点。它对于改变基础设施发展滞后、中西部地区落后于东部地区的状况，调整产业结构和缓解就业矛盾，以及对于改善人民生活，也都有重要作用。当然，要使这批投入真正发挥推动经济增长的作用，还必须使投资用于基础设施建设，不能用于一般的加工项目，更不能用于盲目重复建设；要用于建设周期短、投资见效快的项目；要引入竞争机制，按照投资体制改革的要求，实行项目公开招标制、项目法人责任制和工程监理制；要警惕由于行政权力的加强导致某些旧体制复归；要切实保证建设工程质量。

1998 年 7 月，朱镕基总理依据中央决策再次重申："在当前通货紧缩的形势下，中央决定采取更加积极的财政政策，筹集更多的资金，进一步加大基础设施建设，这是扩大内需的最有力措施。"①紧接着以实行积极财政政策，扩大基础设施为核心的扩大内需的一系列重大政策相继出台。

至此，可以认为，一个确保经济增长目标实现的，以扩大内需为主的，以实行积极财政政策扩大基础设施建设为核心的宏观调控政策体系，已经最终形成。

在上述宏观调控政策体系指导下，1998年经过反过冷、反通缩，终于制止了经济增速的过度下滑，继续保持了经济的持续快速增长；同时也抑制了通货紧缩趋势，把物价下降的幅度控制在很小的幅度内。1998年，国内生产总值比上年增长了7.8%，仅比上年增幅下降了一个百分点；商品零售价格、居民消费价格、工业品出厂价格、主要原料燃料动力购进价格和固定资产投资价格分别比上年下降了2.6、0.8、4.1、4.2和0.2个百分点（详见附表3、附表4）。在这方面，上述的宏观调控政策体系，特别是积极的财政政策起了至关重要的作用。有关部门事后计算，1998年国债投资拉动经济增长1.5个百分点。②这就意味着如果1998年不推行积极的财政政策，1998年经济增长率就只能达到6.3%，下滑到现阶段经济适度增长合理区间下限7%以下。

在上述政策推动下，1999年第一季度还保持了良好的经济发展态势。但第二季度又出现了固定资产投资增长放缓，消费需求不振，外贸出口下降，物价持续走低，经济增速下滑的态势。这年第一季度国内生产总值比上年同期增长了8.3%，第二季度和第三季度经济增长率分别下降到7.6%和7.4%。在这个关键时刻，党中央、国务院又做出加大实施积极的财政政策力度，增发国债，增加居民收入，以进一步扩大内需，并综合运用各种宏观调控手段，促进投资、消费和出口，以拉动经济增长。这年下半年，在年初确定的国债发行规模的基础上，由财政部再向商业银行增发600亿元长期国债。同时，较大幅度增加了城镇中低收入者的收入，国家财政增加支出540亿元。③这些又遏制了经济增长速度下滑和通货紧缩的趋势。1999年，国内生产总值比上年增长了7.1%，增幅仅比上

①《人民日报》1999年1月14日第2版。

②《经济日报》2001年3月19日第3版。

③《中国经济年鉴》（2000），中国经济年鉴社，第316页。

年下降了 0.7 个百分点；商品零售物价、居民消费价格、工业品出厂价格、主要原料、燃料动力价格和固定资产投资价格分别比上年下降了 3、1.4、2.4、3.3 和 0.4 个百分点（详见附表 3、附表 4）。在这方面，上述的宏观政策调控体系，特别是积极的财政政策又发挥了十分重要的作用。据有关部门事后计算，单是 1999 年的国债投资就拉动了经济增长两个百分点。[①]因此，如果不推行这项政策，这年经济增长率就只能达到 5.1%。

二、2000 年在反过冷、反通缩中实现经济回暖

鉴于 1999 年经济增速下滑以及通货紧缩趋势并没有得到根本遏制，2000 年继续推行了上述的以确保经济增长目标实现的，以扩大内需为主的，以实行积极财政政策为核心的宏观调控政策体系。问题在于：发展是硬道理，是解决我们面临问题的关键。只有在提高效益的前提下保持经济较快增长，才有利于缓解企业生产经营困难，减轻就业压力，促进结构调整和深化改革，也才能增加财政收入，防范金融风险，保持社会稳定。为此，必须坚定不移地贯彻执行扩大内需的方针，以及相应的宏观经济政策。

继续实施积极的财政政策，这是当时扩大内需最直接和有效的手段。两年来坚持实施积极的财政政策同时努力发挥货币政策的作用，综合运用多种手段调节经济运行，并不断充实和完善这些政策措施。既向银行增发国债用以扩大投资，又增加居民收入以促进消费；既加强基础设施建设，又支持企业技术改造；既努力扩大国内需求，又积极鼓励增加出口。实践证明，实行积极财政政策是完全正确的，取得的成效是明显的。所有这些不仅有力地促进了当前经济增长，而且为经济的长远发展打下了更好的基础。

2000 年继续实行积极财政政策的主要内容，包括以下几个方面：①发行 1000 亿元长期国债，重点投向水利、交通、通信等基础设施建设，科技和教育设施建设，环境整治与生态建设和企业技术改造，并向中西部地区倾斜。②继续贯彻落实 1999 年出台的调整收入分配的各项政策措施，保障城镇中低收入居民的收入稳定增长。企业也应在提高经济效益的基础上适当增加职工工资。③进一步运用税收、价格等手段，并继续

---

① 《经济日报》2001 年 3 月 19 日第 3 版。

清理某些限制消费的政策和法规，鼓励投资，促进消费，增加出口。

进一步发挥货币政策的作用。金融系统要正确处理支持经济增长与防范金融风险的关系，在坚持稳健经营的原则下，从多方面加大对经济发展的支持力度。中国人民银行要运用多种货币政策工具，及时调控货币供应总量。国有银行应加强内部资金调度，合理划分贷款审批权限，及时发放与国债投资项目配套的固定资产贷款，保证有市场、有效益、守信用企业特别是科技型企业的贷款。努力解决农民贷款难问题。对重复建设、产品积压和需要压缩生产能力的企业，应当停止或压缩贷款。要大力发展住房、助学和大件商品的消费信贷，改进办法，简化手续，提高审贷效率。进一步规范和发展证券市场，增加企业直接融资比重。完善股票发行上市制度，支持国有大型企业和高新技术企业上市融资。依法严格审批保险企业，积极拓展保险业务。

2000 年，除继续保持国债投资规模外，相应增加银行固定资产投资贷款和鼓励企业自筹投资，还要引导集体、私营、个体经济增加投资，并改善投资环境，吸引更多的外商直接投资。

还要提高改革措施的透明度，改善居民的心理预期，促使居民增加即期消费。

由于上述政策的贯彻实行，2000 年扭转了 1993 年以来经济增速连续七年下降的局面，出现了经济回升。这年国内生产总值比上年增长了 8%，增幅比上年提高了 0.9 个百分点；零售商品价格比上年下降了 1.5 个百分点，居民消费价格、工业品出厂价格、主要原料燃料动力购进价格和固定资产投资价格分别比上年上升了 0.4、2.8、5.1 和 1.1 个百分点。2000 年，商品零售价格虽然没有扭转从 1998 年以来持续下降的局面，但降幅比 1999 年减少 1.5 个百分点；居民消费价格（相对零售商品价格来说，这种价格更能全面地反映消费产品和服务价格的变化）扭转了 1998 年连续两年下降的局面，有了小幅回升；工业品出厂价格扭转了 1997 年以来连续三年下滑的局面，而且由于受到国际市场上石油价格大幅上升的影响，回升的幅度并不小；主要原料燃料动力购进价格和固定资产投资价格也都扭转了连续两年下滑的局面（详见附表 3、附表 4）。在这方面，上述的宏观调控政策仍然功不可没。据有关部门事后计算，这年积

极的财政政策推动经济增长 1.7 个百分点。①可见，如果不继续实行积极
的财政政策，这年经济增速也只能达到 6.3%，仍处于我国现阶段适度经
济增长率的下限（7%）以下。

---

① 《经济日报》2001 年 3 月 1 日第 6 版。

第六章　1993~2000 年，发展产业经济的主要成就和经验

第一节　发展产业经济的主要成就

1. 社会主义市场经济体制初步建成。其主要标志有三：一是以社会主义公有制为主体、多种所有制共同发展的格局已经初步形成。党的十一届三中全会以后，逐步推行了以社会主义公有制为主体的多种所有制共同发展的方针。经过 20 多年的发展，这种共同发展的格局已经初步形成。在 2000 年工业总产值中，国有工业产值只占 47.3%，集体工业占 13.8%，其他经济类型占 38.9%。在 1998 年社会消费品零售总额中，国有经济只占 20.7%，集体经济占 16.6%，其他经济类型占 62.7%。在 2000 年建筑业产值中，国有经济只占 40.4%，集体经济占 32.3%，其他经济类型占 27.3%（详见附表 13、附表 24、附表 19）。二是现代的企业制度、市场体系和宏观调控体系初步建成。三是对外开放的总体格局已经初步形成。

2. 宏观经济形势凸显良好发展态势。

（1）1993~1997 年实现了由经济过热到"软着陆"，接着在 1998~2000 年又在反过冷、反通缩中保持了经济的稳定、持续、快速增长。这样，1993~2000 年间，国内生产总值年均增长率达到了 9.7%，既超过了 1979~1984 年年均经济增长率（为 8.7%），也超过了 1985~1992 年年均增长率（为 9.5%）。但这期间经济增长的特点不仅在于速度快，而且在于稳定

（即经济增长率最高年份与最低年份的差距比较小），在新中国经济发展史上首开了由 1958 年"大跃进"开始的强波周期到中波周期再到轻波周期转变过程的先河。[1]

这期间第一产业增加值增长了 35.5%。其中，粮食由 1992 年的 44265.8 万吨增长到 2000 年的 46217.5 万吨，增长 4.4%；棉花由 450.8 万吨下降到 441.7 万吨，下降 2%；油料由 1641.2 万吨增长到 2954.8 万吨，增长 80%。

这期间，第二产业增加值增长了 1.6 倍。其中，工业和建筑业分别增长了 1.65 倍和 1.02 倍。在工业的主要产品中，原煤由 11.16 亿吨下降到 9.98 亿吨，下降 10.6%；原油由 14210 万吨，增长到 16300 万吨，增长 14.7%；发电量由 7539 亿千瓦小时增长到 13556 亿千瓦小时，增长 79.8%；钢由 8094 万吨增长到 12850 万吨，增长 58.8%。[2]

这期间第三产业增加值增长了 95.2%。其中，货物周转总量由 1992 年的 29218 亿吨公里增长到 2004 年的 44321 亿吨公里，增长 51.7%；旅客周转总量由 6949 亿人公里增长到 12261 亿人公里，增长 76.4%；邮电业务总量由 290.94 亿元增长到 4792.7 亿元，增长 15.5 倍；城市供水总量由 4298437 万立方米增长到 4690000 万立方米，增长 9.1%；公共电汽车由 7093 辆增长到 225993 辆，增长 30.9 倍；人工煤气由 1495531 万立方米增长到 1523615 万立方米，增长 1.9%；液化石油气由 2996699 吨增长到 10537147 吨，增长 2.5 倍；天然气由 628914 万立方米增长到 821476 万立方米，增长 30.6%；高等学校在校生数由 218.4 万人增长到 556.1 万人，增长 1.5 倍；中等学校由 5354.4 万人增长到 8518 万人，增长 59%；小学由 12201.3 万人增长到 13013 万人，增长 6.6%；研究生由 94164 人增长到 301239 人，增长 2.2 倍；出国留学人员由 6540 人增长到 38989 人，增长 4.9 倍；国有企事业单位专业技术人员由 17596532 人增长到 21650807 人，增长 23%；艺术表演团体由 2753 个下降到 2630 个，下降 4.5%；公共图书馆由 2565 个增长到 2677 个，增长 4.4%；图书出版总印数由 63.4 亿册下降到 62.7 亿册，下降 1.1%；杂志出版总印数由 23.6 亿册

---

[1] 详见拙著：《我国"九五"、"十五"宏观经济分析》，经济管理出版社 2002 年版，第 19~21 页。
[2] 《中国统计年鉴》（2004），第 491~492、560~561 页。

增长到 29.4 亿册，增长 24.5%；报纸出版总印数由 257.9 亿份增长到 329.2 亿份，增长 27.7%；医院、卫生院由 61352 个增长到 65944 个，增长 7.5%；医生由 180.8 万人增长到 207.6 万人，增长 14.8%；床位由 274.2 万张增长到 290.8 万张，增长 6%（详见附表 3、附表 20、附表 21、附表 22、附表 23、附表 27、附表 28、附表 29、附表 30）。

以上数字表明：总体说来，第一、二、三产业都保持了良好的发展态势。当然，各个部门的增长速度是有差别的。一般说来，这是正常现象，但对其中有的产品增速很低甚至下降，也需做具体分析。有的是结构调整的需要，如煤炭产量下降和图书出版印数的下降；有的是市场取向改革使然，如艺术表演团体的减少；有的是工作中的缺陷造成的，如粮食产量增速低和棉花产量的下降。

（2）物价走势经历了由高度通胀（1993 年和 1994 年居民消费价格指数分别为 114.7 和 124.1）到中度通胀（1996 年为 108.3）、再到轻度通胀（1997 年为 102.8），然后又由轻度通缩（1998 年和 1999 年分别为 99.2 和 98.6）趋于无通胀（2000 年为 100.4）。详见附表 4。

（3）伴随改革深化、结构调整和技术进步，城镇登记失业率轻微上升，由 1992 年的 2.3% 上升到 2000 年的 3.1%（详见附表 5）。但同时城乡还存在大量的隐性失业。

（4）由于国际收支仍是良好，外汇储备继续大幅攀升，由 1992 年的 194.43 亿美元增长到 2000 年的 1655.7 亿美元（详见附表 37）。

3. 产业结构变化呈现复杂状态。就第一、二、三产业之间的比例关系来说，第一产业增加值比重下降过多（由 1992 年的 21.8% 下降到 2000 年的 16.4%），第二产业比重上升过多（由 43.9% 上升到 49.4%），第三产业比重应该上升但反而下降了（由 34.3% 下降到 33.4%）。但就各个产业内部的比例关系，主要是趋于优化的。在第一产业内部，种植业产值比重由 1992 年的 61.5% 下降到 2000 年的 55.7%，林、牧、渔业比重由 38.5% 上升到 44.3%。在工业内部，轻工业产值比重由 1992 年的 46.6% 下降到 2000 年的 39.8%，重工业比重由 53.4% 上升到 60.2%。在重工业内部，采掘工业产值比重由 1992 年的 9.9% 上升到 2000 年的 10.4%，原材料工业比重由 36.4% 上升到 40.4%，制造工业比重由 53.7% 下降到 49.2%。在轻工业内部，以农产品为原料的轻工业产值比重由 1992 年的 67.2% 下降到 61.8%，以非农产品为原料的轻工业比重由 32.8%上升到 38.2%（详见附表 2、附表 12、附表 14、附表 15、附表 16）。这期间能源生产总量由 1992 年的 107256 万吨标准煤下降到 2000 年的 100988 万吨标准煤。但节能继续取得明显成效。能源消费弹性系数由 1992 年的 0.37 下降到 2000 年的 0.02。[①]当然，节约能源的成就，还有许多其他因素作用。这里还要提到：高新技术产品产值在工业比重中的上升。这一点特别表现在出口方面。2000 年，高新技术产品出口额比重占外贸出口的比重高达 14.8%。[②]在第三产业内部，也同样呈现出现代产业比重上升的趋势。比如，民用航空占旅客周转量的比重由 1992 年的 5.8%上升到 2000 年的 7.9%。又如，1992~2000 年，市内电话用户只增长了 9.1 倍，而无线寻呼用户则增长了 22 倍，移动电话用户增长了 1591 倍（详见附表 20、附表 22）。上述情况表明：这期间产业结构变化尽管有不协调的一面，但优化是主要方面。就后一面说，是符合工业化和现代化要求的，并在很大程度上缓和了基础产业发展滞后的状况。

4. 企业组织结构继续趋于优化。大型工业企业在工业总产值中的比重由 1992 年的 36%上升到 2000 年的 44%，中型企业比重由 21.1%下降到 12.4%，小型企业比重由 42.6%上升到 42.9%（详见附表 17）。这期间大型企业比重上升是符合工业化和现代化规律的。至于中型企业比重的下降和小型企业比重的上升，则是同这期间主要由小型企业组成的非国有企业的加速发展相联系。就这个具体情况来说也是正常的。

5. 地区结构变化也出现了复杂情况。东部地区工业产值占工业总产值比重由 1992 年的 65.73%上升到 2000 年的 70.88%，中部由 25.28%下降到 19.71%，西部由 10.99%下降到 9.41%（详见附表 18）。这些数字表明：东部与中西部经济发展差距在进一步拉大。这种情况固然有利于发挥经济效益高的东部地区优势，但在协调发展地区之间的经济、增进民族团结和实现社会稳定等方面也会造成负面影响，值得高度重视。

6. 经济效益虽经曲折变化，但总的情况是好的。1993~1999 年，全社会固定资产投资效果系数由 0.612 下降到 0.125，但 2000 年又回升到

①《中国统计年鉴》（2003），第 269 页。
②《中国经济年鉴》（2001），第 56 页。

0.225。社会劳动生产率是在 7.1%~12% 之间波动的（详见附表 8、附表 9）。这种情况不仅同 1998 年经济增速下降有关，而且同国债投资用于长期建设项目有关。

（7）人民生活进一步取得显著提高。1992~2000 年，全国居民、农村居民和城镇居民的消费水平分别由 1070 元提高到 3397 元，由 718 元提高到 2037 元，由 2356 元提高到 7402 元；三者分别提高了 71.1%、58.4% 和 66.6%（详见附表 7）。但这些数字同时表明：这期间城镇居民和农村居民之间消费水平的差距又被进一步拉大了。

综上所述，1981~2000 年，国内生产总值和人均国内生产总值分别由 4517.8 亿元增长到 89468.1 亿元，由 460 元增长到 7086 元。按可比价格计算，二者分别增长了 5.29 倍和 3.95 倍。按照 2000 年现价和汇率计算，这年中国人均国内生产总值达到 854 美元。中国城镇居民和农村城镇居民恩格尔系数，1980 年分别为 56.9% 和 61.8%；2000 年分别为 39.2% 和 41.9%（详见附表 1、附表 3、附表 7）。这样，到 2000 年，不仅超额实现了国内生产总值翻两番，而且超额实现了人均国内生产总值翻两番，城乡居民从总体上都达到了小康水平。因而，不仅超额完成了 20 世纪 80 年代邓小平提出的经济发展的战略目标，而且超额完成了党中央和国务院在"九五"计划中提出的标准更高的经济发展的战略目标。

第二节　发展产业经济的主要经验

1993~2000 年，发展产业经济的经验，以及作为这些经验总结的政策，有了更大的发展。其中有些方面还有了质的飞跃。1992 年党的十四大报告、1996 年国务院《关于国民经济和社会发展"九五"计划和 2010 年远景目标纲要的报告》和 1997 年党的十五大报告，对这期间发展国民经济的主要经验已经做了系统、全面的总结。这里只是列举其中质的飞跃的某些方面。首次提出以建立社会主义市场经济体制为改革目标；建立现代企业制度是国有企业改革的方向；公有制为主体、多种所有制共同发展，是社会主义初级阶段的一项基本制度。这期间采取了一系列的、相互配套的政策。1993~1997 年实行了扩大内需的方针和适度从紧的财政、货币政策，成功地实现了"软着陆"。在这以后的 1998~2000 年又依据国内外情况的变化，推行了积极的货币政策，特别是积极的财政政策，继续保持了经济快速发展。这期间还进一步提出调整和优化经济结构以及实施科教兴国战略和可持续发展战略。这期间发展产业经济的成就就是在这些政策指导下取得的。

但这期间政策仍需进一步完善，政策的许多方面没有得到充分贯彻。这些情况再加上其他因素的作用，使得经济增长方式并未实现从粗放型向集约型的根本转变。在产业结构方面，尽管基础产业"瓶颈"制约已经缓解，但基础产业发展滞后的问题并没有根本解决。在企业组织和产业组织方面，企业"大而全"、"小而全"，生产和销售的集中度低等方面的情况，在这期间并无根本改变。国有企业改革尽管取得重大成就，但改革并未到位。金融企业和社会保障制度改革滞后以及交易秩序和信用缺失状况都无明显改观。但所有这些并不能否定这期间在发展经济方面取得的伟大成就！

第十篇

市场取向改革制度完善阶段的产业经济
——以实现全面建设小康社会为战略
目标的社会主义建设新时期的
产业经济（四）
（2001~2004 年）

导　言

　　1997年召开的党的十五大提出的经济改革和发展目标（详见第九篇导言），是跨世纪的战略思想，对本篇所叙述的问题仍有指导意义。

　　2002年召开的党的十六大进一步提出："我们要在21世纪头20年，集中力量，全面建设惠及十几亿人口的更高水平的小康社会，使经济更加发展、民主更加健全、科技更加进步、文化更加繁荣、社会更加和谐、人民生活更加殷实。这是实现现代化建设第三步战略必经的承上启下的发展阶段，也是完善社会主义市场经济体制和扩大对外开放的关键阶段。"在论述全面建设小康社会的目标时，十六大首先强调："在优化结构和提高效益的基础上，国内生产总值到2020年力争比2000年翻两番，综合国力和国际竞争力明显增强，基本实现工业化，建成完善的社会主义市场经济体制和更具活力、更加开放的经济体系。"在经济建设和经济体制改革方面，十六大提出了以下战略思想：走新型工业化道路，大力实施科教兴国战略和可持续发展战略；全面繁荣农村经济，加快城镇化进程；积极推进西部大开发，促进区域经济协调发展；坚持和完善基本经济制度，深化国有资产管理体制改革；健全现代市场体系，加强和完善宏观调控；深化分配制度改革，健全社会保障体系；坚持"引进来"和"走出去"相结合，全面提高对外开放水平；千方百计扩大就业，不断改善人民生活。十六大还在政治建设和政治体制改革、文化建设和文化体制改革等方面提出了一系列战略指导思想。①

---

① 《中国共产党第十六次全国人民代表大会文件汇编》，人民出版社2002年版，第17~41页。

　　为了贯彻党的十六大精神，2003年召开的党的十六届三中全会做出了《关于完善社会主义市场经济若干问题的决定》。该决定首先规定了完善社会主义市场经济体制的目标、任务、指导思想和原则，特别是提出了作为改革重要原则的科学发展观，即"坚持以人为本，树立全面、协调、可持续的发展观，促进经济社会和人的全面发展"。还就进一步巩固和发展所有制经济，鼓励、支持和引导非公有制经济；完善国有资产管理体制，深化国有企业改革；深化农村改革，完善农村经济体制；完善市场体系、规范市场秩序；继续改善宏观调控，加快转变政府职能；完善财税体制，深化金融改革；深化涉外经济体制改革，全面提高对外开放水平；推进就业和分配体制改革，完善社会保障体系；深化科技教育文化卫生体制改革，提高国家创新能力和国民整体素质；深化行政管理体制改革，完善经济法律制度等问题做了系统的规定。[①]

　　上述各点就是这期间产业经济改革和发展的最重要的指导思想。

---

①《中共中央关于完善社会主义市场经济若干问题的决定》，人民出版社2003年版，第12~32页。

第一章 国有经济实行以完善现代企业制度为特征的经济改革

按照党的十六大的部署，21 世纪头 20 年要建立完善的社会主义市场经济体制。在这方面，深化国有企业改革仍然是中心环节。"十五"期间国有经济改革任务主要包括以下几个方面：一是继续进行国有经济布局和结构的战略性调整；二是完善现代企业制度；三是继续推进垄断行业、公用事业和事业单位的改革；四是健全国有资产管理体制。

第一节 继续推进国有经济布局和结构的战略性调整

国有经济布局和结构的战略调整，不仅是国有经济改革的重要内容，而且是国有经济其他各项改革的重要前提。

改革以来，特别是"九五"以来，在国有经济布局和结构调整方面已经取得了重要成就，国有经济布局趋于优化，其主要表现是经营性国有资产向基础产业和大型企业集聚。2001 年末，我国基础产业占用国有资产总额为 37235.7 亿元，比 1995 年增长 1.1 倍，年均增长率 13.5%；占国有工商企业国有资产总量的 62.2%，比重较 1995 年末提高 7.3 个百分点。2001 年国有大型工商企业占用国有资产总量为 45990.7 亿元，比 1995 年末增长了 1.5 倍，年均递增 16.1%；占国有工商企业国有资产总量的 76.9%，比重较 1995 年提高 16.6 个百分点。而且，在国有经济布局调整过程中，国有资产继续增加。2001 年底，我国国有净资产总量共计109316.4亿元，比1995年增长91.4%，年均增长11%多。但国有经济对国内生产总值的贡献率则逐步降低，从1978年的56%降低到1997年的42%。①

在这方面，不合理状况并未根本改变。其主要表现有四：

1. 改革以来，国有经济在国民经济中的比重仍然偏大，而且布局和结构不合理。一是资产和增加值的比重偏大。截止到2002年底，全国工商企业社会总资产约为34.9万亿元（不含金融资产），其中国有及国有控股企业资产总量为18.02万亿元，占51.6%。国有及国有控股工业企业完成的增加值占近50%。如果再加上其他方面（如金融业）的经营性资产、资源性资产、土地资产②和无形资产，那么国有经济资产的比重就还要大得多。其中，相对中央政府来说，地方政府拥有的资产更是偏大。到2002年底，我国国有资产总量为118299.2亿元，其中，中央占用56594.2亿元，占47.8%；地方占用国有资产61705亿元，占52.2%。二是国有经济分布的面过宽，不仅在竞争性行业占的比重过大，而且在垄断性行业占的比重也过大。在现有的608个工业门类中，国有企业涉及604个，其中大中型国有企业涉及533类，占全部门类的87.7%。按销售收入计算，国有经济在一些行业和领域所占比重分别为：石油92.1%、石化69.3%、电力90.6%、汽车72.0%、冶金64.4%、铁路83.1%，在军工、金融、民航、通信等领域均占90%以上。三是相对东部地区来说，中部和西部地区国有经济占的比重更是偏大。当然，就国有经济绝对量来说，东部地区比中西部地区多得多。到2002年底，全国31个省区市中，东部省份的国有经营性资产是中部省份的3.29倍，是西部省份的5.14倍。按营业收入计算，东部沿海地区国有经济的比重为43.5%，中部地区和西部地区这一比重分别为66.1%和64.9%。四是在重点企业中，国有经济的比重过大。在189家中央企业中更是如此，在这些企业中，国有资本比重超过96%。五是与此相联系在股权比重上，国有经济在许多有限责任公司和股份公司中比重过大。2001年，全国上市公司中第一大股东持股额占公司总股本超过50%的近900家，占全部上市公司总数的近80%。大股东中

①《十六大报告辅导读本》，人民出版社2002年版，第171页。
② 据有关部门2001年提供的资料，国有土地资产至少有25万亿元（《经济日报》2002年6月24日第1版）。

绝大多数是国有股东和法人股东，而相当一部分法人股东也是国有资本控股的。

2. 企业规模偏小。截至 2002 年底，国有及国有控股大型企业 9436户，净资产 52637.2 亿元，销售收入 56868.5 亿元，平均每户企业净资产5.58 亿元，销售收入 6.03 亿元，规模偏小。进入世界 500 强的企业，销售额最少的通常都在 100 亿美元以上，连续几年排在 500 强第一位的沃尔玛年销售额达到 2400 多亿美元。

3. 国有企业不仅有大量辅业没有分离，也不仅是承担大量的办社会职能，并有大量冗员，而且还有一大批需要关闭破产的企业没有退出市场。据初步估计，仅是中央企业就有 8.1% 的资源属于辅业资产，现有职工中近 1/3 属于辅业单位职工。据统计，2002 年末，全国国有企业办各类社会机构有 2.8 万多个，其中，中小学校 1.1 万多所，公检法机构 3000多个，医疗机构 6000 多所。在这些社会机构中，中央企业办社会机构有1.22 万个，占 43.6%。全国国有企业 2002 年支付所办各类社会机构的补贴额 456 亿元，其中，中央企业支付的补贴额为 352 亿元，占 77.2%。1997~2002 年，全国国有企业职工由 6975.6 万人减少到 4680.5 多万人，下岗分流了 2500 多万人，但国有企业富余人员仍然过多。据初步调查，全国符合破产关闭条件的资源枯竭矿山和国有大中型企业还有 2500 多户，涉及职工近 510 万人，涉及金融债权 2400 多亿元。

4. 以上各类必然造成国有企业整体素质不高、国际竞争力不强，以及经济效益不高的后果。根据粗略估计，国有经济目前在社会总资产中的比重大约为 60%，在银行新增流动资金贷款中的比重为 75%~80%。但是国有经济对国民经济的贡献与其所占用资产的比重很不匹配，约占 1/3。2002 年全部国有工业企业净资产收益率为 2.9%，比规模以上非国有工业企业低 2 个百分点，而分布在一般竞争性行业的国有企业的净资产收益率为 1.2%，比全部国有企业平均水平低 1.7 个百分点。2002 年末，全国国有企业不良资产占总资产的比重达 11.5%。[①]当然，上述问题是由多种原因造成的。比如，公司制改造不到位，就是重要原因。但是，这些问

---

① 《中国新闻网》2003 年 11 月 19 日；《经济日报》2003 年 12 月 8 日第 6 版，2004 年 1 月 16 日第 9 版、4月 29 日第 1 版、8 月 1 日第 2 版。

题严重影响国有经济主导作用的发挥和资源配置优化，以及国际竞争力的提高。因此，必须进一步调整国有经济布局和结构。

为此，需要确定和采取一系列的原则和措施。主要是：

1. 按照《"十五"工业结构调整规划纲要》，"十五"期间，我国将根据"有进退、有所为有所不为"的原则，逐步收缩国有经济战线，加强重点，提高国有资本利用效率，解决工业领域中国有资本战线过长、运营效率不高的问题，实现国有资本的优化配置，发挥国有经济在国民经济中的主导作用。《"十五"工业结构调整规划纲要》就"十五"期间国有经济布局调整提出了以下五条原则：一是在国防军事工业的核心领域，国有资本必须保持绝对控制地位。对必须保留的国有独资军工企业，要精干主体，分离辅助，加大重组力度，转换机制；其他军工企业向军民品兼营的方向发展，逐步改组为国有控股和参股企业。二是在提供重要公共产品和服务以及自然垄断的领域，目前国有资本还要占据支配地位。对电网、供热、自来水、煤气等行业以及木材采运、陆上油气、贵金属和稀有稀土金属矿等领域，国有资本对重点企业实行控股，同时吸引非国有资本进入。对食盐、烟草生产及批发业继续实行国家专营。三是在石油化工、汽车、信息产业、机械装备行业和高新技术等体现综合国力的领域，少数重要国有骨干企业国有资本要继续占据支配地位，同时鼓励各种经济成分共同发展。四是在高技术的关键和核心领域，国有资本要发挥带动作用。国家一般不再采取投资办厂的进入方式，重点在项目资本金筹措、基础研究、应用研究等方面给予支持，并以此吸引社会公众投资和国际资本。五是在一般竞争性领域，主要运用市场机制提高国有资本的运营效率和整体素质。加大依法破产力度，探索不良债务处置的途径，积极疏通和规范企业退出市场的通道。①

2. 按照党的十五大精神，继续把"抓大放小"作为对国有经济进行战略调整的主要方针。在"十五"期间，贯彻这个方针具有重要意义。2001年，我国0.9万户国有大型和特大型企业资产总额为109643.8亿元，户均资产规模12.2亿元，占全部国有企业资产总额的65.8%，实现利润为2731亿元，占全部国有企业利润总额的97.1%。2000年，全国国有中

---

① 《经济日报》2001年11月20日第2版。

小型企业 18.1 万户，占全部国有企业总户数的 94.8%，其中亏损企业 9.4 万户，亏损面为 52%，国有中小亏损企业占全部国有亏损工商企业户数的 96.9%，亏损额 1086.8 亿元，占全部国有工商企业亏损额的 58.9%。还有，在全部国有企业中，资不抵债（即负债大于资产）和空壳企业（即损失挂账大于所有者权益）合计为 8.5 万户，占全部国有企业总户数的 44.5%，其中绝大部分也是国有中小企业。①这说明"抓大放小"对于从战略上调整国有经济具有十分重要的意义。

"抓大"要着力培育具有核心竞争力并拥有自主知识产权和知名品牌的大公司和大企业集团。为此，一是要遵循市场经济规律，以企业为主体，通过市场形成，不能搞"拉郎配"。二是加快股份制改革步伐，完善现代企业制度，建立规范的产权结构、公司治理结构和母子公司体制，并深化内部改革，加强内部监控，建立强有力的制衡、约束、激励和监督的机制。三是继续推进企业重组、优化结构，实现优势互补。四是要减少集团管理层次，实现管理扁平化。目前，企业集团管理层次过多，普遍达到四级、五级，有的甚至达到六级、七级。原则上将中央企业按资本纽带关系形成的管理层次控制在三层以内。五是要突出和做强做大主业，实现主辅分离。目前中央企业主业不突出的问题比较普遍。存在 3 个以上主业的占全部中央企业的 56%，4 个以上的占 28%，最多的达到 8 个。②而且各主业之间的关联性不强。为了增强企业集团竞争力，必须改变这种主业不突出的状况。六是要完善技术创新机制，实行人才强企战略，增加研发投入，③加快技术创新，拥有自主知识产权的名牌产品。七是要发挥资本、技术和管理优势，增强国际竞争力，实行"走出去"战略。

多年来，由于逐步实行了这些措施，培育和发展企业集团已经取得了重要进展。一是生产经营规模不断扩大，经济效益显著提高。2003 年，中央管理企业中的企业集团、国家试点企业集团、国家重点企业中的企业集团、省部级单位审批的企业集团，以及年营业收入和年末资产总计均在 5 亿元及以上的其他各类大企业集团共计 2692 家，比上年增加 65 家；其

---

①《十六大报告辅导读本》，人民出版社 2002 年版，第 172~173 页。
②《经济日报》2004 年 6 月 30 日第 1 版、8 月 14 日第 5 版。
③ 2003 年，中央企业科技支出费占主营业务收入的比重平均为 1%，比重不到 0.5% 的企业占 55.3%（《经济日报》2004 年 9 月 14 日第 7 版）。

营业收入达 100095 亿元，比上年增加 29.8%；年末资产总计170170 亿元，比上年增加 19.4%；盈亏相抵后实现利润总额 5549 亿元，在 2002 年大幅度增长的基础上又增长了 32.8%。二是超大型有实力企业集团数量增加，产业集中度正在提升。2003 年末资产总计超过百亿元的企业集团已达到 232 家，比上年增加 41 家，其年末资产总计达 123022 亿元，占全部企业集团年末资产总计的 72.3%，比上年提高 2.6 个百分点；利润总额超过 10 亿元的企业集团有 74 家，比上年增加 34 家，其利润总额达 3686 亿元，占全部企业集团利润总额的 66.4%，比上年提高 1.5 个百分点。三是国有经济在企业集团占绝对优势。1997~2004 年进入世界 500 强的内地企业由 3 家上升到 15 家，这些企业全部是国有及国有控股企业。2004 年，中国企业联合会推出的中国企业 500 强中，国有及国有控股企业占总数的 74%、资产的 96.9%、利润的 84.1%。[1]

在"放小"方面，由于实施和不断完善了各项放开搞活小企业的措施（详见本书第九篇第一章），也取得了进展。多年来，各地通过改组、联合、兼并、租赁、承包经营、股份合作、出售等多种形式加大了国有小企业改革的力度，改制面由 2000 年的 81.4%扩大到 2003 年的 85%。国有小企业通过股份制、股份合作制等吸引外资和民营资本，实现了产权多元化。这样，国有小型企业数大幅度下降，但实现利润都从 1998 年的 22.8 亿元上升到 2003 年的 1968.2 亿元。[2]

但无论是抓大还是放小，都还要继续贯彻并不断完善上述有关措施，经过多年努力，才能完成这方面的任务。

3. 按照有关部门的部署，要把并购重组作为实现国有经济战略调整的主要形式，并采取以下措施。一是未来的一段时间内，把并购重点放在一般竞争性领域。二是有条件地吸收外商和民营企业的并购。三是企业管理层收购只适用于中小企业。四是采取的市场化运作方式，做到公开、公正、公平，严防国有资产的流失；五是依法严格保护出资人、债权人和职工的利益。[3]

---

[1]《人民网》2003 年 11 月 19 日；《中国经济年鉴》(2004)，中国经济年鉴社;《经济日报》2004 年 9 月 6 日第 2 版、9 月 19 日第 1 版、11 月 29 日第 1 版。
[2]《人民网》2003 年 11 月 19 日；《经济日报》2004 年 11 月 16 日第 2 版、11 月 29 日第 1 版。
[3]《经济日报》2003 年 11 月 18 日第 9 版, 2004 年 11 月 1 日第 7 版, 2005 年 1 月 14 日第 5 版。

4. 继续制定法规，为促进国有资产的战略调整，提供法律保障。在这方面，制定有关企业国有产权转让法规尤为重要。为此，国务院国有资产监督管理委员会、财政部于 2004 年 2 月 1 日公布实施了《企业国有产权转让管理暂行办法》。该办法就企业国有产权转让的总则、监督管理、转让程序、转让的批准程序和法律责任做了规定。[1]该办法的实施，使得企业国有产权转让有了制度保障、操作规范和监督依据。这些规定尽管还不是国家法律，还要完善，但它有利于保障企业国有产权的有序流转，促进国有经济的战略调整，并防止国有资产的流失。

5. 继续推行政策性破产。在由计划经济体制向社会主义市场经济转变时期，需要在越来越大的程度上依靠市场机制实现企业破产。但在这个时期也需要实行政策性破产，使一批长期亏损、资不抵债的企业和资源枯竭的矿山退出市场。1994~2003 年，全国实施政策性关闭破产项目 3307 个，涉及核销银行呆坏账准备金 2149 亿元，安置职工约 600 万人，消除企业亏损 1300 亿元。关闭破产政策的实施，推动了国有经济布局和结构的调整。但这方面的任务还很重。据估计，目前全国符合条件需要破产的这类企业约有 2600 多户，需核销呆账 2700 多亿元，涉及职工约 500 万人。[2]同时，还要继续解决企业主业和辅业分离、企业办社会和企业冗员问题。这些都是推进国有经济战略调整的重要条件。

6. 依据党的十六大精神，2003 年建立的国务院国有资产监督管理委员会，为促进国有经济战略调整提供了一个组织保证（详见后述）。

多年来，由于贯彻执行了上述各项原则和措施，在国有经济的战略调整方面已经取得了重要进展。①国有经济比重合乎规律的下降。国有经济对国内生产总值的贡献率由 1997 年的 42% 下降到 2003 年的 36.2%。2003 年底，我国国有企业总户数为 15 万户，比 1998 年国有企业总户数净减少 8.8 万户。②国有经济布局和结构调整成效初步显现。一是 2003 年底，全国国有小型企业 13.2 万户，比 1998 年减少 6.3 万户，占全国国有企业减少户数的 71.6%。二是 2003 年底国有亏损企业 7.4 万户，比1998 年减少户数 8.6 万户，占全部国有企业减少户数的 97.7%。三是 2003 年

---

[1]《经济日报》2004 年 2 月 6 日第 5 版。

[2] 资料来源：《经济日报》2002 年 3 月 4 日第 9 版；《中国经济年鉴》(2004)，中国经济年鉴社。

底一般竞争性行业国有企业 11.4 万户，比 1998 年减少 7.2 万户，占全部国有企业减少户数的 81.8%。四是国有资产向基础行业和支柱行业集中。2003 年底，全国国有企业分布在基础性行业的资产达到 11.4 万亿元，占总额的 53.5%，比 1998 年的 33.6% 增加了近 20 个百分点；分布在煤炭、石油石化、冶金、电力、邮电通信五大行业的资产为 7.1 万亿元，占总额的 33.3%，比 1998 年的 27.3% 提高了 6 个百分点。③国有企业经济效益持续大幅增长。1998~2003 年，国有及国有控股企业实现利润由 213.7 亿元增长到 4951.2 亿元，资金利税率由 6.51% 上升到 10.50%。2004 年，经济效益又进一步上升。2004 年，中央国有企业实现利润 4784.6 亿元，同比增长 57.6%。④国有资产大幅增加。1998~2003 年，国有资产总额从 14.9 万亿元增加到 19.7 万亿元，净资产由 5.21 万亿元增长到 8.36 万亿元。①五是国有资本功能放大。到 2002 年底，3468 家重点国有企业改制成股份制企业，国家投入资本 7710 亿元，全部权益达 13304 亿元，国有资本支配的范围扩大了近一倍。②这些数据从一些重要侧面表明：伴随国有经济战略调整的进行，加上企业改制等因素的作用，国有经济的整体素质在提高，控制力在加强，主导作用在进一步发挥。

但在国有经济战略调整中也出现了一些问题。诸如，有的把国有经济调整演绎为"国退民进"，主张"国有经济从一切竞争性领域退出"；有的采用下指标、派任务、定时限、赶进度的做法，用搞运动的方式要求国有经济从竞争性领域全部退出；有的把国有经济调整简单地理解为"卖"，改制方式单一；有的把国有企业当做包袱急于甩掉，损害了出资人、债权人和职工的合法权益等。这些问题已经和正在得到解决。

尽管国有经济战略性调整已经取得成效，但仍然任重道远。

第二节　完善现代企业制度

如前所述，2000 年在国有大中型骨干企业中初步建立现代企业制度的基本框架，但同完善的现代企业制度的要求还相距甚远。其主要表现

---

① 《经济日报》2004 年 11 月 16 日第 2 版，2005 年 2 月 2 日第 2 版。
② 《经济日报》2004 年 1 月 16 日第 9 版、8 月 1 日第 2 版。

是：①股权多元化还没有得到应有的发展，国有独资或一股独大的情况还相当普遍。这样，既不利政企分开，又不利规范法人治理结构，并严重损害了股市的健康发展。因为中国相当多的以国有股为大股东的公司是由控股母公司资产剥离包装后上市的。有的母公司原来的优良资产转到上市公司后，剩下的非主业和不良资产留在母公司。这样，上市公司还得受母公司控制，董事会成员还主要由母公司任命。母公司作为上市公司的大股东，就有可能通过各种方式把上市公司资产掏走。②国有经济法人治理结构不规范的状况还很多。比较普遍的问题是：股东大会形同虚设，董事会不到位，不能很好代表出资人利益，存在"内部人控制"现象，即使上市公司董事会也有不少是第一大股东控制。这些必然造成"内部人控制"，以致国有资产严重流失。③传统计划经济体制留下的企业劳动、人事和分配制度还未完全改革，适应市场经济要求的企业内部经营机制还未真正建立。

建立和完善现代企业制度进展缓慢是由多种复杂因素造成的。主要有：对于"股份制成为公有制的主要实现形式"以及"产权是所有制的核心和主要内容"①这样一些关系建立现代企业制度的根本理论问题，在一个时期并未解决；作为建立现代企业制度根本前提的政企分开也未完全实现；作为建立现代企业制度的各种必要条件也不完全具备。这些重要条件包括：需要有健全的国有资产管理机构，现代的市场体系（包括健全的股票市场），健全的社会保障体系，数量足、水平高的企业家队伍和规范企业改制的法制；需要着力解决国有企业的历史包袱（诸如大量冗员、大量办社会和一批扭亏无望、资源枯竭的必须退出市场的企业和矿山）等。因此，要完善现代企业制度，就需要着力解决这些问题，以便在这方面创造必需条件。伴随改革的深化，这些条件在逐步形成。

在创造上述各项条件的同时，还要在完善现代企业制度本身方面推进以下工作：

1. 完善公司的产权结构，实现股权多元化，是完善现代企业制度的基础工作。实现股权多元化有三个重要方面的工作：①对已经实行股份制改造，但很不规范的企业，要通过吸收社会资本和境外资本参股的途

---

① 《中共中央关于完善社会主义市场经济体制若干问题的决定》，人民出版社2003年版，第14~15页。

径，改变国有股权过于集中的情况，实现股权多元化。②国家新建企业，要着重采取股份制这种资本组织形式。③结合国有经济布局和结构的调整，发展股份制企业。

当然，依据前述的对国有经济进行战略性调整的原则，国有经济还必须控制某些重要领域。但在实现股权多元化的条件下，需要依据具体情况采取多种灵活的控制方式。主要有四种：①对所投资的企业实行股权控制和适当经营决策控制相结合。②只进行资本控制，资本控制可以是绝对控股或相对控股，行使股权管理。③通过黄金股等特别股权对企业决策及行为进行控制。④通过特许经营制度等委托经营方式进行控制，国家投资并控制主要的经营资产，特许或委托经营者按合同经营、提供服务。

2. 建立规范的法人治理结构，是完善现代企业制度的核心工程。规范法人治理结构要着重推进以下工作：①通过建立健全国有资产管理机构，确保出资人到位。这是规范治理结构的基础性工程。为此，不仅要做到不缺位，而且要做到不错位不越位，既保证董事会、经理层和监事会有效地发挥作用，又防止"内部人控制"，确保国有资本的增值。②发挥董事会在治理结构中的核心作用。为此，要优化董事会的构成，设立真正发挥作用的外部董事和独立董事；并建立以外部董事和独立董事为主组成的审计委员会、提名委员会和薪酬委员会等；要避免董事会和总经理的交叉任职；要实行董事会的集体决策和个人负责的决策机制；要确定经理人员的薪酬制度，注重长效激励。③要强化监事会的监督作用。我国 1999 年还推出一项改革，即外派监事会。其与内设监事会的主要区别，不在派出的主体上，因为都是出资人或出资人代表委派的，而在于他的独立性和权威性。这种做法开始显示好的效果。①还要发挥股东的监督作用。为此，要建立真实的、公开的、有效的信息披露制度，特别是健全股市。

3. 要根本改革计划经济体制下形成的劳动、人事和工资制度，建立与现代企业制度相适应的经营机制。①在改革劳动制度方面，当前国有企业 90% 以上的职工都实行了合同工制度，在很大程度上实现了市场化。

①《经济日报》2004 年 5 月 14 日第 9 版。

当然，要完全按市场原则实行进退，还有赖于健全社会保障制度。②在改革人事制度方面也进行了有益探索。2000年有关部门在《深化干部人事制度改革纲要》中，对国有企业人事制度改革做出了一系列规定。主要包括对国有企业领导人员实行产权代表委任制和公司经理的聘任制，实行年度考核和任期考核，探索年薪制、持有股权等分配方式，强化监督约束机制等。①在对国有企业效绩的考核方面，1999年6月，财政部、国家经贸委、人事部和国家计委联合颁布了《国有资本金效绩评价规则》，2002年财政部、国家经贸委、中央企业工委、劳动保障部、国家计委联合颁布了《企业效绩评价操作细则》，这标志着新的企业效绩评价工作制度在我国开始建立。经过两年多的实践，该体系不断充实完善，形成了一整套包括评价指标、评价标准及评价方法等在内的制度体系。上述单位于同年组织实施了24家中央直管企业的经营效绩的综合评价。②这些探索伴随改革深化正在不断完善。③在改革工资制度，建立现代薪酬制度方面，也进行了多方面的探索和实践。一是转变政府对企业工资收入分配的管理方式。在调控方式上，从直接调控向间接调控转变；在调控目标上，从总量调控向水平调控转变；在调控手段上，从以行政手段为主向以法律、经济手段为主转变；在调控范围上，从国有企业为主向调控所有企业转变。政府通过转变管理方式，为深化企业工资收入分配制度改革创造良好的外部环境。二是进一步完善企业工资收入分配宏观调控体系。按照依法规范、加强指导、提供服务和实施监督的原则，完善以"三个指导、两项立法、一个监督"为重点的企业工资收入分配宏观调控体系。三个指导即建立指导企业工资分配的三项制度，包括工资指导线制度、劳动力市场工资指导价位制度和人工成本预测预警制度。两项立法即企业工资最低保障立法和工资支付立法。一个监督即政府对企业执行国家关于工资收入分配法律法规和政策情况进行监督，并依法对企业违规行为进行处理。三是深化企业内部分配制度改革，大力推行岗位工资为主的基本工资制度，推行竞争上岗、以岗定薪、岗变薪变，岗位工资参照劳动力市场价位确定，职工工资收入主要由其岗位和工作实绩来

①《经济日报》2000年8月21日第4版。
②《经济日报》2003年5月9日第2版。

决定，切实解决企业工资分配激励不足、约束不严的问题。四是推进企业经营者收入分配制度改革。在市场经济条件下，经营者对企业发展的关键作用愈加显著。经营管理作为重要的生产要素，应当按其贡献参与收益分配。坚持经营者收入与企业员工工资分配相分离，实行其收入与责任、业绩和风险相挂钩的岗位绩效工资，并探索多种激励形式相结合，长期激励与短期激励相促进的激励和约束机制。如实行年薪制和股权激励等。对高新技术企业的经营者和科技骨干也要建立股票期权等激励机制。但同时要指出，当前既要注意继续克服企业内部分配上的平均主义，特别是要适当拉开经营者、科技骨干与一般职工的收入差距，又要注意防止经营者的高收入与其贡献不匹配的情况，以免形成新的"高薪大锅饭"。五是探索建立市场化的、多种形式的工资决定机制。对一些未改制的传统国有企业和已经改制的国有独资公司，可充分发挥职代会对工资分配的作用，通过完善厂务公开制度，建立工资分配的民主决定机制；对于工会组织健全的非国有企业，积极倡导和推行工资集体协商新机制，以保护职工的合法报酬权益；对一些已按《公司法》规范改制的国有控股或参股的股份公司和有限责任公司，通过大力推行工资集体协商试点，探索建立适合国有控股或参股公司特点的工资决定机制。[①]

4. 加强企业的科学管理，也是完善现代企业制度的重要方面。多年来，特别是党的十五届四中全会以来，通过加强企业战略管理，健全各项规章制度和狠抓管理薄弱环节等途径加强了企业管理。尤其在以下四方面取得了显著进展：①依据人才资源是第一资源的理论，推行人才兴企战略，探索建立吸引人才、留住人才和发挥人才的机制，发挥人力资本在发展企业中的作用。②继续推进企业管理的信息化。国家经贸委就此做过专门部署。强调对于企业，管理信息化是生死攸关的大事，希望各地采取切实有效措施，争取用两三年时间使我国企业管理信息化水平迈上一个较高的台阶。推动企业管理信息化的工作，应重点把握好四个问题。一是推动企业管理信息化要与促进"三改一加强"工作有机结合起来，全面提高企业素质。信息化的生命力在于融合，与改革、改组、改造及其他管理工作融合得越多、越紧密，信息化的生命力就越强。二是

①《经济日报》2000 年 10 月 12 日第 4 版，2003 年 4 月 7 日第 6 版。

企业管理信息化要坚持总体规划、分步实施、量力而行、务求实效的方针，防止一哄而起、形式主义。要充分考虑企业发展战略的要求，信息化基础设施既要满足企业现实需要，又要有较好的扩展性和兼容性，避免今后升级发展时"刚铺好路又挖沟"；要根据企业自身的特点，从对影响企业生存发展的突出问题入手，抓住关键环节，紧紧围绕提高企业核心竞争力实施重点突破，走出一条投入少、见效快的路子。三是组织实施企业管理信息化"典型示范工程"，既要把握其共同规律，又要注意分类指导。四是积极开展培训，为管理信息化建设培养人才。[1] ③实行厂务公开，加强民主管理。2002年6月，中共中央办公厅、国务院办公厅发布了《关于在国有企业集体企业及其控股企业深入实行厂务公开制度的通知》，对厂务公开的重要意义、指导原则和总体要求，厂务公开的重要内容，厂务公开的实现形式，以及厂务公开的组织领导做了系统的明确规定。强调职工依法参与企业的民主决策、民主管理、民主监督，是我国企业管理的重要特色和优势；民主管理的内容，包括企业重大决策问题、企业经营管理方面的重要问题、涉及职工切身利益方面的问题、与企业领导班子建设和党风廉政建设相关的问题；厂务公开的主要载体是职工代表大会。[2]在这个通知的指导下，企业的厂务公开和民主建设有了进一步发展。④加强企业文化建设。多年来，在继承党的思想政治工作和我国道德的优良传统的基础上，并吸收了现代企业管理理论的精华，依据以人为本的理念，推进了企业文化建设。企业文化建设正在如火如荼地开展起来，并对增强企业的创新力、凝聚力和竞争力起了日益明显的积极作用。

2000年以来，上述四个方面的措施促进了现代企业制度的完善。其主要表现是：一是公司制改革和股份制改革步伐加快。截至2003年底，全国2514家国有大中型骨干企业通过多种形式改制成为多元持股的公司制企业。在股份制改革方面，目前国有控股的上市公司1000余家，其国有权益和实现利润，约占全部国有企业的1/3和2/3。二是推行现代企业制度建设促进经营机制转变。截至2003年底，已改制的3430家重点企业

---

①《经济日报》2002年7月19日第5版。

②《经济日报》2002年6月24日第2版。

中，成立股东会的有 2270 家企业，占改制企业总数的 66.2%；成立董事会的有 3272 家，占 95.4%，成立监事会的有 2893 家，占 84.3%。三是推进了内部改革。3430 家已改制的重点企业中，实行全员劳动合同制的占 97.7%，实行全员竞争上岗制度的占 84.9%，实行公开竞聘、择优录用制度的占 85.9%。改制企业在分配方式方面进行了多种形式的探索。90%的企业实行了以岗位工资为主的工资制，50%以上的企业实行了企业经营者年薪制，30%的企业实行了工资集体协商制度，20%的企业实行了企业经营者持有股权期权和职工持股分配制，近 60%的企业引进了科技人员收入分配激励机制。[①]现代企业制度的完善，促进了经济效益的提高（数字已见前述）。

但建立和完善现代企业制度，是一个不断探索和实践的长期过程。这方面的一些深层次问题还没有从根本上解决，国有企业改革仍然是整个经济体制改革的中心环节。前一阶段，由于改革不配套，规则不健全，国有资产出资人还没有完全到位，在深化国有企业改革中也出现了一些值得注意的问题，在产权转让过程中也出现了国有资产流失现象。国企改革中出现的一些问题只能用改革的办法来解决。

第三节　推进国有垄断行业和事业单位的改革

尽管 2000 年国有大中型骨干企业初步建立了现代企业制度的框架，但不仅现代企业制度不完善，而且企业改制面还有待扩大。在这方面，最重要的是推进国有垄断行业、金融企业和事业单位的改革。另外，还有一个国有存续企业改革。这里只叙说垄断行业、事业单位和存续企业的改革，金融企业的改革放在后面去分析。

一、推进国有垄断行业的改革

推进国有垄断行业的改革，对于深化国有经济改革，发挥市场在配置社会资源方面的作用，增强国有经济的主导作用和国际竞争力，具有十分重要的作用。

---

① 《经济日报》2004 年 11 月 29 日第 1 版。

　　垄断分为三类：①自然垄断。在工业化初期，自然垄断首先是与土地这样的自然资源的垄断相联系的。但随着工业化和现代化的发展，自然垄断行业范围大大拓宽。它被延伸到以输送网络系统的存在为基础以及与此相适应的规模经济性和范围经济性所决定的行业。如电网、电话线、自来水和煤气管道、铁路等。但是，伴随经济专业化分工的发展，几乎所有的自然垄断行业都包括两部分：自然垄断性业务（或生产环节）和非自然垄断性业务（或生产环节）。如电力、煤气和自来水供应行业中的线路、管道等输送网络业务，电信行业中的有线通信网络业务和铁路运输行业中的铁轨网络业务，其他业务则属于非自然垄断性业务。如电力行业包括电力设备供应、电力生产（供电）、高压输电、低压配电和电力供应等业务。其中，只有高压输电和低压配电属于自然垄断性业务，而电力设备供应、电力生产和供应则是非自然垄断性业务。所有自然垄断行业的非自然垄断性业务都可以实行多家经营，开展竞争。②经济垄断。随着工业化的发展，大企业生产集中和技术集中等经济优势，在生产经营上实行排斥竞争的垄断。③行政垄断。这种垄断是政府凭借其行政权力由它独占某些产品的生产和经营。但需着重指出，在计划经济体制下，几乎所有的自然垄断和经济垄断都与行政垄断结合在一起的。依据上述分析，对不同垄断要区别对待。对于自然垄断行业的非自然垄断性业务部分要进行市场化改革，同时对自然垄断业务进行有效监管。对于经济垄断的改革也要坚决推行，但对这两种垄断的改革必须同对行政垄断的改革紧密结合起来。而且对于一般的行政垄断，包括地方封锁、部门市场分割、政府限制贸易等，都要坚决破除。即使对那些必须保留的某些行政垄断的生产经营（如盐、烟等），也必须在强化有效监管的同时尽可能在一定范围内引入竞争机制。

　　经过多年努力，我国垄断行业改革取得了明显进展。一是在电信、电力、民航等行业，实现了新组建公司与相应行业管理机构的脱钩，政府管理职能基本移交政府相关部门，初步实现了政企分开、政资分开，重要垄断行业的行政性垄断问题初步得到解决。二是通过重组和进一步引入竞争，多个市场主体平等参与市场竞争的格局初步形成。如电信行业重组后，几大集团公司在拥有已有业务经营范围的基础上，可以在对方区域内建设本地电话网和经营本地固定电话等业务，并相互提供平等接入等互惠服务，初步形成了分业务市场竞争的局面。三是一些行业的国有企业改革取得一定进展。电信、民航、电力、石油和石化等行业按照政企分开、政资分开的原则，组建了一批特大型公司或企业集团。其中，电信、石油和石化等行业的企业通过改制上市，引入了多元股东，推动了现代企业制度的建立，在公司治理结构、运行机制和内部管理制度等方面取得了一定进展。四是垄断行业的现代监管体制正在开始形成。

以电力体制改革为例做些具体叙述。2002 年 3 月，国务院正式批准了《电力体制改革方案》，并决定由国家计委牵头，成立电力体制改革工作小组，负责组织电力体制改革方案实施工作。

电力体制改革的总体目标是，打破垄断，引入竞争，提高效率，降低成本，健全电价机制，优化资源配置，促进电力发展，推进全国联网，构建政府监管下的政企分开、公平竞争、开放有序、健康发展的电力市场体系。

电力体制改革的主要内容是，为在发电环节引入竞争机制，首先要实现"厂网分开"，将国家电力公司管理的电力资产按照发电和电网两类业务进行划分。发电环节按照现代企业制度要求，将国家电力公司管理的发电资产直接改组或重组为规模大致相当的 5 个全国性的独立发电公司，逐步实行"竞价上网"，开展公平竞争。电网环节分别设立国家电网公司和中国南方电网有限责任公司。国家电网公司下设华北、东北、华东、华中和西北 5 个区域电网公司。国家电网公司主要负责各区域电网之间的电力交易、调度，参与跨区域电网的投资与建设；区域电网公司负责经营管理电网，保证供电安全，规划区域电网发展，培育区域电力市场，管理电力调度交易中心，按市场规则进行电力调度。区域内的省级电力公司可改组为区域电网公司的分公司或子公司。在"厂网分开"的改革中，还将对现国家电力公司系统所拥有的电力设计、修造、施工等辅助性业务单位和"三产"、多种经营企业进行重组，逐步与电网企业脱钩，进行公司化改造，进入市场。医疗和教育单位按国家规定实现属地化管理。"三产"和多种经营企业可参加发电企业的重组，也可以交由地方政府管理。

为了对电力企业进行有效的监管，国务院决定成立国家电力监管委员会，按照垂直管理体系，向区域电网公司电力交易调度中心派驻代表机构。监管委员会的主要职责是制订市场运营规则，监管市场运行，维护公平竞争；向政府价格主管部门提出调整电价建议；监督电力企业生产标准，颁发和管理电力业务许可证；处理电力纠纷；负责监督社会普遍服务政策的实施。[①]

虽然垄断行业改革重组取得了一定进展，但并未根本完成。主要问题有：一是垄断行业改革的范围较窄，层次较浅。目前，改革仅集中于带有网络性质的自然垄断行业，如电力、电信、民航、油气、城市供水（热、气等）、铁路、邮政等行业。而且已经开始改革的行业主要还停留在行政性拆分的层面，尚未形成规范化的准入制度。二是垄断行业进行有效竞争的市场环境尚未形成。如部分行业呈现出从独家垄断转换为地域性垄断的倾向。三是垄断行业中特大型国有企业改革明显滞后。四是监管制度改革刚刚起步，政府职能亟待转变。

加快推进垄断行业改革的主要举措：一是加快政府职能转变，进一步实行政企分开、政资分开、政事分开。政府要从直接干预企业的繁琐事务中解脱出来，将主要精力集中于制定规则、政策引导、依法监督等方面。二是要加快推进垄断行业国有企业的公司制改革，建立现代企业制度（见本章第二节）。三是要尽快建立新的监管体系，即在开放市场准入的同时，依据公开、透明、专业、诚信等诸项原则，建立现代监管体系。四是要尽快制定和完善相关法律法规，将垄断行业改革纳入法制化轨道。

二、 推进国有事业单位的改革

在国有经济的改革中，国有事业单位重要地位仅次于国有企业。迄今为止，中国全部事业单位130多万个，其中独立核算事业单位95.2万个，纳入政府事业单位编制的人员近3000万，占据60%的社会人才，1/3的国有资产，1/3的国家预算开支；而对国内生产总值的贡献只有5%~10%。[②]而且，当前我们国有事业单位构成很复杂，有提供公共产品和服务职能的（如科教文卫以及与公共基础设施和公用事业相关的服务等），有承担各种市场中介职能的，甚至有直接承担政府职能的。这些事业单

---

① 《经济日报》2002年12月30日第2版，2003年11月11日第3版。
② 《经济日报》2004年4月12日第5版、8月9日第10版。

位不仅经济性质、隶属关系、资金来源和运作方式各异，而且改革发展很不平衡。因此，国有事业单位的改革不仅很重要，而且很艰巨。

多年以来，我国国有事业单位改革取得了一定的进展（详见本篇第四章第二节）。但是，总的来看，相对国有企业来说，国有事业单位改革更为滞后。整体说来，适应社会主义市场经济要求的事业单位体制的框架还未建立。依据社会主义市场经济的要求和当前情况以及已有的改革经验，要采取以下措施推进国有事业单位的改革。①改革后中国事业单位的定性应是：主要从事社会事业和公益事业的、独立于政府和企业之外的非营利组织。其基本特点是：非政府（也非"二政府"）、非企业（也非准企业）、非营利（也非变相营利）。②大力调整事业单位结构。按照改革后事业单位的性质定位，从总体上收缩规模、调整结构。一是能够撤销的，在做好相关善后工作的基础上坚决撤销。二是目前已承担着政府职能且不宜撤销的，应明确转变为政府部门。公益性事务较少、可以改制为企业的，或者目前已从事大量市场经营活动，企业色彩比较浓重的事业单位，应明确转变为企业。承担着非沟通协调职能，其服务与市场经营活动密切相关的中介性事业单位，应明确转变为市场中介组织。三是把国家财政全额拨款的事业单位减少到必要的限度，依此原则，对现有全额拨款的事业单位，通过合并、重组形式进行整合。四是不宜再由政府出资兴办、且有市场前途的事业单位，可通过招标拍卖的方式，让渡给其他投资者。③创新机制，强化事业单位内部管理。一是建立新型的法人治理结构。对财政全额拨款的事业单位，实行理事会领导下的执行人日常负责制度。其理事会应由通过竞争方式选出的，包括出资者、业内专家等在内的若干有代表性人士组成。日常运营由执行人负责。执行人由理事会向社会公开招聘选出，并向理事会负责。形成事业单位监管机构、理事会和执行人相互间的有效制衡机制。由多元投资形成的事业单位，可以参照企业建立董事会领导下的总经理负责制度。二是全面实行管理者聘任制和全体职员竞争上岗、优胜劣汰的制度，并建立有效的激励和约束制度。④加强对事业单位的监管。一是科学设立监管机构。二是切实做到依法监管。[①]在推行以上各项改革的同时，配套措施（特别

---

① 《经济日报》2004 年 4 月 12 日第 5 版。

是社会保障制度的建设）要紧紧跟上。

国有事业单位改革是一个复杂的系统工程，它的完全实现需要经过一个长期的探索和实践过程。

三、推进国有存续企业的改革

我国从 20 世纪 90 年代以来，为了加快国有企业改革，以及尽快地让国有企业能够上市融资，国有企业较为普遍地采用了存续分立改制的方式，即把企业核心业务及相关优良资产进行剥离、重组、改制上市。上市后以集团公司或母公司的形式存在的未上市企业，被称为国有存续企业。存续分立改制上市对推动国有企业改革起了一定作用，但国有存续企业是当时国有企业改制不彻底的产物。这种做法是将国有企业改革必须解决的问题集中到存续企业中，因此引发了国有存续企业改革问题。当前，国有存续企业普遍存在的问题：一是改革滞后、运行机制不适应市场经济发展的要求。二是存续企业接受的资产在规模及质量方面都明显地次于拟上市的企业，大量的债务、非核心业务、离退休人员、下岗职工、规范改制企业的富余人员等，大都留在存续企业。三是存续企业的业务往往是依附于上市公司主业的附属业务，还有"办社会"职能，营利能力低下甚至亏损。四是有些主业上市公司与存续的关系扭曲企业引发了一系列问题。如主业成了存续企业的"提款机"，或者是存续企业成了主业公司的"利润缓冲池"。五是有些企业对存续企业采用多级法人决策体系与行政管理相结合的体制。这种体制易于引发企业总部和下属单位关系不明确、总部对下属企业控制不到位，下属企业激励不足、短期行为普遍等问题。更为严重的是，当前还有一些大型国企继续走着分拆上市的路，这必然还会留下上述后遗症。

为此，一是需要改变以往国有企业改革治标未治本，将矛盾集中在存续企业的做法。改制上市公司应推进彻底的、不留后遗症的改革。二是有关部门要加快消化国有存续企业的存量。主要是要进一步消化历史遗留问题；要理顺上市公司主业与存续企业的关系，加快市场化进程。三是相关国有企业应以业务分类重组为存续企业改革的主线。主要是以明确存续企业的核心业务，有条件的企业对业务进行再次重组，重点支持其发展壮大；在进一步分离办社会职能的同时，对辅助生产、生活后勤进行优化重组。同时，将股权多元化作为存续企业改革的主要途径，加快产权制度改革。还有，要将员工身份置换及分流安置作为存续企业改革的基础，引导和鼓励员工整体带资分流、有偿解除劳动合同和参股、控股改制企业，深化劳动用工制度改革，建立起员工能进能出、能上能下的竞争机制。①

第四节　健全国有资产管理制度

改革以来，我国国有资产管理体制改革取得了一定的进展，但相对国有企业改革来说是滞后的。以后在一个长时间内，适应社会主义市场经济要求的国有资产管理体制的基本框架还未建立，国有资产管理体制性障碍还没有从根本上得到解决。国有资产管理中存在着资产质量不够高、运营效率低、产权转让不尽规范、资产流失损失等问题。这其中一个根本原因就是国有资产管理体制改革滞后，突出表现为出资人没有真正到位和对国有资产多头管理。一方面，政府的公共管理职能与出资人职能没有分开，在内设机构和分工上既行使公共管理职能，又行使国有资产出资人职能。另一方面，监管国有资产的职能实际上分散在若干部门，权力、义务和职责不统一，管资产和管人、管事相脱节。这就使得职责不清、权责脱节的现象屡屡出现。为了从根本上解决上述问题，党的十六大决定，国家要制定法律法规，建立中央政府和地方政府分别代表国家履行出资人职责，享有所有者权益，权力、义务和责任相统一，管资产和管人、管事相结合的国有资产管理体制。十六届二中全会明确了国有资产监管机构的性质、职能、监管范围和与企业的关系等一系列重要问题。十六届三中全会进一步强调，要坚持政府的公共管理职能与国有资产出资人职能分开，国有资产监管机构对国家授权监管的国有资本履行出资人职责，并提出要建立国有经营预算制度和企业经营业绩考核体系，积极探索国有资产监管和经营的有效形式，完善授权经营制度。

依据党的十六大和十六届三中全会的精神，以及完善社会主义市场经济的要求，用 3 年或更多一点时间，构建中央政府和地方政府分别代

---

①《经济日报》2004 年 11 月 11 日第 2 版。

表国家履行出资人职责，享有所有者权益，权力、义务和责任相统一，管资产和管人、管事相结合的国有资产管理体制的基本框架，初步建立现代企业制度，实现国有资产保值增值。在此基础上，争取到2010年，建立起适应社会主义市场经济体制要求的比较完善的国有资产管理、监督、运营体制和机制。①

依据党的十六大的精神，2003年5月国务院建立了国有资产监督管理委员会（简称国资委）。这是第一次在中央政府层面上真正做到了政府的公共管理职能与出资人职能分离，实现管资产与管人、管事相结合，表明代表国家股东的出资人机构已经到位。

国资委成立后，依据党的十六大精神，已经和正在采取以下措施来构筑新的国有资产管理的基本框架。

1. 制定和完善国有资产监督管理的法律法规体系。为此，国资委成立以后，就配合国务院法制办着手起草《企业国有资产监督管理暂行条例》（简称《条例》）。该《条例》于2003年6月由国务院公布实施。《条例》关于企业国有资产监督管理体制主要规定有：企业国有资产属于国家所有。国务院代表国家对关系国民经济命脉和国家安全的大型国有及国有控股、国有参股企业，重要基础设施和重要自然资源等领域的国有及国有控股、国有参股企业，履行出资人职责。省、自治区、直辖市人民政府和设区的市、自治州人民政府分别代表国家对国务院履行出资人职责以外的国有及国有控股、国有参股企业，履行出资人职责。同时，《条例》就国有资产管理机构的设立做出明确规定，国务院，省、自治区、直辖市人民政府，设区的市、自治州人民政府，分别设立国有资产监督管理机构。国有资产监督管理机构根据授权，按照"权力、义务和责任相统一，管资产与管人、管事相结合"的原则，依法履行出资人职责，依法对企业国有资产进行监督管理。《条例》还明确要求各级人民政府应当坚持政府的社会经济管理职能与国有资产出资人职能分开，坚持政企分开，实行所有权与经营权分离。国有资产监督管理机构不行使政府的社会经济管理职能，政府其他机构、部门不履行企业国有资产出资人职责。《条

① 《〈中共中央关于完善社会主义市场经济体制若干问题的决定〉辅导读本》，人民出版社2003年版，第68、74页。

例》关于国有资产监督管理机构作为履行出资人职责的机构，对所出资企业国有资产实施监督管理的主要内容包括：一是对所出资企业负责人实施管理。二是对所出资企业重大事项实施管理。三是对企业国有资产实施管理。《条例》规定，国有资产监督管理机构对企业国有资产采取不同的监管方式。国有资产监督管理机构依照法定程序，直接决定国有独资企业、国有独资公司的重大事项；对国有控股公司，国有资产管理监督机构依照公司法规定，通过派出的股东代表、董事，参加股东会、董事会，按照国有资产监督管理机构的指示发表意见，行使表决权，对企业国有资产实施监督管理。①

为了使《条例》得到有效实施，需要制定相配套的法规，并在实践中不断完善《条例》，为《国有资产法》的出台创造条件。为此，国资委按照统筹兼顾、急用先立的原则，先后出台了与《条例》相配套的清产核资、业绩考核、产权转让等32个规章和规范性文件。其中，包括《关于规范国有企业改制工作的意见》和《企业国有产权转让管理暂行办法》，并将《国有资产法》正式列入全国人大立法计划。

2. 要切实做到出资人层层到位。为此，一是要建立健全权责明确、管理规范、上下协调、精干高效的中央和省、市（地）国有资产监管机构，在政府层面实现出资人到位。为此，2003年国资委建立以后，即着手组建省级国有资产监管机构。到2004年10月31个省区市的国有资产监管机构已经建立并开始工作，市（地）级国有资产监管机构正在陆续建立。二是要规范公司制、股份制改造，规范法人治理结构，理顺母子公司体制，把国有资产保值增值责任制落实到基层企业。为此，2003年12月国务院办公厅转发了国资委《关于规范国有企业改制工作的意见》，为国有企业改制制定了以下十大规则：方案报批；清产核资；财务审计；资产评估；交易管理；定价管理；转让价款管理；依法保护债权人利益；维护职工合法权益；规范管理层收购。为了进一步规范企业改制，2004年9月国资委又发布了《关于规范国有企业改制工作的通知》。三是继续探索和完善国有资产的授权经营。这是实现国有资产保值增值的一个重要环节。授权经营是：国有资产出资人将由其行使的部分权力授予其所

①《经济日报》2004年11月11日第2版。

出资企业中具备条件的国有独资企业、国有独资公司行使。被授权企业对其全资、控股、参股企业中国家投资形成的国有资产依法进行经营、管理和监督，并承担企业国有资产保值增值责任。被授权企业要基本建立现代企业制度，并有健全的内部管理制度。被授权经营的企业可以是从事生产经营的大公司、大企业集团，也可以是国有资产控股公司、国有资产经营公司、国有资产投资公司和金融资产管理公司等。改革以来，有些地方已经在这方面创造了一些有益经验。比如，到 2003 年，珠海市已经搭建了以国有资产管理部门为第一层，资产营运机构和授权经营主体为第二层，经营企业为第三层的"三层架构"，形成管理、运营、监督责权利明晰的"三层体系"。经过多次实践，到 2004 年 9 月，深圳也逐步建立和完善了"国有资产委员会—资产经营公司—企业"三个层次的国有资产监管和运营体系。①

3. 建立一套科学的国有资产经营责任制度。主要包括以下两方面，一是建立国有资本经营预算制度。国有资本经营预算是国有资产监管机构依据政府授权，以国有资产出资人身份依法取得国有资本经营收入、安排国有资本经营支出的专门预算，是政府预算的重要组成部分。收入主要包括国有资本经营收入、国有资产出售收入、公共财政预算转入收入、政府性基金收入及其他收入，支出主要包括投资性支出、各项补贴支出及其他支出。实行国有资本经营预算是国有资产监管机构履行国有资产出资人职责的重要方式，是对国有资本管理和运营进行评价考核的重要方面。编制国有资本经营预算要遵循收支平衡、量入为出的原则，并实现中央政府和地方政府国有资产监管机构分级编制、保值增值的原则。二是建立企业经营业绩考核体系。企业经营业绩考核体系是国有资产监管机构依法对出资企业经营业绩进行考核的一系列指标所构成的综合体系，是年度考核与任期考核相结合、结果考核与过程评价相统一、考核与奖惩紧密挂钩的新的考核体系。这是从总体上考核国有资产经营效率，实行国有资产经营目标管理，以及落实国有资产经营责任制的重要手段。与经营业绩体系相配套，要建立企业国有资产统计评价体系。

---

① 《经济日报》2003 年 11 月 12 日第 4 版、12 月 16 日第 2 版，2004 年 2 月 24 日第 9 版、9 月 15 日第 3 版、10 月 9 日第 7 版。

企业绩效评价体系是根据企业年度经营结果，以投入产出分析为核心，对企业绩效进行评价的一整套办法。还要建立符合社会主义市场经济要求的国有企业领导人员选拔任用和激励约束机制，建立有别于国家机关干部的企业领导人员选聘制度，逐步实现内部竞聘上岗、社会公开招聘、人才市场选聘等多种形式的经营者市场化配置，实行经营业绩与报酬挂钩。为此，国资委于2003年11月公布了《中央企业负责人经营业绩考核暂行办法》，到2004年11月已经完成了187户中央企业年度经营业绩责任书的签订工作。2003年，国资委公开招聘了7名中央企业高级经营管理者，2004年又公开招聘了22名。[①]

4. 继续推进国有企业监事会的工作。改革以来，在这方面已经取得了一定进展。建立监事会制度，向国家重点企业派出监事会，是党中央、国务院为从体制上加强对国有资产监督的一项重要决策。到2003年，我国共派出监事会主席42位，专职监事265人，兼职监事360多人，聘请的会计师事务所工作人员120多人，特别技术助理40多人。适应国有资产管理体制改革的需要，监事会由国务院派出调整为国资委派出，并要继续推进国有企业监事会工作。要修订《国有企业监事会暂行条例》。在监事会派出形式上，对中央企业中的国有独资企业、国有独资公司继续实行外派监事会制度；国有参股、国有控股企业中关系国计民生和国家安全的，经国务院批准，也应继续实行外派监事会制度；其他国有控股公司和参股公司，依照国家股权比例，由国资委派出监事，进入监事会。要进一步完善监事会制度，加强对国企的财务、审计监督和纪检监察，建立健全国有资产产权交易监督管理制度，研究制定对所出资企业重大事项的管理办法。[②]

近几年来，尽管在健全国有资产管理体制方面取得了重要进展，但仍存在监管体系不完整和运营主体不到位的问题。而且，在管理企业高层经营者方面如何处理同组织部门的关系，在企业上缴收益方面如何处理同财政部门的关系，在新增投资方面如何处理同发展部门的关系，以及其他类似问题，都还需要继续正确处理。

---

①《经济日报》2003年5月23日第4版、11月11日第5版，2004年5月29日第2版、11月13日第4版、11月23日第11版。

②《经济日报》2003年5月23日第4版，2004年1月16日第9版、5月29日第2版。

　　总结以上叙述，2001~2004 年，国有经济主要从继续推进国有经济战略性调整、完善现代企业制度、推进国有垄断行业和事业单位的改革，以及健全国有资产管理体制四个方面深化了改革，并且取得了明显进步。但要在这些方面建立起适应社会主义要求的完善体制，还要做出多年的、多方面的努力。

第二章　深化农村经济改革

首先，简述深化农村经济体制改革的历史背景。

1978 年以来，我国经济改革首先在农村取得突破，此后又取得了进一步发展，从而推动了农业和农村经济的迅速发展和农民收入的显著提高。但这项改革没有也不可能迅即到位。而且伴随改革深化和经济发展，农村经济体制的原有弊端会进一步暴露出来，还产生一些新问题。因此，深化农村体制改革，仍然是完善社会主义经济体制的一项重要任务。

近几年来，这方面存在的一个突出问题就是农民收入增长缓慢。据统计，1997~2003 年末全国农民人均纯收入只增加 695.9 元，不到城镇居民收入增量的 1/5；1997~2003 年，全国农民人均收纯入增幅最高的年份增长 4.8%，最低的年份只增长 2.1%，年均增长 4%，年均增长速度不到城镇居民的一半。与此相联系，城乡居民的收入差距在继续扩大。20 世纪 80 年代中期，城乡居民收入差距为 1.8：1；90 年代中后期扩大到 2.5：1；2003 年进一步扩大到 3.2：1。如果考虑到城市居民在住房、社会保障、公共卫生和教育等方面享有的国家补贴，考虑到农民家庭收入包括要缴纳的税费，以及用做生产资料的投入，实际差距约为 5：1~6：1。

还要指出以粮食生产为主的纯农户收入增长更慢。现在，农民收入的构成为：来自非农业的比重接近一半，工资性收入占 1/3，工资性收入对农民增收的贡献率达到 80% 左右，来自非农业和进城务工的收入已经成为农民收入增长的主要来源。过去几年中，由于不少农产品供过于求，价格下跌，导致农民来自农业的收入额减少，特别是以农为主的纯农户的收入增长尤其困难。1997 年，农民人均来自农业的纯收入为 1268 元，但1998~2003 年，农民来自农业的纯收入已连续 6 年低于这一水平。近几年来，粮食主产区种粮农民的收入，特别是中部和东北地区 8 个粮食主产省（河北、吉林、黑龙江、安徽、江西、河南、湖北、湖南），农民人均收入已持续 5 年低于全国平均水平，年均增长率只有 2.73%。[1]而农民收入增长缓慢，不仅严重影响到全面建设小康社会目标的实现，而且危及作为社会稳定的基石。以致中共中央、国务院于 2003 年 12 月 31 日提出了《关于促进农民增加收入若干政策的意见》，并作为 2004 年中央 1 号文件发布。[2]就这个专门问题发布 1 号文件，这在党的历史上还是第一次。诚然，多年来农民收入增长缓慢的原因是多方面的，但现有农村经济体制的不适应，显然是一个根本原因。因此，深化农村经济体制改革还是一个紧迫任务。

依据党的十六大、十六届三中全会的精神，在"十五"期间乃至一个更长的时间内，深化农村经济体制改革，主要包括以下四项内容：一是完善农村土地制度和经营制度；二是实行农村税费改革；三是深化农村流通体制改革；四是推进农村金融体制改革。

第一节　完善农村土地制度和经营制度

一、完善农村土地制度

完善农村土地制度是当前正在实行的最重要政策措施，就是"实行最严格的耕地保护制度"。[3]实行这种制度，是由我国人多地少这一基本国情和农业作为国民经济基础的特殊重要地位决定的，而且是实行作为农村基本经济制度核心的土地家庭承包经营，确保作为基本战略物资的粮食安全，以及贯彻合理利用每一寸土地、切实保护耕地这一基本国策的一个重要前提条件。但是，多年来，由于各种因素的作用，数量大得惊人的、作为最重要资源的耕地被占用。主要有：一是开发区设立过多过

---

① 《经济日报》2004 年 8 月 26 日第 7 版。

② 《经济日报》2004 年 2 月 9 日第 1 版。

③ 《中共中央关于完善社会主义市场经济体制若干问题的决定》，人民出版社 2003 年版，第 17 页。

滥，占用了大量耕地。前一时期，违规设立的开发区遍布各地，不仅省、市、县（区）三级有，甚至不少乡镇和一些村也有。据不完全统计，在这次清理整顿之前，全国开发区多达 6015 个，规划面积 3.54 万平方公里（相当于 5300 多万亩），其中相当数量是耕地，而且有的是高产农田。目前，开发区的规划面积已超过现有城镇建成区面积的总和。二是城市建设占用了大量耕地。不少城市违反城市总体规划，追求时尚，相互攀比，不切实际地建设宽马路、大广场、大草坪、主题公园，有的还盲目扩建大学城、行政中心，这种情况在各级城市中相当普遍。据对 22 个省（区、市）的不完全统计，截至 2003 年初，在建和拟建的大学城有 46 个，占地面积超过 40 万亩。一些地方为改善投资环境，竞相兴建高尔夫球场，初步统计，目前全国已建、在建和拟建的高尔夫球场多达 306 个，遍及 26 个省（区、市），占地面积 48.8 万亩，其中也占用了不少耕地。三是因调整农业结构减少了粮食播种面积。据统计，近几年内，因建设用地、房地产开发、结构调整等共占用优质田达 1300 万亩。四是生态退耕退了一些不该退的耕地。这些年，退耕还林主要的是 25 度以上陡坡耕地，15~25 度生态地位重要、水土流失严重的坡耕地，还有一部分是 15 度以下严重沙化和石漠化耕地。但退耕还林的具体实施规划没有跟上，实际操作中把握不严，致使少数地方为了得到退耕的政策实惠，把不该退的耕地也退了。此外，现有耕地中有灌溉设施的保收农田比例较低，水土流失、养分不平衡、耕作层肥力退化、农田污染等问题十分突出，耕地总体质量偏低。① 这样，实行最严格的保护耕地制度，就成为一件十分迫切的事情。

　　实行这一制度，当前除了要对基本农田施行特殊保护政策（如基本农田保护区要落实到地块，实行严格的基本农田占用的审批制度）以外，还亟需控制征地规模。在这方面，已经和正在采取的措施是：一是严格区分公益性用地和经营性用地，并采取不同的政策。征地权是国家的行政权力，只能用于水利、交通、国防、义务教育、公共卫生、公检法设施等国家重点公共设施建设，而不能用于商业开发，更不能成为企业行为。企业用地只能在符合土地利用总体规划和城镇建设规划的前提下，通过向国家、向农民购买、租赁或以土地参股等市场方式取得，价格由市场

①《经济日报》2004 年 6 月 26 日第 6 版。

决定。二是加强土地利用规划的约束力。地方各级政府都要制定和实施土地利用规划，把用地数量限制在规划数量范围之内。而且土地用途一旦确定，严格执行，不允许商业开发。三是严格控制国家建设用地数量。城镇建设要尽量利用存量土地，控制盲目向外扩张，即使是国家重点建设也要尽可能节约用地。四是改进土地征用补偿方式。当前征用农民土地补偿低，不仅严重损害了农民利益，而且是造成耕地占用多的重要因素。因此，要给被征地农民以公平、合理的补偿。要把保证农民生活水平不下降作为确定补偿安置最低标准，补偿方案要同农民商量，并要建立这方面的仲裁制度。五是坚决贯彻执行《中华人民共和国农村土地承包法》第十六条和第五十九条的规定，把承包地的使用、收益、经营权的流转和产品处置等方面的权利真正交给农民，并对非法征用占用土地，依法追究责任。[1]这样就能从主要方面构成维护耕地的市场主体，并提供法律保障，才能把最严格的保护耕地制度真正落到实处。

由于上述各项措施的逐步贯彻，在制止大量占用耕地方面已初显成效。比如，根据国务院的统一部署，各地对违规设立的开发区进行了清理整顿，到 2004 年 6 月，已上报撤销的开发区 3763 个，核减规划面积 1.4 万平方公里，退回土地面积 1600 多平方公里，复垦土地面积 1100 多平方公里。[2]

二、完善农村经营制度

完善农村经营制度，已经和正在实行的政策措施主要包括以下两个方面：

1. 稳定和完善作为农业基本经营制度的核心土地家庭承包经营制度。自从 20 世纪 80 年代初农村普遍实行家庭承包经营以来，党和政府一直强调要长期稳定土地承包关系，并将此确定为党在农村的基本政策，还为此提供根本的和具体的法律保障。1999 年九届全国人大二次会议，把这一农村基本政策写入了宪法。2002 年，九届全国人大常委会第二十九次会议通过的《中华人民共和国农村土地承包法》，对农村土地承包又做了具体规定。这为我国农村经济发展和社会稳定奠定了坚实的法律基础。

---

① 《经济日报》2002 年 8 月 30 日第 9 版。
② 《经济日报》2004 年 6 月 26 日第 6 版。

但多年来，有些地方侵犯农民的土地承包经营权益的情况常常发生。诸如随意缩短承包期、收回承包地和提高承包费；随意调整承包地，多留机动地；不尊重农民的生产经营自主权，强迫农民种这种那，强迫流转承包地等。因此，要加强《农村土地承包法》的执法力度，加强农村土地承包管理，依法保护农民的权益。

但在稳定土地承包关系的前提下，根据市场经济发展规律的要求，需要进行土地承包经营权流转，逐步发展适度规模经营。《农业土地承包法》规定，通过家庭承包取得土地承包经营权可以依法采取转包、出租、互换、转让，或其他方式流转。国家保护承包方依法、自愿、有偿地进行土地承包经营权流转。①这就是土地流转以及如何流转的法律依据。依法，即要按照土地承包法规定的原则和程序进行规范的流转。自愿，即尊重农民的自主权。土地是农民的"命根子"，土地流转必须要看承包户是否真正愿意放弃经营土地。有偿，即土地承包经营权流转应当是有偿的。土地流转的转包费、转让费和租金等，应由农户与受让方或承租方商定，收益应归农户所有。需要强调指出：依法实行农民承包经营权流转对保护农民具有重要意义。据专家估算，有的年份不少地方用行政手段强行低价买断的办法，把农民集体所有土地收归国有，用于开发区房地产的非农业经营，每年农民土地流失约达 1000 亿元，而且使农民失去生活保障，影响社会安定。②

随着市场经济的发展和土地的流转，一些农户的经营规模必然会逐步扩大。但在中国具体条件下，发展土地规模经营要特别注意同农村工业化、城镇化水平相适应，同农村劳动力转移相同步，还要考虑人多地少的国情。因此，发展土地规模经营必须和只能是逐步的、适度的。

2. 进行农村经营制度创新。主要有：①完善农村社区性集体经济组织。改革后，农村基层设立了农民的自治性组织——村民委员会。这是农村集体财产的所有者，也是在农村社区内部向农民提供各类服务的主要承担者。多年来，许多农村集体经济组织对本组织内承包户的家庭经营提供生产技术服务，同时使集体经济自身实力增长。但也有不少农村

①《经济日报》2002 年 8 月 30 日第 9 版。
②《经济日报》2002 年 2 月 22 日第 13 版。

集体经济组织不仅不向农户提供生产技术服务，反而以各种名目向农户收钱，加重农民负担，导致经济发展滞后，干群关系紧张，影响农村稳定。因此，党的十六届三中全会《决定》提出："农村集体经济组织要推进制度创新，增强服务功能。"这就要求村民委员会推进农村集体经济组织的制度创新，特别是在集体经济组织内部要加强民主管理和民主监督，实行村务公开，以增强集体经济组织的凝聚力。同时，要明确集体经济组织的主要功能就是为农户的生产生活提供各种服务，就是要把农民一家一户办不了、办不好、办起来不合算的事情努力办好。比如，为农户提供灌溉、机耕、植保、种子、农资供应、农产品销售等服务。②发展农村专业合作组织。伴随市场经济的发展，获得市场信息、优良品种和先进适用技术，以及提高进入市场的组织化程度、降低农产品生产和销售过程中的风险和成本等，就成为农民日益迫切的要求。这样，由农民自愿发起的各类农村专业合作组织就应运而生。这类组织一般有两个共同点：一是完全在农民自愿、民主基础上形成的自我服务组织；二是主要都是围绕某一农产品生产、销售或加工等环节形成的专业性组织。目前，全国各类农民专业合作经济组织已超过15万个，已逐步成为农民增收创业的新起点。合作经济组织成员与一般农户比较，人均年纯收入通常要高出10%~40%。①为此，党的十六届三中全会的《决定》提出："支持农民按照自愿、民主的原则，发展多种形式的农村专业合作组织。"为此，需要明确农村专业合作组织法律地位，规范其内部章程，以及在税收和信贷等方面给予其政策扶持。③推进农业产业化经营。这被称为"公司＋农户"的经营方式，以农产品加工、营销等企业为"龙头"，根据自愿、互利的原则，与农户建立稳定的农产品产销关系。改革后的实践表明：农业产业化经营是向农户提供较全面的经济技术服务的一种重要形式。所以，党的十六届三中全会的《决定》提出："鼓励工商企业投资发展农产品加工和营销，积极推进农业产业化经营，形成科研、生产、加工、销售一体化的产业链。"②

近两年来，农业产业化经营获得了迅速发展。2003年，全国各类农

---

① 《经济日报》2004年12月14日第4版。

② 《中共中央关于完善社会主义市场经济体制若干问题的决定》，人民出版社2003年版，第17~18页。

业产业化组织总数达 9.4 万个。销售收入 1 亿元以上的龙头企业有 1972 个，利税总额达 1042 亿元；二者分别比 2000 年增长 66%和 47%。各类产业化经营组织带动农户 7265 万户，平均每户增收 1000 元，比 2000 年增加 100 元。我国农业产业化经营呈现出新特点：①农业产业化组织的结构趋向合理。2003 年种植业产业化经营组织达 4.4 万个，占 46.8%；畜牧业产业化经营组织 2.3 万个，占 24.1%；水产业产业化经营组织 7781 个，占 8.2%；林业产品产业化经营组织 9876 个，占 10.4%；其他 9871 个，占 10.5%。与 2000 年相比，种植业比重略有下降，畜牧业比重持续上升，水产业比重基本持平。②龙头企业与农户间的利益联结方式多样化。2003 年，在全国各类产业化组织与农户的联结方式中，合同方式占 51.9%，合作方式占 12.6%，股份合作方式占 13.3%，其他方式占 22.2%。而且产业化组织与农户利益联结的内容更加丰富：一是丰富订单内涵，稳定企业和农户的关系。新型订单除了包括订购产品数量、质量外，有的还制定了最低保护价，提供系列化服务，有的还增加了"企业担保、银行贷款、政府贴息，解决农户资金不足"等新内容。二是引入保险机制，提高共御风险能力。有的龙头企业建立风险基金，有的通过参加商业保险方式降低风险。[①]

总体说来，采取以上各项政策措施，就能够完善农村经营机制，形成这样的基本框架：以家庭承包经营为基础，由社区性集体经济组织，农村专业合作组织和农业产业化经营所组成。

第二节　实行农村税费改革

改革以来，我国农业生产和农民生活有了很大提高。但是，农村税费制度和征收办法还不合理，农民负担很重。这表现在：①农民"三乱"普遍存在。在收费方面，中小学学生就学、农民建房、农民结婚登记时的搭车收费比较严重；在集资方面，地方向农民集资修建道路、兴修水利、办电等。②高估虚报农民人均纯收入，多提村提留和乡统筹费。按

---

①《经济日报》2004 年 1 月 19 日第 2 版。

政府规定，村提留和乡统筹费不得超过农民上年人均纯收入的 5%。有的地方为了多提村提留和乡统筹费，在农民纯收入统计上弄虚作假，虚增收入，变相加重了农民负担。③摊派严重。一是平摊农业特产税、屠宰税。一些地方不按税法规定依法征税，采取高估平摊办法，按人头、田亩数向农民征收农业特产税、屠宰税。有的地方为了增加农业特产税税源，甚至强迫农民种烟、种果等。二是报刊乱摊派。④"两工"政策弹性大，强行以资代劳现象较为严重。根据规定，可以要求每个农村劳动力每年承担 5~10 个农村义务工和 10~20 个劳动积累工，有条件的地方，经县级政府批准还可适当增加。该项政策在具体执行中，几乎都固定要求农民无偿出工，有的地方甚至不让农民出工，而要求农民以资代劳。⑤不切实际的达标升级活动屡禁不止。往往是上面布置任务，基层出钱出物，这些负担最后都摊派到农民头上。这就大大加重了农民负担。据有的专家计算，2000 年农民除通过"剪刀差"为国家提供积累外，直接负担的税费共 1778 亿元（包括各种税、"三提五统"、"两工"以资代劳等），平均每个农民负担 199 元，占人均纯收入的 8.8%。比用于农业的支出多 1000 亿元。在上述情况下，推行农村税费改革就具有极重要的经济、政治意义。以致有的学者把它称为又一次重大改革。解放初实行了土地改革，实现了"耕者有其田"。改革后实行了家庭承包经营，实现了"耕者有其权"。这次农村税费改革，实现了"耕者有其利"。①

　　按照党中央、国务院的部署，2000 年以来，安徽等地进行了农村税费改革的试点。经过两年多的试点，取得了重要的阶段性成果。一是有效地遏制了农村"三乱"，明显减轻了农民负担。试点地区农民负担减幅一般都在 25% 以上，得到了农民的衷心拥护。安徽省 2001 年全省减少农民政策性负担 19.4 亿元，农民人均政策性负担比改革前减少 39 元，减幅达 35.6%。如果加上减少"两工"、规范涉农收费和制止农村"三乱"，减负效果更加明显。二是积极探索了农村义务教育和乡村两级运转必要经费的解决办法。安徽等试点地区通过精简机构、并乡并村等配套措施，以及调整财政支出结构和上级给予转移支付补助等办法，基本解决了乡村财力缺口问题，初步建立了农村中小学教师工资发放、学校公用经费

①《经济日报》2002 年 8 月 9 日第 2 版、8 月 12 日第 2 版。

和危房改造投入、乡镇五项事业费、村级三项费用的经费保障渠道。三是初步规范了农村税费征管。试点地区对农业税征管体制、征收程序、征收办法都进行了规范，普遍实行了纳税登记和纳税通知制度。①

两年多的试点还在农村税费改革方面积累了许多经验。重要的有：①为确保农村税费改革取得成功，需要做好以下相关配套改革：一是改革和精简乡村机构、压缩人员、节减开支，转变乡镇政府职能。二是加大中央和省两级财政转移支付力度，为农村税费改革提供必要的财力保证。三是严格规范农业税征收管理，促进农业税收征管的法制化。四是建立健全村级"一事一议"的筹资筹劳管理制度。五是切实执行中央减轻农民负担政策，建立有效的农民负担监督管理机制。六是认真研究和积极探索有效办法，妥善处理乡村不良债务。②确保农民负担得到明显减轻、不反弹，确保乡镇机构和村级组织正常运转，确保农村义务教育经费正常需要，是衡量农村税费改革是否成功的重要标志。为了做到"三个确保"，一是要建立完善"规范收费、公开透明、民主监督、责任追究"的农民负担监督机制。二是要建立完善"政府办学、经费保障、因地制宜、加强管理"的农村义务教育投入机制。三是要建立完善"机构精简、职能转换、缺口上移、重心下移"的乡村政权组织正常运转机制。②

2002年，根据中央提出的"积极稳妥，分步实施"的方针，国务院决定2002年进一步扩大农村税费改革试点范围。扩大改革试点的省份主要是农业大省和粮食主产省，进行改革试点地区（包括进行局部试点地区）的农业人口约有6.2亿，占全国农业人口的3/4以上，农村税费改革将向前迈进一大步。③

2003年，按照党的十六大以及中央经济工作会议和中央农村工作会议精神，国务院决定全面推进农村税费改革试点，并做出了《关于全面推进农村税费试点工作的意见》（2003年3月27日），就这项工作做了全面部署，④从而促进了这项工作的开展。

但是，当前农民负担水平依然偏高，种粮农民负担仍然较重，相关

---

① 《经济日报》2002年8月20日第2版。
② 《经济日报》2002年8月14日第21版、8月22日第2版。
③ 《经济日报》2002年8月9日第2版。
④ 《经济日报》2003年5月18日第1版。

配套改革相对滞后，农民减负的基础还不牢固，甚至存在负担反弹情况。为此，2004年中央"1号文件"提出要继续推进农村税费改革，并依据改革试点经验在这方面提出了一系列切实可行的有效措施。要巩固和发展税费改革的成果，进一步减轻农民的税费负担，为最终实现城乡税制的统一创造条件。逐步降低农业税税率，2004年农业税税率总体上降低1个百分点，同时取消烟叶外的农村特产税。降低税率后减少的地方财政收入，沿海发达地区原则上由自己消化，粮食主产区和中西部地区由中央财政通过转移支付解决。有条件的地方，可以进一步降低农业税税率或免征农业税。各地要严格按照减税比例调减到户，真正让农民得到实惠；确保各级转移支付资金专款专用，及时足额下拨到位。要据实核减合法征占耕地而减少的计税面积。要加快推进配套改革，继续加强农民负担监督管理，防止农民负担反弹，巩固农村税费改革成果。进一步精简乡镇机构和财政供养人员，积极稳妥地调整乡镇建制，有条件的可实行并村，提倡干部交叉任职。优化农村学校布局和教师队伍。进一步清理和规范涉农行政事业性收费。巩固治理利用职权发行报刊的成果。积极探索化解乡村债务的有效途径。尽快制定农业税的征管办法。①

实际上，2004年有8个省已经免征或基本免征了农业税，有11个粮食主产省农业税降低了3个百分点，农业特产税已经取消，中央财政2004年拿出205亿元支持农村税费改革，加上2003年的转移支付，实际上中央财政用于支持农村税费改革的资金已高达511亿元。通过免征农业税和降低农业税税率，全国共减轻农业税税负约220亿元，加上取消除烟叶以外的农业特产税，共计减轻农民税收负担约280亿元。全国农民普遍减负达30%以上。②

但要贯彻中央1号文件精神，实现农村税费改革任务，就要使这项改革到位，各项配套改革到位，政策和财政支持到位，监管和执法力度到位。当然实现这项任务，也只是农村税制改革的第一步，还需在这个基础上实现统一的城乡税制。

---

① 《经济日报》2004年2月9日第6版。
② 《经济日报》2004年7月31日第5版。

第三节   深化农产品流通体制、农村金融体制改革

一、深化农产品流通体制改革

经过 20 多年的改革，我国农村商品流通体制改革取得了很大进展。概括起来说，包括棉花和油料等在内的绝大多数农产品都实现了市场主体自主流通和市场定价。

但直到 2000 年作为最主要农产品的粮食流通并没有真正完全放开。但在 1998 年，在粮食供过于求、市场粮食价格持续下滑的情况下，为了保护农民的利益，国务院实行了"按保护价敞开收购农民余粮，粮食收购资金封闭运行，国有粮食购销企业收购的粮食顺价销售，深化国有粮食企业改革"的粮食流通政策。实行这项政策，有保护价的顶托，市场粮价下滑的幅度得到了控制，农民的利益受到了保护，对基本稳定粮食生产起了积极作用。但这项政策并没有从根本上摆脱计划经济体制统购统销的思路，并不适合市场经济的要求，因而难以持久实行。事实上，由于市场供求规律的作用，在粮食供过于求的情况下，很难做到按保护价敞开收购，并顺价销售。于是，2001 年国务院批准北京、天津、上海、江苏、浙江、福建、广东、海南 8 个粮食主销区的省市于这年春开始实行粮食购销市场化改革。之后，粮食产销基本平衡的省区也陆续实行粮食购销市场化改革。2003 年，除粮食主产区外，多数省区市的粮食收购已经实行了市场定价，并允许有资质的粮食收购企业自主购销的体制。这样，党的十六届三中全会《决定》进一步提出："完善农产品市场体系，放开粮食收购市场，把通过流通环节的间接补贴改为农民的直接补贴，切实保护种粮农民的利益。"[1]

依据上述《决定》精神，国务院于 2004 年 5 月 26 日发布了《粮食流通管理条例》，就粮食流通管理总则，粮食经营、宏观调控、监督检查和法律责任等方面做了规定。[2]接着在 5 月 31 日至 6 月 1 日温家宝总理主持

[1]《中共中央关于完善社会主义市场经济体制若干问题的决定》，人民出版社 2003 年版，第 18 页。
[2]《经济日报》2004 年 6 月 4 日第 7 版。

召开了全国粮食流通体制改革工作会议，就这项改革做了全面部署。按照这个部署，深化粮食流通体制改革的原则，必须坚持有利于发展粮食生产，有利于种粮农民增收，有利于粮食市场稳定，有利于国家粮食安全。改革的总体目标是在国家宏观调控下，充分发挥市场机制在配置粮食资源中的基础性作用，实现粮食购销市场化和市场主体多元化；建立对种粮农民直接补贴的机制，保护粮食主产区和种粮农民的利益，加强粮食综合生产能力建设；深化国有粮食购销企业改革，切实转换经营机制，发挥国有粮食购销企业的主渠道作用；加强粮食市场管理，维护粮食正常流通秩序；强化粮食工作省长负责制，建立健全适应社会主义市场经济发展要求和符合我国国情的粮食流通体制，确保国家粮食安全。深化粮食流通体制改革的主要任务是，放开收购市场，直接补贴粮农，转换企业机制，维护市场秩序，加强宏观调控。当前和今后一个时期要重点做好以下几个方面工作：一是放开粮食收购和价格，健全粮食市场体系。进一步转换粮食价格形成机制，加快建立全国统一、开放、竞争、有序的粮食市场体系。二是建立直接补贴机制，保护种粮农民利益。从2004年起，全面实行对主产区种粮农民的直接补贴政策，调动主产区和农民种粮积极性。三是加快国有粮食购销企业改革，从根本上转换企业经营机制。放开粮食收购和价格后，要继续发挥国有粮食企业的主渠道作用。同时，要按照建立现代企业制度的要求，加快国有粮食购销企业产权制度改革和机制转换，妥善解决历史包袱问题，不断提高市场竞争力。四是加强和改善粮食宏观调控，确保国家粮食安全。切实保护和提高粮食综合生产能力，完善中央和省两级粮食储备调节制度，建立中长期粮食供求总量平衡机制和市场预警机制。五是建立粮食产销区之间长期稳定的产销协作关系。深化粮食流通体制改革，特别需要把加强粮食市场管理作为突出任务。要建立粮食市场准入制度，各类从事粮食收购的企业，都必须执行国家规定。要加强对非国有粮食购销企业的服务和监管，强化粮食批发、零售市场管理，大力整顿粮食市场秩序，建立粮食经营信息统计报告制度，完善粮食市场管理制度，做到放而不乱、活而有序。[①]

---

① 《经济日报》2004年6月2日第1版。

　　上述部署正在得到有力贯彻。比如对粮食农民实行直接补贴，是粮食流通体制改革的一个配套政策。按照 2004 年中央"1 号文件"精神，国家要从粮食风险基金中拿出不少于 1/3 的资金直接补贴粮食主产区的农民，非粮食主产区也要从风险基金中拿出一定的资金补贴本地的粮食主产县市，两项合计，2004 年直接补贴种粮农民资金总额将达 118 亿元。加上 15 亿元良种补贴和 6 亿元化肥农资补贴，平均测算，这些政策措施可以使每个农民平均增收 50~55 元。目前，全国共有 29 个省（区、市）已实行对种粮农民直接补贴，资金总额达到了 116 亿元，共有 6 亿农民受益。[①]

　　可以预期，实现了粮食流通体制改革，我国就基本上实现了适应市场经济要求的由市场主体自主流通，市场定价的农产品流通体制。但做到了这一点，还不能算建立了完善的农产品市场体系。要建立这种体系，还要进行农产品市场本身建设，建立农产品市场运行规划，以及完善政府对农产品市场的调控。

二、改革和创新农村金融体制

　　改革以来，国有商业银行适应市场经济的要求，在农村的信贷业务也有所调整，国有政策性银行对农村经济发展的服务并没有及时到位；农村信用社的改革严重滞后；多种所有制的金融组织远远没有跟上农村多种所有制基金的发展。这样，当前农村金融服务主体不仅数量少，而且能力弱；本应增强对农村资金支持的局面不仅没有形成，反而出现了农村资金不断外流的不正常情况，以致金融缺失成为制约农村基金发展的一个"瓶颈"。

　　为此，2004 年中央"1 号文件"首次明确系统地提出了改革和创新农村金融体制的任务，并提出了实施这项任务的原则和多项措施。

　　改革和创新农村金融体制，要从农村实际和农民需要出发，按照有利于增加农户和企业贷款，有利于改善农村金融服务的要求，加快改革和创新农村金融体制。建立金融机构对农村社区服务的机制，明确县域内各金融机构为"三农"服务的义务。扩大农村贷款利率浮动幅度。进一步完善邮政储蓄的有关政策，加大农村信用社改革的力度，缓解农村

[①]《经济日报》2004 年 8 月 2 日第 2 版。

资金外流。农业银行等商业银行要创新金融产品和服务方式，拓宽信贷资金支农渠道。农业发展银行等政策性银行要调整职能，合理分工，扩大对农业、农村的服务范围。要总结农村信用社改革试点经验，创造条件，在全国逐步推开。继续扩大农户小额信用贷款和农户联保贷款。鼓励有条件的地方，在严格监管、有效防范金融风险的前提下，通过吸引社会资本和外资，积极兴办直接为"三农"服务的多种所有制的金融组织。有关部门要针对农户和农村中小企业的实际情况，研究提出多种担保办法，探索实行动产抵押、仓单质押、权益质押等担保形式。鼓励政府出资的各类信用担保机构积极拓展符合农村特点的担保业务，有条件的地方可设立农业担保机构，鼓励现有商业性担保机构开展农村担保业务。加快建立政策性农业保险制度，选择部分产品和部分地区率先试点，有条件的地方可对参加种养业保险的农户给予一定的保费补贴。[①]当前这些措施正在贯彻落实。现以农村金融改革为例说明一下。

为了推进农村金融改革，2003 年 6 月，国务院做出了深化农村信用社改革试点的决策，确定江西等 8 个省（市）作为第一批试点单位。2004年 8 月国务院在总结前一阶段试点工作的基础上，决定把北京等 21 个省区市作为进一步深化农村信用社改革试点单位。这样，试点单位就扩大到 29 个省（市、区）。经过一年多的时间，8 省市的试点取得阶段性成效。一是各试点地区农村信用社省级管理机构已经建立，省级政府对农村信用社的管理责任得以明确，"国家宏观调控、加强监管，省级政府依法管理、落实责任，信用社自我约束、自担风险"的新的监督管理体制基本形成。二是农村信用社产权制度改革取得初步效果，目前已有 10 家县级银行类机构挂牌开业（包括原有 4 家），14 家批准筹备，年内还将有近 30 家组建。三是在政府金融、税收等一系列政策支持下，农村信用社历史包袱和金融风险得到初步化解，经营状况明显改善，支农实力得到大大增强。由于深化农村信用社改革试点工作在 29 个省市区的开展，截止到 2004 年末，全国农村信用社各项存款余额 27840 亿元，比年初增加3777 亿元，增长 15.7%；各项贷款余额 19551 亿元，比年初增加 2629 亿元，增长 15.5%；不良贷款余额下降 544.6 亿元，占贷款总数的23.1%，

---

① 《经济日报》2004 年 2 月 9 日第 6 版。

较年初下降 6 个百分点；农业贷款余额 8490 亿元，比年初增加 1557 亿元，增加 22.5%，高于同期各项贷款增幅近 10 个百分点。[①]

由于上述各项深化农村经济改革政策措施的贯彻实行，再加上国家支农力度的加大，农业结构的进一步调整以及粮食价格的恢复性增长，2004 年农业生产和农民收入也都出现了重要转轨。2004 年夏，粮食产量达到 2021 亿斤，比上年增产 4.8%，扭转连续 4 年减产的局面；早稻面积预计比去年增加 800 万亩，扭转了连续 7 年下滑的局面；全年粮食播种面积预计比去年增加 4000 万亩左右，总面积将超过 15 亿亩，扭转连续 5 年下降的局面。全年粮食总产量有望实现 9100 亿斤的预期目标。前三季度，农民人均现金收入达 2110 元，实际增长 11.4%，增长幅度比上年同期提高 7.6 个百分点。农民增收一是靠优惠政策。据测算，仅粮食直补、良种补贴、农机补贴和减免农业税的"三补一减"政策，就可使粮食主产区农民人均直接增收 70 多元，全国农民人均增收 50 元左右，拉动收入增长 2 个百分点。二是靠涨价。据测算，2004 年 1~8 月，粮食零售价格比去年同期上涨 28%。粮价每亩地增收了两三百元人民币。三是靠增产。由于粮食价格上涨和粮食产量的增加，2004 年前三季度，农民出售农产品的现金收入增长了 24.9%。四是靠外出务工。2004 年上半年农民工的收入增长较快，在本地务工农民的收入增长了 27.5%，在外地务工农民的收入增长了 15.3%。[②]

① 《经济日报》2004 年 9 月 10 日第 6 版、11 月 9 日第 5 版、12 月 1 日第 5 版，2005 年 1 月 19 日第 5 版。
② 《经济日报》2004 年 11 月 28 日第 1 版。

第三章　继续推进非国有经济的
改革和发展

第一节　大力推进城镇集体经济的改革和发展

改革开始以后，相对国有企业来说，集体企业活力较强，而非公有制企业还没有发展起来。从 20 世纪 70~90 年代中，集体工业发展速度较快，占工业总产值的比重呈上升趋势。但是，由于国有企业改革深化，活力趋于增强，特别是由于非公有经济发展较快，市场竞争加剧，而集体工业由于各种历史的和现实的原因，改革滞后，并存在许多特殊困难，再加上产业结构调整加快等方面的原因，致使包括城镇集体企业在内的集体工业产值由 2000 年的 11907.9 亿元下降到 2003 年的 9458.4 亿元，占工业总产值的比重由 13.8%下降到 6.6%（详见附表 13）。与此相联系，企业资产负债率高，职工收入普遍较低，下岗职工生活困难。

但是，集体企业在我国社会经济生活中具有不容忽视的地位。直到 2003 年，规模以上集体工业企业仍有 2.47 万户，固定资产投资 7806.9 亿元，就业人员 951 万人，工业总产值 9458.4 亿元。而且，发展潜力很大。正如党的十六大曾经指出的，"集体经济是公有制经济的重要组成部分，对实现共同富裕具有重要作用"。①

---

① 《中国共产党第十六次全国代表大会文件汇编》，人民出版社 2002 年版，第 24 页。

多年来，城镇集体企业萎缩的根本原因是改革滞后，以致严重影响了它的发展。主要是：①产权关系不清，所有者不明确。表现是：企业职工人人都是所有者，但人人又不实际拥有企业财产权益；城镇集体资产的占有、使用、收益和处分，在一定程度上还是上级主管部门说了算；上级单位行使所有权，厂长和经理行使经营权和管理权，但谁也不承担风险责任。②管理机构不健全。从中央到地方还没有建立一个健全的、统一的指导集体企业改革的部门，甚至在许多地方仍用"二国营"的传统办法来管理集体企业。③法规建立滞后。当前，城镇集体企业仍然沿用 1991 年 9 月颁布的《中华人民共和国城镇集体所有制企业条例》。这个条例曾经起过重要的作用，但在许多方面已经不能适应当前城镇集体企业深化改革的需要。④政策支持不到位。在税收、融资和兼并破产等方面，政府还没有出台这一项专门支持城镇集体企业改革的政策，以致这项改革举步维艰。⑤许多集体企业难以支付改革成本。一是城镇集体企业改制的程序比较复杂，按规定必须经过清产核资、资产评估、产权界定、工商注册变更登记等程序，各程序均需缴纳相应费用。二是安置职工和离退休人员需要支付包括离退休和内退人员在内的生活费、养老费、失业保险费和医疗费等费用。三是企业债务负担沉重。1998 年，清产核资的 31.3 万户城镇集体企业，资产总额18498.7 亿元，负债总额 14464.7 亿元，所有者权益 4034.4 亿元，资产负债率 78.2%；资产损失和资金挂账 2557.1 亿元，占所有者权益的 63.4%。一些企业长期拖欠职工工资、医疗费，欠缴职工养老、医疗、失业保险金，还有大量外债、欠息和欠税，自身难以偿还。

解决城镇集体企业困难的根本出路是深化改革。针对上述情况，党的十六届三中全会提出："以明晰产权为重点深化集体企业改革，发展多种形式的集体经济。"①当前需要依据这种根本思路采取相应的措施。①明晰产权。首先，产权界定。企业在实行转制、出售、兼并、合并、分立等产权变更时，必须按国家法规进行产权界定，按照"谁投资谁所有、谁积累谁所有"原则，合理划分投资积累和劳动积累比例，切实保证劳动群众和企业投资人的权益。其次，所有权确认和行使。集体资产在明晰

---

① 《中共中央关于完善社会主义市场经济体制若干问题的决定》，人民出版社 2003 年版，第 14 页。

产权归属时必须确立所有权人。所有权人属于法人或自然人，他就是出资人；所有者是劳动群众集体时，就应由职工大会行使所有权。再次，资产量化。通过资产量化，实现产权主体人格化，明确企业所有权、经营权和收益权归属，消除产权模糊的弊端。依据企业实际，把劳动积累形成资产与职工工龄、贡献大小挂钩，并对离退休、下岗人员相关权益给予保障。量化集体共有产权，要着眼于建立现代产权制度和实现投资主体多元化。②在建立现代企业制度的同时，发展多种形式的集体经济。要根据企业具体情况，除少数以出售形式转制外，大部分可采用收购、兼并、合资合作、存量折股等形式，改组改造为多种形式的股份制企业（包括有限责任公司和股份有限公司）、股份合作制企业，或者以劳动者资本联合为主的供销、信用、住宅、医疗、消费等合作经济组织。③要切实实行政企分开，割断政府部门干预集体企业经营的资产纽带。④建立资产监督管理体系。在建立现代企业制度中，要建立运营与监管机制，明确城镇集体资产的所有者、经营者、管理者和监督者的各自职责与权益，各司其职，各负其责。⑤加强立法规范企业的改革。要加快起草《合作经济法》，规范合作经济组织行为，保护其合法权益，促进其健康快速发展。⑥要在税收、融资、兼并破产和解除职工劳动关系等方面制定相应的政策，解决集体企业改革中的困难，并使得职工（包括退休职工和解除劳动关系的职工）的合法权益得到保证。⑦要切实明确统一管理集体企业改革的政府部门。

在深化改革的基础上，企业本身也要从加强经营和民主管理，产品调整、技术改造和职工培训等方面下大工夫，以巩固改革成果，并推进集体经济的发展。

第二节　继续推进乡镇集体经济的发展

21世纪开始以来，继续在改革和发展方面采取了许多措施，以促进乡镇集体经济的发展。主要是：①深化乡镇企业改革。到2003年，在169万家乡村集体企业中，已有95%通过了各种形式的产权制度改革，其中20万家转成了股份制和股份合作制企业，139万家转成了个体私营企业。当前混合经济和个体私营经济已成为乡镇企业的主体。2003年，二者创造的增加值已占全部乡镇企业的70%以上。②继续推进产业结构调整。2003年，乡镇企业三次产业的比重达到1.15：77：21.85，而在10年前这一比例是1：84：15。食品加工、服装、电气、化工等有一定技术含量的行业保持了稳定上升，高新技术产业和名牌产品在乡镇企业中大量出现。③发展规模经济的同时，加快技术进步。与1991年相比，2003年乡镇企业的平均产出规模增加了两倍，职工规模扩大了50%，平均注册资本金以10%的年均速度递增，年营业收入1000万元以上乡镇企业达70025个，其中66%建有研发机构，共创造了38.6%的乡镇企业增加值。④布局进一步集中，聚集效应开始显现。目前，30%以上的乡镇企业已集中到工业园区和小城镇。⑤企业职工素质、管理水平、产品质量和信用状况都得到了改善。这些都促进了乡镇集体经济的发展。2002年乡镇企业增加值由2000年的27156.23亿元增加到32385.8亿元。其中，集体企业由9424.87亿元增加到12067.35亿元（详见附表32）。2003年，乡镇企业增加值增长到了36686亿元，同比增长63.4%；预计2004年乡镇企业增加值达到41000亿元，同比增长12%。⑥随着乡镇企业的发展，它在产业经济中的地位得到进一步提高。2003年，乡镇企业增加值占国内生产总值的比重由2000年的30%上升到35%。①

　　但是，当前乡镇企业发展仍然面临很多困难。①产权不明晰和法人治理结构不健全的问题仍然广泛存在。②自身素质有待提高。乡镇企业以中小型企业为主，平均固定资产原值只有13万元，技术创新力不强；品牌意识、诚信意识、知识产权意识、自觉维护市场经济秩序的意识不强，使许多企业既不能适应激烈的市场竞争，又常常受到监督部门的制裁与处罚。③结构调整有待加强。传统产业占了当前乡镇企业增加值的一多半，农产品加工业只占1/4，第三产业仅有1/5；许多乡镇企业不适应可持续发展的要求；大多数乡镇企业产业趋同，集中在市场竞争激烈的行业，无序竞争现象比较普遍；布局分散，区域性特色经济发展不够；地区间发展很不平衡，东部与中西部的差距进一步拉大。④发展环境有

---

①《中国经济年鉴》（2004），中国经济年鉴社；《经济日报》2004年12月21日第3版；中央电视台2004年12月4日《新闻联播》。

待改善。贷款难，成为制约乡镇企业发展的"瓶颈"。到2003年底，乡镇企业贷款余额只占全社会贷款余额的5%左右。而且，乡镇企业在出口配额、用地政策、股票上市等诸多方面不能享受国民待遇。还有，企业负担过重，各种规费项目过多、标准过高等普遍存在。⑤服务体系有待建立。乡镇企业行政管理部门多年来工作条件差、服务手段弱的问题一直没有解决，无法网罗社会资源，建立起乡镇企业的社会化服务体系。因此，当前需要针对上述情况采取有效措施，促进乡镇集体企业的发展。特别需要按照党的十六届三中全会的精神，以明晰产权为重点深化集体企业的改革，发展多种形式的集体经济。同时，要建立从中央到地方的、负责指导这项改革的机构，加强这方面的法制建设，健全有关政策。

第三节　继续推进个体、私营经济的快速发展

一、营造更宽松的法律和政策环境

1997年党的十五大提出："非公有制经济是我国社会主义市场经济的重要组成部分。"① 2002年，党的十六大进一步提出："充分发挥个体、私营等非公有制经济在促进经济增长、扩大就业和活跃市场等方面的重要作用。放宽国内民间资本的市场准入领域，在投融资、税收、土地使用和对外贸易等方面采取措施，实现公平竞争。依法加强监督和管理，促进非公有制经济健康发展。完善保护私人财产的法律制度。"② 后来，《中共中央关于修改宪法部分内容的建议》将这些指导思想进一步上升为根本大法。这个建议提出：《宪法》第十一条第二款"国家保护个体经济、私营经济的合法的权力和利益。国家对个体经济、私营经济实行引导、监督和管理"。修改为："国家保护个体经济、私营经济等非公有制经济的合法的权力和利益。国家鼓励、支持和引导非公有制经济的发展，并对非公有制经济依法实行监督和管理。"这一修改建议非常重要。第一句话通过把"国家保护个体经济、私营经济的合法的权力和利益"修改为"国家保护个体经济、私营经济等非公有制经济的合法的权力和利益"，既保留了

---

① 《中国共产党第十五次全国代表大会文件汇编》，人民出版社1997年版，第22~23页。
② 《中国共产党第十六次全国代表大会文件汇编》，人民出版社2002年版，第26页。

原句的含义，又进一步明确非公有制经济不仅是个体经济和私营经济，还包括其他形式的非公有制经济，它们的合法的权力和利益同样受国家的保护。第二句话通过把"国家对个体经济、私营经济实行引导、监督和管理"修改为"国家鼓励、支持和引导非公有制经济的发展，并对非公有制经济依法实行监督和管理"，既保留了原句中国家对非公有制经济实行引导、监督和管理的含义，又增加了鼓励、支持非公有制经济发展的内容。建议还提出，《宪法》第十三条"国家保护公民合法的收入、储蓄、房屋和其他合法财产的所有权。""国家依照法律规定保护公民的私有财产的继承权。"修改为："公民的合法的私有财产不受侵犯。""国家依照法律规定保护公民的私有财产权和继承权。""国家为了公共利益的需要，可以依照法律规定对公民的私有财产实行征收或者征用，并给予补偿。"这样修改至少包括四点重要内容：一是进一步明确了私有财产的法律地位；二是对私有财产权给予切实保护；三是进一步扩大了受法律保护的私有财产的范围；四是为完善对私有财产的征收、征用制度提供了宪法依据。①这些建议已经 2004 年 3 月全国人大十届二次会议高票通过。

在这期间，国务院及其有关部门依据上述决议和新修订的宪法规定制定了一系列的促进个体私营经济发展的政策。2002 年 1 月，国家计委印发了《国家计委关于促进和引导民间投资的若干意见》。这份文件提出，凡是鼓励和允许外商投资进入的领域，均鼓励和允许民间投资进入；在实行优惠政策的投资领域，其优惠政策对民间投资同样适用；鼓励和引进民间投资以独资、合作、联营、参股、特许经营等方式，参与经营性的基础设施和公用事业项目建设；鼓励和引导民间投资参与供水、污水和垃圾处理、道路、桥梁等城市基础设施建设；鼓励有条件的民间投资者到境外投资。国家计委要求国有商业银行要把支持民间投资作为信贷工作的重要内容，对民间投资者的贷款申请要一视同仁。鼓励建立为民间投资服务的信用和贷款担保机构。要求证券监管部门在健全完善核准制的基础上，为民间投资项目上市融资提供平等的机会。要积极稳妥地发展风险投资基金，为民间投资者进行高技术项目投资提供资金支持。国家计委还要求各地区、各有关部门对与民间投资有关的税费科目要进

---

① 《经济日报》2004 年 4 月 5 日第 5 版。

行清理和规范，调整不公平的税赋，取消不合理的收费，切实减轻民间投资者的负担。要进一步完善法律法规，依法保护民间投资者的合法权益。文件还规定，民间投资者在评定职称、评选先进、户籍管理、子女就业以及因商务和技术交流需办理出国（境）手续等方面，享有与国有单位人员同等的待遇。[①]2004 年初，针对经济中出现一定程度过热但主要是局部过热的状况，政府加强了宏观经济调控。这是完全必要的。但在客观上也产生了一些疑虑，似乎这次宏观调控不利于非公有制经济的发展。针对这个情况，这年 7 月国务院召开促进非公有制经济发展座谈会。会议指出，当前国家实行的宏观调控，解决经济运行中的突出矛盾和问题，不仅有利于国民经济平稳较快发展，也有利于非公有制经济健康发展。会议强调，按照党的十六大和宪法的要求，坚持公有制为主体、多种所有制经济共同发展的基本经济制度，毫不动摇地巩固和发展公有制经济，毫不动摇地鼓励、支持和引导非公有制经济发展。要抓紧研究制定鼓励、支持和引导非公有制经济发展的政策措施，清理和修订限制非公有制经济发展的法律法规和政策，消除体制性障碍，切实保护私有财产权，使非公有制企业与其他企业享受同等待遇，实现公平竞争。[②]这期间还在市场准入、投资领域、税收、信贷、中小企业板块上市、粮食收购和外贸等方面，就对非公有制经济实行同等待遇采取了一系列措施。

这样，就从作为国家根本大法的宪法到各项具体政策为个体、私营经济的发展营造了更宽松的法律和政策环境。这些环境，加上个体私营企业在加强经营管理、实现技术进步、调整产品结构和培训人才等方面所做的努力，在 2001~2004 年间，个体、私营经济就获得了快速发展。

二、个体、私营经济的发展

（一）个体经济的发展

2003 年，个体工商户户数由 2000 年的 2571 万户下降到 2353 万户，从业人员也由 5070 万人减少到 4637 万人，但注册资金由 3315 亿元增长到 4187 亿元，产值由 7162 亿元增长到 8741 亿元；消费品零售额由 2001 年的 11499 亿元增长到 13428 亿元（详见附表 33）。

---

① 《经济日报》2002 年 1 月 31 日第 2 版。
② 《经济日报》2004 年 7 月 27 日第 1 版。

个体工商户户数和从业人员的减少，主要原因：①许多个体工商户规模扩大，转向创办公司、合伙企业、个人独自企业。②工商行政管理机关通过验照对个体工商户进行了清理，挤出了原有数据的水分。③工商行政机关在市场经济秩序整顿中，吊销了那些不符合办照条件和有重大违法行为的个体工商户的营业执照。④激烈的市场竞争使得一部分个体工商户被淘汰出局。但在户数、人员大量减少的同时，注册资金、产值和销售额都大大增长了。这表明了个体工商户经营规模的扩大和劳动生产率的提高。

这期间，个体经济结构的变化表现出了以下特点：①在地区分布上仍是东部多，中部次之，西部少。到 2003 年底，东部个体工商户户数所占比重为 48.28%，从业人员所占比重为 47.20%，注册资金所占比重为 58.46%；中部户数、从业人员和注册资金的比重分别为 31.04%、34.5% 和 26.62%；西部这三者比重分别为 20.68%、18.3% 和 14.93%。②由于城市化加速，导致城镇个体工商户比重逐年上升，农村个体工商户比重逐年下降。到 2003 年底，全国城镇个体工商户户数和从业人员的比重分别为 52.65% 和 51.27%，第一次超过农村。这年农村个体工商户户数和从业人员比重分别占总量的 47.35% 和 48.73%。③第一、二产业比重进一步下降，第三产业比重增长。2003 年，第三产业户数占总户数的比重为 87.02%，占从业人数总数的 80.98%，占注册资金总额的 78.02%。第二产业户数占总户数的比重为 11.2%，占从业人数总数的 16.8%，占注册资金总数的 19.37%。第一产业占总户数的比重为 1.78%，占从业人数总数的 2.22%，占注册资金总数的 2.61%。[①]

（二）私营经济的快速发展

这期间私营经济的发展呈现以下特点：

1. 私营企业总量增长速度加快。2003 年，全国登记的私营企业由 2000 年的 176.17 万户增长到 300.55 万户；注册资本由 13307 亿元增长到 35305 亿元；从业人员由 2406 万人增长到 4299 万人；产值由 10739 亿元增长到 20083 亿元；消费品零售额由 5813 亿元，增长到 10603 亿元（详见附表 33）。2003 年，私营企业数比上年增长了 23.42%，注册资本增长

---

① 参见《中国经济年鉴》(2004) 有关部分，中国经济年鉴社。

了 42.61%，从业人员增长了 26.11%；其中，投资者人数为 773 万人，比上年增长 24.08%；雇工人数为 3526 万人，增长 26.56%。这年是私营企业登记以来绝对量增长最快的一年。

2. 私营企业经营规模迅速扩大。到 2003 年底，全国私营企业户均雇工 11.73 人，户均从业人员为 14.3 人，分别比上年增长了 2.54% 和 2.15%。企业雇工人数 100 人以上的达 39081 户。其中，雇工人数 100~500 人的 34617 户，500~1000 人的 3334 户，1000 人以上的 1130 户。户均注册资本达 117.47 万元，比上年同期增长 11.56%。其中，注册资本 500 万~1000 万元的 84620 户，比上年同期增加 30920 户；1000 万元以上的 51830 户，比上年同期增加 17530 户；注册资本亿元以上的有 1156 户，比上年同期增加 498 户。

3. 在企业组织形式方面，私营有限责任公司作为私营企业主要组织形式的特征更趋明显。到 2003 年底，私营有限责任公司达 222.27 万户，比上年增长 27.74%，户数占当年总量的 73.96%；注册资本 32341.19 亿元，比上年增长 44.88%；投资者人数 667.39 万人，比上年增长 27.4%；雇工人数 2630.52 万人，比上年同期增长 34.81%。私营股份有限公司 603 户，比上年增长 13.99%，户数所占比重为 0.02%；注册资本 249.2 亿元，比上年增长 33.98%。合伙企业继续下降，户数为 12.06 万户，比上年减少 4247 户，所占比重为 4.01%；注册资本 522.61 亿元，比上年增长 4.37%；投资者人数 37.87 万人，比上年下降 6.31%；雇工人数 169.72 万人，比上年下降 7.37%。独资企业发展较快。到 2003 年底，独资企业户数为 66.17 万户，比上年增长 16.09%，户数所占比重为 22.01%；注册资本 2191.89 亿元，比上年增长 25.42%；投资者人数 66.49 万人，比上年增长 15.34%；雇工人数 718.12 万人，比上年增长 10.67%。

4. 在地区发展不平衡方面，东强西弱的格局没有变化。到 2003 年底，东部地区有私营企业 208.4 万户，比上年同期增长了 24.2%，户数占总量比重由上年的 68.9% 上升为 69.34%；西部地区私营企业户数为 40.62 万户，比上年增长了 20.5%，户数比重由 13.84% 下降为 13.51%；中部地区私营企业户数为 51.53 万户，比上年增长了 22.64%，户数比重由 17.25% 下降为 17.15%。

5. 在城乡分布方面，城镇私营企业户数所占比重继续上升。到2003

年底，城镇私营企业户数为 191.60 万户，比上年同期增长了23.74%，户数所占比重由上年的 63.58%上升到 63.75%；注册资本23389.28 亿元，比上年增长了 39.7%；投资者人数 519.98 万人，比上年增长了 24%；雇工人数 2025.19 万人，比上年增长了 28.23%。2003 年户均注册资本 122.081 万元，户均从业人员 13.28 人。农村私营企业户数为108.95 万户，比上年增长 22.96%，户数所占比重由上年的 36.42%下降到36.25%；注册资本11915.61 亿元，比上年增长了 48.62%；投资者人数 252.86 万人，比上年增长了 24.27%，雇工人数 1501.11 万人，比上年增长了 24.35%。2003 年户均注册资本 109.37 万元，户均从业人员 16.1 人。

6. 在产业结构方面，仍以第三产业为主。2003 年，私营企业第一产业 5.39 万户，比上年同期增长 25.52%，户数所占比重为 1.79%，比上年上升 0.03 个百分点；从业人员 86.58 万人，增长 37.14%，所占比重为 2.01%；注册资金 627.11 亿元，增长 44.31%，所占比重为 1.78%。第二产业 106.7 万户，比上年同期增长 20.23%，户数所占比重为 35.5%，比上年下降 0.94 个百分点；从业人员 2111.2 万人，增长 29.65%，所占比重为 49.11%；注册资金 12929.39 亿元，增长 45.9%，所占比重为 36.62%。第三产业 188.47 万户，比上年增长 25.24%，所占比重为 62.71%，比上年增加 0.91 个百分点；从业人员 2101.35 万人，增长 22.33%，所占比重为 48.88%；注册资金 21748.38 亿元，增长 40.67%，所占比重为 61.6%。[①]

（三）个体、私营经济已上升到重要地位

2003 年，个体、私营企业提供的产值约占国内生产总值的 24.6%；消费品零售额约占社会消费品零售总额的 52.4%；就业人数约占城镇就业人口的 34.8%（详见附表 1、附表 5、附表 24、附表 33）。2004 年上半年包括个体、私营经济在内的民间投资已超过了全社会固定资产投资的 50%。[②] 截至 2003 年底，全国民营科技企业总数超过 12 万家，资产总额达到44688 亿元，总收入达到 37000 多亿元，职工总数达到 961 万人。近

---

①参见《中国经济年鉴》（2004）有关部分，中国经济年鉴社。

②《经济日报》2004 年 7 月 28 日第 5 版。按照我国许多学者的理解，广义民营经济是对除国有和国有控股企业以外的多种所有制经济的统称，包括个体工商户、私营企业、集体企业、港澳台投资企业和外商投资企业；狭义民营经济则不包含港澳台投资企业和外商投资企业。一般情况下，如果不做特别说明，民营经济都是指狭义民营经济。

10年来，民营科技企业研究开发投入保持了年均40%的增长速度，科技人员数量年均增长43%。2004年上半年，在文化部门管理的文化产业中，非公有制经济所创造的文化产业增加值已占到全部文化产业增加值的一半以上，就业人数占到2/3。以音像市场为例，近年80%的原创音乐和音像市场的有效供给80%以上，是由非公有公司提供的。总之，2003年主要由民营企业构成的中小企业，提供了我国国内生产总值的55.6%、工业新增产值的74.7%、社会销售额的58.9%、税收的46.2%、出口总额的62.3%、就业的75%以上、发明专利的65%和开发新产品的80%以上。[①]

数字表明：个体、私营经济已经成为我国发展产业经济的一支重要力量。不仅如此，它们还从提供就业和资金支持等方面为国有经济的改革深化和战略调整创造了重要条件。据有关部门2002年底的调查资料，实现再就业的下岗失业人员中，80%以上都是通过非公有经济实现再就业的。[②]这不仅对改革、而且对发展和稳定都有重要意义。

但是，当前个体、私营企业的发展，还存在许多问题。就企业层面说，诸如企业规模小，技术水平低，经营管理能力差，产品结构趋同，人才缺乏和竞争力不强，以及制假贩假，信用缺失，偷税漏税和劳资关系不协调等不同程度地、相当普遍地存在。就政府层面说，在市场准入、投资领域、税收、融资等方面，对私营经济实行国民待遇政策的落实，也还需要经过一个艰难的长期过程。但个体、私营经济作为我国产业经济一支重要力量的发展趋势则是不可逆转的。

---

① 《经济日报》2004年7月18日第6版、7月28日第2、5版、8月30日第7版、10月27日第5版。
② 《经济日报》2004年3月23日第3版。

第四章 完善现代市场体系和
宏观经济管理体制

第一节 完善现代市场体系

这期间，我国现代市场体系得到了进一步完善。其集中表现就是包括商品市场和要素市场在内的市场容量的进一步增长，以及价格形成机制的进一步市场化。

2000~2003 年，社会消费品零售额由 34152.6 亿元增长到 45842 亿元，扣除物价因素，年均实际增长 11.1%。2004 年社会消费品零售额达到 53950 亿元，比上年同期实际增长 10.2%（详见附表 24）。2000 ~2003 年，社会生产资料销售总额由 52000 亿元增长到 87200 亿元；2004 年达到 11.4 万亿元，比上年增长 19%。[①] 而且，现代物流和现代商业业态（包括商业批发环节的配送中心和零售环节的连锁经营）以及电子商务也在迅速发展。2003 年，我国物流总值达 29.5 万亿元，比上年增长 27%。到 2003 年底，销售过百亿的连锁经营企业已经由 2001 年的 1 家增加到 6 家；全国电子商务互联网用户为 7950 个，比 2002 年增长 35%；B to C 交易额为 35 亿元，增长 40%；B to B 交易额为 6000 亿元，增长 25%。[②] 总之，经过 25 年的改革发展，我国初步形成了以期货市场为先导，以电子

① 《经济日报》2005 年 2 月 18 日第 2 版。
② 《中国经济年鉴》（2004），中国经济年鉴社。

商务交易市场为方向，以中心批发市场为主体，城市以各类连锁超市、农村以集贸市场为基础的，价格进一步趋向市场化的（详见后述）现代商品市场体系。同时，整顿市场秩序也取得重要进展。作为全国整顿和规范市场经济秩序工作的重要执法力量，2004年以来，全国工商行政管理机关以开展食品安全专项整治和保护注册商标专用权行动为重点，深入整顿规范市场秩序，取得了新的阶段性成效。1~11月，全国工商机关共查处各类经济违法违章案件175.42万件，总案值283.46亿元，移送司法机关处理案件799件。扎实开展食品安全专项整治，切实维护消费安全。共捣毁制假、售假窝点8617个，查处制假、售假冒伪劣食品违法案件9.75万件，查获假冒伪劣食品价值8.25亿元。集中开展保护注册商标专用权行动，切实维护企业权益。共捣毁制假售假窝点2513个，查处商标侵权案件2.53万件。① 总之，现代商品市场体系正在趋于完善。

2000~2003年我国从业人员由72085万人增加到74432万人，增加了2347万人。这表明劳动力市场总量大大增长。不仅如此，劳动力市场化程度也趋于提高。国有经济单位就业人员减少了1481万人，城镇集体经济单位减少了548万人，其他经济单位增加了1232万人（详见附表5）。这表明劳动力市场化程度相对提高的非公有经济所用的劳动力在增加，而相对较低的公有经济用人在减少。而且，在公有经济内部，伴随劳动工资制度改革的深化，劳动力市场化的程度也在提高。这是其一。其二，就业形式灵活多样。当前，非全日制就业、季节性就业、在多个用人单位就业、弹性就业等形式在迅速兴起，当前城镇吸收的这种就业人员数已达到5000万人。其三，在就业总数中，初次就业者通过市场双向选择的比重越来越大。这些说明：以劳动者作为供给主体、以企业作为用人主体的、劳动力价格走向市场化的劳动力市场正在进一步趋于完善。②

在金融机构的信贷方面，2004年各项存款达到253000亿元，各项贷款为189000亿元（详见附表11）。在货币市场方面，2003年银行间市场累计成交17.2万亿元，同比增长45.4%。其中，同业拆借成交2.4万亿元，增长99.2%；债券回购成交11.7万亿元，增长15%；现券成交3.0万

---

① 《经济日报》2004年12月13日第16版。
② 《经济日报》2004年6月3日第2版。

亿元，增长 6.3 倍。①总之，当前我国由同业拆借市场、债券市场和公开市场业务等子市场构成的货币市场体系已基本形成，逐步完善。在证券市场方面，2000~2003 年，上市公司总数由 1254 家增加到 1490 家；国债发行额由 4657 亿元增加到 6280.10 亿元；企业债券发行额由 83 亿元增加到 358 亿元；证券投资基金规模由 562 亿元增加到 1614.67 亿元；期货总成交额由 16082.29 亿元增加到 108396.6 亿元（详见附表 26）；保险费收入由 1595.9 亿元增加到 3880 亿元。其中，财产保险费收入由 598.4 亿元增加到 869 亿元，人身保险费收入由 997.5 亿元增加到 3011 亿元。②这表明：这期间我国以银行业、证券业和保险业为主体的金融体系正在形成，价格趋于市场化（详见后述）。

这期间，土地市场有了迅速的增长。我国土地市场在要素市场中居于很重要的地位。据估算，我国至少有 25 万亿元的国有土地资产。但在计划经济下，土地使用是无偿的，是没有期限限制的，是不能流动的。只是在改革以后，土地使用才逐步变成有偿的，有期限限制的，是可以流动的；土地市场规模也趋于扩大。到 2001 年，全国开展国有土地招标拍卖挂牌工作的市、县达到 1435 个，收取土地价款 492 亿元。2002 年上半年拍卖出让土地价款又超过 300 亿元。据不完全统计，1990~2002 年 6 月，13 年来全国累计收取的土地出让金达到 6000 亿元。③其后，土地出让规模又进一步扩大。但当前土地市场秩序也存在问题，土地价格市场化问题也远没有解决。

这期间，产权市场也有进一步发展。这一点，在上海表现得尤为明显。1994 年成立上海城乡产权交易所，2003 年 12 月上海产权交易所和上海技术产权交易所合并为上海联合产权交易所。10 年来，上海产权交易市场为国有企业的改革和国有经济结构的战略调整提供了服务平台，为国有资本的有序流动提供了有效的渠道，吸引了大量社会资本对各相关领域的投入，促进了上海社会与经济的发展。上海产权交易市场发展呈现以下几个特点：①市场交易量持续增长。1998 年，上海产权市场总交易量为 172 亿元，2003 年上海产权市场总交易量达到 3244 亿元。2004 年

---

① 《中国经济年鉴》（2004），中国经济年鉴社。
② 《中国统计年鉴》（2004），第 771 页。
③ 《经济日报》2004 年 6 月 24 日第 1 版、11 月 28 日第 3 版。

前 10 个月总交易量累计达到 3003.15 亿元，同比增长 18%。②市场运作不断完善。1998 年制订了政府规章《上海产权交易管理办法》及其实施细则，国资、监察、工商、审计、财政、产管办等部门先后制订了若干规范性文件，从源头上治理，从程序上规范，从行为上监督，确保市场运作不断完善，使交易数量不断增长，交易质量不断提高。③市场交易主体多元化。由原来单一服务国有资本发展到成为国资、民资和外资对接的市场平台；由原来单一服务有形产权转让发展到成为技术产权、知识产权交易的服务平台；由原来以本地交易为主发展成为异地交易的服务平台；由原来单一服务国内产权交易发展成为国际并购的服务平台。④交易的方式不断创新。从原来协议转让方式，发展到拍卖、招投标和适合产权交易特点的竞价交易方式，充分发挥产权市场的价值发现功能。①

2000~2003 年，销售商品房屋面积由 18637.1 万平方米增加到 33717.6 万平方米，销售额由 39354423 万元增加到 77556627 万元；技术市场成交额由 6507519 万元增长到 10847628 万元。2000~2004 年，国际旅游收入由 163.24 亿美元增长到 255 亿美元，国内旅游收入由 3175.32 亿元增长到 4000 亿元（详见附表 25）。

可见，这期间，我国现代市场体系正在趋于完善，但距统一、开放、平等、有序的现代市场体系的要求还甚远。第九篇第三章第一节提到的这方面存在的问题并没有根本解决，因而还有很多工作要做。主要是：①要进一步发展商品市场，特别是要素市场（尤其是其中的产权市场和金融市场），并要进一步实现价格的市场化，特别是资本等要素价格的市场化。②要根本打破地区封锁和行业分割，形成统一、开放的市场。为此，要进一步实现政企分开，并推进财政体制改革。③要根本打破垄断和消除市场歧视，形成平等竞争的市场。为此，要着力推进垄断行业的改革，并创造各类企业（包括公有和非公有以及内资和外资企业）平等竞争的环境。④要根本改变交易秩序混乱和信用缺失的状况，形成有序的市场。为此，一要推进各种所有制企业的改革和建设，为有序市场培育微观基础。二要按市场化原则规范和发展行业协会和商会等自律性组织。三要完善行政执法、行业自律、舆论监督、群众参与相结合的市场

---

① 《经济日报》2004 年 12 月 12 日第 9 版。

监督体系，并健全产品质量监管机制。四要形成以道德为支撑、产权为基础、法律为保障的社会信用制度。⑤要大力发展电子商务、连锁经营、物流配送等现代流通方式。这不仅是在技术手段和商业业态方面，而且是在经济制度方面建立现代市场体系的需要。

第二节　完善宏观经济管理体制

这期间，作为计划经济体制重要组成部分而改革又相对滞后的投资体制改革，开始迈出实质性步伐。如前所述，改革以来，已经对传统投资体制进行了一系列改革，打破了计划下高度集中的投资管理体制，初步形成了投资主体多元化、资金来源多渠道、投资方式多样化、项目建设市场化的新格局。但投资体制还存在诸多问题，特别是企业投资决策权还没有完全落实，政府投资决策的科学化、民主化水平需要进一步提高，投资宏观调控和监督的有效性需要提高。为此，国务院于 2004 年 7 月发布了《关于投资体制改革的决定》，提出了深化投资体制改革的指导思想、目标和主要任务。这次改革的要点：一是改革投资管理制度，确立企业投资主体地位。要按照"谁投资、谁决策、谁收益、谁承担风险"的原则，落实企业投资自主权。对企业不使用政府投资建设的项目，一律不再实行审批制，区别不同情况实行核准制和备案制。进一步扩大大型企业的投资决策权，拓宽企业投资项目融资渠道。国家鼓励社会投资，允许社会资本进入法律法规未禁止进入的行业和领域。金融机构要改进和完善固定资产贷款制度，不断提高自主审贷的能力和水平，切实防范金融风险。二是完善政府投资体制，提高政府投资的社会效益和效率。政府投资主要用于关系国家安全和市场不能有效配置资源的经济和社会领域。要提高投资决策的科学化、民主化水平，建立政府投资责任追究机制，合理划分审批权限，简化规范审批程序，规范投资资金管理，改进建设实施方式。对非经营性政府投资项目加快推行"代建制"。各级政府要创造条件，吸引社会资本投资公益事业和基础设施项目建设。三是加强和改善投资宏观调控，促进总量平衡和结构优化。要综合运用经济的、法律的和必要的行政手段，用好投资核准、价格、利率、税收等经济杠杆，对全社会投资进行间接调控。要通过规划和政策引导、信息发布和规范市场准入，引导社会投资方向。四是加强和改进投资的监督管理，规范和维护投资与建设的市场秩序。要建立和完善对企业投资、政府投资，以及对投资中介服务机构的监管体系。加强投资立法，严格执法监督，依法规范各类投资主体的行为。国务院要求各地方政府和各有关部门要加强对投资体制改革的领导，进一步落实国家宏观调控的政策措施。要严格执行《决定》中发布的政府核准投资项目目录。有关部门要抓紧出台投资体制改革的配套措施，地方政府要落实投资调节责任，企业要健全自我激励和自我约束机制，规范投资行为。[①]这个决定的发布和实施，是我国投资体制改革进入实质性改革的标志。

这期间，价格改革总趋向仍然是市场化，即继续缩小政府行政指令价，扩大政府指导价和市场调节价。2000~2002年，在社会商品零售总额中，政府定价的比重由3.2%下降到2.9%，政府指导价和市场调节价的比重由96.8%上升到97.1%；在农副产品收购总额中，政府定价的比重由6.7%下降到2.6%，政府指导价和市场调节价的比重由93.3%上升到97.4%（详见附表31）。这期间价格改革的突出进展有以下几点：一是从2001年起，改变了实行近50年的粮食购销的政府定价，先后放开了粮食收购价格和销售价格，并继续实行粮食收购的保护价。二是伴随一些重要垄断行业（包括电力、铁路、民航、电信和石油等）和公用事业（包括城市供水、供气和交通等）以及教育和卫生事业改革的进展，调整和改革了这些行业的价格管理体制。三是加强了价格方面的立法和司法力度，规范了政府的价格管理行为，并整顿了市场价格秩序。四是建立和完善重要商品价格的监测、预警和应急机制。

这期间，在20世纪末初步建立公共财政体制的基础上，财税改革又取得了进展。财政方面的进展主要有：一是部门预算制度逐步建立。从2000年起在中央各部门和省各部门开始编制部门预算，到2002年这项改革已经在这些部门全面推开，并向市（地）、县（市、区）部门推进这项改革。二是国库集中收付制度改革逐步推开。从2001年起，国库集中收付制度改革就在38个中央部门进行了试点。后来又在中央部门推开了这

①《经济日报》2004年7月23日第1版、7月26日第6版。

项改革，并向地方政府延伸。三是"收支两条线"管理稳步推进。从2002年起，按照收支脱钩、收缴分离的要求，在34个中央部门进行了"收支两条线"管理试点，后又推广了这项改革。到2003年，将118项收费纳入预算管理，使中央审批的收费项目的80%纳入预算管理。四是政府采购制度改革也基本上实现由试点到全面实施的转变。到2002年，从中央到省（区、市）到县（市）大都建立了政府采购机构，采购范围和规模逐步扩大。1998年，政府采购规模为31亿元，2000年增加到328亿元，2002年增加到1000多亿元；每年政府采购资金的节约率约为11%。①五是支出结构改革力度加大，重点增加了社会公共支出，以及对农业和环保的投入。六是宏观调控体系逐步健全。从1998年开始实行的积极财政政策，在促进经济持续增速发展中起了重要作用；财政转移支付制度在推动西部大开发和振兴东北等老工业基地方面也发挥了重要作用(详见后述)。

税收方面的进展主要有：一是所得税收入分享改革有了进展。从2002年1月1日起，实施所得税收入分享改革。除少数特殊行业或企业外，绝大部分企业所得税和全部个人所得税实行中央与地方按比例分享，分享范围和比例全国统一。改革后中央从所得税增长中多分享的收入，全部用于增加地方主要是中西部地区的转移支付，中央财政不留一分钱。二是税费改革，特别是农村税费改革已经取得成效（见前述）。三是实现增值税由生产型向消费型的转变开始迈出第一步。有关部门规定：从2004年7月1日起，在东北地区先行这种转变。到同年10月31日，东北地区已认定可享受增值税转型的企业有40508户，应退固定资产进项税2.99亿元，已退2.84亿元。四是出口退税机制改革取得成效。2003年10月，国务院决定对我国出口退税机制进行改革，主要内容为"新账不欠，老账要还，完善机制，共同负担，推动改革，促进发展"。所谓"老账"，即累计欠退税，是指2003年12月31日以前报关出口的货物，但尚未办理出口退税。总数在2000亿元人民币左右。目前，"老账"已全部还清。所谓"新账"是指2004年发生的应退税额。截至2004年11月20日，全国累计办理2004年出口货物退（免）税1669亿元，预计年底时可以实现"新账不欠"的目标。^①此外，这期间还在统一各类企业所得税，实行综合和分类相结合的个人所得税，完善消费税，将要开征的统一规范的物业税（即房地产税），将要实现的城乡统一税制，以及进一步完善事权和财权相统一的税收管理体制等方面做了准备工作。

这期间，主要从以下四个方面推进了金融体制的改革：

1. 推进多种所有制结构、多种金融机构并存的金融企业体系的初步形成。截止到2003年底，我国的银行金融企业包括：4家国有商业银行、3家政策性银行、11家股份制商业银行、112家城市商业银行、723家城市信用社、34577家农村信用社、3家农村商业银行、1家农村合作银行、70家信托投资公司、74家财务公司、12家金融租赁公司、126家证券公司、25家基金管理公司、189家期货经纪公司、58家保险公司、4家资产经营管理公司，以及192家外资银行营业机构和209家外资银行代表处。2003年还成立了由民营资本经营的民生寿险公司和大地财险公司。^②

2. 深化以国有商业银行为重点的金融企业改革。2003年，国有商业银行总资产为15.6亿元，占金融机构资金来源总额的69.4%。^③但以建立现代企业制度为目标的国有商业银行的改革却远没有到位。因此，推进国有商业改革具有十分重要的意义。国务院于2003年12月30日决定，先对中国银行和中国建设银行进行股份制改造试点，希望用3年左右的时间将其改造成为符合现代企业制度要求的、具有国际先进水平的股份制商业银行。其具体步骤是：①充实资本金和处理不良资产。为此，成立中央汇金投资有限公司，向两家银行注资450亿美元。同时，两家试点银行累计核销损失类贷款1993亿元，处置可疑类贷款2787亿元；正式启动次级债的发行工作，中国银行已经发行次级债260亿元，建设银行已经发行次级债233亿元，增强了资本金实力。截止到2004年9月末，中国银行、中国建设银行不良贷款比率已经分别降至5.16%和3.84%，资本充足率分别提高到8.18%和9.39%，不良贷款拨备覆盖率也分别提高到68.35%和87.70%。上述指标已经基本接近国际先进银行的平均水平。^②在股权多元

---

①《经济日报》2004年12月10日第5版。

②《〈中共中央关于完善社会主义市场经济体制若干问题的决定〉辅导读本》，人民出版社2003年版，第235~236页；《中国经济年鉴》（2004），中国经济年鉴社。

③《中国统计年鉴》（2004），第761、767页。

化基础上，建立股份有限公司。中国银行股份有限公司和中国建设银行股份有限公司已分别在 2004 年 8 月份和 9 月份注册成立。后者是由中央汇金投资有限责任公司、中国建银投资有限责任公司、国家电网公司、上海宝钢集团公司和中国长江电力股份有限公司共同发起设立的。③两家银行按照现代公司治理结构规范设置了内部结构。中国银行和中国建设银行的股东大会、董事会、监事会和高管人员基本按照现代公司治理结构的框架设置。现在两家银行的董事会分别有 13 人，其中汇金公司有 7 名董事，独立董事不少于 3 人。在这种框架下，两家进一步深化股份公司的各项改革，在公司治理结构、业务发展机制、财务会计制度、风险管理体系、激励约束机制等方面都要有大的突破。这些改革已初显成效。2004 年前 3 季度，中国银行、中国建设银行的营业利润同比分别增长 23.7% 和 21.5%；成本收入比控制在规定的 35%~45% 的水平内。①其他各类金融企业的改革也在进一步展开。

3. 完善金融监管体制。改革以来，初步形成了以《中国人民银行法》、《证券法》和《保险法》等金融法律为核心的金融监管法律体系框架，并先后建立了中国证券监督管理委员会和中国保险监督管理委员会。2003 年又成立了中国银行业监督管理委员会（简称银监会）。至此，中国银行业、证券业和保险业的分业经营和分业监管体制就完全形成。银监会根据十届人大常委会二次会议的有关决定，统一监督管理银行、金融资产管理公司、信托投资公司及其他存款类金融机构，维护银行业的合法、稳健运行。银监会的主要职责是：制定有关银行业金融机构监管的规章制度和办法；审批银行业金融机构及分支机构的设立、变更、终止及其业务范围；对银行业金融机构实行现场和非现场监管，依法对违法违规行为进行查处；审查银行业金融机构高级管理人员任职资格；负责统一编制全国银行数据、报表，并按照国家有关规定予以公布；会同有关部门提出存款类金融机构紧急风险处置的意见和建议；负责国有重点银行业金融机构监事会的日常管理工作；承担国务院交办的其他事项。②银监会成

---

① 《经济日报》2004 年 9 月 21 日第 11 版、11 月 29 日第 2 版、12 月 8 日第 5 版。
② 《经济日报》2003 年 5 月 9 日第 1 版。

立以后，在监管理念、目标、方式和机制等方面进行了一系列的探索。[①]并在原来的基础上，中国银监会、中国证监会、中国保监会三家监管机构之间已经建立了合作监管框架，互通信息，协调解决相关问题。

4. 健全金融调控机制。主要是在中央银行运用货币政策引导市场利率的同时，建立健全由市场供求决定利率形成机制，使市场机制在金融资源配置中发挥基础作用。改革以来，先后放开了同业拆借利率、债券回购利率、转贴现利率、国债和政策性金融债券发行利率，扩大了金融机构贷款利率浮动权。而在 2004 年 10 月 29 日中国人民银行在实施上调人民币基准利率的同时，进一步放宽了金融机构贷款利率的浮动区间，还首次允许存款利率下浮。这是人民币利率市场化的一个步骤。但从总体上说，我国利率远未充分反映资金市场的供求关系。根据我国国情，我国利率市场化改革的总体思路是：先外币、后本币；先贷款、后存款；先长期、大额，后短期、小额。

改革以来，我国商品流通体制改革已经取得了重要进展，并且成为促进统一、开放、平等、有序竞争的现代市场体系的形成和商品流通发展的重要因素。但当前离现代市场体系的要求还有不少距离。为此，继续推行和完善商品流通体制的改革（见第三篇第九章第一节），并针对当前的问题在现代市场体系的改革和建设方面继续采取和完善各项措施（见本章第一节），还在全国供销社系统推进了改革。近 5 年来，全国供销合作社系统以立足服务"三农"为宗旨，实施以参与农业产业化经营改造基层社，以实行产权多元化改造社有企业，以实现社企分开、开放办社改造联合社，以发展现代流通方式改造经营网络为重点的"四项改造"，构筑为农服务新体系，使供销社在助农增收中焕发了活力，呈现出勃勃生机。当前，供销合作社经营网络改造正在全面推进。全系统先后有 1000 多家供销社企业开展了连锁经营，共发展连锁经营网点 4 万多个，规模配送中心 1000 多个。全国供销合作社系统共兴办各类专业合作社 1.4 万个，带动农户 3500 多万户。2004 年，全国供销社系统已建立农副产品批发市场 1200 多个，其中大型农产品批发市场 400 多个，年交易

---

① 《〈中共中央关于完善社会主义市场经济体制若干问题的决定〉辅导读本》，人民出版社 2003 年版，第 249~262 页。

额达 332 亿元。同时，供销社系统还建立或改造了 1.8 万多家以加工和流通型为主的龙头企业，并以此为龙头，建立农业产业化经营体系，组织农民发展优势农产品生产。这样，曾长期陷入亏损困境的全国供销合作社系统，2004 年经济效益持续增长，实现销售收入 5456 亿元，同比增长 12.26%；实现利润 50.5 亿元，同比增长 19.4%。[①]

　　这期间，劳动体制改革获得了进一步的发展。多年来，我国已经形成了劳动者自主择业、市场调节和政府促进就业的方针。这是一个适应现代市场经济要求的、实现劳动体制改革的完整方针。关于劳动者自主就业和市场调节，本章第一节已涉及。这里仅述政府促进就业。在这方面，近几年来，已经采取了一系列措施。①把扩大就业放在经济社会发展更加突出的位置，把降低失业率作为宏观经济调控的重要目标。②把经济改革发展和调整与扩大就业紧密结合起来。在改革方面，从市场准入、税收、融资和保险等方面，鼓励劳动者自主创业和企业创造更多的就业岗位。其中，包括鼓励非公有经济和中小企业的发展，也包括支持国有企业实现主业和辅业分离，并实现辅业改制，以减少下岗分流人员。在发展方面，注意保持经济的持续快速增长，以增加就业人数。在调整方面，注重发展劳动密集型产业，以扩大就业容量。③增加财政用于促进就业的资金投入，并将对城镇失业人员资金投入的重点，逐步从失业保障转到促进就业人员，以推行积极的就业政策。1998~2003 年，我国各级财政用于国有企业职工的再就业和生活保障支出就达 1035 亿元，其中中央财政支出就达 696 亿元。④扩大和加强就业技能培训，提高劳动者的就业和再就业能力。⑤建立健全就业服务体系。到 2003 年底，全国共建立了各类职业介绍机构 2.6 万个。其中，各级劳动和社会劳动保障部门举办的就有 1.8 万个。这些机构每年为近 2000 万人次提供就业服务，成功介绍 1000 万人次就业。⑥依法规范企业用工行为，保障劳动者合法权益。⑦许多省（自治区、直辖市）在劳动就业方面都建立了政府目标责任制。这些就使得我国在劳动就业方面（特别是下岗职工再就业方面）取得了显著成效。1998~2003 年，国有企业职工累计有 2818 万人下岗，

①《经济日报》2005 年 1 月 31 日第 11 版。

其中有 2240 万人实现了再就业。①尽管多年来就业形势很严峻，但直到2003 年还能把城镇登记失业率控制在4.3%这个维系社会稳定还能承受的限度内。2004 年下降到 4.2%（详见附表 5）。

改革以来，我国收入分配制度改革已经取得了重大进展。主要是：原来在公有经济中存在的平均主义的工资制已经基本上被打破了，福利方面的供给制（包括住房和医疗等）也在不同程度上被打破了。其中，福利分房已经基本上由住宅商品化代替了，医疗方面的福利也在很大程度上被打破了。但当前我国适应社会主义市场经济要求的分配制度还没有完全建立起来。主要是：①就全社会来看，要建立适应社会主义市场经济的分配制度，还有很长的路要走。②尽管平均主义的工资、福利制度还没有完全破除，但当前的突出问题是城乡之间、地区之间、垄断行业与非垄断行业之间以及城市中高收入人群与低收入人群之间的收入差异过大。如果不说部分官员贪污和其他各种违法行为，其原因主要是城乡二元体制，国有企业（特别是在垄断行业）和财税体制等方面的改革还没有真正到位。另外，同法制不健全和税收征管不力也有很大关系。进一步实现分配改革的重要方向是：以共同富裕为目标，扩大中等收入者比重，提高低收入者收入水平，调节过高收入，取缔非法收入。为此，需要加快城乡二元体制的改革；加快垄断行业的改革，并对其收入分配加强监管；加快公共财政的建设，加大转移支付的力度；建立健全个人收入监测办法，并强化个人所得税的征管。另外，为了解决收入分配方面还存在的某些平均主义和供给制的问题，需要进一步完善国家公务员的工资制度，规范干部的职务消费（包括领导干部的住房、交通和通信等方面的消费），并加快推进事业单位的分配改革。

这期间，继续推进了社会保障制度的各项改革（见第九篇第三章第二节），并取得了重要进展。2000~2004 年，全国养老保险参保人数由10447.5 万人增加到 16342 万人，失业保险参保人数由 10355 万人增加到10584 万人，基本医疗保险参保人数由 2862.8 万人增加到 12386 万人。到2004 年，参加工伤保险职工达到 823 万人，参加生育保险职工达到 43470万人；领取居民最低生活保障金的人数，城市达到 2200.8 万人，农村达

---

① 《经济日报》2004 年 4 月 24 日第 3 版、4 月 27 日第 5 版。

到 496.4 万人；全国已有 30 个省、自治区、直辖市在 310 个县（市）开展了新型农村合作医疗试点，覆盖农业人口 10691 万人，实际参合农民 8040 万人，参合率为 75%。全国共筹集资金 32.83 亿元，已有 5231 万人次的医药费用得到报销，报销金额 19.88 亿元。[①]

这期间，特别是 2004 年以来，适应加强宏观经济调控的需要，加大了深化土地管理制度改革的步伐。2004 年 8 月 28 日公布实施了修改过的《中华人民共和国土地管理法》，11 月 20 日国务院又做出了《关于深化改革严格土地管理的决定》。严格土地管理的重点措施是：切实保护耕地特别是保护好基本农田；严格执行土地管理法律法规；加强土地规划管理和用途管制；充分利用价格机制调控用地；切实保障征地农民的利益；大力推进节约和集约用地。推进土地管理制度改革的重要内容有：①为了加强省一级的责任，并提高土地管理效力，实行省级以下国土资源垂直管理体制。②继续解决土地管理方面的体制性、机制性问题。包括：深化国有土地使用制度和供地方式的改革；按照保护农民利益、控制征地规模的原则，改革征地制度；合理调整建设用地土地收益分配关系，规范土地收益用途；完善土地管理法律法规。同时，要继续进行土地市场的治理整顿。[②]

这期间，推进了科技教育文化卫生体制的改革。

1. 推进了科技体制的改革。①中国科学院是承担我国基础研究和战略高技术研究的主要力量。到 2002 年底，在该院的 123 个研究所中，已有 67 个进入创新基地试点，13 个开发类研究所已完成企业化转制，目前正在进行以实施科技创新战略为重点的第二期改革试点。②就国务院的开发类科研机构来说，国家经贸委管理的原 10 个国家局所属 242 个科研机构，作为第一批转制院所已于 2000 年全部完成工商注册。第二批建设部等 11 个部门所属 134 个科研机构，到 2001 年底绝大部分完成工商注册。至此，国务院部门所属开发类科研机构企业化转制的阶段任务已基本完成。目前，我国地方开发类科研机构改革稳步推进，已有 70% 以上

①《经济日报》2004 年 11 月 6 日第 2 版、12 月 18 日第 11 版，2005 年 1 月 9 日第 2 版、2 月 4 日第 5 版、2 月 17 日第 4 版。

②《经济日报》2004 年 12 月 15 日第 3 版。

完成了工商注册，有近一半的省（区、市）开发类科研机构转制工作全面完成。同时，我国公益类科研机构改革也获得全面实施。继国土资源部、水利部、农业部等13个部门所属205个公益类科研机构启动改革后，科技部、财政部和中编办也于2004年2月联合批复了卫生部、人口与计生委、环保总局、民航总局、海洋局等5个部门所属43个科研机构的改革方案。这248个公益类科研机构的改革方案为：按非营利性科研机构管理，由国家重点支持的院所为89个，占原有机构数的36%；转为企业的院所61个，占机构数的25%；其他机构通过并入大学、转为其他事业单位、转为中介机构多种方式发展。这标志着我国部门所属社会公益类科研机构体制改革工作进入到全面实施阶段。③2001年，企业投入在全国科研经费总支出的比重已上升到60.4%。④到2002年底，我国民营科技企业已增加到11万家，科研经费达544亿元，总收入2.6万亿元，出口外汇491亿美元。①

但是，在计划经济下形成的科技体制的各种弊端并未根本消除。因而，科学资源配置效益和运营效益仍然很低。比如，据测算，当前我国大型科学仪器利用率不足25%，科技成果转化率不足30%。因此，必须进一步深化科技改革，加快国家创新体系建设，促进全社会科技资源高效配置和综合集成，提高科技创新能力，实现科技和经济社会发展的紧密结合。其主要内容：①要确立企业技术创新和科技投入的主体地位，并为各种经济类型企业的创新活动提供平等竞争条件。②必须由国家支持的从事基础研究，战略高技术、重要公益研究领域创新活动的研究机构，要按照职责明确、评价科学、开放有序、管理规范的原则建立现代科研院所制度。③面向市场的应用技术研究开发机构，要坚持向企业化转制，加快建立现代企业制度。④要积极推动高等教育和科技创新紧密结合。⑤要建立军民结合、寓军于民的创新机制。

2. 推进了教育体制的改革。其重要进展主要有以下三个方面：①在高等教育方面实行了中央省级政府两级管理、省级政府管理为主的新体制。②确立了"国务院领导下，由地方政府负责、分级管理、以县为主"的

①《经济日报》2004年2月12日第3版、6月16日第9版；《〈中共中央关于完善社会主义市场经济体制若干问题的决定〉辅导读本》，人民出版社2003年版，第379~380页。

农村义务教育管理体制。③以政府投入为主、多渠道筹措经费的教育投入体制逐步完善，公办教育和民办教育共同办学的体制初步形成。

但是，深化教育体制改革的任务仍然很重。其目标是：要适应现代的市场经济和科学技术以及公共财产的要求，构建现代的国民教育体系和终身教育体系，建设学习型社会，全面推进素质教育，增强国民就业能力、创新能力和创业能力，努力把人口压力转变为人力资源优势。其主要内容：①推进教育创新，优化教育结构，改革培养模式，提高教育质量，形成同经济社会发展要求相适应的教育体制。②巩固和完善以县级政府管理为主的农村义务教育管理体制。③实施全员聘用和教师资格准入制度。④完善和规范以政府投入为主、多渠道筹措经费的教育投入体制，进一步形成公办学校和民办学校共同发展的格局。

3. 推进了文化体制的改革。2003 年底，国务院办公厅出台了《文化体制改革试点工作中支持文化发展的规定》和《经营性文化事业单位转制为企业的规定》，为改革试点地区和试点单位提供了扶持政策，涉及财政、税收、信贷、投融资、价格等经济政策、社会保障政策、市场准入政策等方面。这不仅促进了国有文化事业的改革，还促进了非公有的文化产业的发展。比如，2004 年 3 月，成立于 20 世纪 50 年代的中国对外演出中心和中国对外艺术展览中心，在众多中直文化事业单位中率先改革，结束了长达半个世纪事业单位的历史，转制成为中国对外文化集团公司。截止到 11 月，该集团公司在国内外主办、承办了 173 起演出、展览项目，成为国内演艺中介行业的"领头羊"。又如，2000 年 3 月，四川新华书店集团公司组建。到目前，四川新华发行集团已拥有总资产 30 亿元，净资产 15 亿元。预计 2004 年销售收入将达到 48 亿元，利润 1.6 亿元，成为拥有出版发行、文化旅游、传媒科技、综合经营四大产业板块的大型现代文化产业集团。再如，当前在文化部门管理的文化产业中，非公有制经济所创造的文化产业增加值已占到全部文化产业增加值的一半以上，就业人数占到 2/3。近年来，有 80%的原创音乐是由民营公司开发的。音像市场的有效供给 80%以上是由民营公司提供的；民营企业投资电影的比例也已经达到了 1/3 强，而投资电视剧的比例则超过了 80%。文化体制改革的进展推动了文化产业的发展。当前，我国的文化产业已初具规模。据测算，2003 年，我国文化及相关产业有从业人员 1274 万人，占城镇从业人员的 5.0%；实现增加值 3577 亿元，占 GDP 的 3.1%。从就业总量而言，文化服务业就业人员规模已经高于"批发和零售业"；从经济总量而言，文化服务业的经济总量与房地产业大体相当。①

但是，我国文化产业发展的体制性障碍等没有根除。诸如，政企、政事不分，条块分割，地方保护，忽视市场机制作用，中介组织发育不良，法规制度不健全等，还比比皆是。因此，还必须深化文化体制改革。其目标是：按照社会主义精神文明建设的特点和社会主义市场经济发展的要求，逐步建立党委领导、政府管理、行业自律、企事业单位依法运营的文化管理体制。其主要内容是：①要转变文化行政管理部门的职能，促进文化事业和文化产业协调发展；并坚持把社会效益放在首位，努力实现社会效益和经济效益的统一。②公益性文化事业单位要深化劳动人事、收入分配和社会保障制度改革，加大国家投入，增强活力，改善服务。③经营性文化产业单位要创新体制，转换机制，面向市场，壮大实力。④要健全文化市场体系，建立富有活力的文化产品生产经营体制。⑤要完善文化产业政策，鼓励多渠道资金投入，促进各类文化产业共同发展，形成一批大型文化企业集团，增强文化产业的整体实力和国际竞争力。⑥要依法规范文化市场秩序。

4. 推进了公共卫生体制改革。改革以来，特别是 2003 年发生"非典"以来，我国公共卫生体制改革已经迈出了重要步伐。主要是：我国已经初步形成了覆盖城乡居民的卫生服务体系和中央、省、地市、县级卫生监督体系。同时推进了国有医疗单位的改革，并实施了多元化医疗体制。到 2002 年底，个体、私营等民营医院已发展到近 1500 家，中外合资合作医院已超过 160 家。特别是新型农村合作医疗试点获得了重要进展。②但是，要实现计划经济体制下政府办医院职能向市场经济下政府公共卫生管理职能的转变，还有一段很长的路要走。深化公共卫生体制改革的目标，就是要强化政府公共卫生管理职能，建立与社会主义市场经济体制相适应的卫生医疗体系。其主要内容是：①加强公共卫生设施建设，充分利用、整合现有资源，建立健全疾病信息网络体系、疾病预防

①《经济日报》2004 年 11 月 11 日第 2 版、12 月 5 日第 1 版、11 月 28 日第 2 版、11 月 30 日第 1 版。
②《中国经济年鉴》(2003)，中国经济年鉴社，第 434 页。

控制体系和医疗救治体系，提高公共卫生服务水平和突发性公共卫生事件应急能力。②加快城镇医疗卫生体制改革。③改善乡村卫生医疗条件，积极建立新型农村合作医疗制度，实行对贫困农民的医疗救助。④搞好环境卫生建设，树立全民卫生意识。⑤健全卫生监管体系，保证群众的食品、药品和医疗安全。①

　　这期间，推进了行政管理体制的改革。2003 年进行的国务院机构改革，是改革以来第五次较大的行政管理体制改革。这项改革是要按照完善社会主义市场经济体制和推进政治体制改革的要求，坚持政企分开、精简、统一、效能和依法行政的原则，进一步转变政府职能，调整和完善政府机构设置，理顺政府部门职能分工，提高政府管理水平，形成行为规范、运转协调、公正透明、廉洁高效的行政管理体制。这一次改革的重点是：深化国有资产管理体制改革，完善宏观调控体系，健全金融监管体制，继续推进流通管理体制改革，加强食品安全和安全生产监管体制建设。

　　这次国务院机构改革的主要任务是：①深化国有资产管理体制改革，设立国务院国有资产监督管理委员会。②完善宏观调控体系，将国家发展计划委员会改组为国家发展和改革委员会。③健全金融监管体制，设立中国银行业监督管理委员会。④继续推进流通管理体制改革，组建商务部。⑤加强食品安全和安全生产监管体制建设，在国家药品监督管理局基础上组建国家食品药品监督管理局，将国家经济贸易委员会管理的国家安全生产监督管理局改为国务院直属机构。⑥将国家计划生育委员会更名为国家人口和计划生育委员会。⑦不再保留国家经济贸易委员会、对外贸易经济合作部。

　　这次改革以后，国务院共设置 53 个部门，其中组成部门 28 个，直属机构 18 个，办事机构 7 个。②

　　行政管理体制改革另一项重要成就，就是依据发展市场经济，转变政府职能和实现公共管理，以及"入世"的要求，到 2004 年 8 月国务院先后分三批取消和调整行政审批项目达到了 1806 项，占审批项目总数的

---

① 《中共中央关于完善社会主义市场经济体制若干问题的决定》，人民出版社 2003 年版，第 29~31 页。
② 《经济日报》2003 年 3 月 11 日第 2 版。

50.1%。[1]

　　但是，这方面的改革并未完成，当前仍需继续改革行政管理体制，加快形成行为规范、运转协调、公正透明、廉洁高效的行政管理体制。为此，①进一步调整各级政府机构设置，理顺职能分工，实现政府职责、机构和编制的法定化；并完善国家公务员制度，以及推进依法行政。②发展电子政务，提高服务和管理水平。③建立健全各种预警和应急机制，提高政府应对突发事件和风险的能力。④完善安全生产监管体系。⑤深化地方行政管理体制改革，大力精简机构和人员。⑥完善基层群众性自治组织，发挥城乡社区自我管理、自我服务的功能。

　　这期间，还推进了经济法制建设。改革20年来，特别是20世纪末提出依法治国这个基本方略以来，我国社会主义法制建设取得了巨大的成就。以《宪法》为核心的中国特色社会主义法律体系已经初步形成，与社会主义市场经济相适应的经济法律制度也已经初步确立。社会主义市场经济法律制度，在我国法律体系七大法律门类中（包括宪法、民法、商法、经济法、行政法、社会法以及刑法、诉讼法和非诉讼程序法），都有程度不同的反映。但是，从社会主义市场经济要求来看，目前法律制度只能说是初步形成。其中，有的重要方面有空白，有些制度不够完善；有些规定，由于客观条件所限，难以执行；有的领域新旧法律体制并存，带来诸多矛盾等。

　　因此，仍需按照依法治国的基本方略，着眼于确立制度、规范权责、保障权益，加强经济立法。①完善市场主体和中介组织法律制度，使各类市场主体真正具有完全的行为能力和责任能力。②完善产权法律制度，规范和理顺产权关系，保护各类产权权益。③完善市场交易法律制度，保障合同自由和交易安全，维护公平竞争。④完善预算、税收、金融和投资等法律法规，规范经济调节和市场监管。⑤完善劳动、就业和社会保障等方面的法律法规，切实保护劳动者和公民的合法权益。⑥完善社会领域和可持续发展等方面的法律法规，促进经济发展和社会全面进步。同时，要加强执法和监督。[2]

---

[1]《经济日报》2004年9月15日第3版。
[2]《中共中央关于完善社会主义市场经济体制若干问题的决定》，人民出版社2003年版，第32~33页。

第五章 进一步发展对外开放的总体格局

2001 年 12 月 11 日我国正式加入了世界贸易组织。"入世"是我国深化改革和建设全面小康社会的必然要求，同时也是加快改革和建设全面小康社会步伐的重要因素。"入世"也是推动对外开放总体格局进一步发展的重要动力，它从扩大利用外资、对外贸易和对外技术经济合作等方面大大促进了对外开放的发展。

这期间作为直接利用外资主要形式的"三资"企业又有进一步发展。这主要得益于下列因素和措施：

1. 改革以来，我国逐渐形成了一系列比较优势。如全球潜力最大的市场、高素质和低成本的巨大人力资源、社会政治稳定和经济快速增长、竞争力强的工业基础、良好的基础设施、不断完善的法律环境和增强的开放意识等。

2. 抓住了新一轮全球产业转移的重大机遇。20 世纪 80 年代，我国抓住了国际上以轻纺产品为代表的劳动密集型产业向发展中国家转移的机遇；20 世纪 90 年代，我国又一次抓住了国际产业转移的机遇，促进了机电产业发展；世纪之交，我国抓住加入世界贸易组织带来的新机遇，成为全球跨国投资的首选之地，新一轮以信息产业为代表的高科技产业生产制造环节大规模向我国转移的高潮正在形成，长江三角洲、珠江三角洲、环渤海湾、福厦沿海地区初步形成了各具特色的信息产业基地。

3. 提出了利用外资的新思路，并采取相应办法。比如，吸引外资向有条件的地区和符合国家产业政策的领域扩展，力争再形成若干个外资密集、内外结合、带动力强的经济增长带。具体说来，长江三角洲地区要建设成为重要的经济、金融和贸易中心，成为高新技术产业研发和制造基地；珠江三角洲地区要着力加快产业升级步伐，发展广深高新技术产业带，逐步建成为技术水平较高的全球制造业基地；京津塘地区要发挥科研和人才优势，重点发展技术和知识密集型产业；东北等老工业基地要鼓励发展装备制造业和重化工业，结合大力改造传统产业，有选择地发展高新技术产业，逐步建成开放型的工业基地；山东半岛要依托一批骨干企业，加快发展一批特色突出的产业集群和现代农业基地；以成都、重庆、西安、武汉等中心城市为龙头的中西部地区，要根据各自特点，有重点地发展高新技术产业，并主动利用沿海地区产业转移的机遇加快发展，努力建设一批资源产业、特色产业和现代农业的基地。[①] 为了把吸引外资同我国产业结构调整和实施西部大开发战略结合起来，经国务院批准，国家计委、国家经贸委和外经贸部于 2002 年 3 月公布新的《外商投资产业指导目录》及附件。新目录分鼓励、允许、限制和禁止四类，共列 371 个条目。其特点是：①坚持扩大对外开放，积极鼓励外商来华投资。鼓励类由 186 条增加到 262 条，限制类由 112 条减少到 75 条，放宽外商投资的股比限制，将原禁止外商投资的电信和燃气、热力、供排水等城市管网首次列为对外开放领域。②与我国加入世界贸易组织的承诺相衔接，按照承诺的地域、数量、经营范围、股比要求和时间表，进一步开放银行、保险、商业、外贸、旅游、电信、运输、会计、审计、法律等服务贸易领域。③鼓励外商投资西部地区，放宽外商投资西部地区的股比和行业限制。④发挥市场竞争机制作用，将一般工业产品划入允许类，通过竞争促进我国产业、产品结构的升级。[②] 为了把吸引外资同国有经济调整和改革结合起来，2003 年 3 月，由原外经贸部、国家税务总局、国家工商总局和国家外汇管理局联合发布的《外商投资并购境内企业暂行规定》，规范了外资以购买股权、购买资产等方式并购不同组织形式及所有制形态的境内企业，明确了外资并购的法律效果是外商投资企业的成立，在相对完整的意义上建立了我国外资并购的法律规范。[③]

---

① 《〈中共中央关于完善社会主义市场经济体制若干问题的决定〉辅导读本》，人民出版社 2003 年版，第 296~297 页。

② 《中国经济年鉴》（2002），中国经济年鉴社，第 744~745 页。

③ 《经济日报》2003 年 11 月 12 日第 3 版。

4. 为了给吸引外资提供更完善的法律环境，2001 年修改和实施了《中外合资企业法》、《中外合作企业法》和《外资企业法》这三个关于外商直接投资的基本法律及其实施细则。这些法律进一步体现了对外资企业实施的国民待遇原则。

5. 为了推进吸引外资工作，2002 年以来，建立了外商投资企业注册局，并修订了全国统一的新式外商投资企业登记注册表格，开通了《中国外资登记网》，完善了外资登记管理法规体系（如出台了《外商投资企业创业投资管理规定》等）。①

6. 为了在外汇方面给吸引外资创造有利条件，继续推行了汇率和人民币在资本项目下可兑换的改革。改革以来，我国先后采取了调整国家外汇牌价、实行贸易结算价、允许外汇调剂市场按供求确定汇率等多种改革措施。1994 年汇率并轨以后，我国开始实行以市场供求为基础的、单一的、有管理的浮动汇率制度，初步确立了市场配置外汇资源的基本框架。而且，我国已于 1996 年底正式接受国际货币基金组织协定第八条款义务，实现了人民币经常项目可兑换。国际货币基金组织将资本项目交易划分为 43 项。到 2003 年，我国已有将近一半的项目不受限制或只有较少限制，有不足 1/3 的项目受到较多限制，严格管制的交易项目不到两成。因此，我国已经实现了资本项目的部分可兑换。今后任务就是从部分可兑换过渡到基本可兑换，最后再到完全可兑换。资本项目可兑换，就实现了人民币完全可兑换。我国将按照改革的整体部署，从本国家实际需要出发，积极创造条件，稳步地推进汇率形成机制改革以及人民币在资本项目下的基本可兑换。

以上各点推动了"三资"企业的发展。2000~2003 年，外商直接投资由 407.15 亿美元增长到 535 亿美元。其中，合资企业由 143.43 亿美元增长到 153.92 亿美元，合作企业由 65.96 亿美元下降到 38.36 亿美元，独资企业由 192.64 亿美元增长到 334.84 亿美元。2004 年，外商直接投资达到 606 亿美元（详见附表 35）。这期间，我国在吸引外商直接投资方面不仅连续 11 年居发展中国家第一位，而且在 2003 年超过了美国，居世界第一位。②

---

① 《中国经济年鉴》（2002~2004），中国经济年鉴社。
② 《经济日报》2004 年 11 月 30 日第 1 版。

就 2003 年的情况来看，"三资"企业发展具有以下特点：

1. 就外商股资的地区来源来看，各大洲来大陆投资均呈增长趋势，以亚洲、北美洲、大洋洲和欧洲投资居多，非洲和欧洲投资增幅最大。亚洲国家和地区新登记企业 24596 户，增长 11.49%，认缴出资额 431.65 亿美元，增长 34.76%。欧洲新登记企业 2076 户，增长 25.06%，认缴出资额 46.96 亿美元，增长 65.67%。北美洲新登记企业 6200 户，增长 10.85%，认缴出资额 163.14 亿美元，增长 12.74%。南美洲新登记企业 93 户，认缴出资额 1.08 亿美元，与去年基本持平，略有增长。大洋洲新登记企业 1342 户，增长 5.67%，认缴出资额 32.11 亿美元，增长 51.42%。非洲新登记企业 438 户，增长 28.07%，认缴出资额 7.82 亿美元，增长 72.27%。但总起来说，欧美日等经济发达国家在投资中比重进一步上升。

2. 就外商企业形式来看，2003 年，独资企业继续居第一位，合资企业和合作企业继续分别居第二、三位，而且独资企业占外商直接比重进一步上升，合资企业特别是合作企业的比重进一步下降，详见附表 35。

3. 就外商投资的规模看，企业平均投资数量增大，大型企业比重上升。2003 年，外商投资企业平均注册资本、投资总额、外方认缴额分别为 275.05 万美元、493.60 万美元、205.76 万美元，分别比 2002 年增加 3.65%、4.40%、6.49%；新登记投资总额在 1000 万美元以上（含 1000 万美元）企业 4002 户，所占比重为 11.48%，比 2002 年增加了 1.32 个百分点。2004 年，全球最大的 500 家跨国公司中已有 450 家在华投资，其中在华设立地区总部的超过 30 家。跨国公司在华投资已呈现一些新特点：①单项投资规模高。目前，跨国公司在华实际投资在 1 亿美元以上的项目明显增多。②一揽子合作或跨行业关联性投资明显增多。③投资呈系统化、多功能，具有较强的战略意图。④跨国公司对华投资的主要方式是并购。[①]

4. 就外商投资企业的产业布局来看，在 2003 年新登记的 34853 户外商投资企业中，第二产业为 25080 户，占 72%，居第一位，其中制造业的增速更快。第三产业为 8943 户，占 25.6%，其中服务业的增速很快，已超过工业。第一产业为 830 户，占 2.4%。

5. 就外商投资企业的地区分布来看，2003 年我国东部、中部和西部

---

① 《经济日报》2003 年 11 月 30 日第 1 版、12 月 4 日第 1 版。

地区吸引外资均有增长，西部地区增幅较大。这年东部地区外商投资外方认缴出资额 578.76 亿美元，增长 31.32%；中部地区外方认缴出资额 73.55 亿美元，增长 24.15%；西部地区外方认缴出资额 31.75 亿美元，增长 52.26%。[①]

伴随"三资"企业的发展，它在我国经济生活中的作用也趋于上升。2003 年，外资企业固定资产投资占中国全社会固定资产投资总额近 11%；工业增加值占全国总额的 28%；出口额占全国出口额的 55%。外资企业中直接就业人员已超过 2350 万人，约占全国非农业劳动人口的 10%。[②]

尽管"三资"企业发展较快，但并不存在吸引外资过多的问题。因为，衡量一个国家吸引外资水平是否过量的一个重要指标是"外资依存度"，即外资存量占当年 GDP 的比重，当年外资数量占固定资产投资的比重。现在我国这两个数字分别为 3% 和 10% 左右，处于发展中国家平均水平。而且，我国吸收外资主要是以投资建厂为主，占 90%~95%。这部分投资稳定性很大。[③]再有，我国吸引外资的数量被高估了，利用外资的空间还很大。[④]

当然，我国吸引外资的领域需要扩大，外资企业技术水平需要提高，外商投资的产业结构和地区分布需要优化，引进外资方式需要创新，部分外资企业的经营亏损状况需要改变，引进外资方面的法规需要完善，监管需要加强，要维护国家经济安全。

这期间对外开放格局的进一步发展，还表现在进出口贸易的增长上。促进外贸增长的主要措施是：

1. 世界贸易组织实行的最惠国待遇和国民待遇等项原则体现了现代市场经济的基本要求，是在世界范围内实现资源优化配置的有效机制，是打破国际贸易（包括货物贸易和服务贸易）壁垒的强有力杠杆。所以，

---

① 《中国经济年鉴》(2004)，中国经济年鉴社，第 767~770 页。

② 《经济日报》2004 年 12 月 4 日第 1 版。

③ 《经济日报》2004 年 12 月 9 日第 5 版。

④ 最近有专家指出：由于中国没有进行外商直接投资存量的统计，因此"累计实际使用外资金额"的概念被普遍使用。实际上，这一指标没有反映出外商投资企业终止运营、资产折旧以及撤资等情况，显然高估了中国的外商直接投资存量。据测算，截止到 2003 年底，中国的外商直接投资存量约为 2500 亿美元，仅为同期实际使用外资金额 5014 亿美元的一半。按照这个数据口径计算，中国人均使用外商直接投资存量仅 200 美元，远低于 2002 年世界人均使用外商直接投资存量 1178 美元的水平，更低于发达国家 5330 美元的水平，也落后于发展中国家 480 美元的水平（《经济日报》2004 年 12 月 8 日第 1 版）。

我国于 2001 年 12 月 11 日加入世界贸易组织，是扩大外贸的最有效措施。

2. 为了适应"入世"的要求，2002~2004 年三年以来，我国修订的涉外法律法规达到 2500 多个。其中，包括 2004 年 4 月经过修订后颁布实施的《中华人民共和国对外贸易法》。[①] 这些就为扩大对外贸易提供了更有力的法律保证。

3. 进一步推进了外贸体制的改革。主要是加快了国有外贸企业旨在建立现代企业制度的改革，对非公有制企业放开了外贸经营权，积极推进生产企业自营出口和出口由收购制到代理制的转变，以及降低外贸市场进入门槛；规范和整顿外贸市场秩序；根本改革外贸方面不合理的行政审批制度。这是推动外贸发展的根本动力。当前外贸方面多种所有制平等竞争、共同发展的格局也已初步形成。2004 年 1~10 月，我国外贸进出口总额已达 9264.7 亿美元，同比增长 35.8%。其中，外商投资企业和集体私营企业是拉动进出口增长的主要力量，外商投资企业进出口额 4729.3 亿美元，增长 43%，进出口增量占总增量的 63.9%；集体私营企业进出口额 1144.5 亿美元，增长 68.7%，进出口增量占总增量的 21%。[②]

4. 在进口方面，按照"入世"的承诺，逐步地降低关税、减少进口许可证管理的商品品种和放开投资领域。比如，我国进口关税总水平已由 2001 年的 15.3%降低到 2004 年的 10.4%。[③] 在出口方面，在退税、融资和保险等方面也采取了一系列积极推进的措施。

5. 继续推进出口多元化战略，巩固和扩大了传统市场，开辟了新的市场。并从 2004 年开始，实施中国与东盟自由贸易区协议以及中国内地与中国香港地区更紧密经贸关系协议，推进地区之间经贸关系的发展。

6. 继续实施科技兴贸和以质取胜的战略，提高出口产品科技含量和附加值。

7. 从发展、改革和管理等方面采取多项措施促进企业提高产品的国际竞争力。

8. 进一步发挥了人力资源丰富和劳动力成本低的两大优势。这是外贸连年大幅增长的基本因素。此外，这期间，国内经济的持续快速发展，

---

① 《经济日报》2004 年 4 月 7 日第 11 版、12 月 12 日第 2 版。

② 《经济日报》2004 年 11 月 13 日第 1~2 版。

③ 《经济日报》2004 年 12 月 10 日第 3 版。

以及近年来美国、日本和欧盟等主要国家经济的复苏和增长，也是促进外贸增长的重要因素。

这期间，我国进出口总额获得了超常规的高速增长。2000~2004年，我国进出口总额由4742.9亿美元增长到11548亿美元，其中，出口由2492亿美元增长到5934亿美元，进口由2250.9亿美元增长到5614亿美元（详见附表34）。这样，我国进出口贸易总额居世界位次就急剧上升。1980年居世界第32位，2000年居第7位，2001~2004年依次分别上升到第6位、第5位、第4位和第3位。同时，进一步实现了出口商品结构的优化。改革以来，我国出口商品结构经历了两次飞跃：一次是1986年纺织品和服装取代石油成为我国第一大类出口产品，标志着出口商品从资源密集型为主向劳动密集型为主的飞跃；另一次是1995年机电产品取代纺织品和服装成为第一大类出口商品，标志着出口商品开始从劳动密集型为主向资本技术密集型为主的转变。到2004年11月，机电产品已占出口总额的55%。而机电产品中的高新技术产品出口的迅猛增长，则是21世纪初出口的显著特征。2003年我国高新技术产品出口达到1100亿美元，比2000年增加近两倍，占出口总值的比重提高到25%。2004年前11个月，高新技术产品出口达到1469亿美元，增长51.5%，占出口总额的27.7%。①

对外贸易规模扩大和结构优化，意味着对外贸易从扩大市场，创造就业，增加税收和引进国外先进技术设备等方面促进了我国积极增长，成为这方面的一个很重要力量。并且越来越成为推动世界经济的一个重要因素。我国出口占国内生产总值的比重，1978年只有4.6%，2004年预计达到30%以上，拉动经济增长约2个百分点。2004年进出口税收约占全部税收总额的18%，与外贸直接相关的从业人员达到8000万人。据日本贸易振兴会分析，自1997年起，中国经济增长和贸易规模扩大拉动世界经济增长的作用日益显现。1997年世界贸易经济增长3.5%，其中美国经济做出的贡献占33.5%，欧盟经济做出的贡献占20.7%，中国经济做出的贡献占7.4%；2002年这三者贡献的百分比分别为34.6%、15.2%和15.8%，显然中国已经成为不逊于欧盟的世界经济三大增长动力之一。另据美国摩根斯坦利财团首席经济学家斯蒂芬·罗奇的一份研究报告，2003

---

① 《经济日报》2004年12月10日第5版，2005年1月5日第2版、1月8日第1版。

年中国外贸进口吸收了美国出口增量的 22%、德国出口增量的 28%、日本出口增量的 32%。可见中国经济与外贸发展对世界经济增长的拉动作用。2004 年，我国对全球货物贸易增长的贡献率可望达到 12%，比 2003 年提高 0.3 个百分点，成为世界贸易组织增长的重要驱动力。[①]但是，我国当前还只能算是贸易大国，并不是贸易强国。其主要表现：一是当前我国人均外贸额还不到 850 美元，大大低于世界人均 2400 美元的水平。[②]二是贸易增长方式相对粗放，而且，长期依赖低劳动成本、高物耗、少收益的增长方式也难以为继。三是缺乏自有品牌、营销网络以及具有自主知识产权和核心技术的产品。四是不少出口产品层次偏低，不少产品仍处于国际分工价值链的低端环节，附加值不高。五是尚未形成大批综合实力强，能够深度参与国际竞争与合作的企业。六是外资企业的加工贸易在外贸总额中（特别是高新技术产品出口中）占了大部分。

我国当前正面临着"入世"的"后过渡期"[③]，以及由国际贸易保护主义抬头而来的贸易摩擦的加剧，因而在拓展外贸方面遇到的挑战也很大。但基于上述各项因素的分析，我国外贸发展的前景仍然很好。

这期间对外开放格局的发展，还表现在对外经济合作方面。改革以来已从资金、技术和人才等方面为中国实现"走出去"战略奠定了基础，而且改革深化和现代化建设发展也要求进一步充分利用两种市场和两种资源。因此，21 世纪初我国加大了实施"走出去"战略的力度。而且，已经和正在按照以市场为主导、以企业为主体、政府提供服务的原则，加快建立中国对外经济合作的管理服务体系。一是形成稳定、透明的涉

---

① 《经济日报》2004 年 8 月 16 日第 9 版；《人民日报》2004 年 1 月 4 日第 6 版。

② 《经济日报》2004 年 12 月 10 日第 2 版。

③ 所谓"过渡期"，是指中国加入世界贸易组织之后"关税减让、非关税措施减少和消除，以及服务贸易领域开放"的这段时间，即从 2001 年 12 月 11 日至 2006 年 12 月 11 日。按照《中国加入 WTO 议定书》的规定，整个过渡期又分为"前过渡期"与"后过渡期"。"前过渡期"是从 2001 年底至 2003 年底，"后过渡期"是从 2004 年底到 2006 年底。前过渡期与后过渡期进行区分的标准是关于关税和市场开放的时间特征。前过渡期内的三个主要特征分别是关税大幅减让、大多数非关税措施被取消以及服务业领域适度放开。而后过渡期的主要特征则是关税减让很少但市场开放提速。这些开放提速的市场主要是某些敏感的服务业。从 2004 年 12 月 11 日起，它们开始结束保护期，进入深度开放。具体包括金融、商业、通讯、建筑、分销、教育、环境、旅游和运输公共大部门约 90 个分部门。比如到 2004 年 12 月 11 日，我国将允许外资在批发和零售企业控股，允许外资银行向中国企业提供人民币业务；到 2004 年底将允许外商设立独资建筑和分销企业；到 2005 年底将允许外商设立独资速递、公路货运和货代企业等。如果说前三年主要集中在货物贸易领域的话，那么从 2004 年开始主要集中在服务贸易领域（《经济日报》2004 年 12 月 10 日第 9 版）。

外经济管理体制，创造公平和可预见的法制环境，为中国企业开展规范的对外经济合作提供制度保障。二是建立新型的对外经济合作的管理服务体系。三是帮助对外经济合作的中介机构准确定位，完善功能。四是为中外企业的合作创造较好的国际环境。

这样，这期间我国对外经济合作就获得了迅速发展，一是地区和行业分布广泛。从 20 世纪 80 年代集中于美欧日等少数发达国家和港澳地区，发展到亚洲、非洲、拉丁美洲以及东欧独联体等；投资领域由初期的进出口贸易、航运和餐饮等少数领域拓展到加工制造、资源利用、工程承包、农业合作和研究开发等领域。二是境外资源开发取得积极进展。截止到 2003 年底，我国在境外参与油气项目 58 个，中方实际投资超过 60 亿美元，实现销售收入 50 余亿美元；参与重大境外矿产项目 10 个，中方实际投资 10.08 亿美元；设立境外远洋渔业项目 71 个，中方投资 1.08 亿美元。三是境外加工贸易业务发展迅速。截止到 2003 年底，境外加工贸易企业约 500 家，中方协议投资额 13.07 亿美元，主要涉及纺织、家电、机电、化工、制药等行业。四是经营主体迅速壮大，大型企业作用明显。目前，我国从事跨国投资与经营的各类企业已发展到 3 万家；一些大企业已具备了跨国公司雏形。五是投资方式日趋多样化，经营层次逐步提高。2003 年，我国企业以跨国并购方式对外投资 8.34 亿美元，占当年中方协议投资额的 40%。我国企业到境外收购销售网络、特许经营权、建立研发中心的投资也增多。[1] 六是营业额和投资规模迅速增长。2000~2004 年，对外承包工程完成营业额由 83.79 亿美元增长到 175 亿美元，对外劳务合作完成营业额由 28.13 亿美元增长到 38 亿美元（详见附表 36）。

但当前我国对外经济合作仍处于较低水平。比如，2003 年我国到国外就业的劳动者人数虽已达到 52.5 万人，但只占国际劳动力市场总数的 0.8%。[2] 而且，有关对外经济合作的国家立法和政策、融资、人才培训和信息服务以及企业的经营机制等方面，还存在诸多不足。因此，解决这些问题，发挥我国对外经济合作潜力，仍然大有可为。

①《经济日报》2004 年 5 月 27 日第 2 版；《中国市长》2004 年第 9 期，第 5 页。
②《经济日报》2004 年 11 月 18 日第 4 版。

第六章　实施全面建设小康社会的经济战略

全面建设小康社会的最重要经济战略有以下五方面：

第一节　走新型工业化道路

全面建设小康社会的根本途径是实现工业化。依据国内外工业化历史经验的总结以及对我国国情和当代国际环境的分析，党的十六大提出要走新型工业化道路。即"坚持以信息化带动工业化，以工业化促进信息化，走出一条科技含量高、经济效益好、资源消耗低、环境污染少、人力资源优势得到充分发挥的新型工业化路子"。走这条路子，是全面建设小康社会的首要战略。为此，需要"推进产业结构优化升级，形成以高新技术产业为先导、基础产业和制造业为支撑、服务业全面发展的产业格局"。[①]

1. 新中国成立以来，我国高新技术产业有了一定的发展。但直到1999年，我国高新技术产业产值仅为 1.09 万亿元，占工业总产值的15%，距工业化和现代化的要求甚远。这样，在科学技术成为第一生产力的时代，优先发展以信息产业为代表的、具有先导性的高新技术产业，就是走新型工业化道路的首要内容。为此，"十五"期间国家除了从深化

---

① 《中国共产党第十六次全国代表大会文件汇编》，人民出版社 2002 年版，第 21 页。

改革，扩大开放，实施科教兴国战略等根本途径促进高新技术产业发展以外，还从以下四个方面加大了对高新技术产业发展的支持。一是提出了我国历史上第一个高新技术产业发展规划，明确了我国"十五"期间高新技术产业发展的方针、指导思想、目标和主要任务。先后组织实施了移动通讯、数字电视、下一代互联网、支线飞机、生物技术、高性能船舶等 12 大高新技术工程。二是发布相关政策，引导社会资金投向高技术产业。国家提出了"关于加强技术创新、发展高科技、实现产业化的决定"。"鼓励软件产业和集成电路产业发展的若干政策"、"关于国有高新技术企业开展股权激励试点工作指导意见"，《鼓励外商投资高新技术产品目录》和《中国高新技术产品目录》等。三是进一步加强对高新技术研究开发的支持力度，中央预算内科研经费连年增加。四是进一步推进"科技兴贸"战略，加快高新技术产品出口促进体系建设，进一步开拓国际市场。

上述各项措施取得显著成效。2003 年我国高新技术产业产值达到 2.75 万亿元，同比增长 30.8%，增速高于工业增速 5 个百分点，对整个工业总产值增长的贡献率达到 24.6%。高新技术产业产值占工业总产值的比重为21.4%。①

这期间高新技术产业发展的最宏伟、最集中成就，就是 2003 年 10 月 15 日"神舟"五号载人飞船发射成功。另一突出成就是我国核工业发展已经实现了由第一个时期到第二个时期的转变。第一个时期的特点是以服务国防建设为主的。1964 年 10 月 16 日，我国自行研究、设计、制造的第一颗原子弹一次爆炸成功，中国成为一个有核国家。1967 年 6 月 17 日，我国第一颗氢弹爆炸成功，成为世界上第四个拥有氢弹的国家。1971 年 9 月，"东方红一号"人造卫星成功上天后不久，我国自己研制制造的第一艘核潜艇安全下水。第二个时期的特点是：军民结合，保军转民、以民为主。1991 年 12 月 15 日，秦山核电站首次并网发电成功，使我国成为世界上第七个能自行设计建造首座核电站的国家。紧接着，广东大亚湾核电站 1994 年投入商业运行；广东岭澳核电站 2003 年 1 月全面建成投产；秦山二期核电站 2003 年 7 月 24 日提前 112 天投入商业运行；

_____

① 《经济日报》2004 年 2 月 4 日第 2 版、7 月 9 日第 7 版。

秦山三期核电站 2004 年 5 月 3 日全面建成投入商业运行，实现了我国自主发电由原型堆核电站到商用堆核电站的重大跨越。同时，我国的核燃料工业进行了大幅度的产业结构调整和重大的技术更新，引进先进技术，开拓民用核燃料生产。核应用技术也于 20 世纪 80 年代进入以工业应用为重点的全面发展时期，90 年代步入产业化进程。至此，核电、核燃料和核应用技术成为第二个时期的以民为主的核工业的三大支柱产业。[①]

"十五"期间，在积极发展高新技术产业本身的同时，还十分重视用高新技术改造和提升传统产业，在以信息技术改造传统产业方面尤其如此。在中国当前具体条件下，这是实现工业化和现代化的一个十分重要的内容。在这方面，坚持了以市场为导向，以企业为主体，并辅以政府在政策和资金等方面的支持，由此取得了显著进展。比如，中国制造业信息化指数由 2001 年的 100 点上升到 2002 年的 118.21 点，增长 18.21%。其中，制造业、信息化环境指数增长 34.46%，制造业企业信息化指数增长 11.24%。[②]

2. 新中国成立以来，我国基础产业和制造业已有很大发展。据计算，1952~1996 年，基础产业（包括原材料工业、能源工业和交通运输业）产值由 86.4 亿元增长到 30753 亿元，占社会总产值比重由 6.43% 上升到 24.68%。[③] 2000 年，我国制造业增加值达到 30700.03 亿元（其中装备制造业增加值为 8600 亿元），约占工业增加值的 4/5，占国内生产总值的 34.3%，居世界第四位。[④] 但在工业化和现代化中居于十分重要地位的基础产业（特别是水利、能源和交通）和制造业（特别是其中的装备制造业），在生产规模和技术水平等方面远远不能适应工业化和现代化的要求。据此，"十五"期间在改革和发展方面采取了一系列的促进这些产业发展的重要措施，特别是加大了这些方面的投资。1998~2004 年共发行了 9100 亿元建设国债，鉴于存在基础产业"瓶颈"制约和加工工业生产能力过剩的状况，其中大部分都投到了基础产业和基础设施领域。"十五"

①《经济日报》2005 年 1 月 15 日第 2 版。

②《中国工业发展报告》（2004），经济管理出版社，第 131 页。

③ 参见拙著：《中华人民共和国工业经济史（1949.10~1998）》，山西经济出版社 1998 年版，第 888~891、897~901 页。

④《经济日报》2002 年 7 月 4 日第 14 版。

期间对制造业（特别是制造业的信息化）投资力度也很大。"十五"期间科技部与国务院信息办、国家经贸委、国防科工委、信息产业部等联合组织实施制造业信息化工程。为此，该部拿出 8 亿元拨款作为引导资金，地方政府投入 20 亿元，企业自己的配套资金预算则超过 80 亿元。预计到"十五"末，制造业信息化工程可以开发 100 个以上有自主知识产权的制造业信息化新产品，培育 200 个为制造业信息化提供技术支持的企业；通过实施制造业信息化工程，可以使国产制造业信息化应用支撑软件的市场占有率提高 25 个百分点，国产中高档数控机床市场占有率提高 30 个百分点；使中国制造业在信息化方面的总体水平与发达国家的差距，由现在的大约 15 年缩短到 10 年以内。上述各项措施促进了基础产业和基础设施以及制造业的迅速发展。在基础产业和基础设施方面，其突出表现就是在"十五"期间国家确定的"南水北调、西气东输、青藏铁路、西电东送"四大跨世纪宏伟工程中，西气东输工程于 2004 年 10 月全线投产，并于 12 月实现全线商业供气。其他三项工程也取得了重大进展。在制造业方面，其突出表现，就是 2004 年电子信息产品制造业实现销售收入预计为全年 2.65 亿元，比上年增长 40%。这年信息产业增加值预计可达 9500 亿元，占国内生产总值的 7.5%，其产业规模居我国工业首位，居世界第三位。[①]

3. 改革以来，以服务业为主要内容的第三产业有了很大发展。1979~2000 年，第三产业的增加值由 860.5 亿元增加到 29904.6 亿元，占国内生产总值的比重由 23.7%提高到 33.4%（详见附表 1、附表 2）。但我国服务业总量小，占经济总量比重低，传统服务业比重大和现代服务业比重小，服务领域窄和品种少，以及服务手段落后等情况，并没有根本改变。因此，为了推进产业结构调整，必须全面发展和提升服务业。"十五"计划纲要提出：要以市场化、产业化和社会化为方向，加快发展服务业。要发展面向生活消费的服务业和主要面向生产的服务业。要积极发展信息、金融、会计、咨询、法律服务等现代服务业，提高服务业总体水平。并运用现代经营方式和服务技术，改造商贸流通、交通运输、市政服务等传统服务业，提高服务质量和效益。要发展面向居民消费的房地产业、社

---

① 《经济日报》2002 年 12 月 2 日第 3 版，2005 年 1 月 1 日第 2 版、1 月 13 日第 2 版。

区服务、旅游、餐饮、娱乐、健身等产业，增加服务内容。[1]上述政策措施的贯彻，推动了"十五"期间服务业的发展。其中有些方面还有惊人的飞速发展，如移动电话用户由 2000 年的 0.55 亿户增加到 2004 年的 3.34 亿户，短短 4 年，增长了 5.1 倍。[2]但总体说来，我国服务业相对落后的面貌还未根本改观。

以上三点是从产业结构优化升级方面叙述了走新型工业化道路的战略措施。以下四节也是从不同角度叙述这方面的战略措施。

第二节　全面繁荣农村经济

就我国现状看，全面建设小康社会的重点和难点都在农村。因此，全面繁荣经济就成为实现这一目标的最重要战略。为了全面繁荣农村，已经和正在实现的战略性措施有以下几点：

1. 加快城镇化进程。改革以来，我国城镇化率（即乡村人口占全国人口的比重）有了显著提高。2000 年为 36.22%，比 1978 年提高了 18.3 个百分点，但仍处于很低的水平。而同时农村有大量人口和劳动力需要向城市转移。2000 年，全国 4.8 亿农村劳动力中，1.6 亿人在当地从事乡镇企业和其他非农业，3.2 亿为农业劳动力。但种植业实际需要 1.5 亿劳动力，加上 2000 万专门从事林牧渔业生产的劳动力，农业实际需要的劳动力约为 1.7 亿。这样，农村有 1.5 亿富余劳动力，而且每年还要新增劳动力 600 多万人。[3]同时，我国经济的发展（特别是农业的发展）又为这种转移创造了条件。要强调的是，加快城镇化进程不仅是实现工业化的需要，还是繁荣农村经济的根本前提。显然，不把大量劳动力转移到城市，农业劳动生产率就难以有大的提高，繁荣农村经济也就缺乏最重要的物质基础。

但在我国当前条件下，人口多，地域广，各地经济和城市的发展水平差异也很大。因此，我国城镇化只能和必须"坚持大中小城市和小城

---

①《中国经济年鉴》（2001），中国经济年鉴社，第 6、13~14 页。

②《经济日报》2005 年 1 月 13 日第 2 版。

③《经济日报》2004 年 4 月 8 日第 2 版。

镇协调发展，走中国特色的城镇化道路"。[①] 在上述方针指导下，"十五"期间我国城镇化水平有了较快的提高。2000~2003 年，城镇化率由 36.22%提高到 40.53%，平均每年提高 1.44 个百分点，比 1978~2000 年的年平均增长率提高了 0.61 个百分点。[②]

　　但如果考虑到进城务工的农民工的数量，那么城镇化水平还高得多。当前农民工已达到约 1 亿人。在第二产业就业人数中，农民工已占到 57.6%。其中，在制造业中占 68.2%，在建筑业中占 79.8%。[③]要强调的是，充分认识农民工在推进城镇化方面的重要性。农民工进城务工是我国转移农村富余劳动力、推进城镇化的必经过程，是城镇化的一个重要方面。当然，这还只是一个过渡形态。农民工进城务工还是扩大农民就业和增加农民收入的重要渠道；是"入世"后发挥劳动力成本低的优势，增强工农业产品国际竞争力的重要因素；是发展城市第三产业、提高城市居民生活质量的重要条件；是先进城市文明辐射农村的一个现实途径。因此，要从国民经济和社会发展全局的高度看待农民工的重要性。为此，制定并贯彻了"政策引导、有序流动、加强管理、改善服务"的方针，推进了农民工的各项工作。主要是：给农民工"减负"，减少各种收费，降低农民工进城务工的成本；搞好"服务"，包括建立劳务市场、提供就业信息、加强就业指导与培训、提供法律援助、保障劳动安全、为子女教育提供便利等，为农民进城务工创造好的环境；给农民工"留退路"，不要急于收回承包地，农民工失去了工作还可以回乡种田，无后顾之忧。这既有利于降低农民进城务工的成本，也有利于社会稳定。近年来，特别是在清理建设领域拖欠农民工工资方面做了切实有效的工作。到 2004 年底，全国已偿还农民工工资 331 亿元，偿还比例已占上报拖欠总额的 98.4%，并从严格劳动用工制度，规范工资支付制度，加强监督管理和执法检查等方面，建立防止拖欠农民工工资的长效机制。[④]但要从根本上解决农民工问题，还需要推进户籍、就业、住房、教育和社会保险等项改革，在这些方面对农民实行统一国民待遇，以根本改变当前还存在的城

①《中国共产党第十六次代表大会文件汇编》，人民出版社 2002 年版，第 22~23 页。
②《中国统计年鉴》(2004)，第 95 页。
③《经济日报》2004 年 1 月 20 日第 2 版。
④《经济日报》2005 年 1 月 10 日第 1 版。

乡二元社会经济体制。

2. 积极推进农村经济结构调整。改革以来，这方面已经取得了明显进展。在种植业内部，优良品种比重显著上升，粮食作物、经济作物和饲料作物的三元结构，以及种植业与林业、牧业、渔业和农业与二、三产业共同发展的格局初步形成，主要农产品开始向具有比较优势的地区集聚。2001 年，优质的水稻、小麦和玉米的播种面积已经分别达到近 60%、近 1/4 和 20%以上。[①] 1978~2000 年，种植业产值占农业总产值比重由 80%下降到 55.7%，林、牧、渔业的比重由 20%上升到 44.3%（详见附表 12）。当前，第一产业增加值占农村经济增加值的比重已经下降到 33%，而第二、三产业则上升到 67%。[②]这一点，正是改革以来推动农村经济发展的极重要因素，也是当前全面繁荣农村经济的主要途径。

为了进一步推进农村经济结构调整，要继续完善并贯彻多年行之有效的措施。首先，必须依据经济规律和自然规律的要求，把转变农业增长方式，发展优质、高产、高效、生态、安全农业作为农业结构调整的核心。其主要要求是：要面向市场（包括国内外市场）；要发挥比较优势；要依靠科技进步；要实现人和自然的和谐发展。同时，要采取以下主要措施：一是调整农产品结构，提高农产品质量安全水平。大力发展适销对路的优质专用农产品生产，加快农作物和畜禽良种更新换代，提高农产品的分级、包装、储藏、保鲜和加工水平，控制农业生产的外源污染和农业自身污染。二是调整种养业结构，加快发展畜牧业和渔业，特别是要发展优质安全的畜禽产品和奶类生产，使畜牧业发展成为一大支柱产业。三是调整农业布局，促进优势农产品区域化布局。选择在国际市场有竞争能力或国内市场前景广阔、生产基础好的农产品，在优势区域相对集中布局。四是大力发展农产品加工业，推动劳动力向二、三产业转移。五是为了有效地推进农业结构调整，要推进农业产业化经营。这是实现上述四点的重要推动力量。六是提高粮食综合生产能力，确保粮食供求基本平衡。这不仅是进行农业结构调整的前提，而且是保障国家经济安全、维系社会稳定的一个根本战略措施。

---

① 《经济日报》2002 年 9 月 22 日第 1 版。
② 《经济日报》2004 年 2 月 14 日第 1 版。

上述各项措施的实施,推动了农村产业结构的调整。比如,2000~2003年,种植业产值在农业总产值的比重由55.7%下降到50.1%,而林、牧、渔的比重由44.3%上升到49.9%(详见附表12)。

3. 加快农村科技进步,提高农业技术装备水平,加强农业基础设施和生态环境建设。这些都是繁荣农村经济的最重要物质基础。改革以来,这些方面都取得了重要进展。比如,目前农业生产中科技贡献率已经提高到40%左右。1978~2000年,农业机械总动力由11749.9万千瓦增加到2573.6万千瓦,增长了3.74倍;有效灌溉面积由44956千公顷增加到53820千公顷,增长了19.7%。[①]

但这些方面的落后面貌并未根本改变。为此,已经和正在采取一系列措施。在加快农业科技进步和创新方面,主要有:①政府切实增加科研投入。②加强农业科研,主攻重大技术研究,推出一批有突破性的主导品种和主推技术。③实施农业科技入户工程。为此,要把财政补贴补在物化技术和关键生产环节上;要建立科技人员直接到户,良种良法直接到田,技术服务直接到人的科技成果快速转化长效机制;要加强对农民的科技教育。在提高农业现代化技术装备方面,主要有:①加大对农民购置大型农机具的补贴力度。②完善农机服务机制。③以节本增效为核心,以跨区作业和提高作业水平为重点,切实抓好重要季节、主要作物、关键环节和重点区域的机械化生产。④提高农机产品质量,加强农机安全生产。[②]在加强农业基础设施和生态环境建设方面,关键是要增加投入。为此,一是要调整国民收入分配结构和财政支出结构,各级政府还要切实落实并严格控制对农村的预算支出,以建立健全支农资金的稳定增长机制。二是要贯彻谁投资、谁受益的原则,同时运用税收、贴息、补助等多种经济杠杆,引导社会各种资金投向农业。三是要加强规划,统一安排,严格管理,强化监督和执法检查,确保资金使用到位,并提高运用效率。

上述各项措施的贯彻,已经开始取得效果。比如,2000~2003年,农业机械总动力由52573.6万千瓦增加到60386.5万千瓦,增长了15%。[③]

---

①《经济日报》2004年12月14日第5版;《中国统计年鉴》(2004),第477页。
②《经济日报》2004年12月14日第5版。
③《中国统计年鉴》(2004),第477页。

4. 加大政府对农业的保护支持力度，实行"多予少取"方针。农业是国民经济基础，但又是弱势产业。在实行市场经济条件下，农业比较优势低，处于不利的竞争地位。"入世"以后，又面临着来自国际市场的竞争。而且，我国已进入工业化的中期阶段，有条件实行工业反哺农业。

为此，依据建立公共服务型政府的要求和世界贸易组织的原则，已经和正在采取一系列措施。主要是：一是增加农村基础设施投入。包括农田水利基础设施建设、生态环境建设和农村公共设施建设。二是加大农业公共服务投入。包括建立和健全科技推广、信息、植物病虫害防治和动物检疫防疫等服务体系。三是增加对农民的直接补贴。包括生产环节和运输环节的补贴等。四是加大扶贫开发力度。同时，要动员全社会力量参与扶贫，并坚持开发式扶贫的方针。五是要逐步建立农村养老、医疗保险和最低生活保障制度。六是加大对农村教育投入，切实做到义务教育由财政负担。

上述各项政策措施的贯彻实行，已经在 2004 年初见成效。这年粮食产量达到 46947 万吨，扭转了 1998 年以来 6 年连续下滑的局面；农民人均纯收入 2936 元，比上年实际增长 6.8%，是 1997 年以来增幅最高的年份。[①]

第三节　统筹区域经济的协调发展

1999 年 9 月党的十五届四中全会正式提出：国家要实施西部大开发战略。2002 年 11 月党的十六大重申了这一战略，并就中部地区、东部地区和东北地区等老工业基础的发展做了战略部署。2003 年 10 月，党的十六届三中全会提出了包括统筹区域发展在内的"五统筹"的根本战略思想。2004 年 3 月十届人大二次会议提出："要坚持推进西部大开发，振兴东北地区等老工业基地，促进中部崛起，鼓励东部地区加快发展，形成东中西互助、代替互补、相互促进、共同发展的新格局。"[②]至此，可以认为，一个完整的统筹区域经济协调的战略体系已经形成。

---

① 《人民日报》2005 年 3 月 1 日第 6 版。
② 《中国统计年鉴》(2004)，第 6 页。

1. 实施西部大开发战略。总体说来，新中国成立以后的一个长时期内，为了改变旧中国留下的工业布局不合理状态以及国家的经济、国防安全，党和政府把工业布局的重点放在内地。这种均衡战略在加速内地经济发展，改变工业布局不合理状态等方面起过重要的积极作用，但也抑制了经济效率较高的东部地区的发展，最终也影响到全国经济的发展，并不能有效缓解地区经济发展的不均衡状况。于是，改革以来，依据邓小平提出的"先富带后富"的战略思想，在改革和发展等项政策方面，实行向东部地区倾斜。这种非均衡战略虽然大大加速了全国经济的发展，但也显著扩大了地区之间的经济差别，并由此影响到社会政治稳定和经济可持续发展。于是，又依据邓小平提出的"两个大局"的思想，[①]1999 年提出并开始实施西部大开发战略。

依据党的十五届四中全会的决定，西部大开发战略被列入了国家的《"十五"计划纲要》。《"十五"计划纲要》就西部大开发的指导方针、战略目标和主要思路做了规定。西部大开发要从实际出发，积极进取，量力而行，统筹规划，科学论证，突出重点，分步实施。力争用 5~10 年时间使西部地区基础设施和生态环境建设有突破性进展，科技、教育有较大发展。要开拓新思路，采用新机制，着力改善投资环境，扩大对内对外开放，大力发展多种所有制经济，积极吸引社会资金和外资参与西部开发和建设。[②]

为了促进西部大开发战略的实施，国家加大了对西部资金的支持力度。2000~2003 年，中央财政建设资金累计投入约 4600 亿元，财政转移支付和专项补助累计安排 5000 多亿元，长期建设国债有 1/3 以上用于西部地区。这就促进西部大开发各项措施的有效实行，使实施西部大开发战略开局良好。西部地区基础设施建设取得重要进展，生态环境保护及建设显著加强，科技教育等社会事业加快发展，经济增速上升。2000~2003 年，西部地区生产总值增长率分别为 8.5%、8.8%、10% 和 12%。[③]

但是，实施西部大开发战略还只是一个开端。国务院提出，仍需继续

---

① 《邓小平文选》第 2 卷，第 152 页；第 3 卷，第 277~278 页。
② 《中国经济年鉴》(2004)，中国经济年鉴社，第 15 页。
③ 《经济日报》2005 年 12 月 5 日第 4 版。

实施西部大开发战略的指导思想和重点任务。推进西部大开发，要坚持解放思想，更新观念；坚持统筹兼顾，协调发展；坚持深化改革，扩大开放；坚持从实际出发，讲究实效；坚持自力更生、艰苦奋斗。当前和今后一个时期的主要任务：①要加大解决"三农"问题力度。以增加农民收入为中心，稳定和提高粮食综合能力，大力发展特色农业，继续推进扶贫攻坚。②认真搞好生态环境保护和建设。要扎扎实实搞好退耕还林、退牧还草、天然林保护、风沙源等重点工程。退耕还林要巩固成果，确保质量，完善政策，稳步推进。③继续加强基础设施建设。一方面继续抓好事关西部开发全局的重大工程项目建设，另一方面抓好与群众利益密切相关的中小项目，特别是要加强农村基础设施建设。④积极发展特色经济和优势产业。依托各类资源优势，大力发展优势产业。防止盲目投资和低水平重复建设，严格控制被淘汰的生产工艺、设备转移到西部。⑤大力发展教育、卫生等各项社会事业。确保如期完成西部地区教育"两基"攻坚任务，加强公共卫生设施建设。切实落实干部交流和人才开发任务。⑥加快改革开放步伐。积极推动国有企业改革，加快调整国有经济布局和结构。大力发展混合所有制经济。特别要积极鼓励、支持和引导个体私营等非公有制经济发展。①

　　2. 振兴东北地区老工业基地。东北老工业基地是新中国成立以后逐步发展起来的，在推进我国工业化中起过重要作用。当前在发展我国经济中仍居于重要地位。目前，东北地区有丰富的自然资源，商品粮产量占全国的 1/3，石油产量占全国的 2/5，木材产量占全国的 1/2，机械设备的产量占全国的 1/4~1/3；有相当数量的资金存量；有较高的科技水平和人才优势；有比较完备的基础设施。②但主要由于作为计划经济体制主要载体的国有经济比重大、历史包袱很重，东北地区的重要作用并没有得到有效发挥。比如，1978~2002 年，黑龙江省在国内生产总值的排名由第 8 位下降到第 13 位。这种情况同全面建设小康社会的形势很不适应。在实施西部大开发战略以后，这种问题更为突出。

　　于是在 2002 年党的十六大以后，党和政府在这方面采取了一系列措

---

　　①《经济日报》2004 年 3 月 22 日第 1 版。
　　②《经济日报》2004 年 9 月 22 日第 2 版。

施。2003 年 10 月，中共中央、国务院下发了《关于实施东北地区等老工业基地振兴战略的若干意见》（简称《意见》）。《意见》提出对东北振兴进行政策支持。①完善社会保障体系，在总结辽宁省社保试点经验的基础上，2004 年将试点扩大到吉林、黑龙江两省。②要选择部分老工业基地城市进行分离企业办社会职能试点，有步骤地剥离重点大企业办社会职能，中央企业分离办社会职能所需费用由中央财政予以适当补助。③在财政税收政策方面对老工业基地予以适当支持。对部分企业历史形成、确定难以归还的历史欠税，按照规定条件经国务院批准后给予豁免。④深化投资体制改革，简化老工业基地调整改造项目审批程序，加大国债或专项资金对老工业基地的支持力度。《意见》中还有许多其他优惠政策。比如，在东北优先推行从生产型增值税向消费型增值税的改革，具体说就是允许东北地区有比较优势的装备制造业、石油化工业、冶金工业、船舶制造业、汽车制造业、高新技术产业、军品工业和农产品加工业等，在新购进机器设备时，所含的增值税税金将予以抵扣。①

2004 年 3 月，国务院召开振兴东北地区等老工业基地领导小组全体会议。会议提出，实施东北地区等老工业基地振兴战略，2004 年要抓好四个重点工作：①加快体制创新和机制创新，这是振兴老工业基地的根本出路。要深化国有资产管理体制和国有企业改革，大力发展混合所有制经济，促进非公有制经济发展。通过改革创新，增强经济活力。②大力推进产业结构优化升级，这是振兴老工业基地的主要任务。要继续发展优势产业和支柱产业，积极发展现代农业，巩固国家商品粮基地的地位，大力发展第三产业，扶持资源枯竭型城市发展接续产业。③进一步扩大对内对外开放，这是振兴老工业基地的重要途径。要积极吸引外资参与老工业基地调整改造，扩大与周边国家的经贸合作，吸引国内各类生产要素进入东北市场。④切实做好就业和社会保障工作，这是振兴老工业基地的重要保证。要全面贯彻落实中央关于就业再就业的方针和政策措施，千方百计促进下岗失业人员再就业，积极做好吉林、黑龙江省完善社会保障体系扩大试点工作。②

———————————

①《中国经济年鉴》（2004），中国经济年鉴社，第 916 页。
②《经济日报》2004 年 3 月 24 日第 1 版。

一年多来，中央在东北地区实行的一系列促进振兴的优惠政策得到实施。①在黑龙江、吉林两省实行全面免征农业税政策，扩大东北地区粮食生产补贴范围和规模。2004年，中央财政对东北三省农业税费改革转移支付、粮食直接补贴、良种补贴等达53.1亿元。②继辽宁之后在黑龙江、吉林两省推开完善城镇社会保障体系试点工作，中央财政对落实个人账户需要补贴约18亿元，对下岗职工解除劳动关系补助金补助近55亿元。③为支持国有企业改革，已支付三省60多户破产企业补助金163亿元，占全国用于这方面资金的23.3%。同时，在部分中央企业启动了分离办社会试点工作。④从2004年7月1日起，在东北三省8个行业实行增值税转型试点；对具备条件的部分矿山、油田适当降低了资源税税额标准；给予三省企业所得税优惠政策。⑤国债资金继续向东北老工业基地重点倾斜。继2003年第一批100个工业结构调整改造国债项目批准立项后，2004年又安排了第二批197个国债项目立项。①

上述各项政策措施的实行，使得振兴东北老工业基地的工作已有一个良好开端。2004年上半年，黑龙江、吉林、辽宁三省的生产总值达到15133.9亿元，同比增长12.3%，高于全国增幅2.8个百分点。②

3. 促进中部崛起。按当前中部六省（包括山西、安徽、江西、河南、湖北和湖南）计算，2002年中部地区占全国国土面积的11%，人口占全国的39%，国内生产总值占全国的23%。③而且，中部地区资源丰富，工业门类齐全和工业基地集中，粮食生产区也很集中，具有纵贯南北、承东启西的区位优势，交通便利。因而，促进中部崛起，不仅对全面建设小康社会具有重要意义，而且有诸多有利条件。

按照国家的《"十五"计划纲要》，加快中部地区的发展，要充分发挥中部地区区位优势和综合资源优势，提高工业化和城镇化水平。要巩固农业的优势地位，大力发展农业产业化经营，形成区域性、专业化、大规模的农产品生产、流通和加工基地。要加快调整工业结构，改造传统产业，建设能源基地，发展有竞争力的制造业和高新技术产业，大力发

①《人民日报》2005年1月16日第2版。
②《经济日报》2005年3月3日第2版。
③《经济日报》2004年12月13日第13版。

展服务业。要搞好大江大河大湖治理，继续加强交通、通信、仓储等基础设施建设和生态环境建设。要以长江、陇海、京广、京九、京哈等沿线地区为重点，壮大沿线城市规模，充实中心城市，积极培育新的经济增长点和经济带。[①]

当前中部地区崛起工程已经启动。为此，湖北确定工业兴省的崛起之路。湖南以"长（沙）株（洲）湘（潭）"城市经济圈为点，以京珠高速公路湖南段的城市（岳阳、长沙、湘潭、株洲、衡阳、郴州）为线，做活中部崛起的大文章。江西把发展成为沿海发达地区的优质农产品生产供应基地、沿海产业梯度转移承接基地、劳务输出基地，把江西打造成沿海发达地区的旅游休闲后花园，作为崛起的奋斗目标。河南确定城市战略和人才为先战略。安徽确定工业立省、优化环境战略。山西提出到2010 年，将以传统产业新型化和新型产业规模化为方向，以深化和提高为着力点，大力推进优势产业的发展，形成多元化的支柱产业，将山西建设成为国家的新型能源和工业基地。[②]

4. 提高东部地区的发展水平。这一点，对支持中西部地区的发展，以及增强国家的综合实力，均有十分重要的意义。按照国家的《"十五"计划纲要》，东部地区要在体制创新、科技创新、对外开放和经济发展中继续走在前列，有条件的地方争取率先基本实现现代化。要优化产业结构，优先发展高新技术产业、现代服务业和出口产业。要发展外向型经济，广泛参与国际竞争。[③]21 世纪以来，在上述政策的推动下，东部地区的经济仍以强劲势头向前发展。2000~2002 年，由于东部工业增速较快，在全国工业总产值的比重，由 70.88%上升到 73.48%（详见附表 18）。

总之，经过上述四方面的工作，就可以逐步形成东中西互动，优势互补，相互促进，共同发展的地区经济协调发展的新格局。但同时必须重塑市场经济条件下的新型地区之间的经济关系，建立区域经济发展的协调机制，进一步打破地区行政分割，根本改变追求门类齐全和低水平的过多重复建设，以及由此造成的结构趋同的状态。

---

① 《中国经济年鉴》(2004)，中国经济年鉴社，第 15 页。
② 《经济日报》2004 年 12 月 13 日第 13 版。
③ 《中国经济年鉴》(2004)，中国经济年鉴社，第 5 页。

第四节　实施科教兴国和人才强国

在知识经济已经开始到来的时代，科学技术成为第一生产力。人才成为第一资源。在我国建设小康社会的过程中，尤其需要充分发挥科学技术和人才的作用。为此，1996 年颁布的国家《"九五"计划和 2010 年远景目标纲要》就提出要实施科教兴国战略。[①] 2001 年颁布的国家《"十五"规划纲要》进一步提出要实施这一战略，并提出要实施人才战略。国务院有关部门据此制定了"十五"期间《科技发展专项规划》、《教育发展专项规划》以及《2002~2005 年全国人才队伍建设规划纲要》。这些规划就"十五"期间实施科教兴国战略和人才战略的方针、目标及措施做了规定。[②]

"十五"科技发展的指导方针是：科技工作要面向经济建设，围绕结构调整，按照有所为、有所不为，总体跟进、重点突破，发展高科技、实现产业化，提高科技持续创新能力、实现技术跨越式发展。"十五"科技发展的总体目标是：贯彻落实科教兴国战略，深化科技体制改革，初步建立适应社会主义市场经济体制和科技自身发展规律的国家创新体系；加速提高我国产业的国际竞争力，促进国民经济可持续发展，提高人民生活质量，增强综合国力和保障国家安全；大幅度提高我国科技的总体水平和自主创新能力；全面提高全民族的科技素质。为保障"十五"科技任务的完成，国家采取了一些关键措施：①加强科技人才队伍建设。②加大国家和全社会的科技投入。③完善科技计划管理。④优化科技发展的政策环境。⑤加强科学技术普及工作。

"十五"教育发展的指导原则是：坚持社会主义办学方向，坚持国家主导和社会主义办学方向，坚持国家主导和社会办学相结合的原则，坚持社会主义教育公平、公正性原则。"十五"教育发展目标：①基础教育跃向全社会普及的新台阶。②城镇初中毕业生基本升入高中阶段就学。

[①]《中国经济年鉴》（1996），中国经济年鉴社，第 33~34 页。
[②]《中国经济年鉴》（2001），中国经济年鉴社，第 16~17 页；《经济日报》2001 年 8 月 8 日第 13~15 版，2002 年 6 月 12 日第 4 版。

③高等教育跨入发展新阶段。④基本实现教育信息化。⑤构建起终身教育体系框架。为了实现"十五"教育发展的任务，采取的重大政策措施：一是采取新的举措突破教育投入"瓶颈"。二是通过深化改革激发教育发展活力。三是营造有利于推进教育发展的政策制度环境。

2002~2005 年，人才队伍建设工作要贯彻以下指导方针：①坚持以人才资源能力建设为主题。②坚持以调整和优化人才结构为主线。③坚持以培养和选拔党政领导干部、企业家、学科带头人为重点。④坚持以改革创新为动力。⑤坚持以为经济和社会发展提供人才支持为根本出发点。2002~2005 年，人才队伍建设的目标是：人才总量有较大增加，人才结构与经济结构基本适应，人才队伍的整体素质明显提高。干部人事制度和人才管理体制改革取得新进展，有利于优秀人才脱颖而出、人尽其才的有效机制逐步建立，人才市场体系和人才管理法规日趋完善，人才成长的环境进一步优化。为了实现上述目标，在党政人才、企业经营管理人才和专业技术人才的建设，西部地区人才的开发和引进，海外和留学人员的吸引与使用，加强教育培训，建立健全人才激励机制以及引导人才合理流动等方面采取措施。

这期间，为了促进科教兴国战略和人才强国战略的实施，政府从深化改革、加强立法、完善政策和增加投入等方面采取了一系列政策措施。比如，2000~2003 年，国家财政用于科学和文教等项的支出由 2736.88 亿元增加到 4505.51 亿元，占财政支出的比重由 17.2%上升到 18.3%。2004 年，国家用于这些方面的支出达到 987 亿元，投入国债资金 147 亿元。[①]

这些推动了我国科教事业的迅速发展。这期间，我国基础研究和高新技术研究都取得了巨大成就。其突出表现是：我国作为唯一的发展中国家参加了被誉为生命"登月计划"的国际人类基因组计划，高效率、高素质地完成 1%的测序任务；顺利完成了具有国际先进水平的中国超级杂交水稻（籼稻）基因组工作框架图；推出了具有自主知识产权的超级计算机，运算速度可达 1.027 万亿次，位居世界十强。[②] 2000~2004 年，我国大学生和研究生在校人数分别增长 1.4 倍和 1.72 倍（详见附表 27）。

---

① 《中国统计年鉴》(2004)，第 291~293 页；《经济日报》2005 年 3 月 15 日第 2 版。
② 《经济日报》2003 年 10 月 2 日第 1 版、10 月 10 日第 2 版，2005 年 1 月 20 日第 16 版。

第五节　实现可持续发展

可持续发展涉及人口、资源和环境三个主要方面。我国在 20 世纪 70 年代初正式将计划生育列为基本国策；80 年代又将合理利用水资源和节约能源作为发展经济重要方针，并将环境保护定为基本国策；90 年代概括地将可持续发展定为基本战略。在这些政策的指导下，我国在实现可持续发展方面取得了重要成就。1970~2000 年，我国人口出生率由33.43% 下降到 14.03%，死亡率由 7.6%下降到 6.45%，自然增长率由25.83%下降到 7.58%。[①] 1990 ~2000 年，工业废水排放达标率由 50.1%上升到 76.9%，工业固体废物综合利用率由 29.3%上升到 45.9%。1992~2001 年，森林覆盖率由 13.4%上升到 16.55%。1993~2000 年，万元国内生产总值用水量由 1920 立方米下降到 610 立方米。1990~2000 年，万元国内生产总值能耗由 5.32 吨标准煤下降到 1.53 吨标准煤。同时，我国环保产业也有很大发展。到 2000 年，全国环保相关产业从业单位达到 18144 个，从业人员 317.6 万人，收入总额 1689.9 亿元。据权威单位测算，1990 年以后，我国可持续发展综合国力在世界排名是上升的，到 2000 年已上升到第七位。[②]

但 21 世纪初，我国在人口、资源和环境方面还存在诸多问题，可持续发展形势仍很严峻。为此，国家《"十五"规划纲要》将这三方面作为重要内容列入。国务院有关部门还据此制定了人口规划以及生态建设与环境保护规划。[③]

在人口方面，"十五"发展目标是：有效控制人口规模，稳定低生育水平，提高出生人口素质。"十五"期末，全国总人口控制在 13.3 亿以内。出生人口素质明显提高。"十五"有关控制人口的政策措施有：继续实行党政领导责任制；制定有利于农村计划生育家庭的社会经济政策，建立和完善计划生育利益导向机制；积极推进人口与计划生育工作法制化进程，逐步建立健全人口与计划生育法制体系；加强计划生育服务能力建

---

① 《中国统计年鉴》（相关各年）。
② 《经济日报》2002 年 9 月 29 日第 1 版、11 月 21 日第 2~5 版，2003 年 2 月 28 日第 2 版。
③ 《中国经济年鉴》（2001），中国经济年鉴社，第 17~18 页；《经济日报》2001 年 8 月 8 日第13~14 版。

设；加快人口和计划生育信息化建设，提高管理和服务水平。

在资源方面，要坚持资源开发与节约并举，把节约放在首位，依法保护和合理使用资源，提高资源利用率，实现永续利用。特别要重视水资源的持续利用。为此，要坚持开源节流并重，把节水放在突出地位。要以提高用水效率为核心，全面推行各种节水技术和措施，发展节水型产业，建立节水型社会。要坚持保护耕地的基本国策，并保护森林、草原和海洋。还要着力保护矿产资源。为此，要深化矿产资源使用制度改革，规范和发展矿业权市场。要推进资源综合利用技术研究开发，加强废旧物资综合利用，加快废弃物处理的产业化，促进废弃物转化为可用资源。

在生态建设与环境保护方面，"十五"期间的目标是：到2005年，初步形成适应社会主义市场经济发展要求的生态与环境领域的政策法规体系和协调管理机制，及与其相适应的基础能力。陆地、水域和海洋的生态破坏和环境污染加剧的趋势基本遏制，城乡环境质量开始改善，初步建立生态环境综合监测预警系统，防灾减灾能力显著增强，资源的综合利用水平进一步提高。为实现上述目标，要采取一系列有效措施。①各级政府要将生态建设和环境保护列入主要的议事日程，通过建立健全目标责任制，确保规划目标和任务的完成。②完善法规，加强执法，加大政府监管力度。③运用价格、收费和税收手段，发挥市场的调节作用。④拓宽资金渠道，保证生态环境投入的增长。⑤将生态建设和扶贫开发进一步结合起来，促进实现贫困地区经济、社会和生态环境协调发展。⑥推行清洁生产，发展环保产业，积极防治工业污染。⑦实施科教兴国战略，加强科学研究，推广先进实用技术。⑧继续加强生态环境宣传教育，鼓励公众参与生态建设和环境保护。

为保护和合理利用资源，以及维系生态和保护环境，加速发展循环经济具有十分重要的意义。为此，国家发展和改革委员会在2004年9月28日召开全国循环经济工作会议。会议指出，要在五个环节加快推进循环经济发展。在资源开采环节，要大力提高资源综合开发和回收利用率；在资源消耗环节，要大力提高资源利用效率；在废弃物生产环节，要大力开展资源综合利用；在再生资源生产环节，要大力回收和循环利用各种废旧资源；在社会消费环节，要大力提倡绿色消费。会议确定，到

2010 年，要建立比较完善的循环经济法律法规体系、政策支持体系、技术创新体系和有效的激励约束机制；建立循环经济评价指标体系，制定循环经济发展中长期战略目标和分阶段推进计划。会议指出，要采取十项措施推进循环经济发展。①转变观念。要把发展观统一到党的十六届三中全会提出的坚持以人为本，全面协调可持续的发展观上来，充分认识发展循环经济的重要性和紧迫性。②搞好规划。把发展循环经济作为编制"十一五"规划的重要指导原则，用循环经济理念指导编制各类规划。③调整结构。要加快调整产业结构、产品结构和能源消费结构；用循环经济理念指导区域发展、产业转型和老工业基地改造，促进经济结构调整和区域布局合理调整；开发区要按循环经济模式进行规划、建设和改造。④健全法制。要研究建立完善循环经济法律法规体系，抓紧制定专项法规和标准，强化监督检查。⑤完善政策。通过深化改革，建立有利于促进循环经济发展的体制条件和政策环境。综合运用财税、投资、信贷、价格、收费等政策手段，调节和影响市场主体的行为，建立自觉节约资源和保护环境的机制。⑥依靠科技。加大循环经济技术开发和推广应用的力度，努力突破制约循环经济发展的技术"瓶颈"。⑦示范推广。在重点行业、重点领域、工业园区和部分城市开展循环经济试点工作，全面推行清洁生产。⑧强化管理。企业要建立健全资源节约管理制度，建立有效的激励和约束机制。⑨宣传教育。要组织开展形式多样的宣传活动，引导全社会树立正确的消费观，逐步形成节约资源和保护环境的生活方式和消费模式。⑩加强领导。各地区、各有关部门要加强对循环经济发展工作的组织领导，确定专门机构和专人负责，做到层层有责任，逐级抓落实。[①]

此外，安全减灾也是实现可持续发展的一个重要方面。据不完全统计，2003 年以来，我国公共安全事故损失总额高达 6500 亿元，其中安全生产类事故损失为 2500 亿元，占国内生产总值的 2.5%。[②] 可见，构建安全减灾保障体系，成为实现可持续发展体系的一个重要部分。

为了促进可持续发展，政府加强了执法力度和资金支持力度。比如，

---

① 《经济日报》2004 年 9 月 29 日第 2 版。
② 《经济日报》2005 年 1 月 9 日第 1 版。

仅 2003 年 6~10 月，全国出动环境执法人员 49.6 万人次，检查企业 20.01 万家，查处环境违法问题 2.1 万件，依法取缔、关闭不法企业 7339 家。[①] "九五"期间，我国环保和生态建设资金达到 3800 亿元，比"八五"增加 1.75 倍；"十五"期间预计可达 7000 亿元，又比"九五"增长近 1 倍。[②]

以上各项政策措施促进了这期间的可持续发展。2000~2004 年，我国人口出生率、死亡率和自然增长率分别由 14.3‰ 下降到 12.29‰，由 6.45‰ 下降到 6.42‰，由 7.58‰ 下降到 5.87‰。要特别提到：从正式提出计划生育 30 多年来，我国少生了 3 亿多人，以至到 2005 年 1 月 6 日才达到 13 亿人，推迟了四年。2000~2003 年，工业废水排放达标率由 76.9% 上升到 89.2%，工业固体废物综合利用率由 45.9% 上升到 54.8%；万元国内生产总值用水量由 610 立方米下降到 450 立方米，万元国内生产总值能耗由 1.53 吨下降到 1.43 吨。[③]

但我国在实现可持续发展方面的问题仍然十分突出。据中国科学院专家测算，2003 年我国环境污染和生态破坏造成的损失，占当年国内生产总值的 15%，基础设施方面的前期发展成本比世界平均水平高 1/4。[④]

以上情况表明：上述五项经济发展战略的作用已经初步显露。当然这些战略本身还需不断完善，其作用的充分发挥也需经历一段时间，根本解决我国经济发展面临的各项重大问题则需更长时间。但已有实践证明：贯彻并不断完善这些战略，是全面建设小康社会的最重要保证。

---

① 《中国经济年鉴》（2004），中国经济年鉴社，第 107 页。
② 《经济日报》2002 年 10 月 25 日第 5 版。
③ 《中国统计年鉴》（2004），第 53、95、275、421~422、425 页；《经济日报》2005 年 1 月 5 日第 13 版、3 月 1 日第 6 版。
④ 《经济日报》2004 年 12 月 14 日第 5 版。

第七章　经济调控与运行

决定这期间经济发展的最主要因素，一是经济改革，二是经济战略，三是宏观经济调控。我们在本篇第 1~5 章和第 6 章分别叙述了前两方面的历史过程，本章叙述第三方面的历史过程。在叙述这个历史过程时，侧重叙述作为调控需求主要手段的财政、货币政策的实施，同时也会叙述调节供给政策的实施。

第一节　2001 年实现"十五"计划良好开局

从 2001 年开始，我国面临着全面建设小康社会的任务。2001 年 3 月九届人大四次会议通过由国务院提出的体现这一任务要求的《中华人民共和国国民经济和社会发展第十个五年计划纲要》，并提出了 2001 年国民经济和社会发展的主要预期目标。其中，最重要的预期目标是：经济增长率 7%；全社会固定资产投资增长 10%左右；居民消费价格总水平上涨1%~2%；进出口总额增长 8%左右；城镇登记失业率控制在 4%以内。[①]

2000 年，我国已经实现了从总体上建设小康社会的任务，整个经济形势是很好的。但就实现 2001 年经济发展目标来说，也存在不少困难。除了完善社会主义市场经济体制和调整经济结构这些艰难任务以外，一是内需不足局面有待继续扭转。其中，民间投资不旺和消费需求不足尤

---

① 《中国经济年鉴》(2001)，中国经济年鉴社，第 10、27 页。

为突出。还有两个值得重视的不利情况。二是尽管从整体上说，2000 年经济增速由 1999 年的 7.1% 提高到了 8%。但就 2000 年的各个季度来说，经济增速是趋于下降的。这年第 1~3 季度国内生产总值比上年同期增长 8.2%，第 1~4 季度增长 8%。[①] 这种增速下降的惯性作用，对 2001 年经济增长，显然有不利影响。三是在这一年里，我国经济发展面临比亚洲金融危机更严峻的国际经济形势：占世界经济总量 70% 以上的美、日、欧三大经济体同时陷入低潮，世界经济和贸易出现 10 年来最缓慢的增长。在上述情况下，需要继续贯彻 1998 年开始实行的扩大内需政策，以及与之相联系的积极的财政政策和稳健的货币政策。

2001 年在继续实施积极的财政政策方面，一是发行 1500 亿元国债用于基础设施建设，重点用于在建项目和启动重大西部大开发项目。建设国债资金的投入，不仅保证了青藏铁路、西电东送等西部开发重大项目的及时启动和建设，而且促进了一批重大在建项目的完成。二是积极支持企业技术改造。2001 年，国家安排国债技改贴息资金 70.4 亿元，其中转贷 30 亿元。技改贴息资金的投入，促进了国有企业技术升级和生产效率的提高。三是继续实施调整收入分配改革。两次增加包括离退休人员在内的机关事业单位人员的工资待遇，提高了三条生活保障线标准，增加居民收入水平。这些举措从投资和需求两方面拉动了经济增长，其中国债投资拉动当年经济增长约 1.8 个百分点。

2001 年在继续执行稳健的货币政策方面，一是扩大公开市场操作，适时调节基础货币供应和商业银行流动性。2001 年共进行公开市场操作 54 次，全年交易总额为 16781 亿元，累计净回笼基础货币 276 亿元。此外，人民银行继续增加外汇公开市场操作，全年外汇占款增加 3813 亿元，对增加基础货币投放发挥了重要作用。公开市场操作促进了基础货币适度增长和金融机构流动性充足。2001 年底，基础货币余额为 4 万亿元，同比增长 11.9%。基础货币投放增多，为实现全年货币政策调控目标、满足金融机构流动性需要奠定了基础。年末金融机构超额准备金率平均为 7.6%。金融体系整体流动性充足，金融机构支付能力正常。二是充分发挥利率杠杆的作用，合理确定本外币利率水平。2001 年，人民银

---

① 国家统计局：《中国经济景气月报》2003 年第 6 期，第 10 页。

行根据我国经济金融运行的实际情况，保持人民币利率政策基本稳定，同时对利率结构进行了微调。通过公开市场操作引导货币市场利率走低，2001 年末银行间同业拆借加权平均利率为 2.48%，比年初下降 0.14 个百分点；债券回购加权平均利率为 2.15%，比年初下降 0.37 个百分点。为改变不合理的利率结构，促进贴现和再贴现业务及票据市场的规范发展，2001 年 9 月 11 日将再贴现利率由 2.16%提高到 2.97%。针对 2001 年美国连续 11 次降低联邦基金利率和再贴现率，兼顾国内基金发展需要，9 次下调境内美元等外币小额存款利率，1 年期美元存款利率由年初的 5%下调至 1.25%，全年共下调了 3.75 个百分点。这对改善我国国际收支、保持人民币币值稳定、促进商业银行增加外汇贷款起到了积极作用。三是加强信贷政策指导，优化信贷结构，促进经济结构调整。①在防范金融风险的前提下，积极发展个人住房、助学、汽车等消费信贷业务。截止到 2001 年末，各类消费贷款余额达到 6990 亿元，比年初增加 2755 亿元，同比多增 260 亿元，其中，个人住房贷款余额 5598 亿元，比年初增加 2282 亿元，同比多增 353 亿元；助学贷款余额 25 亿元，比年初增加 14 亿元。这对拉动消费和投资发挥了重要作用。②调整农村信用社贷款政策，进一步加大支农力度。全年增加农村信用社再贷款 312 亿元，同比多增 150 亿元，主要保证用于农村信用社增加农户贷款。积极吸收符合条件的农村信用社进入拆借市场，拓宽农村信用社的融资渠道。③进一步改进对中小企业的金融服务，支持中小企业发展。④积极支持扩大出口。上述措施使得稳健货币政策取得明显成效，货币供应量增长与经济增长基本相适应。2001 年末，广义货币 M2 余额为 15.8 万亿元，同比增长 14.4%；狭义货币 M1 余额为 5.9 万亿元，同比增长 12.7%；流通中现金 M0 余额为 1.6 万亿元，增长 7.1%。全年现金净投放 1036 亿元，控制在 1500 亿元的调控目标之内。总体看，货币供应总量充足，适应了经济增长对货币的需求。①

2001 年，继续实行积极的财政政策与稳健的货币政策，拉动了投资和消费需求的增长。这年全社会固定资产总额达到 37213.5 亿元，比上年增长 12.6%；全国居民消费水平达到 3609 元，比上半年提高 6.1%。这年

---

① 详见《中国经济年鉴》(2002)，中国经济年鉴社，第 38、40~41 页。

还加大了对外开放的步伐，促进了外贸增长。这年进出口总额达到5096.5亿美元，比上年增长 7.5%（详见附表 7、附表 8、附表 34）。这样，就从投资消费和外贸三方面需求促进了经济增长。

这年还通过深化改革，调整结构，实施西部大开发、科教兴国和可持续发展战略等途径，从增加供给总量和改善供给结构以及提高经济效益方面，促进了经济增长。按可比价计算，这年全社会劳动生产率达到3333.4 元/人，比上年增长 7.3%（详见附表 9）。

由于实行了上述各项政策措施，这年国内生产总值比上年增长了7.5%；居民消费价格指数为 104.7，是一种恢复性物价上升（详见附表 3、附表 4）。因而，2001 年是"十五"计划开局良好的一年。要说明的是：2001 年经济增速虽然比 2000 年下降了 0.5 个百分点，但与 1999 年增速下降不同。1999 年增速由作为波峰年 1992 年的 14.2%下降到 7.1%，是波谷年。而 2001 年是经济上升阶段增速略有曲折变化的一年，即由 2000 年8%转为 2001 年 7.5%，再转为 2002 年的上升。[①]

第二节　2002 年凸显经济稳步上升

为了继续推进全面建设小康社会，依据对国内外形势的分析，2002年 3 月九届人大五次会议通过了由国务院提出的 2002 年国民经济和社会发展的主要目标。其中最重要的是：经济增长率 7%左右；居民消费价格总水平上涨 1%~2%；外贸进出口总额力争有所增长；城镇登记失业率控制在 4.5%左右。[②]

实现上述目标具有许多有利条件，但也有不利方面。在国际经济形势方面，一是世界经济增速明显放缓。2001 年以来，美国经济持续减速，日本经济继续低速，欧盟经济增长乏力，世界经济出现八年来最缓慢增速。二是世界贸易增长大幅放缓，而且贸易保护主义抬头，各种贸易摩擦连续发生并不断升级。三是国际投资大幅下挫，全球跨国并购呈现收

---

① 详见拙著：《我国"九五"、"十五"宏观经济分析》，经济管理出版社 2002 年版，第 96~100 页。
②《中国经济年鉴》（2002），中国经济年鉴社，第 12 页。

缩态势。这种情况对我国这样的经济对外依存度已经很高的国家来说，对经济增长的影响是很大的。就国内来说，且不说那些深化改革和调整结构等根本性困难，值得提出的还有三点：一是 2001 年各个季度之间的经济增长速度也是趋于下降。这年第一季度经济增速为 8.4%，第一至二季度为 8.2%，第一至三季度为 7.8%，第一至四季度为 7.5%。[①]这种经济增速下降的惯性，不利于 2002 年的经济增长。二是内需不足（包括民间投资和居民消费）的局面仍有待继续扭转。三是 2001 年 12 月 10 日我国正式加入世界贸易组织。从总体上说，这会促进我国经济的发展。但在近期内也会形成对某些竞争力不强的行业和企业的冲击。为此，仍必须坚持扩大内需的方针，并继续实施积极的财政政策和稳健的货币政策。

1. 扩大国内需求，增加城乡居民特别是低收入群体的收入，培育和提高居民的购买力。为此，一是采取更有力的措施，千方百计增加农民收入，切实减轻农民负担。二是进一步完善城镇社会保障体系。当务之急仍然是落实"两个"确保，确保国有企业下岗职工基本生活费和离退休人员基本养老金按时足额发放，任何地方都不得发生新的拖欠。还要完善失业保险制度。同时，强化城市居民最低生活保障制度建设，使所有符合条件的城市贫困居民都能得到最低生活保障，做到应保尽保。中央财政预算较大幅度地增加了"低保"资金，地方财政预算也必须增加所需资金。对特困行业和企业的职工，还要采取有效措施帮助他们解决困难。继续推进城镇职工基本医疗保险制度、医疗卫生体制和药品生产流通体制改革。进一步搞好在辽宁全省和其他省、自治区部分城市完善社会保障体系的试点工作。努力筹集和管好、用好全国社会保障基金。三是继续适当提高机关事业单位职工基本工资，并相应增加机关事业单位离退休人员离退休金。在严格定编定员的基础上，对发放工资确有困难的省、自治区、直辖市，中央财政通过转移支付予以补助。四是积极扩大就业和再就业。这是增加居民收入的重要途径。努力拓宽就业渠道，增加就业岗位。大力发展就业容量大的劳动密集型产业、服务业、中小企业。扩大社区服务就业门路。实行弹性大、灵活性强、多样化的就业

---

① 国家统计局：《中国经济景气月报》2004 年第 9 期，第 10 页。

形式。发展劳动力市场，完善就业服务体系。认真落实鼓励自谋职业和促进就业的优惠政策措施。对弱势群体给予特殊的就业援助。五是拓宽消费领域，改善消费环境。通过深化改革，调整政策，消除各种限制消费的障碍。鼓励居民扩大住房、旅游、汽车、电信、文化、体育和其他服务性消费，培育新的消费热点。

2. 坚持实施积极的财政政策，继续发行 1500 亿元长期建设国债。国债资金的使用，首先是确保长江中下游干堤加固、农村电网改造、城市基础设施、中央直属储备粮库等在建国债项目尽快建成投入使用，发挥效益。其次，继续向中西部地区倾斜，安排好已开工的西部开发项目，新开工一批必要的项目，包括"西气东输"、涩北气田、格尔木机场、"西电东送"北通道、西部国道主干线和省际公路重要路段等。再次，加快现有企业的技术改造，适当开工建设列入规划的重大项目，加大教育、卫生、文化、公检法司的投入力度。同时，通过改进服务、拓展渠道、开放领域，积极鼓励和引导非公有制经济投向基础设施和公益事业。

3. 继续实行稳健的货币政策。金融机构在防范和化解金融风险的同时，积极支持经济发展。为此，银行调整了信贷结构，重点支持国债投资项目、农业结构调整、企业技术改造、中小企业特别是科技型中小企业的发展，尽量满足有市场、有效益、有信用的企业流动资金贷款需求，发展个人住房、助学贷款等消费信贷业务。银行还通过存贷款利率调整和市场化改革，公开市场业务操作，信贷政策以及再贷款与再贴现，促使了稳健的货币政策的实施，使得货币供应量增长与经济增长大体相适应。到 2002 年末，广义货币（M2）余额为 18.5 万亿元，比上年增长16.78%；狭义货币（M1）余额为 7.1 万亿元，增长 16.82%；流通中现金（M0）余额 1.73 万亿元，增长 10.13%，全年累计净投放现金 1589 亿元，比上年多投放 553 亿元。①

这年还适应"入世"新形势，提高了对外开放水平，促进了外资的发展。首先，依据"入世"的要求，做了大量的工作。先是清理了全国性的相关法规、规章，废止和修改、制定了一批法律法规。并从 2002 年1

① 《中国经济年鉴》（2002），中国经济年鉴社，第 4、5、12 页；《中国经济年鉴》（2003），中国经济年鉴社，第 60~61 页。

月 1 日起，将我国关税总水平由 15.3%降到 12%，涉及 5300 多个税目。再进一步以增强国际竞争力为核心，重点抓好了以下四个方面工作：一是按照法制统一、非歧视、公开透明的原则，抓紧完善既符合世界贸易组织规则，又符合我国国情的涉外经济法律法规体系，确保执法公正与效率。二是按照"入世"的承诺，有步骤地扩大开放领域。同时，加快制定和修订质量、卫生、防疫、环保、安全等方面的市场准入标准。三是认真研究、掌握和充分行使我国作为世界贸易组织成员享有的各项权利，积极推动和参与区域经济合作。四是组织世界贸易组织有关知识和规则的学习、宣传和培训。分期分批对国家公务员特别是县（处）级以上领导干部和大中型企业管理人员进行普遍培训。加快培养熟悉世界贸易组织规则和国际经济贸易的各类专业人才。同时，认真做了对外贸易工作。为此，一是继续实施市场多元化战略和科技兴贸战略，加快国有外贸企业的改革，实行外贸经营主体多元化，以及实行走出去战略。二是落实鼓励外贸出口的政策措施。优先保证出口创汇多、信誉好的重点企业及时足额退税。抓紧改革和完善出口退税机制，对生产企业自营或委托外贸企业代理出口的自产商品，全面实行"免、抵、退"税办法。扩大出口信贷和信用保险，加大对出口的支持。海关要深化改革，进一步提高通关效率和监管水平。[①]

以上工作从投资、消费和外贸三方面需求拉动了 2002 年的经济增长。这年全社会固定资产投资总额达到 43499.5 亿元，同比增长 16.7%；全国居民消费水平达到 3791 元，增长 6.1%；进出口总额达到 6207.7 亿美元，增长 21.8%（详见附表 7、附表 8、附表 34）。

按照党中央的部署，2002 年"要把扩大内需同经济结构的战略性调整，深化经济体制改革，增加就业，改善人民生活，可持续发展结合起来"。这样，还从增加和改善供给以及提高经济增长质量和效益方面促进了经济发展。按可比价计算，这年全社会人均劳动生产率达到 3565.2 元，同比增长 8%[②]（详见附表 9）。

以上各项政策措施的实行，使得 2002 年经济稳步增长。这年第一

---

① 《中国经济年鉴》（2002），中国经济年鉴社，第 6~7 页。
② 《经济日报》2002 年 2 月 4 日第 9 版。

季度增长率为 8%，第一、二季度为 8.2%，第一、二、三季度为 8.3%，[①]
全年为 8.3%；居民消费价格指数为 99.2，有轻微下降（详见附表 3、
附表 4）。

第三节　2003 年在抗击"非典"和适时适度宏观
调控中实现经济平稳高速增长

　　为了在全面建设小康社会方面继续迈出重要步伐，并综合分析了国
内外形势，2003 年 3 月，十届人大一次会议通过了国务院提出的宏观调
控的主要预期目标为：经济增长率 7%左右；城镇登记失业率 4.5%，居民
消费价格总水平上涨 1%；外贸进出口总额增长 7%。[②]

　　2003 年经济发展具有更多的有利条件，但也面临不少困难。在国际
经济形势方面，虽然 2003 年世界经济可以保持一定的增长，但美国、日
本和欧盟三大经济实体仍面临很多困难，世界经济复苏的基础并不牢固，
而且存在众多不确定因素。在国内方面，突出的问题是有效需求不足。
这主要由于：农民收入增长缓慢，城镇部分居民收入较低，制约消费市
场的拓展；而且，集体和个体、私营经济的投资潜力并未充分发挥。同
时，还存在供给结构不合理，就业形势也很严峻。在深化经济改革和调
整结构方面也存在许多艰巨任务。

　　在上述情况下，要坚持扩大内需的方针，继续实施积极的财政政策
和稳健的货币政策，保持消费、投资需求对经济增长的双拉动。首先要
努力扩大消费需求。在 2003 年，这比增加投资需求更重要。为此，要继
续增加城镇居民特别是低收入者的收入，千方百计增加农民收入，减轻
农民负担；切实解决好困难群众的生产生活问题；继续改善消费环境，
完善消费政策，拓宽消费领域。同时，要保持投资较快增长。综合考虑
各方面因素，2003 年发行 1400 亿元长期建设国债。但要调整国债资金使
用方向。首先用于续建项目和收尾项目，还要安排一些必要的新开工项
目；加大对西部大开发、改善农村生产生活条件、企业技术改造、生态

---

① 国家统计局：《中国经济景气月报》2004 年第 10 期，第 10 页。
②《中国经济年鉴》(2003)，中国经济年鉴社，第 28 页。

环境建设和科技卫生事业等方面的支持力度。同时，要拓宽社会投资和企业融资渠道，引导社会资金投入国家鼓励的产业和建设项目。在货币政策方面，要在继续防范和化解金融风险的同时，加大金融对经济发展的支持力度。银行要优先为国债项目提供配套贷款，增加对有市场、有效益、有信誉企业的贷款，加大对农业和农村经济、中小企业和服务业的信贷支持，规范发展消费信贷。[①]

就 2003 年经济发展历史过程来看，以上任务和政策是在抗击"非典"（即非典型性肺炎）和实施适时适度的宏观调控中实现的。

1. 抗击"非典"。2003 年第一季度我国国内生产总值比上年增长9.9%，出现了多年同期未有的高增长。但这年春天突如其来的"非典"疫情在很大程度上打断了这个进程。这年春天，我国内地有 24 个省、市、区先后发生了"非典"疫情，累计报告病例 5327 例，死亡 349 例。这次疫情严重危害了人民的健康和生命，并对部分行业造成了较大冲击，影响了经济发展。这年二季度经济增长率下降到 6.7%。[②]

面对突如其来的"非典"疫情，党中央、国务院高度重视，果断决策，出台了一系列防治"非典"、应对影响的政策措施。主要是：①迅速建立突发公共卫生事件应急机制。国务院成立全国防治非典型肺炎指挥部，各地区、各部门通力合作，全力做好防治"非典"的各项工作。颁布实施《突发公共卫生事件应急条例》，将"非典"列入法定传染病依法进行管理。建立健全"非典"疫情报告系统，严格执行公开透明的疫情报告和信息发布制度，坚持日报告制度和零报告制度。迅速整合医疗资源，建立完善"非典"预防控制和应急救治体系。组织开展疫病预防诊治科研攻关，积极开展国际合作。②全面加强预防，控制疫情蔓延。采取各种措施，对公共交通工具、重点部位以及出入境口岸，实行严格检疫和防范。在全社会广泛宣传预防知识，增强公民自我防护的意识和能力，做到群防群治。对疫情较重的单位和场所，依法采取预防隔离措施。特别强调各级政府要把农民工防治"非典"工作纳入统一的防治工作中，就地发现、就地隔离、就地治疗，严格控制"非典"疫情向农村扩散。

①《中国经济年鉴》（2003），中国经济年鉴社，第 23 页。
②《经济日报》2003 年 10 月 18 日第 1 版。

③调集财力、物力、人力，保证"非典"防治工作需要。中央拨出20亿元财政专款设立"非典"防治经费，还安排了上百亿元的"非典"防治经费；同时各地区加强协作，有效地形成了紧缺物资、药品、医疗器械以及医护人员应急调剂机制，保证疫区急需医疗和防治用品的供应。及时调整国债资金结构，紧急安排8亿多元，重点支持疫情严重和比较严重地区"非典"定点就治医院和农村县级医疗机构发热门诊、隔离观察室的改建及购置急需的医疗设备，支持疫区口岸隔离室建设及设备购置，有害垃圾、医疗污水应急处理设施建设及专用垃圾运输车购置等，为"非典"防治提供了有力的物质保证。做好港澳地区防治"非典"物品的援助工作。④加强市场监测和调控，有效保障市场重要商品供给。针对部分疫区出现的集中购买一些商品、物价上扬等现象，紧急组织生产运输，加强市场监测和物价检查，严惩哄抬物价等不法行为，维护市场稳定，保障日常生活必需品的供给。⑤及时出台政策措施，减轻"非典"对经济发展的影响。对疫情地区和部分困难行业在限定时段内减免部分税收、行政事业性收费和政府性资金，以及实行贷款贴息等，帮助旅游、餐饮、民航、旅店、出租车等行业和企业尽快克服困难，恢复生产，渡过难关。要求农民工用工企业不得随意解雇农民工，并改善农民工生产生活条件。加强对外宣传和增信释疑工作，鼓励采取电子商务等方式加强对外经贸联系，努力减少出口订单流失。

经过全国上下的共同努力，疫情迅速得到控制。6月24日，世界卫生组织撤销对北京的旅行警告，标志着我国已经有效地控制了"非典"疫情，抗击"非典"取得阶段性重大胜利。上述工作还同时大大减轻了"非典"对经济增长的负面影响，以至这年第三季度经济增长率就恢复到9.1%。据专家测算，"非典"对全年经济增长率综合负面影响约为0.8个百分点。①

2. 适时适度宏观调控。2003年第一季度，我国经济形势总体上是很好的。但是，由政府换届带来的地方政府行政性投资冲动和企业固有的盲目性投资冲动，以及二者作用的叠加，也造成了局部领域的过热，其突出表现就是不少地方兴起的"政绩工程"、"形象工程"、"开发过热"和

---

①《中国经济年鉴》(2004)，中国经济年鉴社，第52~53页；《经济日报》2003年10月18日第1版。

"房地产热"等。并由此造成了一季度投资和贷款增长以及货币发行过多，煤电油运等基础产业供应紧张，投资品价格升幅较大。一季度全社会固定资产投资累计完成了 6155 亿元，同比增长 27.8%，比上年同期多增 8.2 个百分点。3 月末，全部金融机构本外币各项贷款余额为 14.8 万亿元，同比增长 19.5%。一季度贷款累计增加 8513 亿元，同比多增加 5022 亿元。人民币各项贷款余额为 13.9 万亿元，同比增长 19.9%，增幅比上年末提高 3.9 个百分点。1~3 月贷款累计增加 8082 亿元，同比多增加 4758 亿元。3 月末，广义货币供应量（M2）余额为 19.4 万亿元，同比增长 18.5%，增幅比上年末加快了 1.7 个百分点；狭义货币供应量（M1）余额为 7.1 万亿元，同比增长 20.1%，增幅比上年末加快了 3.3 个百分点；市场货币流通量（M0）余额为 1.7 万亿元，同比增长 10.1%。广义货币和狭义货币的增长幅度远高于同期国内生产总值和居民消费物价增长幅度之和。3 月份，煤、电和货物周转量以及原材料购进价格分别比上年同期增长 16.9%、16.2%、11.9%、5.8%，其增长速度都大大超过了上年同期的增速。[①] 值得注意的是，尽管"非典"使得第二季度经济增速下降，但上述局部领域过热状况并未改变。但这仅仅是一方面情况。另一方面，消费需求不足和作为国民经济基础的农业发展滞后的情况也没有改变。

　　根据这两方面情况，温家宝总理在 2003 年 3 月十届人大二次会议政府工作报告中提出："在调控中，注意适度微调和区别对待。"[②] 针对后一方面情况，继续贯彻扩大内需的方针，以及与之相联系的积极的财政政策和稳健的货币政策。特别是加大"三农"工作力度，保护粮食主产区和广大农民的种粮积极性。并采取措施增加供给，引导需求合理增长，缓解煤、电、油、运和重要原材料供应紧张状况。还积极推进对经济结构增长和结构调整有重大促进作用的重点项目建设，特别是加快水利、能源、交通等项目的开工和建设。针对前一方面情况，主要运用经济、法律手段，采取综合措施，引导和调控社会投资。进一步整顿和规范土地市场秩序，全面清理各类开发区，制止乱征滥占耕地。适当提高金融

---

① 《宏观经济研究》2003 年第 6 期，第 29 页；《经济日报》2003 年 4 月 15 日第 5 版；国家统计局：《中国经济景气月报》2004 年第 2 期，第 23、28、29、66 页。

② 《中国经济年鉴》（2004），中国经济年鉴社，第 3 页。

机构存款准备金率，控制货币信贷过快增长势头。接着在 4 月中旬，党中央、国务院继续召开四次会议，深入研究了经济运行中的问题，并于 5 月初下发了《关于当前经济发展主要情况和政策建议》。鉴于"非典"后经济运行中的问题进一步显现出来，7 月中旬，党中央、国务院又连续召开四次会议，进一步分析了经济形势，并于同月 21 日下发了《关于当前经济运行情况和做好下半年工作的建议》。在 7 月底全国防治非典的总结会议上，10 月党的十六届三中全会和 11 月经济工作会议上，党中央总书记胡锦涛又用大量事实说明必须对新出现的苗头性和局部性问题，采取果断措施，努力加以解决，防止演变为全局性问题。[①]

上述各项政策措施的全面贯彻，使得这年全社会固定资产投资达到 55566.6 亿元，同比增长 25%；全国居民消费水平达到 4058 元，增长 6%；进出口总额达到 8509.9 亿元，增长 37.1%（详见附表 7、附表 8、附表 34）。同时，供给总量增长，供给结构改善，由此带来经济效益提高。这年全社会人均劳动生产率达到 3860.5 元，增长 8.3%（详见附表 9）。这些就从需求和供给两方面促进了这年的经济增长。这样，尽管这年有"非典"的干扰，使得各季度经济增长率出现了波动，但不仅没有改变经济增长的趋势，而且这年经济增速创下了 1996 年以后的新高。这年第一季度的经济增速为 9.9%，第一、二季度为 8.8%，第一、二、三季度为 8.9%，全年为 9.3%。[②] 居民消费价格指数为 101.2（详见附表 3、附表4）。这些就呈现出典型的高增长、低通胀的良好态势。

但要说明的是：2002~2003 年我国经济持续升温，并不是偶然现象，而是一种经济发展的必然。它主要是由以下因素决定的：经济全球化条件下深化改革和扩大开放效应；知识经济时代科技进步效应；当前工业化阶段效应；积累了适应现代市场经济发展要求的全过程的、多方面的宏观调控效应；发展中大国的正面效应；享有一个较长时期的稳定社会政治局面和国际和平环境。[③] 此外，2000 年北京市申办奥运会成功，2001 年正式加入世界贸易组织，2002 年党的十六大召开，2003 年政府换届，也起了促进作用。

---

① 参见《经济日报》2005 年 1 月 11 日第 1 版。
② 国家统计局：《中国经济景气月报》2004 年第 10 期，第 10 页。
③ 详见拙著《我国"九五"、"十五"宏观经济分析》，经济管理出版社 2002 年版，第 108~121 页。

但是，2003年，我国经济社会发展中还存在许多不容忽视的问题。不但多年积累的一些深层次矛盾还没有解决，影响经济社会发展的体制性和结构性障碍依然存在，而且经济运行中又出现了一些新问题。特别是农民增收困难，粮食减产较多；就业矛盾突出；部分社会成员收入差距过大；投资规模偏大，部分行业和地区盲目投资、低水平重复建设有所加剧，消耗高、浪费资源、污染环境的状况比较严重，煤、电、油、运供求关系紧张，资源约束的矛盾日益突出。

第四节　2004年在继续加强和改善宏观调控中实现经济平稳高速增长

为了继续实现宏观经济的平稳快速增长，在综合分析国内形势的基础上，2004年3月十届人大二次会议提出的当年宏观调控的主要预期目标为：经济增长7%左右；城镇登记失业率4.7%；居民消费价格总水平涨幅3%左右；外贸进出口总额增长8%。[①]

这次会议还提出：搞好宏观调控，既要保持宏观经济政策的连续性和稳定性，又要根据经济形势发展变化，适时适度调整政策实施的力度和重点。适时，就是把握好调控措施出台的时机，见微知著，防患于未然；适度，就是松紧得当，不急刹车，不一刀切。要坚持扩大内需的方针，继续实施积极的财政政策和稳健的货币政策。发行建设国债是在需求不足的情况下采取的阶段性政策，随着社会投资增长加快，应逐步调减发债规模。今年拟发行建设国债1100亿元，比上年减少300亿元。同时，要调整建设国债使用方向，集中用于促进经济结构调整和社会全面发展。国债投资要向农村、社会事业、西部开发、东北地区等老工业基地、生态建设和环境保护倾斜，保证续建国债项目建设。要充分发挥货币政策的作用，适当控制货币信贷规模，优化信贷结构，既要支持经济增长，又要防止通货膨胀和防范金融风险。还要适当控制固定资产投资规模，坚决遏制部分行业和地区盲目投资、低水平重复建设。要坚持以市场为导向，主要运用经济、法律手段，辅之以必要行政手段，加强引导和调控。要保持经济平稳较快发展，必须缓解当前能源、重要原材料和运输的供求矛盾，还要合理调整投资与消费的关系。[①]

这些政策规定，是符合 2003 年四季度情况（已见前述），也是抑制 2004 年一季度经济发展中出现的局部过热的需要。这年一季度经济发展总体形势很好，但确也出现局部过热的情况。第一，最突出表现是投资规模过大，而且结构不合理。2004 年第一季度全社会固定资产投资增长 43%。制造业投资增长 75.8%，其中钢铁、水泥行业投资分别增长 107.2% 和 101.4%，电解铝的投资也达到 39.3%，第三产业投资增长 37.7%，第一产业投资仅增长 0.4%。第二，由此造成货币供应和贷款规模偏大。3 月末，广义货币供应量（M2）同比增长 19.2%，增幅比去年同期高 0.7 个百分点。一季度，金融机构新增人民币贷款 8342 亿元，同比多增 238 亿元。第三，电力、煤炭和运输紧张状况加剧。一季度，电力生产增长 15.7%，发电设备继续超负荷运转，但仍有 17 个省份拉闸限电。一季度，煤炭产量增长 14.4%，但仍无法满足过快增长的需要。铁路货运日均装车达到 9.8 万车的历史最高水平，比去年同期增加 5700 车，也不能适应各方面的需要。第四，通货膨胀压力加大。在投资快速增长的带动下，生产资料价格总水平在去年上涨 8.1% 的基础上，一季度同比又上涨 14.8%。一季度居民消费价格总水平上涨 2.8%。[②]

为了解决经济运行中的问题，促进经济平稳发展，这年 4 月以来党中央和国务院多次召开会议。其中，4 月 9 日国务院常务会议分析了一季度经济运行和走势，研究采取有针对性措施解决经济生活中的突出问题。会议提出，根据形势发展，必须进一步采取有针对性的调控措施：严格控制新开工项目，认真清理在建项目；加强金融调控和信贷管理，适度控制货币信贷增长；严格土地管理，深入开展土地市场治理整顿；严肃查处重大违法违规的经济案件；加强经济运行调节，搞好煤电油运和重要原材料供需衔接；加强农业和粮食生产，搞好粮食市场调控；加强市场物价监管，依法严厉打击扰乱市场秩序的行为；大力开展资源节约活

---

① 详见《中国经济年鉴》(2004)，中国经济年鉴社，第 5~6 页。
②《经济日报》2004 年 5 月 17 日第 5 版、5 月 31 日第 2 版。

动，推进节约型社会建设。①

上述措施实施后，经济运行中的局部过热问题趋于缓解，但问题并没有根本解决。为解决这些问题，党中央和国务院又召开多次会议。其中，7月14日国务院召开常务会议，分析上半年经济形势和宏观调控情况，研究部署下半年经济工作。会议指出：加强宏观调控的各项措施逐步落实并取得明显成效，国民经济保持平稳较快发展的良好势头。会议指出，经济运行中的突出矛盾和问题还没有从根本上解决，固定资产投资规模仍然偏大，投资结构还不尽合理，煤电油运供求紧张的矛盾尚未有效缓解。要充分认识搞好宏观调控的艰巨性和复杂性，不能盲目乐观，不能放松工作，不能半途而废，坚持不懈地做好各项工作，确保实现国民经济持续快速协调健康发展。会议提出，下半年要着力抓好以下重点工作：①继续加强农业特别是粮食生产，落实和完善促进粮食生产和农民增收减负的各项政策措施，推进粮食流通体制改革和农村税费改革。②认真做好货币信贷工作，合理控制货币信贷总量，优化信贷结构，及时为有市场、有效益、有利于增加就业的企业提供正常流动资金贷款，切实支持符合国家产业政策和市场准入条件的项目建设。③进一步加大对经济社会发展薄弱环节的支持力度，认真落实西部大开发和振兴东北地区等老工业基地的措施。④加快固定资产投资项目清理，认真做好后续工作。抓紧完善国家产业政策，进一步明确限制和鼓励发展的产业，尽快制定和公布市场准入的标准和具体操作办法，引导市场主体行为。⑤切实搞好土地市场清理整顿工作，落实国务院明确允许的重点急需项目建设用地的政策，抓紧建立土地管理新体制和新制度。⑥积极做好煤电油运调节工作，努力缓解煤电油运供求紧张状况，切实加强安全生产。⑦努力引导和扩大消费。进一步做好就业和社会保障工作。继续抓紧清欠农民工工资。⑧扩大对外开放，做好进出口和利用外资工作。⑨深化经济体制改革。⑩高度重视解决涉及群众切身利益，特别是土地占用和城镇拆迁中的矛盾和问题，维护社会稳定。②

就治理经济局部过热（即压的方面）来说，在上述政策措施中，最

---

① 《经济日报》2004年4月12日第1版。
② 《经济日报》2004年7月15日第1版。

重要的有两个方面，即把住信贷和土地两个闸门。这是两个基本的生产要素，把住了这两点，就能从源头上制止局部领域的投资膨胀。

在信贷方面，中国人民银行在 2004 年首次提出稳健的货币政策在取向上"适度从紧"，这主要是为了控制经济过热。为此，央行采取了一系列总量控制的措施。如加大公开市场操作力度，适时上调存款准备金率等，并最终动用了价格手段即利率杠杆的调控作用，控制了信贷的过快增长。这年 12 月末，广义货币（M2）达到 253208 亿元，比上年末增长 14.6%，同比回落 5 个百分点；狭义货币（M1）为 95971 亿元，增长 13.6%，回落 5.1 个百分点；流通中现金（M0）为 21468 亿元，增长 8.7%，回落 5.6 个百分点；金融机构人民币各项贷款比年初增加 22648 亿元，比上年少增加 4824 亿元；全年累计货币净投放 1722 亿元，比上年少投放 746 亿元。[①]

在土地方面，主要是加强了土地管理的法制建设和司法力度。如 2004 年通过了修改过的《中华人民共和国土地管理法》，11 月国务院又做出了《关于深化改革严格土地管理的决定》，并依法广泛开展了以开发区为重点的全国土地市场的治理整顿。截止到 2004 年 7 月，全国共清理出各类开发区 6866 个，规划用地面积 3.86 万平方公里。对各类违规设立的开发区加大清理整改力度，据不完全统计，全国已撤销各类开发区 4813 个，占开发区总数的 70.1%；核减开发区规划用地面积 2.49 万平方公里，占原有规划面积的 64.5%。[②]

上述调控措施在遏制部分领域投资膨胀方面取得初步成效。2004 年前三季度全社会固定资产投资 45102 亿元，同比增长 27.7%，分别比一季度和上半年回落 15.3 和 0.9 个百分点。三季度，钢铁、水泥投资分别比一季度回落 65.5 和 43.4 个百分点；铝业投资由一季度增长 39.3% 转为下降 6.5%；房地产开发投资增长 28.3%，比一季度回落 12.8 个百分点。[③] 这年全年全社会固定资产投资达到 70073 亿元，同比增长 19%，增速比上年回落 6 个百分点（详见附表 8）。同时，信贷规模得到控制。

在上述政策措施中，就促进发展滞后的领域（即保的方面）来说，最重要的就是加强农业。就当时情况来说，要促进农业发展，最根本的

---

① 国家统计局：《中国经济景气月报》2005 年第 1 期，第 4、48、50 页。
② 《经济日报》2004 年 8 月 20 日第 5 版、12 月 11 日第 3 版。
③ 《经济日报》2004 年 11 月 18 日第 1 版。

就是要增加农民收入。为此，2003 年 12 月 31 日中共中央国务院做出了《关于促进农民增加收入若干政策的意见》，并在 2004 年推出了一系列首创的加强农业的措施。概括起来：一是对种粮农民实行普遍的直接补贴。全国共安排粮食直补资金 116 亿元。二是明确提出在全国范围取消农业税的目标。三是在全国放开粮食购销和价格。四是启动了国家优质粮食产业工程规划。集中力量建设一批国家优质专用粮食生产基地。五是明确将部分土地出让金用于农业土地开发。规定市、县将不低于土地出让金平均纯收益的 15% 用于农业土地开发，增辟了农业资金来源。六是在全国范围内清欠农民工工资和征地补偿金。在此基础上，着手建立确保如期兑现的制度。① 这六个"首次"，给 9 亿农民带来了实惠，调动了农民积极性，大大促进了农业的发展。2004 年，农业增加值达到 20744 亿元，比上年增加了 6.3%，是 1990 年以后增速最高的一年。其中，作为最重要农产品的粮食产量达到 46974 万吨，比上年增长 9%，扭转了 1999 年以来增速连续五年下滑的局面。②

以上措施，再加上深化改革和调整结构等方面的根本措施，促使这年经济效益提高。这年全社会人均劳动生产率达到 4182.3 元，同比增长 8.3%（详见附表 9）。

这样，2004 年尽管在年初出现了局部的经济过热，但通过加强和改善宏观调控，仍然获得了平稳快速增长，避免了大起以及由此必然带来的大落。这年第一季度国内生产总值增长 9.8%，第二季度增长 9.6%，第三季度增长 9.1%，第四季度增长 9.5%，全年增长 9.5%。这年居民消费价格比上年上升 3.9%，涨幅比上年提高 2.7 个百分点，略微偏高（详见附表 3、附表 4）。这年城镇居民人均可支配收入 9422 元，比上年实际增长 7.7%；农民人均纯收入 2936 元，实际增长 6.8%，是 1997 年以来增长最快的一年。③ 可见，这年加强和改善宏观调控确实取得了巨大成就！

但是，这年对经济局部过热治理并不完全到位，固定资产投资膨胀反弹压力和通货膨胀压力仍然很大。煤电油运供应的紧张局面也只是趋于缓解，并未完全解决。这些问题的解决还有赖于 2005 年继续加强和

---

① 《经济日报》2004 年 2 月 9 日第 6 版，2005 年 1 月 8 日第 7 版。
② 《人民日报》2005 年 1 月 26 日第 1 版。
③ 国家统计局：《中国经济景气月报》2005 年第 1 期，第 10 页；《人民日报》2005 年 1 月 26 日第 1 版。

改善宏观调控。至于那些具有根本性的体制改革、结构调整和经济增长方式转变问题，则更需要在长期的全面建设小康社会的进程中才能逐步得到解决。

第八章 2001~2004 年，发展产业经济的主要成就和经验

第一节 发展产业经济的主要成就

1. 在完善社会主义市场经济体制方面迈出重要步伐。其主要表现是：国有经济推进了以完善现代企业制度为特征的经济改革；农村经济改革获得了全面深化；继续推进了非公有经济的发展；进一步发展了以国有经济为主导的、多种所有制共同发展的格局；继续完善了现代市场体系和宏观经济管理体制；进一步发展了对外开放的总体格局。比如，到 2004 年，公有经济占国内生产总值的比重不到一半，非公有经济已超过一半。[①]

2. 宏观经济形势呈现稳步上升的态势。

（1）2000~2004 年国内生产总值由 89468.1 亿元增长到 136515 亿元，增长了 39.3%。2004 年经济总量居世界第 6 位。2001~2004 年经济增长率分别为 7.5%、8.3%、9.3% 和 9.5%（详见附表 1、附表 3）。这样，在这四年间，国内生产总值年均增长率达到了 8.7%，处于我国经济增长合理区间（为 7% 至 9%~9.5%）的上限。但这期间经济增长的特点不仅在于速度快，而且在于稳定（即作为波谷年的 2001 年经济增长率与作为波峰年的

[①]《经济日报》2005 年 2 月 26 日。

2004 年仅相差两个百分点)。在新中国经济发展史上进一步实现了由 1958 年"大跃进"开始的强波周期到中波周期再到轻波周期转变过程。①

这期间,第一产业增加值增长了 15.2%(详见附表 3)。其中,粮食由 2000 年的 46217.5 万吨增长到 2004 年的 46947 万吨,增长 1.6%;棉花由 441.7 万吨增长到 632 万吨,增长 43.1%;油料由 2954.8 万吨增长到 3057 万吨,增长 3.6%。

这期间第二产业增加值增长 49%。其中,工业和建筑业分别增长了 50.4% 和 40.8%(详见附表 3)。在工业的主要产品方面,原煤由 2000 年的 9.98 亿吨上升到 2004 年的 19.56 亿吨,增长 96%;原油由 16300 万吨增长到 17500 万吨,增长 7.3%;发电量由 13556 亿千瓦时增长到 21870 亿千瓦时,增长 61.3%;钢由 12850 万吨增长到 27300 万吨,增长 112.5%。②

这期间第三产业增加值增长了 36.9%。其中,货物周转总量由 2000 年的 44321 亿吨公里增加到 2004 年的 66698 亿吨公里,增长 50%,旅客周转量由 12261 亿人公里增长到 16234 亿人公里,增长 33.1%;邮电业务总量由 4792.7 亿元增长到 9791 亿元,增长 104.3%。2000~2003 年,城市供水总量由 4690000 万立方米增长到 4753000 万立方米,增长 1.3%;公共电汽车由 225993 辆增长到 264000 辆,增长 16.8%;人工煤气由 1523615 万立方米增长到 2021000 万立方米,增长 32.6%;液化石油气由 10537147 吨增长到 11263000 吨,增长 6.9%;天然气由 821476 万立方米增长到 1416000 万立方米,增长 72.3%;高等学校在校生数由 556.1 万人增长到 1108.6 万人,增长 99.3%;中等学校由 8518.5 万人增长到 9613.8 万人,增长 12.9%;小学由 13013.3 万人下降到 11689.7 万人,下降 10.2%;研究生由 301239 人增长到 651260 人,增长 1.2 倍;出国留学人员由 38989 人增长到 117307 人,增长 2 倍;国有企事业单位专业技术人员由 21650807 人增长到 21739699 人,增长 0.4%;艺术表演团体由 2630 个下降到 2618 个,下降 0.5%;公共图书馆由 2677 个增长到 2709 个,增长 1.2%;图书出版总印数由 62.7 亿册增长到 66.7 亿册,增长 6.4%;杂

---

① 详见拙著:《我国"九五"、"十五"宏观经济分析》,经济管理出版社 2002 年版,第 19~21 页。
② 《中国经济年鉴》(2004),中国经济年鉴社,第 560~561 页;《人民日报》2005 年 3 月 1 日第 6 版。

志出版总印数由 29.4 亿册增长到 29.5 亿册，增长 0.3%；报纸出版总印数由 329.3 亿份增长到 383.1 亿份，增长 16.3%；医院、卫生院由 65944 个下降到 62968 个，下降 4.5%；医生由 207.6 万人下降到 186.8 万人，下降 10%；床位由 290.8 万张增长到 299.5 万张，增长 3%（详见附表 3、附表 20~23、附表 27~30）。

以上数字表明：总体说来，第一、二、三产业都保持了良好的发展态势。当然，各个部门的增长速度是有差别的。一般说来，这是正常现象。但对其中有的增速很低甚至下降，要做具体分析。比如，粮食产量尽管2004 年增幅很大，但 1999~2003 年连续五年下降。这一点是与城乡二元体制和农村经济改革滞后，以及对农业多予少取方针启动不及时和贯彻力度不大直接相关，以致这期间粮食增幅很低。再如，小学在校生人数减少，主要是与计划生育取得巨大成果相关的。至于国有企事业单位专业技术人员、艺术团体和医院的减少，在很大程度上都是国有企事业单位深化改革的结果。这些都是好事，并不是坏事。

（2）这期间物价走势经历了无通胀到轻度通胀的过程。居民消费价格指数由 2000 年的 100.4 上升到 2004 年的 103.9。但 2004 年工业品出厂价格指数和主要原料、燃料动力购进价格指数更高（详见附表4），通胀压力较大。

（3）由于改革深化，结构调整和技术进步，以及每年新增大量劳动力，城镇登记失业率由 2000 年的 3.1%上升到 2003 年的 4.3%。但 2004年下降到 4.2%，而就业形势仍很严峻，压力很大（详见附表5）。

（4）由于经常项目和资本项目两方面的国际收支均持续呈现顺差，因而外汇储备继续大幅攀升，由 2000 年的 1655.7 亿美元增长到 2004 年的6099 亿美元。其中，2004 年就比上年增长了 2066.49 亿美元（详见附表6、附表37）。

3. 在产业结构变化方面，就第一、二、三产业之间的比例关系来看。由 2000 年的 16.4：50.2：43.6 变为 2004 年的 15.2：53.0：31.8（详见附表2）。其中，第一产业比重下降和第二产业比重上升，总体说来，是符合工业化规律的。当然，其中也有农业发展滞后的问题。但第三产业比重下降则更明显地表明了其发展的滞后。在交通运输业方面尤为明显（已见前述）。在第一产业内部，种植业产值比重由 2000 年的 55.7%进一步下降到 2003 年的 50.1%，林、牧、渔业比重由 44.3% 上升到 49.9%。在工业内部，轻工业产值比重由 2000 年的 39.8% 下降到 2003 年的 35.5%，重工业比重由 60.2% 上升到 64.5%。在轻工业内部，以农产品为原料的产值比重由 2000 年的 61.8% 上升到 2002 年的 62.7%，以非农产品为原料的产值比重由 38.2% 下降到 37.3%。在重工业内部，采掘工业产值比重由 2000 年的 10.4% 下降到 2002 年的 8.7%，原材料工业产值比重由 40.4% 下降到 38.5%，制造工业产值比重由 49.2% 上升到 52.5%。这期间工业中能源生产总量由 2000 年的 106988 万吨标准煤增长到 2003 年的 160300 万吨标准煤，增长了 49.8%。但由于能源消费弹性系数由 0.02 上升到 1.42，[①] 因而能源供应也趋于紧张。这期间，工业中高新技术产业比重进一步上升，在出口方面尤为如此。高新技术产品在出口中的比重由 2000 年的 14.8% 上升到 2003 年的 25%。[②] 在第三产业内部也进一步呈现出现代服务业比重上升的趋势。比如，2000~2004 年，民用航空在旅客周转量的比重由 7.9% 上升到 10.9%；传统的市内电话用户仅增长了 1.26 倍，而现代的移动电话用户则增长了 5.13 倍（详见附表 12、附表 14~16、附表 20、附表 22）。总体说来，这期间产业结构的变化是适应工业化和现代化发展的，但也有不协调的一面，主要是农业、能源和交通运输等基础产业发展滞后。

4. 企业组织结构进一步趋于优化。2000~2002 年，工业中大型企业产值比重由 44.7% 上升到 46.1%，中型企业比重由 12.4% 上升到 12.8%，小型企业比重由 42.9% 下降到 41.1%。这些变化也符合工业化和现代化规律要求。至于 2003 年大中小企业比重的变化，则是同它们的划分标准变动相联系的（详见附表 17）。

5. 在地区经济结构方面，由于近几年来逐步推行了区域经济协调发展的战略，开始发生积极的变化。比如，1999~2004 年，西部地区的国内生产总值的年均增长率约为 10%，超过了全国的增长率。[③] 但由于西部地区原有基础差，大开发时间短，还没有也不可能迅速改变西部地区经济比重下降的局面。比如，2000~2003 年，在全国工业总产值中，东部地区占的比重由 70.88% 上升到 73.48%，中部地区比重由 19.71% 下降到

---

①《中国经济年鉴》（2004），中国经济年鉴社，第 767 页；《人民日报》2005 年 1 月 26 日第 1 版。

②《中国经济年鉴》（2004），中国经济年鉴社，第 275、279 页。

③《经济日报》2005 年 2 月 6 日第 1 版。

17.89%，西部地区比重由 9.41%下降到 8.62%（详见附表 18）。

6. 在经济效益方面，与这期间经济增长率稳步高速增长的形势相适应，也是呈现出上升的态势。全社会劳动生产率由 2000 年的 3147.1 元/人提高到 2004 年的 4182.3 元/人，投资效果系数由 0.225 提高到 0.275（详见附表 8、附表 9）。

7. 人民生活明显改善。2000~2003 年，全国居民、农村居民和城镇居民的消费水平分别由 3397 元提高到 4058 元，由 2037 元提高到 2399 元，由 7402 元提高到 8265 元；三者分别提高了 19.3%、14.1%和 19%（详见附表 7）。2004 年，全国城镇居民人均可支配收入 9422 元，比上年实际增长 7.7%；农民人均纯收入 2936 元，增长 6.8%。[①]

综上所述，2001~2004 年，我国在全面建设小康社会的康庄大道上已经迈出了重要一步。这期间社会主义市场经济体制得到了初步完善，经济实现了稳步快速增长，经济结构调整有了明显进步，经济效益有了改善，人民生活获得了提高。这样，全面建设小康社会就有了一个良好开端。比如，按照全面建设小康社会的要求，21 世纪头 20 年实现经济总量翻两番的目标，经济年均增长率要达到 7.2%。而 2001~2004 年的 4 年间，经济年均增长率已经达到了 8.7%（详见附表 3）。但由于各种历史的和现实的原因，当前我国在改革、发展和稳定方面还存在诸多问题（其中有些方面甚至是很严重的问题），在实现经济改革和经济稳步快速增长，调整经济结构，转变经济增长方式，实现科技自主创新，协调城乡之间和地区之间的发展，扩大就业和改善人民生活，以及实现经济社会的可持续发展等方面，还面临着艰巨的任务。

第二节　发展产业经济的主要经验

党的十六大和党的十六届三中、四中全会，以及十届全国人大一次、二次和三次会议，对 2001~2004 年期间发展产业经济的重要经验做了系统、全面的总结。这里只是在上述各章的基础上，列举其中的几个最重

[①]《人民日报》2005 年 1 月 26 日第 1 版。

要之点。党的十六大在党的十四大和十五大所总结的党的社会主义初级阶段的基本理论、基本路线和基本纲领的基础上，又总结出了建设中国特色社会主义的十条基本经验；并按照实现社会主义现代化建设第三步战略部署，提出了 21 世纪头 20 年全面建设小康社会的目标，以及为实现这一目标的新型工业化道路和与之相关的一系列改革发展战略。党的十六届三中全会的突出贡献，就在于提出了作为改革和发展指导思想的"五统筹"原则和科学的发展观。这是我国现阶段改革和发展的指导思想的最精辟的概括。党的十六届四中全会又总结了党执政的主要经验。[①]特别是提出了构建社会主义和谐社会这一极为重要的社会发展战略目标。2005 年 2 月胡锦涛总书记对这个问题做了系统深刻阐述。这虽然是党的执政经验的总结；但从其主要方面来说，同时也是改革和发展经验的总结。

　　这期间还在宏观经济调控方面积累了极重要的新鲜经验，从而进一步发展了 20 世纪 90 年代以来这方面的经验。20 世纪 90 年代以来，我国宏观经济调控政策尽管存在诸多问题，但在不同阶段确也形成了各有特点的宏观调控政策体系。简要概括说来，1992~1997 年形成和实践了以反过热、反通胀、实现"软着陆"为特征的宏观调控政策体系。1998~1999 年又形成和实践了以反过冷、反通缩、制止经济增速过度下滑为特征的宏观调控政策体系。2000~2003 年继续完善和实践了以反过冷反通缩、实现经济回暖为特征的宏观调控政策体系。[②] 2003 年下半年以来，又开始形成和实践了以反局部经济过热、避免经济大起为特征的宏观调控政策体系。其主要特征是：针对需求和供给两方面都存在既热又冷的状况（如需求方面存在部分领域的投资过热和消费需求不足，供给方面存在某些产业发展过快和农业发展过慢），依据已经大大发展的市场经济环境和业已积累的较丰富的宏观调控经验，综合运用经济、法律手段（这是主要的）和必要的行政手段，采取有紧有松，以及有打有压的灵活的区别对待政策。此外，这次宏观调控还具有及时调控、力度适当以及标本兼治（即与深化经济改革、结构调整和增长方式转变紧密结合进行）等特点。

---

　　① 详见《保持共产党员先进性教育读本》，党建读物出版社 2004 年版，第 32~34、56~60 页；《人民日报》2005 年 2 月 20 日第 1 版。
　　② 详见拙著：《我国"九五"、"十五"宏观经济分析》，经济管理出版社 2002 年版，第 3~22 页。

正是这个因素的作用，再加上经济改革和结构调整等各项因素的综合作用，使得 2003 年下半年以来发生的经济局部过热状况开始趋缓，到 2004 年底，已经取得明显成效，避免了经济大起。但局部过热状况并未完全改变，而且经济局部过热趋缓的基础并不牢固，这个问题的真正解决还有赖于 2005 年继续加强和改革宏观调控。[①]其根本解决，还需深化改革，调整结构和转变经济增长方式。

这期间产业经济的改革和发展成就就是在上述政策的指导下取得的。当然，这些政策本身也需要发展和完善。

① 详见拙文：《对 2004 年我国经济运行特征的分析》，《国家行政学院学报》2005 年第 1 期。

结 束 语

依据前述新中国产业经济发展史，在此做一简要小结。

1. 1949 年 10 月~1952 年：新民主主义社会时期。这期间，由于较全面地贯彻了党的新民主主义的经济纲领（再加上其他许多原因），在极其困难的条件下用短短 3 年时间就恢复了遭到长期战争严重破坏的产业经济，成为新中国成立以后发展成就最为辉煌的一页。只可惜，主要由于缺乏经验，原来设计的这段时期就太短，执行时期就更短，远没有充分发挥新民主主义社会在发展社会生产力方面应有的巨大历史作用。当然，这期间在某些方面也发生过"左"的错误，但这不是主要的；这期间恢复的产业，基本上是半殖民地半封建中国已经达到的水平，并未越出中国工业化的初期阶段。

2. 1953~1957 年：从新民主主义社会到社会主义社会的过渡时期。由于较好地贯彻了党和国家从新民主主义社会到社会主义社会的过渡时期总路线（也要加上其他许多原因），因而这期间在取得社会主义改造决定性胜利的同时，建立了社会主义工业化的初步基础。就中国具体情况看，这个初步基础的建立，可以说是工业化由初期阶段开始步入中期阶段的基本标志。当然，这期间在生产建设和改造方面都发生过"左"的错误，但也不是问题的主要方面。只是同样可惜的是，主要由于缺乏经验，原来设计的过渡时期也太短，执行的时期又更短，也远没有充分发挥过渡时期的历史作用。

3. 1958~1978 年：计划经济体制已经建立并进一步强化的时期。可分为四个阶段：①1958~1960 年："大跃进"阶段。由于这期间"左"的路线占了统治地位，使产业经济没有得到应有的发展，并受到严重破坏。②1961~1965 年：经济调整阶段。这期间虽然没有从根本上否定"左"的路线，也没有突破计划经济体制的框框，但在当时条件下许多方面都回到正确轨道上，从而使产业经济得到了迅速的恢复和发展。③1966~1976 年 10 月："文化大革命"阶段。这期间"左"的路线发展到了极端，又受到林彪、江青两个反革命集团的破坏，从而使产业经济没有得到应有的发展，受到了长达 10 年更为严重的破坏。④1976 年 10 月~1978 年：经济恢复与"洋跃进"阶段。这期间虽然恢复了经济，但由于仍然延续了过去长期存在的"左"的路线，发生了"洋跃进"的错误，给产业经济发展造成重大损失。当然，1958~1978 年，产业经济也有增长，产业结构和技术升级的某些方面也有进展（如石油工业、化学工业、冶金工业的某些领域、核工业和空间技术的发展），从而加强了"一五"时期建立起来的工业化的基础。但这期间国内生产总值年平均增长速度猛降到 5.4%，低于"一五"时期（9.2%）3.8 个百分点（详见附表 3）。这样，在"一五"时期开始步入工业化中期以后，其进程就被大大延缓了。

4. 1979~2004 年：市场取向的经济改革时期。可分为以下四个阶段：①1979~1984 年：市场取向改革起步阶段。②1985~1992 年：市场取向改革全面展开阶段。③1993~2000 年：市场取向改革制度初步建立阶段。④2001~2004 年：市场取向改革制度完善阶段。

这期间产业经济发展呈现以下特点：

（1）产业经济总量持续稳定高速增长。1979~2004 年经济年均增长率达到 9.4%（详见附表 3）。在基数大大增长的情况下，比 1953~1957 年还提高了 0.2 个百分点，比 1958~1978 年猛增了 4 个百分点。而且正是在这期间完成了由强波周期到中波周期再到轻波周期的转变（详见第十篇第七章第四节）。这样，到 2004 年，我国经济总量已居于世界第六位；制造业总量已居世界第四位，其中 172 类产品产量跃居世界第一位；进出口总额上升到世界第三位。[①]当前，我国虽然还不是世界经济强国，但已俨然是世界经济大国。

---

①《经济日报》2005 年 2 月 8 日第 1 版。

（2）产业结构呈现优化态势，并显示工业化中期的前期阶段正在向后期阶段发展的趋势。①1978年，第一、二、三次产业增加值在国内生产总值中的构成为28.1∶48.2∶23.7；到2004年这一构成提高到15.2∶53.0∶31.8（详见附表3）。尽管同已实现工业化的国家相比，在工业化进程中，我国城镇化远远落后于工业化。但上述构成的提高仍能明显反映出我国工业化已经有了很大发展，而且这种提高与1979年以前不同，即第二产业（主要是工业）比重的提高不是以第二产业与第一、三产业的严重失衡为前提的，而是以前者与后者较为协调的发展为前提的。尽管当前在这方面仍未达到协调状态，但比1979年以前的失衡状态要好多了。②1978年种植业和林、牧、渔业的产值在农业总产值的构成为80∶20；到2003年这一构成提高到50.1∶49.9（详见附表12）。这表明了农业内部产业结构的优化。③1978~2003年，重工业和轻工业的产值在工业总产值的构成由56.9∶43.1提高到64.5∶35.5。1978~2002年，以农产品为原料的轻工业产值和以非农产品为原料的轻工业产值在轻工业中的构成由68.4∶31.6提高到62.7∶37.3；采掘工业、原材料工业和制造工业的产值在重工业总产值的构成由12.0∶35.5∶52.5提高为8.7∶38.5∶52.5（详见附表14、附表15、附表16）。这三组数字不仅分别反映了工业内部、轻工业内部和重工业内部的优化，也不仅是表明了工业化水平的提高，而且表明了工业化中期的前期阶段向以重化工业加快发展的特征的后期阶段的发展趋势。

（3）企业组织结构也趋于优化。1980~2002年，工业中大型和中小型企业的产值在工业总产值的比重由34.1∶65.9提高为46.1∶53.9（详见附表17）。这表明了工业集中度的提高，反映了工业化规律的要求。

（4）为了改变改革前实行的地区经济发展的均衡战略造成的低效率状态，改革以来，实行非均衡战略，在改革开放等项政策方面实行了向效率高的东部地区倾斜。这样，东部地区工业产值占工业总产值比重由1978年的63.32%上升到1999年的70.14%，中西部地区比重由36.68%下降到29.86%。于是在1999年开始实施西部大开发战略。但由于这一战略实施时间不长，还难以改变东部地区比重上升的趋势。2003年，东部地区工业产值还上升到73.48%，中西部地区比重下降到26.52%（详见附表18）。

（5）改革以来，在生产持续、高速增长的基础上，到 1997 年，初步实现了由计划经济体制形成的、长期存在的卖方市场向买方市场的过渡。

（6）在生产发展的基础上，在 20 世纪 80 年代末，人民生活实现了向温饱的过渡；到 20 世纪末，又实现了在总体上达到小康生活的过渡；21 世纪以来，又在全面建设小康社会的道路上继续前进。

决定上述产业经济发展特点的主要因素是：①渐进地、稳步地、成功地推进了市场取向的经济改革，到 2000 年就初步建立了社会主义市场经济体制，其后又在完善这种体制上迈出了重要步伐。这项改革为这期间经济发展提供了根本动力。②实行了适合各个发展阶段情况的经济战略。比如，在 20 世纪 70 年代末到 80 年代上半期，针对轻工业发展严重滞后于重工业的情况，实施了加速发展轻工业的战略。90 年代，鉴于基础产业和基础设施"瓶颈"制约作用突出的情况，实施了加速发展这些产业的战略。依据国内外新情况和新经验的总结，党的十六大和十六届三中全会、四中全会先后相继提出了新型工业化，协调城乡之间和地区之间的发展，科技兴国和人才强国，可持续发展以及构建社会主义和谐社会等项重要经济和社会发展战略。这些战略为这期间经济发展提供了全局性的指导方针。③这个时期还实行了各具特点并趋于完善的宏观经济调控政策体系。这一点在 20 世纪 90 年代以后表现得更为突出。针对 1992 年发生的经济过热，及时推出了适度从紧的财政政策和货币政策，促进了经济"软着陆"在 1997 年的实现。1998 年针对严峻的国际经济形势和国内有效需求不足的局面，及时转变了宏观政策，实现了扩大内需方针以及与之相联系的积极的财政政策和稳健的货币政策。这样就遏制了增速过度下滑，并促进了经济回暖。伴随经济的稳步上升，从 2002 年起，就逐步调整了积极的财政政策和稳健的货币政策的力度、重点和取向。从这年起，就逐步缩小了积极财政政策的扩张力度，并按照可持续发展的要求，调整国债支出结构。稳健的货币政策也做了相应的调整。特别是在 2004 年，依据经济局部过热的情况，货币政策的取向实际上已经转向了适度从紧。正是这些宏观政策的调整保证了经济的持续稳定发展。当然，促进这期间经济发展的还有许多国内外的有利条件（详见第十篇第七章第三节）。但集中起来并从根本上来说，就是比较好地执行了体现唯物主义灵魂的实事求是的党的思想路线，以及体现历史唯物主义精髓的把发展作为党的第一执政要务。

　　当然，这期间我国在改革、发展和稳定方面也存在诸多失误，这些方面还存在不少问题（其中有些问题是很严重的）。诸如：作为市场取向经济改革两个基本方面的国有经济改革（特别是其中的垄断行业和事业单位的改革）和城乡二元体制改革还处于攻坚阶段，市场交易秩序和信用关系混乱，财政风险和金融风险很大，基础产业（特别是农业）和基础设施发展滞后，产业结构调整和升级以及经济增长方式转变缓慢，科技自主创新能力在总体上不强，就业、资源、生态和环境的压力都很大，安全生产形势严峻，城乡之间、地区之间和部门之间的收入差别过大，部分的政府官员和国有企业高层经营管理人员贪污腐败严重，在国际市场的竞争中面临着经济发达国家拥有众多高科技优势的强大压力，在国际中的产业和产品的垂直分工中处于不利的低端地位等等。这些问题都不利于我国社会主义现代化事业的发展，甚至构成严重威胁。

　　但改革以来的经验证明：只要坚持党的十一届三中全会以来逐步形成的党的基本理论、基本路线、基本纲领和基本经验，特别是要坚持科学的发展观和构建社会主义和谐社会的战略目标，并本着与时俱进的原则不断地完善之，这些问题是可以逐步缓解并最终获得解决的，全面建设小康社会，乃至实现社会主义现代化第三步战略目标，实现中华民族的伟大复兴都是大有希望的！这方面光辉灿烂的前景十分诱人！

附　表

附表 1　全国国内生产总值

（本表按当年价计算）

单位：亿元

年份	国民总值（亿元）	国内生产总值（亿元）	第一产业	第二产业	工业	建筑业	第三产业	#交通运输仓储邮电通信业	#批发零售贸易餐饮业	人均国内生产总值（元）
1952	679.0	679.0	342.9	141.8	119.8	22.0	194.3	29.0	80.3	119
1953	824.0	824.0	378.0	192.5	163.5	29.0	253.5	35.0	115.5	142
1954	859.0	859.0	392.0	211.7	184.7	27.0	255.3	38.0	120.3	144
1955	910.0	910.0	421.0	222.2	191.2	31.0	266.8	39.0	119.8	150
1956	1028.0	1028.0	443.9	280.7	224.7	56.0	303.4	46.0	131.4	165
1957	1068.0	1068.0	430.0	317.0	271.0	46.0	321.0	49.0	133.0	168
1958	1307.0	1307.0	445.9	483.5	414.5	69.0	377.6	71.0	136.6	200
1959	1439.0	1439.0	383.8	615.5	538.5	77.0	439.7	94.0	145.7	216
1960	1457.0	1457.0	340.7	648.2	568.2	80.0	468.1	104.0	133.1	218
1961	1220.0	1220.0	441.1	388.9	362.1	26.8	390.0	69.2	110.8	185
1962	1149.3	1149.3	453.1	359.3	325.4	33.9	336.9	57.4	80.5	173
1963	1233.3	1233.3	497.5	407.6	365.6	42.0	328.2	55.0	76.1	181
1964	1454.0	1454.0	559.0	513.5	461.1	52.4	381.5	58.4	94.0	208
1965	1716.1	1716.1	651.1	602.2	546.5	55.7	462.8	77.4	118.3	240
1966	1868.0	1868.0	702.2	709.5	648.6	60.9	456.3	85.1	148.1	254
1967	1773.9	1773.9	714.2	602.8	544.9	57.9	456.9	72.3	153.5	235
1968	1723.1	1723.1	726.3	537.3	490.3	47.0	459.5	70.5	138.9	222
1969	1937.9	1937.9	736.2	689.1	626.1	63.0	512.6	84.9	163.6	243
1970	2252.7	2252.7	793.3	912.2	828.1	84.1	547.2	100.2	178.1	275
1971	2426.4	2426.4	826.3	1022.8	926.6	96.2	577.3	108.4	178.3	288
1972	2518.1	2518.1	827.4	1084.2	989.9	94.3	606.5	118.0	194.3	292
1973	2720.9	2720.9	907.5	1173.0	1072.5	100.5	640.4	125.5	211.0	309

续表

年份	国民总值（亿元）	国内生产总值（亿元）	第一产业	第二产业	工业	建筑业	第三产业	#交通运输储邮电通信业	#批发零售贸易餐饮业	人均国内生产总值（元）
1974	2789.9	2789.9	945.2	1192.0	1083.6	108.4	652.7	126.1	206.6	310
1975	2997.3	2997.3	971.1	1370.5	1244.9	125.6	655.7	141.6	175.8	327
1976	2943.7	2943.7	967.0	1337.2	1204.6	132.6	639.5	139.6	147.2	316
1977	3201.9	3201.9	942.1	1509.1	1372.4	136.7	750.7	156.9	213.8	339
1978	3624.1	3624.1	1018.4	1745.2	1607.0	138.2	860.5	172.8	265.5	379
1979	4038.2	4038.2	1258.9	1913.5	1769.7	143.8	865.8	184.2	220.2	417
1980	4517.8	4517.8	1359.4	2192.0	1996.5	195.5	966.4	205.0	213.6	460
1981	4860.3	4862.4	1545.6	2255.5	2048.4	207.1	1061.3	211.1	255.7	489
1982	5301.8	5294.7	1761.6	2383.0	2162.3	220.7	1150.1	236.7	198.6	525
1983	5957.4	5934.5	1960.8	2646.2	2375.6	270.6	1327.5	264.9	231.4	580
1984	7206.7	7171.0	2295.5	3105.7	2789.0	316.7	1769.8	327.1	412.4	692
1985	8989.1	8964.4	2541.6	3866.6	3448.7	417.9	2556.2	406.9	878.4	853
1986	10201.4	10202.2	2763.9	4492.7	3967.0	525.7	2945.6	475.6	943.2	956
1987	11954.5	11962.5	3204.3	5251.6	4585.8	665.8	3506.6	544.9	1159.3	1104
1988	14922.3	14928.3	3831.0	6587.2	5777.2	810.0	4510.1	661.0	1618.0	1355
1989	16917.8	16909.2	4228.0	7278.0	6484.0	794.0	5403.2	786.0	1687.0	1512
1990	18598.4	18547.9	5017.0	7717.4	6858.0	859.4	5813.5	1147.5	1419.7	1634
1991	21662.5	21617.8	5288.6	9102.2	8087.1	1015.1	7227.0	1409.7	2087.0	1879
1992	26651.9	26638.1	5800.0	11699.5	10284.5	1415.0	9138.6	1681.8	2735.0	2287
1993	34560.5	34634.4	6882.1	16428.5	14143.8	2284.7	11323.8	2123.2	3090.7	2939
1994	46670.0	46759.4	9457.2	22372.2	19359.6	3012.6	14930.0	2685.9	4050.4	3923
1995	57494.9	58478.1	11993.0	28537.9	24718.3	3819.6	17947.2	3054.7	4932.3	4854
1996	66850.5	67884.6	13844.2	33612.9	29082.6	4530.5	20427.5	3494.0	5560.3	5576

续表

年份	国民总值（亿元）	国内生产总值（亿元）	第一产业	第二产业	工业	建筑业	第三产业	#交通运输仓储邮电通信业	#批发零售贸易餐饮业	人均国内生产总值（元）
1997	73142.7	74462.6	14211.2	37222.7	32412.1	4810.6	23028.7	3797.2	6159.9	6053
1998	76967.2	76345.2	14552.4	38619.3	33387.9	5231.4	25173.5	4121.3	6579.1	6308
1999	80579.4	82067.5	14472.0	40557.8	35087.2	5470.6	27037.7	4460.3	6910.3	6551
2000	88254.0	89468.1	14628.2	44935.3	39047.3	5888.0	29904.6	5408.6	7316.0	7089
2001	95727.9	97314.8	15411.8	48750.0	42374.6	6375.4	33153.0	5968.3	7918.8	7651
2002	103935.3	105172.3	16117.3	52980.2	45975.2	7005.0	36074.8	6420.3	8476.7	8214
2003	116603.2	117251.4	17092.1	61274.1	53092.9	8181.3	38885.7	6715.6	9238.1	9101
2004		136515.0	20744.0	72387.0	62815.0	9572.0	43384.0			10502

注：1980 年以后国民总收入（原称国民生产总值）与国内生产总值的差额，为国外净要素收入。

资料来源：《新中国五十年统计资料汇编》和《中国统计年鉴》（2004），中国统计出版社；《人民日报》2005 年 3 月 1 日第 6 版。

附表 2　全国国内生产总值构成

(本表按当年价计算)

单位：%

年份	国内生产总值	第一产业	第二产业	工业	建筑业	第三产业	#交通运输仓储邮电通信业	#批发零售贸易餐饮业
1952	100	50.5	20.9	17.6	3.2	28.6	4.3	11.8
1953	100	45.9	23.4	19.8	3.5	30.8	4.2	14.0
1954	100	45.6	24.6	21.5	3.1	29.7	4.4	14.0
1955	100	46.3	24.4	21.0	3.4	29.3	4.3	13.2
1956	100	43.2	27.3	21.9	5.4	29.5	4.5	12.8
1957	100	40.3	29.7	25.4	4.3	30.1	4.6	12.5
1958	100	34.1	37.0	31.7	5.3	28.9	5.4	10.5
1959	100	26.7	42.8	37.4	5.4	30.6	6.5	10.1
1960	100	23.4	44.5	39.0	5.5	32.1	7.1	9.1
1961	100	36.2	31.9	29.7	2.2	32.0	5.7	9.1
1962	100	39.4	31.3	28.3	2.9	29.3	5.0	7.0
1963	100	40.3	33.0	29.6	3.4	26.6	4.5	6.2
1964	100	38.4	35.3	31.7	3.6	26.2	4.0	6.5
1965	100	37.9	35.1	31.8	3.2	27.0	4.5	6.9
1966	100	37.6	38.0	34.7	3.3	24.4	4.6	7.9
1967	100	40.3	34.0	30.7	3.3	25.8	4.1	8.7
1968	100	42.2	31.2	28.5	2.7	26.7	4.1	8.1
1969	100	38.0	35.6	32.3	3.3	26.5	4.4	8.4
1970	100	35.2	40.5	36.8	3.7	24.3	4.4	7.9
1971	100	34.1	42.2	38.2	4.0	23.8	4.5	7.3
1972	100	32.9	43.1	39.3	3.7	24.1	4.7	7.7
1973	100	33.4	43.1	39.4	3.7	23.5	4.6	7.8
1974	100	33.9	42.7	38.8	3.9	23.4	4.5	7.4

续表

年份	国内生产总值	第一产业	第二产业	工业	建筑业	第三产业	#交通运输仓储邮电通信业	#批发零售贸易餐饮业
1975	100	32.4	45.7	41.5	4.2	21.9	4.7	5.9
1976	100	32.8	45.4	40.9	4.5	21.7	4.7	5.0
1977	100	29.4	47.1	42.9	4.3	23.4	4.9	6.7
1978	100	28.1	48.2	44.3	3.8	23.7	4.8	7.3
1979	100	31.2	47.4	43.8	3.6	21.4	4.6	5.5
1980	100	30.1	48.5	44.2	4.3	21.4	4.5	4.7
1981	100	31.8	46.4	42.1	4.3	21.8	4.3	5.3
1982	100	33.3	45.0	40.8	4.2	21.7	4.5	3.8
1983	100	33.0	44.6	40.0	4.6	22.4	4.5	3.9
1984	100	32.0	43.3	38.9	4.4	24.7	4.6	5.8
1985	100	28.4	43.1	38.5	4.7	28.5	4.5	9.8
1986	100	27.1	44.0	38.9	5.2	28.9	4.7	9.2
1987	100	26.8	43.9	38.3	5.6	29.3	4.6	9.7
1988	100	25.7	44.1	38.7	5.4	30.2	4.4	10.8
1989	100	25.0	43.0	38.3	4.7	32.0	4.6	10.0
1990	100	27.1	41.6	37.0	4.6	31.3	6.2	7.7
1991	100	24.5	42.1	37.4	4.7	33.4	6.5	9.7
1992	100	21.8	43.9	38.6	5.3	34.3	6.3	10.3
1993	100	19.9	47.4	40.8	6.6	32.7	6.1	8.9
1994	100	20.2	47.9	41.4	6.4	31.9	5.7	8.7
1995	100	20.5	48.8	42.3	6.5	30.7	5.2	8.4
1996	100	20.4	49.5	42.8	6.7	30.1	5.1	8.2
1997	100	19.1	50.0	43.5	6.5	30.9	5.1	8.3
1998	100	18.6	49.3	42.6	6.7	32.1	5.3	8.4

续表

年份	国内生产总值	第一产业	第二产业	工业	建筑业	第三产业	#交通运输仓储邮电通信业	#批发零售贸易餐饮业
1999	100	17.6	49.4	42.8	6.6	33.0	5.4	8.4
2000	100	16.4	50.2	43.6	6.6	33.4	6.0	8.2
2001	100	15.8	50.1	43.5	6.6	34.1	6.1	8.1
2002	100	15.3	50.4	43.7	6.7	34.3	6.1	8.1
2003	100	14.6	52.2	45.3	6.9	33.2	5.7	7.9
2004	100	15.2	53.0	46.0	7.0	31.8		

资料来源:《新中国五十年统计资料汇编》和《中国统计年鉴》(2004),中国统计出版社;《人民日报》2005 年 3 月 1 日第 6 版。

附表3　全国国内生产总值指数

(本表按可比价计算)

上年=100

年份	国民总收入	国内生产总值	第一产业	第二产业	工业	建筑业	第三产业	#交通运输仓储邮电通信业	#批发零售贸易餐饮业	人均国内生产总值
1953	115.6	115.6	101.9	135.8	135.7	136.4	127.3	124.1	138.0	113.1
1954	104.2	104.2	101.7	115.7	119.3	96.7	99.4	110.8	101.8	101.8
1955	106.8	106.8	107.9	107.6	106.6	113.8	104.6	102.5	99.9	104.5
1956	115.0	115.0	104.7	134.5	128.6	170.0	114.1	121.8	108.5	112.7
1957	105.1	105.1	103.1	108.0	111.4	92.9	104.8	107.2	98.9	102.4
1958	121.3	121.3	100.4	152.9	153.4	150.0	117.9	146.7	103.6	118.3
1959	108.8	108.8	84.1	125.8	129.1	105.7	115.2	131.0	105.9	106.7
1960	99.7	99.7	83.6	105.6	106.1	101.4	104.8	110.4	91.2	99.5
1961	72.7	72.7	101.4	57.9	61.0	34.6	74.3	65.0	73.0	73.4
1962	94.4	94.4	104.5	89.2	86.7	123.8	90.8	81.1	96.0	93.6
1963	110.2	110.2	111.3	114.5	113.3	125.9	104.4	98.4	108.2	107.5
1964	118.3	118.3	112.9	125.6	125.6	125.6	115.5	105.4	113.2	115.5
1965	117.0	117.0	109.7	124.2	125.8	110.6	115.8	134.5	99.5	114.3
1966	110.7	110.7	107.2	122.4	123.8	109.4	98.2	110.3	120.4	107.7
1967	94.3	94.3	101.9	85.7	84.9	95.0	100.5	86.0	104.1	91.9
1968	95.9	95.9	98.4	90.8	91.8	81.1	100.6	97.7	90.7	93.4
1969	116.9	116.9	100.8	133.1	133.0	134.5	113.3	122.7	119.2	113.7
1970	119.4	119.4	107.7	134.8	135.2	130.4	107.1	116.8	109.4	116.1
1971	107.0	107.0	101.9	112.3	112.3	112.1	105.8	108.3	99.9	104.1
1972	103.8	103.8	99.1	106.7	107.6	97.9	105.0	109.6	108.8	101.2
1973	107.9	107.9	109.0	108.3	108.8	103.4	105.5	106.3	109.0	105.4
1974	102.3	102.3	104.1	101.4	101.0	106.2	101.6	100.3	98.0	100.2

续表

年份	国民总收入	国内生产总值	第一产业	第二产业	工业	建筑业	第三产业	#交通运输仓储邮电通信业	#批发零售贸易餐饮业	人均国内生产总值
1975	108.7	108.7	102.0	115.8	116.0	113.8	104.9	111.4	99.9	106.8
1976	98.4	98.4	98.2	97.5	96.9	104.3	100.4	98.4	96.3	96.9
1977	107.6	107.6	97.8	113.3	114.4	101.7	109.5	112.6	113.4	106.2
1978	111.7	111.7	104.1	115.0	116.4	99.4	113.7	108.9	123.1	110.2
1979	107.6	107.6	106.1	108.2	108.7	102.0	107.8	107.7	108.8	106.1
1980	107.8	107.8	98.5	113.6	112.7	126.7	105.9	105.7	98.7	106.5
1981	105.2	105.2	107.0	101.9	101.7	103.2	110.4	101.9	130.0	103.9
1982	109.3	109.1	111.5	105.6	105.8	103.4	113.0	111.7	103.9	107.5
1983	111.1	110.9	108.3	110.4	109.7	117.1	115.2	110.0	121.9	109.3
1984	115.3	115.2	112.9	114.5	114.9	110.9	119.4	115.0	121.5	113.7
1985	113.2	113.5	101.3	118.6	118.2	122.2	118.3	113.5	128.9	111.9
1986	108.5	108.8	103.3	110.2	109.6	115.9	112.1	112.8	110.6	107.2
1987	111.5	111.6	104.7	113.7	112.2	117.9	114.4	110.0	113.5	109.8
1988	111.3	111.3	102.5	114.5	115.3	108.0	113.2	113.3	114.3	109.5
1989	104.2	104.1	103.1	103.8	105.1	91.6	105.4	104.7	91.7	102.5
1990	104.2	103.8	107.3	103.2	103.4	101.2	102.3	108.6	95.2	102.3
1991	109.1	109.2	102.4	113.9	114.4	109.6	108.8	111.2	104.5	107.7
1992	114.1	114.2	104.7	121.2	121.2	121.0	112.4	110.5	113.1	112.8
1993	113.1	113.5	104.7	119.9	120.1	118.0	110.7	112.4	106.6	112.2
1994	112.6	112.6	104.0	118.4	118.9	113.7	109.6	109.5	107.7	111.4
1995	109.0	110.5	105.0	113.9	114.0	112.4	108.4	112.0	105.9	109.3
1996	109.8	109.6	105.1	112.1	112.5	108.5	107.9	111.4	105.4	108.4
1997	108.5	108.8	103.5	110.5	111.3	102.6	109.1	110.8	108.5	107.7

续表

年份	国民总收入	国内生产总值	第一产业	第二产业	工业	建筑业	第三产业	#交通运输仓储邮电通信业	#批发零售贸易餐饮业	人均国内生产总值
1998	107.8	107.8	103.5	108.9	108.9	109.0	108.3	110.6	107.7	106.8
1999	107.2	107.1	102.8	108.1	108.5	104.3	107.7	111.3	107.2	106.2
2000	108.4	108.0	102.4	109.4	109.8	105.7	108.1	111.5	108.2	107.1
2001	107.2	107.5	102.8	108.4	108.7	106.8	108.4	109.5	107.5	106.7
2002	108.9	108.3	102.9	109.8	110.0	108.8	108.7	107.9	108.1	107.6
2003	110.0	109.3	102.5	112.7	112.8	112.1	107.3	107.0	109.1	108.7
2004	—	109.5	106.3	111.1	111.5	108.1	108.3			

资料来源：《新中国五十年统计资料汇编》和《中国统计年鉴》(2004)，中国统计出版社；《人民日报》2005年3月1日第6版。

附表4　各种价格指数

上年 =100

年份	商品零售价格指数	居民消费价格指数	工业品出厂价格指数	原料、燃料动力购进价格指数	固定资产投资价格指数	农产品收购价格指数	农村工业品零售价格指数
1951	112.2	112.5				119.6	110.2
1952	99.6	102.7				101.7	99.5
1953	103.4	105.1				109.0	99.6
1954	102.3	101.4				103.2	101.9
1955	101.0	100.3				98.8	101.5
1956	100.0	99.9				103.0	99.0
1957	101.5	102.6				105.0	101.2
1958	100.2	98.9				102.2	99.4
1959	100.9	100.3				101.8	100.9
1960	103.1	102.5				103.5	102.8
1961	116.2	116.1				128.0	104.9
1962	103.8	103.8				99.4	104.5
1963	94.1	94.1				97.2	99.0
1964	96.3	96.3				97.5	98.1
1965	97.3	98.8				99.2	96.3
1966	99.7	98.8				104.2	97.1
1967	99.3	99.4				99.9	99.2
1968	100.1	100.1				99.8	99.7
1969	98.9	101.0				99.8	98.5
1970	99.8	100.0				100.1	99.8
1971	99.3	99.9				101.6	98.5
1972	99.8	100.2				101.4	99.5
1973	100.6	100.1				100.8	100.0
1974	100.5	100.7				100.8	100.0
1975	100.2	100.4				102.1	100.0
1976	100.3	102.3				100.5	100.1
1977	102.0	102.7				99.8	100.1
1978	100.7	100.7	100.1			103.9	100.0
1979	102.0	101.9	101.5			122.1	100.1
1980	106.0	107.5	100.5			107.1	100.8
1981	102.4	102.5	100.2			105.9	101.0
1982	101.9	102.0	99.8			102.2	101.6
1983	101.5	102.0	99.9			104.4	101.0
1984	102.8	102.7	101.4			104.0	103.1
1985	108.8	109.3	108.7	118.0	109.5	108.6	103.2

续表

年份	商品零售 价格指数	居民消费 价格指数	工业品出厂 价格指数	原料、燃料动力 购进价格指数	固定资产投资 价格指数	农产品收购 价格指数	农村工业品 零售价格指数
1986	106.0	106.5	103.8	109.5	110.0	106.4	103.2
1987	107.3	107.3	107.9	111.0	108.4	112.0	104.8
1988	118.5	118.8	115.0	120.2	113.8	123.0	115.2
1989	117.8	118.0	118.6	126.4	112.1	115.0	118.7
1990	102.1	103.1	104.1	105.6	111.0	97.4	104.6
1991	102.9	103.4	106.2	109.1	109.5	98.0	103.0
1992	105.4	106.4	106.8	111.0	115.3	103.4	103.1
1993	113.2	114.7	124.0	135.1	126.6	113.4	111.8
1994	121.7	124.1	119.5	118.2	110.4	139.9	117.2
1995	114.8	117.1	114.9	115.3	105.9	119.9	114.7
1996	106.1	108.3	102.9	103.9	104.0	104.2	106.2
1997	100.8	102.8	99.7	101.3	101.7	95.5	101.1
1998	97.4	99.2	95.9	95.8	99.8	92.0	97.8
1999	97.0	98.6	97.6	96.7	99.6	87.8	95.8
2000	98.5	100.4	102.8	105.1	101.1	96.4	99.1
2001	99.2	104.7	98.7	99.8	100.4		99.1
2002	98.7	99.2	97.8	97.7	100.2	99.7	100.5
2003	99.9	101.2	102.3	104.8	102.0	104.4	101.4
2004		103.9	107.1	112.0			

注：①1985 年以前为职工生活费用价格指数，1986~2004 年为居民消费价格指数。②1951~2000 年为农产品价格指数，2002 年以后为农产品生产价格指数。③1951~1998 年为农村工业品零售价格指数，1999~2003 年为农业生产资料价格指数。

资料来源：《中国统计年鉴》（有关各年），中国统计出版社；《中国物价年鉴》（有关各年），物价出版社；《人民日报》2005 年 3 月 1 日第 6 版。

附表 5　全国从业人员、职工人数和失业率

单位：万人

年份	从业人员	按城乡分		按三次产业分			职工人数	国有经济单位	城镇集体经济单位	其他经济单位	城镇登记失业人员	城镇登记失业率（%）
		城镇	乡村	第一产业	第二产业	第三产业						
1952	20729	2486	18243	17317	1531	1881	1603	1580	23		376.6	13.2
1953	21364	2754	18610	17747	1715	1902	1856	1826	30			
1954	21832	2744	19088	18151	1882	1799	2002	1881	121			
1955	22328	2802	19526	18592	1913	1823	2162	1908	254			
1956	23018	2993	20025	18544	2468	2006	2977	2423	554			
1957	23771	3205	20566	19309	2142	2320	3101	2451	650		200.4	5.9
1958	26600	5300	21300	15490	7076	4034	5194	4532	662			
1959	26173	5389	20784	16271	5402	4500	5275	4561	714			
1960	25880	6119	19761	17016	4112	4752	5969	5044	925			
1961	25590	5336	20254	19747	2856	2987	5171	1171	1000			
1962	25910	4537	21373	21276	2059	2575	4321	3309	1012			
1963	26640	4603	22037	21966	2038	2636	4372	3293	1079			
1964	27736	4828	22908	22801	2183	2752	4601	3465	1136			
1965	28670	5136	23534	23396	2408	2866	4965	3738	1227			
1966	29805	5354	24451	24297	2600	2908	5198	3934	1264			
1967	30814	5446	25368	25165	2661	2988	5305	4006	1299			
1968	31915	5630	26285	26063	2743	3109	5504	4170	1334			
1969	33225	5825	27400	27117	3030	3078	5714	4335	1379			
1970	34432	6312	28120	27811	3518	3103	6216	4792	1424			
1971	35620	6868	28752	28397	3990	3233	6787	5318	1469			
1972	35854	7200	28654	28283	4276	3295	7134	5610	1524			
1973	36652	7388	29264	28857	4492	3303	7337	5758	1579			
1974	37369	7687	29682	29318	4712	3339	7651	6007	1644			

续表

年份	从业人员	按城乡分		按三次产业分			职工人数	国有经济单位	城镇集体经济单位	其他经济单位	城镇登记失业人员	城镇登记失业率（%）
		城镇	乡村	第一产业	第二产业	第三产业						
1975	38168	8222	29946	29456	5152	3560	8198	6426	1772			
1976	38834	8692	30142	29443	5611	3780	8673	6860	1813			
1977	39377	9127	30250	29340	5831	4206	9112	7196	1916			
1978	40152	9514	30638	28318	6945	4889	9499	7451	2048		530.0	5.3
1979	41024	9999	31025	28634	7214	5176	9967	7693	2274		567.6	5.4
1980	42361	10525	31836	29122	7707	5532	10444	8019	2425		541.5	4.9
1981	43725	11053	32672	29777	8013	5935	10940	8372	2568		439.5	3.8
1982	45295	11428	33867	30859	8346	6090	11281	8630	2651		379.4	3.2
1983	46436	11746	34690	31151	8679	6606	11515	8771	2744		271.4	2.3
1984	48197	12229	35968	30868	9590	7739	11890	8637	3216	37	235.7	1.9
1985	49873	12808	37065	31130	10384	8359	12358	8990	3324	44	238.5	1.8
1986	51282	13292	37990	31254	11216	8812	12809	9333	3421	55	264.4	2.0
1987	52783	13783	39000	31663	11726	9394	13214	9654	3488	72	276.6	2.0
1988	54334	14267	40067	32249	12152	9933	13608	9984	3527	97	296.2	2.0
1989	55329	14390	40939	33225	11976	10128	13742	10108	3502	132	377.9	2.6
1990	63909	16616	47293	38428	13654	11827	14059	10346	3549	164	383.2	2.5
1991	64799	16977	47822	38685	13867	12247	14508	10664	3628	216	252.2	2.3
1992	65554	17241	48313	38349	14226	12979	14792	10889	3621	282	263.9	2.3
1993	66373	17589	48784	37434	14868	14071	14849	10920	3393	536	420.1	2.6
1994	67199	18413	48786	36489	15254	15456	14849	10890	3211	748	476.4	2.8
1995	67947	19093	48854	35468	15628	16851	14908	10955	3076	877	519.6	2.9
1996	68850	19815	49035	34769	16180	17901	14845	10949	2954	942	552.8	3.0
1997	69600	20207	49393	34730	16495	18375	14668	10766	2817	1085	576.8	3.1

续表

年份	从业人员	按城乡分		按三次产业分			职工人数	国有经济单位	城镇集体经济单位	其他经济单位	城镇登记失业人员	城镇登记失业率(%)
		城镇	乡村	第一产业	第二产业	第三产业						
1998	69957	20678	49279	34838	16440	18679	12337	8809	1900	1628	571.0	3.1
1999	71394	22412	48982	35768	16421	19205	11773	8572	1712	1483	575.0	3.1
2000	71085	23151	48934	36043	16219	19823	11259	8100	1499	1658	595.0	3.1
2001	73025	23940	49085	36513	16284	20228	10729	7640	1291	1798	681.0	3.6
2002	73740	24780	48960	36870	15780	21090	10558	7163	1122	2273	770.0	4.0
2003	74432	25639	48793	36542	16079	21809	10492	6621	951	2920	800.0	4.3
2004												4.2

资料来源：《新中国五十年统计资料汇编》和《中国统计年鉴》(2004)，中国统计出版社；《人民日报》2005年3月1日第6版。

附表6　国际收支　　　　　　　　　　　　　单位：百万美元

年份	经常项目差额	资本往来项目差额	误差与遗漏	储备资产增减额
1982	5674	338	279	−6291
1983	4240	−226	−266	3648
1984	2030	−1003	−932	−95
1985	−11417	8972	92	2353
1986	−7034	5943	−184	1275
1987	300	6002	−1450	−4852
1988	−3802	7132	−1094	−2236
1989	−4316	3720	−17	613
1990	11996	3256	−3126	−12127
1991	13272	220	597	−14089
1992	6402	−250	−8419	2267
1993	−11902	23472	−9803	−1767
1994	7658	32644	−9775	−30527
1995	1618	38674	−178.0	−22481
1996	7242	39967	−15559	−31651
1997	29717	22959	−16952	−35724
1998	29324	6321	−1283	−34362
1999	15667	7642	−14804	−8505
2000	20519	1922	−11893	−10548
2001	17405	34775	−4856	−47325
2002	35422	32291	7794	−75507
2003	45875	52726	18422	−117023
2004				

资料来源：《新中国五十年统计资料汇编》和《中国统计年鉴》（2004），中国统计出版社。

附表 7　全国居民消费水平

年份	居民消费水平（元）			居民消费水平指数（上年=100）			农村居民家庭恩格尔系数（%）	城镇居民家庭恩格尔系数（%）	城市人均建筑面积（平方米）	农村人均住房面积（平方米）
	全国居民	农村居民	城镇居民	全国居民	农村居民	城镇居民				
1952	80	65	154							
1953	91	72	188	107.5	102.8	115.1				
1954	92	73	191	100.6	101.2	100.7				
1955	99	80	198	106.8	108.7	103.7				
1956	104	81	212	105.0	101.3	107.0				
1957	108	82	222	102.7	102.0	102.4				
1958	111	86	212	101.6	102.5	95.8				
1959	104	70	224	91.7	80.8	100.8				
1960	111	73	236	94.7	95.5	89.4				
1961	124	87	248	93.7	101.3	87.2				
1962	126	93	248	103.7	106.9	102.8				
1963	124	94	240	109.4	107.5	116.3				
1964	127	99	253	105.6	105.8	111.3				
1965	133	104	259	109.8	110.0	109.3				
1966	139	111	262	103.1	104.1	101.6				
1967	143	115	268	103.3	104.2	102.4				
1968	139	111	266	96.8	95.9	99.1				
1969	142	113	272	102.7	103.0	102.9				
1970	147	119	281	104.0	104.8	103.5				
1971	150	121	287	101.3	101.2	102.2				
1972	155	121	315	102.8	99.7	109.4				
1973	162	128	325	104.7	105.4	103.3				
1974	163	128	334	99.9	99.1	102.2				
1975	167	130	349	102.2	101.5	103.9				
1976	171	131	365	102.1	100.7	104.6				
1977	175	130	390	101.3	99.8	103.7				
1978	184	138	405	104.1	104.3	103.3	67.7	57.5	6.7	8.1

续表

年份	居民消费水平（元）			居民消费水平指数（上年=100）			农村居民家庭恩格尔系数(%)	城镇居民家庭恩格尔系数(%)	城市人均建筑面积（平方米）	农村人均住房面积（平方米）
	全国居民	农村居民	城镇居民	全国居民	农村居民	城镇居民				
1979	207	158	434	106.5	106.1	105.2	64.0	57.2		
1980	236	178	496	108.7	108.8	106.3	61.8	56.9	7.2	9.4
1981	262	199	562	108.0	108.1	110.6	59.9	56.7		
1982	284	221	576	106.5	109.1	100.4	60.7	58.7		
1983	311	246	603	107.8	110.4	102.5	59.4	59.2		
1984	354	283	662	111.6	113.0	107.0	59.2	58.0		
1985	437	347	802	113.1	114.1	108.2	57.8	53.3	10.0	14.7
1986	485	376	920	104.4	102.5	107.3	56.4	52.4	12.4	15.3
1987	550	417	1089	105.6	104.3	108.7	55.8	53.5	12.7	16.0
1988	693	508	1431	107.4	106.0	108.9	54.0	51.4	13.0	16.6
1989	762	553	1568	99.5	99.2	98.4	54.8	54.4	13.5	17.2
1990	803	571	1686	103.4	100.3	107.5	58.8	54.2	13.7	17.8
1991	896	621	1925	108.3	106.7	109.3	57.6	53.8	14.2	18.5
1992	1070	718	2356	112.9	109.8	115.4	57.6	52.9	14.8	18.9
1993	1331	855	3027	108.1	106.1	108.9	58.1	50.1	15.2	20.7
1994	1746	1118	3891	104.3	104.6	101.7	58.9	49.9	15.7	20.2
1995	2236	1434	4874	107.5	108.2	104.6	58.6	49.9	16.3	21.0
1996	2641	1768	5430	109.1	114.0	102.5	56.3	48.8	17.0	21.7
1997	2834	1876	5796	104.2	103.3	103.5	55.1	46.6	17.8	22.5
1998	2972	1895	6182	105.5	102.0	107.7	58.4	44.7	18.7	23.3
1999	3138	1927	6796	107.9	104.7	111.3	52.6	42.1	19.4	24.2
2000	3397	2037	7402	109.1	104.9	113.1	49.1	39.4	20.3	24.8
2001	3609	2156	7761	106.1	104.4	107.5	47.7	38.2	20.8	25.7
2002	3791	2259	7972	106.1	103.9	107.9	46.2	37.7	22.8	26.5
2003	4058	2399	8265	106.0	105.2	102.6	45.6	37.1	23.7	27.2
2004							47.2	37.7		

资料来源：《新中国五十年统计资料汇编》和《中国统计年鉴》（2004），中国统计出版社；《人民日报》2005年3月1日第6版。

附表8 全社会固定资产投资

年份	全社会投资 (现价,亿元)	国有经济	集体经济	个体经济	其他经济	投资增长率 (%,可比价)	投资率 (%,现价)	投资 效果系数
1953	114.5					114.6	13.89	1.267
1954	128.4					12.9	14.94	0.273
1955	131.6					7.1	14.46	0.388
1956	201.1					53.3	19.56	0.587
1957	189.0					−1.9	17.70	0.212
1958	348.8					84.0	26.69	0.685
1959	460.0					21.7	31.97	0.287
1960	520.7					13.5	35.74	0.035
1961	195.1					−61.9	15.99	−1.215
1962	109.1					−47.9	9.50	−0.651
1963	145.8					27.5	11.83	0.576
1964	207.4					45.2	14.26	1.066
1965	271.1					35.2	15.80	0.966
1966	318.5					19.9	17.05	0.477
1967	234.7					−26.5	13.23	−0.405
1968	189.5					−16.4	11.00	−0.263
1969	308.7					66.7	15.93	0.696
1970	460.1					49.2	20.42	0.684
1971	521.6					12.3	21.50	0.333
1972	516.0					−2.3	20.49	0.178
1973	547.7					6.0	20.13	0.370
1974	579.0					5.5	20.75	0.119
1975	681.2					16.3	22.73	0.304
1976	654.9					−4.5	22.25	−0.082
1977	685.4					3.2	21.41	0.377
1978	835.9					21.4	23.07	0.505
1979	874.2					2.3	21.65	0.474
1980	910.9	745.9	46.0	119.0		1.2	20.16	0.527
1981	961.0	667.5	115.2	178.3		2.2	19.76	0.359
1982	1230.4	845.6	174.3	210.8		25.2	23.24	0.351
1983	1430.1	952.0	156.3	321.8		13.5	24.10	0.447
1984	1832.9	1185.2	238.7	409.0		23.2	25.56	0.675
1985	2543.2	1680.5	327.5	535.2		29.4	28.37	0.705
1986	3120.6	2079.4	391.8	649.4		15.3	30.59	0.397
1987	3791.7	2448.8	547.0	795.9		15.5	31.70	0.464
1988	4753.8	3020.0	711.7	1022.1		10.5	31.84	0.624

年份	全社会投资（现价，亿元）	国有经济	集体经济	个体经济	其他经济	投资增长率（%，可比价）	投资率（%，现价）	投资效果系数
1989	4410.4	2808.1	570.0	1032.3		−14.5	26.08	0.449
1990	4517.0	2986.3	529.5	1001.2		−2.9	24.38	0.359
1991	5594.5	3713.8	697.8	1182.9		13.1	25.88	0.552
1992	8080.1	5498.7	1359.4	1222.0		25.3	30.33	0.621
1993	13072.3	7925.9	2317.3	1476.2	1352.9	27.8	37.74	0.612
1994	17042.1	9615.0	2758.9	1970.6	2697.6	18.1	36.45	0.711
1995	20019.3	10898.2	3289.4	2560.2	3271.3	10.9	34.23	0.585
1996	22974.0	12006.2	3651.5	3211.2	4044.7	10.3	33.84	0.409
1997	24941.1	13091.7	3850.9	3429.4	4569.1	6.7	33.49	0.264
1998	28406.2	15369.3	4192.2	3744.4	5100.3	14.1	36.26	0.137
1999	29854.7	15947.8	4338.6	4195.7	5372.7	5.5	36.38	0.125
2000	32917.7	16504.4	4801.5	4709.4	6902.5	9.1	36.79	0.225
2001	37213.5	17607.0	5278.6	5429.6	8898.4	12.6	38.24	0.211
2002	43499.9	18877.4	5987.4	6519.2	12115.9	16.7	41.36	0.181
2003	55566.0	21661.0	8009.5	7720.1	18176.0	25.0	47.39	0.217
2004	70073.0					19.0	51.33	0.275

注：①1980年以前的全社会投资数是根据当年全民单位投资除以0.8折算的。②2004年投资价格指数为估计数，预计为6%。③投资率 = 固定资产投资额/GDP。④投资效果系数 = 当年GDP增量/当年固定资产投资额。

资料来源：《中国固定资产投资统计数典》（1950~2000）和《中国统计年鉴》（2004），中国统计出版社；《固定资产投资主要统计数据》（1978~2002），国家统计局投资司；《人民日报》2005年3月1日第6版。

附表 9　社会劳动生产率

年份	社会劳动生产率（可比价，元/人）	社会劳动生产率增长率（以上年为100）
1953	350.5	—
1954	374.6	106.8
1955	375.4	100.2
1956	418.8	111.5
1957	426.2	101.7
1958	462.0	108.3
1959	510.9	110.5
1960	515.1	100.8
1961	378.7	73.5
1962	353.1	93.2
1963	378.5	107.1
1964	430.1	113.6
1965	486.8	113.1
1966	518.3	106.4
1967	472.8	91.2
1968	437.8	92.5
1969	491.6	112.2
1970	566.4	115.2
1971	585.8	103.4
1972	604.1	103.1
1973	637.6	105.5
1974	639.8	100.3
1975	680.9	106.4
1976	658.5	96.7
1977	698.8	106.1
1978	771.1	110.3
1979	814.9	105.6
1980	850.9	104.4
1981	866.5	101.8
1982	915.2	105.6
1983	986.3	107.7
1984	1098.2	111.3
1985	1189.6	108.3
1986	1258.7	105.8
1987	1364.8	108.4
1988	1475.7	108.1
1989	1508.5	102.2

续表

年份	社会劳动生产率（可比价，元/人）	社会劳动生产率增长率（以上年为100）
1990	1355.6	89.8
1991	1460.0	107.7
1992	1648.1	112.8
1993	1847.5	112.0
1994	2054.7	111.2
1995	2245.5	110.5
1996	2428.8	109.6
1997	2607.6	108.8
1998	2776.6	107.8
1999	2942.2	107.1
2000	3147.1	108.0
2001	3333.4	107.3
2002	3565.2	108.0
2003	3860.5	108.3
2004	4182.3	108.3

注：2004年数字是作者依据有关数据估算的。

资料来源：《中国统计年鉴》（有关各年），中国统计出版社。

附表 10　全国财政收支总额及增长速度

年份	财政收入（亿元）	财政支出（亿元）	收支差额（亿元）	指数（上年 = 100）	
				财政收入	财政支出
1950	62.17	68.05	−5.88		
1951	124.96	122.07	2.89	201.0	179.4
1952	173.94	172.07	1.87	139.2	141.0
1953	213.24	219.21	−5.97	122.6	127.4
1954	245.17	244.11	1.06	115.0	111.4
1955	249.27	262.73	−13.46	101.7	107.6
1956	280.19	298.52	−18.33	112.4	113.6
1957	303.20	295.95	7.25	108.2	99.1
1958	379.62	400.36	−20.74	125.2	135.3
1959	487.12	543.17	−56.05	128.3	135.7
1960	572.29	643.68	−71.39	117.5	118.5
1961	356.06	356.09	−0.03	62.2	55.3
1962	313.55	294.88	18.67	88.1	82.8
1963	342.25	332.05	10.20	109.2	112.6
1964	399.54	393.79	5.75	116.7	118.6
1965	473.32	459.97	13.35	118.5	116.8
1966	558.71	537.65	21.06	118.0	116.9
1967	419.36	439.84	−20.48	75.1	81.8
1968	361.25	357.84	3.41	86.1	81.4
1969	526.76	525.86	0.90	145.8	147.0
1970	662.90	649.41	13.49	125.8	123.5
1971	744.73	732.17	12.56	112.3	112.7
1972	766.56	765.86	0.70	102.9	104.6
1973	809.67	808.78	0.89	105.6	105.6
1974	783.14	790.25	−7.11	96.7	97.7
1975	815.61	820.88	−5.27	104.1	103.9
1976	776.58	806.20	−29.62	95.2	98.2
1977	874.46	843.53	30.93	112.6	104.6
1978	1132.26	1122.09	10.17	129.5	133.0
1979	1146.38	1281.79	−135.41	101.2	114.2
1980	1159.93	1228.83	−68.90	101.2	95.9
1981	1175.79	1138.41	37.38	101.4	92.6
1982	1212.33	1229.98	−17.65	103.1	108.0
1983	1366.95	1409.52	−42.57	112.8	114.6
1984	1642.86	1701.02	−58.16	120.2	120.7
1985	2004.82	2004.25	0.57	122.0	117.8

年份	财政收入（亿元）	财政支出（亿元）	收支差额（亿元）	指数（上年=100）	
				财政收入	财政支出
1986	2122.01	2204.91	-82.90	105.8	110.0
1987	2199.35	2262.18	-62.83	103.6	102.6
1988	2357.24	2491.21	-133.97	107.2	110.1
1989	2664.90	2823.78	-158.88	113.1	113.3
1990	2937.10	3083.59	-146.49	110.2	109.2
1991	3149.48	3386.62	-237.14	107.2	109.8
1992	3483.37	3742.20	-253.83	110.6	110.5
1993	4348.95	4642.30	-293.35	124.8	124.1
1994	5218.10	5792.62	-574.52	120.0	124.8
1995	6242.20	6823.72	-581.52	119.6	117.8
1996	7407.99	7937.55	-529.56	118.7	116.3
1997	8651.14	9233.56	-582.42	116.8	116.3
1998	9875.95	10798.18	-922.23	114.2	116.9
1999	11444.10	13187.70	-1743.60	115.9	122.1
2000	13395.20	15886.50	-2491.30	117.0	120.5
2001	16386.00	18902.60	-2516.50	122.3	119.0
2002	18903.60	22053.20	-3149.50	115.4	116.7
2003	21715.25	24649.95	-2934.70	114.9	111.8
2004	26355.88	28360.79	-2004.91	121.4	115.1

注：①1985年及以前，价格补贴冲减财政收入，1985年以后改列财政支出。为统一口径，本表对1985年及以前数字做了调整。②本表不包括国内外债务部分。

资料来源：《新中国五十年统计资料汇编》和《中国统计年鉴》（2004），中国统计出版社；《经济日报》2005年3月7日第3版。

附表 11 全国金融机构信贷资金平衡表

(年末余额)   单位：亿元

年份	资金来源总计	各项存款	城乡储蓄存款	货币流通量	资金运用总计	各项贷款	外汇占款
1952	118.8	93.3	86.6	27.5	118.8	108.0	6.0
1953	144.7	107.6	12.2	39.4	144.7	134.6	5.3
1954	198.8	152.5	14.3	41.2	198.8	184.6	9.4
1955	218.7	141.7	16.9	40.3	218.7	204.2	9.7
1956	242.2	134.1	22.4	57.3	242.2	233.9	3.5
1957	285.6	165.5	27.9	52.8	285.6	277.5	3.3
1958	485.2	295.3	35.1	67.8	485.2	477.7	2.7
1959	799.7	398.7	47.3	75.1	799.7	798.1	−2.2
1960	960.2	459.8	51.1	95.9	960.7	969.2	−12.3
1961	797.1	488.7	39.2	125.7	797.1	803.5	−10.2
1962	680.0	409.6	31.4	106.5	680.0	682.1	−5.9
1963	574.2	414.0	35.6	89.9	574.2	568.0	2.4
1964	593.6	439.5	44.8	80.0	593.6	578.9	10.9
1965	662.2	481.0	52.3	90.8	662.2	647.4	10.0
1966	770.5	553.6	57.7	108.5	770.5	755.9	9.8
1967	810.6	575.1	59.8	121.9	810.6	796.6	9.2
1968	905.0	625.1	62.3	134.1	905.0	890.3	8.0
1969	968.5	641.7	61.0	137.1	968.5	945.5	16.3
1970	1046.6	704.3	64.5	123.6	1046.6	1033.4	6.5
1971	1127.4	767.6	73.3	136.2	1127.4	1113.9	4.9
1972	1162.9	776.3	85.1	151.2	1162.9	1145.6	8.7
1973	1283.5	865.0	94.1	166.1	1283.5	1269.0	5.9
1974	1375.9	897.5	105.8	176.6	1375.9	1353.5	10.2
1975	1484.7	975.1	114.6	182.6	1484.7	1462.7	9.8
1976	1566.3	978.5	122.2	204.0	1566.3	1541.8	12.3
1977	1699.3	1063.8	135.1	195.4	1699.3	1663.3	23.8
1978	1876.5	1134.5	154.9	212.0	1876.5	1850.0	14.3
1979	2162.6	1339.1	202.6	267.7	2162.6	2039.6	20.6
1980	2624.3	1661.2	282.5	346.2	2624.3	2414.3	−8.4
1981	3170.7	2027.4	354.2	396.3	3170.8	2860.2	89.7
1982	3618.4	2369.9	447.3	439.1	3618.4	3180.6	217.7
1983	4124.9	2788.6	572.6	529.8	4124.9	3589.9	266.1
1984	5370.3	3583.9	776.6	792.1	5370.3	4766.1	263.6
1985	6374.5	4264.9	1057.8	987.8	6374.5	5905.6	93.1
1986	8111.4	5354.7	1471.5	1218.4	8111.4	7590.8	38.1

续表

年份	资金来源总计	各项存款	城乡储蓄存款	货币流通量	资金运用总计	各项贷款	外汇占款
1987	9870.4	6517.0	2067.6	1454.5	9871.2	9032.5	132.1
1988	11485.3	7425.8	2659.2	2134.0	11485.3	10551.3	158.4
1989	15529.7	10786.2	5196.4	2344.0	15529.7	14360.1	264.5
1990	19377.0	14012.6	7119.8	2644.4	19377.0	17680.7	599.4
1991	23973.0	18079.0	9241.6	3177.8	23973.0	21337.8	1228.1
1992	29106.6	23468.0	11758.0	4336.0	29106.6	26322.9	1102.0
1993	37056.4	29627.0	15203.5	5864.7	37056.4	32943.1	1431.8
1994	49558.4	40502.5	21518.8	7288.6	49558.4	39976.0	4503.9
1995	64221.7	53882.1	29662.3	7885.3	64221.7	50544.1	6774.5
1996	79033.7	68595.6	38520.8	8802.0	79033.7	61156.6	9578.7
1997	95008.1	82390.3	46279.8	10177.6	95008.1	74914.1	13467.8
1998	110420.5	95697.9	53407.5	11204.2	110420.5	86524.1	13728.3
1999	123230.6	108778.9	59621.8	13455.5	123320.0	93734.3	14792.4
2000	135483.7	125804.4	64332.4	14652.7	135483.7	99371.1	14291.1
2001	154876.1	143617.2	73762.4	15688.8	154876.1	112314.7	17856.4
2002	184024.5	170917.4	86910.7	17278.0	184024.5	131293.9	23223.3
2003	225313.3	208055.6	103617.7	19746.0	225313.3	158996.2	34846.9
2004		253000.0	253000.0	21000.0		189000.0	

注：①金融机构包括人民银行、政策性银行、国有独资商业银行、邮政储蓄机构、其他商业银行、城市合作银行、农村信用社、城市信用社、信托投资公司、租赁公司、财务公司。②1989年以前为国家银行数字，1989年起为金融机构数字。

资料来源：《新中国五十年统计资料汇编》和《中国统计年鉴》（有关各年），中国统计出版社；《人民日报》2005年3月1日第6版。

附表 12　全国农林牧渔业总产值构成和指数

年份	农林牧渔业总产值（亿元）					构成（总产值=100）				农林牧渔业总产值指数（上年=100）				
	总产值	农业	林业	牧业	渔业	农业	林业	牧业	渔业	总产值	农业	林业	牧业	渔业
1949	326													
1950	384													
1951	420													
1952	461	395.95	7.28	51.72	6.05	85.9	1.6	11.2	1.3	102.4	100.7	103.4	112.1	107.7
1953	510									103.3	102.9	113.3	105.8	114.3
1954	535									108.4	110.9	135.3	90.7	131.3
1955	575									106.4	105.5	191.3	106.6	81.0
1956	610									105.6	102.9	105.7	125.7	170.6
1957	537	443.93	17.51	65.41	10.15	82.7	3.3	12.2	1.9	102.5	102.6	150.5	94.3	175.9
1958	566									86.4	85.4	108.6	64.1	176.5
1959	497									87.4	87.8	91.4	59.7	126.7
1960	457									97.6	98.8	50.4	128.1	68.4
1961	559									106.2	103.3	104.3	139.5	98.7
1962	584	494.65	13.02	63.77	12.56	84.7	2.2	10.9	2.2	111.6	107.5	126.0	143.6	114.3
1963	642									113.5	113.4	113.0	118.8	104.5
1964	720									108.1	111.2	115.4	109.0	109.8
1965	833	684.31	22.32	111.54	14.83	82.2	2.7	13.4	1.8	108.7	105.9	104.2	109.8	105.0
1966	910									101.6	101.9	104.0	100.8	99.1
1967	924									97.4	97.1	103.8	97.5	92.4
1968	928									101.2	100.2	103.7	98.9	110.3
1969	948									111.6	117.0	114.3	105.0	101.9
1970	1021	838.44	28.59	136.61	17.36	82.1	2.8	13.4	1.7	103.0	96.6	101.3	108.0	109.2
1971	1068													

续表

年份	农林牧渔业总产值（亿元）					构成（总产值=100）				农林牧渔业总产值指数（上年=100）				
	总产值	农业	林业	牧业	渔业	农业	林业	牧业	渔业	总产值	农业	林业	牧业	渔业
1972	1075									99.8	97.3	109.0	103.5	109.2
1973	1173									108.4	109.5	109.6	102.4	102.4
1974	1215									104.2	103.8	109.3	101.3	108.8
1975	1260	1020.46	39.18	178.44	21.92	81.0	3.1	14.2	1.7	104.6	102.8	102.2	103.5	103.2
1976	1258									102.5	98.1	115.6	102.2	101.0
1977	1253									101.7	99.0	98.1	100.3	105.2
1978	1397.00	1117.50	48.06	209.37	22.07	80.0	3.4	15.0	1.6	94.9	109.8	105.5	104.9	100.0
1979	1697.60	1325.30	60.70	285.60	26.00	78.1	3.6	16.8	1.5	107.6	106.7	101.3	114.6	96.6
1980	1922.00	1454.14	81.38	353.63	32.85	75.7	4.2	18.4	1.7	101.4	99.7	112.2	107.0	107.6
1981	2080.62	1635.87	98.89	302.17	43.69	78.6	4.8	14.5	2.1	106.5	106.8	104.1	105.9	104.4
1982	2483.26	1865.30	110.04	456.70	51.22	75.1	4.4	18.4	2.1	111.3	110.9	108.5	113.4	112.3
1983	2750.00	2074.47	127.20	485.11	63.22	75.4	4.6	17.6	2.3	107.8	108.5	110.2	103.9	108.6
1984	3214.13	2380.15	161.61	587.32	85.05	74.1	5.0	18.3	2.6	112.3	111.5	119.0	113.4	117.6
1985	3619.49	2506.39	188.68	798.31	126.11	69.2	5.2	22.1	3.5	103.4	99.8	104.5	117.2	118.9
1986	4013.01	2771.75	201.19	875.71	164.36	69.1	5.0	21.8	4.1	103.4	102.7	96.4	105.6	120.6
1987	4675.70	3160.49	221.98	1068.37	224.86	67.6	4.7	22.8	4.8	105.8	106.4	99.7	103.2	118.1
1988	5865.27	3666.89	275.30	1600.61	322.47	62.5	4.7	27.3	5.5	103.9	101.3	102.3	112.6	111.6
1989	6534.73	4100.58	284.92	1800.38	348.85	62.8	4.4	27.6	5.3	103.1	102.5	100.4	105.5	107.2
1990	7662.09	4954.26	330.27	1967.00	410.56	64.7	4.3	25.7	5.4	107.6	108.0	103.1	107.0	110.0
1991	8157.03	5146.43	367.90	2159.22	483.48	63.1	4.5	26.5	5.9	103.7	101.0	108.0	108.8	107.6
1992	9084.71	5588.02	422.61	2460.52	613.56	61.5	4.7	27.1	6.8	106.2	104.2	107.7	108.8	115.3
1993	10995.53	6605.14	494.00	3014.40	881.99	60.1	4.5	27.4	8.0	108.0	105.2	108.0	110.8	118.3
1994	15750.47	9169.22	611.07	4671.99	1298.19	58.2	3.9	29.7	8.2	108.6	103.2	108.9	116.7	120.0

续表

年份	农林牧渔业总产值（亿元）					构成（总产值＝100）				农林牧渔业总产值指数（上年＝100）				
	总产值	农业	林业	牧业	渔业	农业	林业	牧业	渔业	总产值	农业	林业	牧业	渔业
1995	20340.86	11884.63	709.94	6044.98	1701.31	58.4	3.5	29.7	8.4	110.9	107.9	105.0	114.8	119.4
1996	22358.16	13539.75	778.01	6019.97	2020.43	60.6	3.5	26.9	9.0	109.4	107.8	105.7	111.4	114.0
1997	23764.01	13852.54	817.76	6811.01	2282.70	58.3	3.4	28.7	9.6	106.6	104.5	103.3	109.5	111.5
1998	24516.67	14241.88	851.26	7000.65	2422.88	58.1	3.5	28.6	9.9	106.0	104.9	102.9	107.4	108.8
1999	24519.10	14106.20	886.30	6997.60	2529.00	57.5	3.6	28.5	10.4	104.6	104.3	103.2	104.6	107.2
2000	24915.80	13873.60	936.50	7393.10	2712.60	55.7	3.7	29.6	11.0	103.6	101.4	105.4	104.6	106.5
2001	26179.60	14462.80	938.80	7963.10	2815.00	55.2	3.6	30.4	10.8	104.2	103.5	100.3	106.3	103.9
2002	27390.80	14931.50	1033.50	8454.60	2971.10	54.5	3.7	30.8	11.0	104.9	103.9	103.9	106.0	106.1
2003	29691.80	14870.10	1239.90	9538.80	3137.60	50.1	4.1	32.1	13.7	103.9	100.5	106.9	107.3	105.3
2004														

资料来源：《新中国五十年统计资料汇编》和《中国统计年鉴》（2004），中国统计出版社。

附表 13　全国工业企业单位数和工业总产值

年份	工业企业单位数（万个）			工业总产值（亿元）			工业总产值构成（总计=100）		工业总产值指数（上年=100）		
		#国有工业	#集体工业		#国有工业	#集体工业	#国有工业	#集体工业		#国有工业	#集体工业
1949				140.0	36.8	0.7	26.3	0.5	100.0	100.0	100.0
1950				191.0	62.4	1.5	32.7	0.8	136.4	169.8	214.3
1951				264.0	91.0	3.4	34.5	1.3	137.8	145.3	226.7
1952				349.0	145.0	11.4	41.5	3.3	130.3	157.1	329.4
1953				450.0	193.7	17.4	43.0	3.9	130.2	134.9	154.5
1954				515.0	242.7	27.5	47.1	5.3	116.3	127.3	160.1
1955				534.0	273.9	40.5	51.3	7.6	105.6	114.9	150.2
1956				642.0	350.2	109.6	54.5	17.1	128.2	136.4	288.7
1957	16.95	4.96	11.99	704.0	378.5	134.0	53.8	19.0	111.4	109.8	124.2
1958	26.30	11.90	14.40	1083.0	965.7	117.3	89.2	10.8	154.8	260.1	85.8
1959	31.84	9.88	21.96	1483.0	1313.2	169.8	88.6	11.4	136.2	135.2	144.0
1960	25.40	9.60	15.80	1637.0	1483.1	153.9	90.6	9.4	111.2	113.8	91.3
1961	21.71	7.06	14.65	1062.0	940.0	122.0	88.5	11.5	61.8	60.4	75.5
1962	19.74	5.30	14.44	920.0	807.8	112.2	87.8	12.2	83.4	82.7	88.6
1963	17.02	4.73	12.29	993.0	887.1	106.0	89.3	10.7	108.5	110.3	94.9
1964	16.11	4.51	11.60	1164.0	1042.3	121.8	89.5	10.5	119.7	119.9	117.3
1965	15.77	4.59	11.18	1402.0	1262.8	139.2	90.1	9.9	126.4	127.1	119.9
1966				1624.0	1464.5	159.5	90.2	9.8	121.0	121.1	119.7
1967				1382.0	1222.5	159.5	88.5	11.5	86.2	84.6	101.3
1968				1285.0	1136.2	148.8	88.4	11.6	95.0	94.9	95.2
1969				1665.0	1477.0	188.0	88.7	11.3	134.3	134.7	130.9
1970	19.51	5.74	13.77	2117.0	1854.7	262.3	87.6	12.4	132.6	131.0	145.6
1971	21.04	6.42	14.62	2414.0	2073.9	340.1	85.9	14.1	114.7	114.0	119.3

续表

年份	工业企业单位数（万个）			工业总产值（亿元）			工业总产值构成（总计=100）		工业总产值指数（上年=100）		
		#国有工业	#集体工业		#国有工业	#集体工业	#国有工业	#集体工业		#国有工业	#集体工业
1972	21.96	6.80	15.16	2565.0	2177.2	387.8	84.9	15.1	106.9	105.6	114.7
1973	23.08	6.94	16.14	2794.0	2347.5	446.5	84.0	16.0	109.5	108.4	115.7
1974	24.11	7.16	16.95	2792.0	2300.9	491.1	82.4	17.6	100.6	98.7	110.8
1975	26.29	7.50	18.79	3207.0	2600.6	606.4	81.1	18.9	115.5	113.7	123.9
1976	29.36	7.83	21.53	3278.0	2567.7	710.3	78.3	21.7	102.4	98.9	117.7
1977	32.27	8.21	24.06	3725.0	2869.4	855.6	77.0	23.0	114.6	112.7	121.5
1978	34.84	8.37	26.47	4237.0	3289.2	947.8	77.6	22.4	113.6	114.4	110.6
1979	35.50	8.38	27.12	4681.3	3673.6	1007.7	78.5	21.5	108.8	108.9	108.6
1980	44.63	8.34	29.35	5154.3	3915.6	1213.4	76.0	23.5	109.3	105.6	119.2
1981	49.45	8.42	29.68	5399.8	4037.1	1329.4	74.8	24.6	104.3	102.5	109.0
1982	56.66	8.60	30.19	5811.2	4326.0	1442.4	74.4	24.8	107.8	107.1	109.5
1983	71.25	8.71	30.46	6460.4	4739.4	1663.1	73.4	25.7	111.2	109.4	115.5
1984	86.92	8.41	35.21	7617.3	5262.7	2263.1	69.1	29.7	116.3	108.9	134.9
1985	518.53	9.37	174.21	9716.5	6302.1	3117.2	64.9	32.1	121.4	112.9	132.7
1986	670.67	9.68	182.30	11194.3	6971.1	3751.5	62.3	33.5	111.7	106.2	118.0
1987	747.41	9.76	181.93	13813.0	8250.1	4781.7	59.7	34.6	117.7	111.3	123.2
1988	810.56	9.91	185.30	18224.6	10351.3	6587.5	56.8	36.1	120.8	112.6	128.2
1989	798.07	10.23	174.70	22017.1	12342.9	7858.1	56.1	35.7	108.5	103.9	110.5
1990	795.78	10.44	166.85	23924.4	13063.8	8522.7	54.6	35.6	107.8	103.0	109.0
1991	807.96	10.47	157.72	26625.0	14955.0	8783.0	56.2	33.0	114.8	108.6	118.4
1992	861.21	10.33	164.06	34599.0	17824.0	12135.0	51.5	35.1	124.7	112.4	133.3
1993	991.16	10.47	180.36	48402.0	27725.0	16464.0	57.3	34.0	127.3	105.7	135.0
1994	1001.71	10.22	186.30	70176.0	26201.0	26472.0	37.3	37.7	124.2	106.5	124.9

续表

年份	工业企业单位数（万个）		工业总产值（亿元）			工业总产值构成（总计=100）		工业总产值指数（上一年=100）		
	#国有工业	#集体工业		#国有工业	#集体工业	#国有工业	#集体工业		#国有工业	#集体工业
1995	11.80	147.50	91894.0	31220.0	33623.0	34.0	36.6	120.3	108.2	115.2
1996	11.38	159.18	99595.4	36173.0	39232.2	36.3	39.4	116.6	105.1	120.9
1997	9.86	177.23	113733.0	35988.0	43347.2	31.6	38.1	113.1	101.0	110.2
1998	6.47	179.78	119048.2	33621.0	45730.0	28.2	38.4	110.8	100.1	109.1
1999	6.13	4.25	72707.0	35571.1	12414.1	48.9	17.1	112.5	108.7	101.3
2000	5.34	3.78	85673.6	40554.3	11907.9	47.3	13.8	116.8	109.6	96.0
2001	4.67	3.10	95448.9	42408.4	10052.4	44.4	10.5	114.6	107.8	83.8
2002	4.11	2.74	110776.4	45178.9	9618.9	40.7	8.6	118.2	108.1	94.1
2003	3.42	22.40	142271.2	53407.4	9458.4	37.5	6.6	125.5	114.1	96.7
2004										

注：①从1985年起企业单位数和工业总产值包括村及村以下工业。②1996及以后年份国有工业为国有及国有控股企业。③从1999年起为全部国有及规模以上非国有企业。

资料来源：《新中国五十年统计资料汇编》和《中国统计年鉴》（2004），中国统计出版社。

附表 14　全国轻、重工业总产值及比重

年份	绝对数（亿元）		构成（%）		指数（上年=100）	
	轻工业	重工业	轻工业	重工业	轻工业	重工业
1949	103	37	73.6	26.4	100.0	100.0
1950	135	56	70.7	29.3	130.1	154.1
1951	179	85	67.8	32.2	133.6	149.1
1952	225	124	64.5	35.5	123.5	143.5
1953	282	168	62.7	37.3	126.7	136.9
1954	317	198	61.6	38.4	114.3	119.8
1955	316	218	59.2	40.8	100.0	114.5
1956	370	272	57.6	42.4	119.7	139.7
1957	387	317	55.0	45.0	105.7	118.4
1958	503	580	46.5	53.5	133.7	178.8
1959	616	867	41.5	58.5	122.0	148.1
1960	547	1090	33.4	66.6	90.2	125.9
1961	451	611	42.5	57.5	78.4	53.5
1962	434	486	47.2	52.8	91.6	77.4
1963	445	548	44.8	45.2	102.3	113.8
1964	516	648	44.3	55.7	117.8	121.0
1965	723	679	51.6	48.4	147.7	110.2
1966	796	828	49.0	51.0	114.5	127.5
1967	733	649	53.0	47.0	92.9	80.0
1968	690	595	53.7	46.3	95.2	94.9
1969	837	828	50.3	49.7	125.0	144.1
1970	976	1141	46.2	53.8	119.9	144.2
1971	1037	1377	43.0	57.0	106.4	121.1
1972	1100	1465	42.9	57.1	106.5	107.1
1973	1212	1582	43.4	56.6	110.5	108.7
1974	1241	1551	44.4	55.6	103.1	98.8
1975	1413	1794	44.1	55.9	113.2	117.2
1976	1448	1830	44.2	55.8	103.6	101.6
1977	1638	2087	44.0	56.0	114.5	114.7
1978	1826	2411	43.1	56.9	110.9	115.6
1979	2045	2636	43.7	56.3	110.0	108.0
1980	2430	2724	47.2	52.8	118.9	101.9
1981	2781	2619	51.5	48.5	114.3	95.5
1982	2919	2892	50.2	49.8	105.8	109.9
1983	3135	3326	48.5	51.5	109.3	113.1
1984	3608	4009	47.4	52.6	116.1	116.5

续表

年份	绝对数（亿元）		构成（%）		指数（上年=100）	
	轻工业	重工业	轻工业	重工业	轻工业	重工业
1985	4575	5141	47.1	52.9	122.7	120.2
1986	5330	5864	47.6	52.4	113.1	110.2
1987	6656	7157	48.2	51.8	118.6	116.7
1988	8979	9245	49.3	50.7	122.1	119.4
1989	10761	11256	48.9	51.1	108.2	108.9
1990	11813	12111	49.4	50.6	109.2	106.2
1991	12887	13738	48.4	51.6	115.0	114.5
1992	16123	18476	46.6	53.4	120.0	129.0
1993	22507	25895	46.5	53.5	127.0	127.5
1994	32491	37685	46.3	53.7	123.6	124.6
1995	43466	48428	47.3	52.7	122.9	118.0
1996	47932	51663	48.1	51.9	124.0	112.7
1997	55701	58032	49.0	51.0	114.5	111.7
1998	58673	60375	49.3	50.7	111.8	109.7
1999	30515	42192	41.9	48.1	111.2	113.5
2000	34094	51579	39.8	60.2	113.0	120.0
2001	37637	57812	39.4	60.6	124.3	116.2
2002	43356	67421	39.1	60.9	117.0	119.1
2003	50498	91774	35.5	64.5	114.8	133.4
2004						

注：从1999年起为国有及规模以上非国有企业。

资料来源：《新中国五十年统计资料汇编》和《中国统计年鉴》（2004），中国统计出版社。

附表 15 重工业产值中采掘、原材料和制造业产值及比重

年份	重工业产值（亿元）	其中			比重（%）		
		采掘工业	原材料工业	制造工业	采掘工业	原材料工业	制造工业
1952	122.2	18.7	52.3	51.2	15.3	42.8	41.9
1957	330.0	48.2	131.0	150.8	14.6	39.7	45.7
1958	590.0	88.5	209.5	292.1	15.0	35.5	49.5
1959	874.0	117.1	315.5	441.4	13.4	36.1	50.5
1960	1100.0	136.4	376.2	587.4	12.4	34.2	53.4
1961	588.0	80.6	231.7	275.8	13.7	39.4	46.9
1962	454.8	64.6	187.8	202.4	14.2	41.3	44.5
1963	517.6	67.3	209.6	240.7	13.0	40.5	46.5
1964	626.9	72.1	256.4	298.4	11.5	40.9	47.6
1965	691.1	76.7	274.4	340.0	11.1	39.7	49.2
1966	881.2	98.7	337.5	445.0	11.2	38.3	50.5
1967	705.6	81.8	267.4	356.3	11.6	37.9	50.5
1968	668.8	79.6	241.4	347.8	11.9	36.1	52.0
1969	963.5	102.1	342.0	519.3	10.6	35.5	53.9
1970	1369.4	116.4	520.4	732.6	8.5	38.0	53.5
1971	1366.7	161.3	535.7	669.7	11.8	39.2	49.0
1972	1461.0	175.3	545.0	740.7	12.0	37.3	50.7
1973	1588.1	182.6	593.9	811.5	11.5	37.4	51.1
1974	1562.9	187.5	565.8	809.6	12.0	36.2	51.8
1975	1826.2	221.0	641.0	964.2	12.1	35.1	52.8
1976	1835.8	225.8	640.7	969.3	12.1	35.1	52.8
1977	2098.6	258.1	728.2	1112.3	12.3	34.7	53.0
1978	2425.0	292.2	860.8	1272.1	12.0	35.5	52.5
1979	2611.1	299.1	964.3	1347.7	11.5	36.9	51.6
1980	2648.8	298.8	1001.6	1348.4	11.3	37.8	50.9
1981	2514.8	381.5	1020.7	1112.6	15.2	40.6	44.2
1982	2762.6	394.7	1086.7	1281.2	14.3	39.3	46.4
1983	3104.7	407.4	1187.3	1510.0	13.1	38.2	48.6
1984	3545.7	450.6	1292.1	1803.0	12.7	36.4	50.9
1985	4211.7	482.8	1482.3	2246.6	11.5	35.2	53.3
1986	4528.5	510.8	1624.3	2393.4	11.3	35.9	52.9
1987	5185.1	536.1	1837.6	2811.4	10.3	35.4	54.2
1988	6033.6	574.3	2040.8	3418.5	9.5	33.8	56.7
1989	6475.2	613.7	2187.4	3674.1	9.5	33.8	56.7
1990	6787.5	644.2	2326.2	3817.1	9.5	34.3	56.2
1991	12105.4	1395.4	4632.8	6077.2	11.5	38.3	50.2

续表

年份	重工业产值（亿元）	其中			比重（%）		
		采掘工业	原材料工业	制造工业	采掘工业	原材料工业	制造工业
1992	14975.2	1488.2	5452.2	8034.7	9.9	36.4	53.7
1993	24339.2	2525.6	10358.3	11455.3	10.4	42.6	47.1
1994	22421.2	1914.7	7377.8	13128.7	8.5	32.9	58.6
1995	25605.3	2016.6	8322.5	15266.2	7.9	32.5	59.6
1996	28131.9	2376.5	8889.4	16866.0	8.4	31.6	60.0
1997	31342.0	2628.3	9529.5	19184.2	8.4	30.4	61.2
1998	38655.3	4045.1	15120.1	19490.1	10.5	39.1	50.4
1999	42192.1	4239.0	16640.1	21312.9	10.0	39.4	50.6
2000	51579.1	5398.7	20889.1	25291.8	10.4	40.4	49.2
2001	57812.0	5338.6	23346.7	29126.6	9.3	40.3	50.4
2002	67920.7	5876.5	26155.6	35388.5	8.7	38.5	52.5
2003							
2004							

注：1952~1997 年为乡及乡以上企业，按不变价算；从 1998 年起为国有及规模以上非国有企业，按高年价算。

资料来源：《国民经济统计提要》（1949~1978）和《中国统计年鉴》（有关各年），中国统计出版社。

附表 16　轻工业产值中以农产品和非农产品为原料的工业产值及比重

年份	轻工业总产值 （亿元）	以农产品为 原料的产值 （亿元）	以非农产品为 原料的产值 （亿元）	以农产品为原料 比重（%）	以非农产品为原料 比重（%）
1952					
1957	221.1	193.5	27.6	87.5	12.5
1958	374.0	311.2	62.8	83.2	16.8
1959	500.0	407.5	92.5	81.5	18.5
1960	610.0	480.7	129.3	78.8	21.2
1961	550.0	407.0	143.0	74.0	26.0
1962	431.1	318.2	112.9	73.8	26.2
1963	395.4	289.4	106.0	73.2	26.8
1964	404.4	298.9	105.5	73.9	26.1
1965	476.3	357.7	118.6	75.1	24.9
1966	702.8	503.9	198.9	71.7	28.3
1967	804.9	544.9	260.0	67.7	32.3
1968	747.9	511.6	236.3	68.4	31.6
1969	711.5	490.2	221.3	68.9	31.1
1970	890.0	605.2	284.8	68.0	32.0
1971	1051.4	736.0	315.4	70.0	30.0
1972	1119.0	783.3	335.7	70.0	30.0
1973	1086.4	780.0	306.4	71.8	28.2
1974	1200.6	859.6	341.0	71.6	28.4
1975	1233.4	869.5	363.9	70.5	29.5
1976	1392.6	976.2	416.4	70.1	29.9
1977	1426.4	987.1	439.3	69.2	30.8
1978	1629.7	1116.3	513.4	68.5	31.5
1979	1805.7	1235.9	569.8	68.4	31.6
1980	1979.6	1372.5	607.1	69.3	30.7
1981	2342.8	1603.5	739.3	68.4	31.6
1982	2661.0	1818.4	842.6	68.3	31.7
1983	2811.5	1968.5	843.0	70.0	30.0
1984	3052.2	2117.0	935.2	69.4	30.6
1985	3469.4	2356.5	1112.9	67.9	32.1
1986	4049.3	2783.3	1266.0	68.7	31.3
1987	4450.4	2999.9	1450.5	67.4	32.6
1988	5122.1	3425.9	1696.2	66.9	33.1
1989	6093.5	3958.7	2134.8	65.0	35.0
1990	6469.7	4189.5	2280.2	64.8	35.2

续表

年份	轻工业总产值（亿元）	以农产品为原料的产值（亿元）	以非农产品为原料的产值（亿元）	以农产品为原料比重（%）	以非农产品为原料比重（%）
1991	6959.5	4485.7	2473.8	64.5	35.5
1992	11296.1	7723.4	3572.7	68.4	31.6
1993	13505.6	9078.4	4427.2	67.2	32.8
1994	16683.5	11106.5	5577.0	66.6	33.4
1995	20248.0	13234.6	7013.4	65.4	34.6
1996	22736.7	14687.8	8048.9	64.6	35.4
1997	24270.2	15163.4	9106.8	62.5	37.5
1998	27169.4	16641.2	10728.2	60.5	39.5
1999	29081.8	18399.4	10682.4	63.3	36.7
2000	30514.9	18931.1	11583.9	62.1	37.9
2001	34094.5	21069.8	13024.6	61.8	38.2
2002	37636.9	23604.8	14032.3	62.8	37.2
2003	43355.7	27141.0	16214.7	62.7	37.3
2004					

注：1952~1997 年为乡及乡以上的企业，按不变价算；从 1998 年起，为国有及规模以上的非国有企业，指当年价算。

资料来源：《国民经济统计提要（1949~1978）》和《中国统计年鉴》（有关各年），中国统计出版社。

附表17 工业中大、中、小型企业产值及比重

年份	绝对额（亿元）				比重（%）		
	全部工业	大型企业	中型企业	小型企业	大型企业	中型企业	小型企业
1980	4702.5	1604.0	1022.6	2075.9	34.1	21.7	44.1
1984	6818.3	2166.6	1350.5	3301.2	31.8	19.8	48.4
1985	8434.7	2545.6	1637.0	4252.1	30.2	19.4	50.4
1986	9436.0	2868.4	1831.4	4736.2	30.4	19.4	50.2
1987	11318.5	3528.0	2222.9	5567.6	31.2	19.6	49.2
1988	14586.4	4484.6	2872.7	7229.1	30.7	19.7	49.6
1989	17473.9	5769.3	3454.0	8250.6	33.0	19.8	47.2
1990	18688.9	6509.0	3693.9	8486.0	34.8	19.8	45.4
1991	22088.7	7956.6	4409.5	9722.6	36.0	20.0	44.0
1992	27724.0	10081.3	5836.0	11806.7	36.4	21.1	42.6
1993	39693.0	14739.0	7507.0	17446.0	37.1	18.9	44.0
1994	53372.6	19605.6	9006.0	24761.0	36.7	16.9	46.4
1995	66389.9	25362.9	10751.0	30276.0	38.2	16.2	45.6
1996	64886.0	24756.0	9539.0	30591.0	38.2	14.7	47.1
1997	70747.5	27039.7	98289.9	33878.9	38.2	13.9	47.9
1998	67736.3	27977.6	9574.7	30184.6	41.3	14.1	44.6
1999	72701.6	31582.2	9857.2	31267.2	43.4	13.5	43.1
2000	85673.6	38303.2	10689.8	36680.6	44.7	12.4	42.9
2001	98448.8	44815.9	12542.4	38090.5	46.9	13.1	40.0
2002	110785.3	51128.3	14189.1	45458.9	46.1	12.8	41.1
2003	142271.2	48914.2	47065.2	46291.8	34.4	33.1	32.5
2004							

注：①1980~1997年为乡及乡以上企业，1998年以后为国有和规模以上非国有企业，按当年价格算。②为了实现与国际接轨，从2003年起，我国实行新的划分大中小型企业标准。依此新标准，职工人数2000人及以上、年销售额3亿元及以上、资产总额4亿元及以上的，即为大型企业；凡同时满足职工人数300人及以上，销售额3000万元及以上，资产总额4000万元及以上，但有一项或几项不满足大型工业企业标准要求的，即为中型企业；其余为小型企业。不论哪一门类或行业的工业企业，凡能同时符合这样小型企业大大减少（《经济日报》2003年7月10日第2版）。

资料来源：《中国统计年鉴》（有关各年）和《中国工业经济统计年鉴》（有关各年），中国统计出版社。

附表 18　东、中、西部（沿海、内地）工业产值及比重

年份	绝对额（亿元）				比重（%）		
	全部工业	沿海	内地		沿海	内地	
1949	140.2	100.2	40.0		71.47	28.53	
1950	191.2	136.5	54.7		71.39	28.61	
1951	263.5	191.8	71.7		72.79	27.21	
1952	343.3	243.2	100.1		70.84	29.16	
1953	447.0	315.3	131.7		70.54	29.46	
1954	519.7	358.5	161.2		68.98	31.02	
1955	548.7	371.5	177.2		67.71	32.29	
1956	703.6	484.5	219.1		68.86	31.14	
1957	783.9	532.3	251.6		67.90	32.10	
1958	1090.0	724.9	365.1		66.50	33.50	
1959	1484.0	979.4	504.6		66.00	34.00	
1960	1650.0	1077.5	572.5		65.30	34.70	
1961	1019.2	678.8	340.4		66.60	33.40	
1962	850.2	559.6	290.6		65.82	34.18	
1963	922.0	604.2	317.8		65.53	34.47	
1964	1103.2	724.8	378.4		65.70	34.30	
1965	1393.9	906.4	487.5		65.03	34.97	
1966	1686.1	1078.2	607.9		63.95	36.05	
1967	1453.5	943.0	510.5		64.88	35.12	
1968	1380.3	965.8	414.5		69.97	30.03	
1969	1853.5	1264.1	589.4		68.20	31.80	
1970	2420.8	1572.2	848.6		64.95	35.05	
1971	2389.5	1497.4	892.1		62.67	37.33	
1972	2547.4	1603.0	944.4		62.93	37.07	
1973	2788.7	1774.3	1014.4		63.62	36.38	
1974	2796.3	1809.1	987.2		64.70	35.30	
1975	3218.8	2045.3	1173.5		63.54	36.46	
1976	3262.2	2156.9	1105.3		66.12	33.88	
1977	3728.3	2383.8	1344.5		63.94	36.06	
1978	4230.8	2679.1	1551.7		63.32	36.68	
1979	4590.7	2783.7	1807.0		60.64	39.36	
1980	4992.4	3070.1	1922.3		61.50	38.50	
1981	5177.7	3130.6	2047.1		60.46	39.54	
1982	5577.5	3333.6	2243.9		59.77	40.23	
1983	6163.4	3677.9	2485.5		59.67	40.33	
1984	7029.9	4202.6	2827.3		59.78	40.22	

续表

年份	绝对额（亿元）				比重（%）		
	全部工业	东部	中部	西部	东部	中部	西部
1985	8261.1	4985.2	2221.5	1054.4	60.35	26.89	12.76
1986	11171.0	6757.0	3056.0	1358.0	60.49	27.36	12.16
1987	13804.0	8432.0	3740.0	1632.0	61.08	27.09	11.82
1988	18219.0	11292.0	4780.0	2147.0	61.98	26.24	11.78
1989	22043.0	13693.0	5741	2609.0	62.12	26.04	11.84
1990	23924.5	15007.2	6067.5	2849.8	62.73	25.36	11.91
1991	28248.3	18007.1	6925.8	3315.4	63.75	24.52	11.74
1992	37065.7	24363.4	8627.8	4074.5	65.73	23.28	10.99
1993	55518.9	37236.12	12403.9	5878.9	67.07	22.34	10.59
1994	76909.8	51539.78	17379.7	7990.3	67.01	22.60	10.39
1995	91886.0	60654.0	21881.0	9351.0	66.01	23.81	10.18
1996	99581.0	65142.0	25247.0	9192.0	65.42	25.35	9.23
1997	113727	74326.4	29057	10343.6	65.36	25.55	9.10
1998	67731.7	46980.9	14001.9	6748.9	69.36	20.67	9.96
1999	72704.2	50996.5	14704.5	7003.2	70.14	20.33	9.63
2000	85668.4	60719.4	16886.2	8062.8	70.88	19.71	9.41
2001	95441	68365	18200	8876	71.63	19.07	9.30
2002	110765	80058	20673	10034	72.28	18.66	9.06
2003	142262	104538	25454	12270	73.48	17.89	8.62
2004							

注：1949~1997 年为乡及乡以上工业；1998 年以后为国有及非国有规模以上工业。按当年价格算。

资料来源：《中国工业经济统计资料》（1949~1984）和《中国统计年鉴》（有关各年），中国统计出版社。

附表 19　建筑业企业概况

年份	总计	国有企业	集体企业	港澳台商投资企业	外商投资企业	其他
企业单位位数（个）						
1980	6604	1996	4608			
1985	11150	3385	7765			
1989	13106	3927	9179			
1990	13327	4275	9052			
1992	14536	4985	9551			
1993	20998	6363	14130	173	140	192
1994	23315	7251	15196	268	267	333
1995	24133	7531	15348	329	312	613
1996	41364	9109	29044	417	388	2406
1997	44017	9650	29872	491	454	3550
1998	45634	9458	28410	629	337	6800
1999	47234	9394	27197	664	341	9638
2000	47518	9030	24756	635	319	12778
2001	45893	8264	19096	622	274	17637
2002	47820	7536	13177	632	279	26196
2003	48688	6638	10425	535	287	30803
2004						
从业人员（万人）						
1980	648.0	481.8	166.2			
1985	911.5	576.7	334.8			
1989	1004.8	614.7	390.1			
1990	1010.7	621.0	389.7			
1992	1157.5	681.2	476.3			
1993	1096.7	631.5	455.7	1.2	1.2	7.1
1994	1445.9	818.2	601.9	3.8	3.8	18.2
1995	1497.9	824.3	631.9	5.0	5.4	31.3
1996	2121.9	855.9	1171.4	8.7	8.6	77.3
1997	2101.5	828.6	1148.2	8.2	9.6	106.9
1998	2030.0	738.4	1057.3	9.3	5.1	219.9
1999	2020.1	690.6	993.1	11.5	6.1	318.9
2000	1994.3	635.6	887.5	8.2	4.4	458.6
2001	2110.7	590.7	739.9	7.7	4.3	768.1
2002	2245.2	543.8	579.2	7.4	4.5	1110.4
2003	2414.3	524.3	505.6	7.0	6.0	1371.3
2004						

年份	总计	国有企业	集体企业	港澳台商投资企业	外商投资企业	其他
			建筑业总产值（亿元）			
1980	286.93	220.90	66.03			
1985	675.10	474.51	200.59			
1989	1282.98	878.57	404.41			
1990	1345.01	935.19	409.82			
1992	2174.44	1432.13	742.3l			
1993	3253.50	2054.83	1163.85	7.30	5.30	22.22
1994	4653.32	3033.66	1519.45	23.24	18.20	58.77
1995	5793.75	3670.25	1899.47	33.60	33.19	157.24
1996	8282.25	4160.21	3695.68	46.85	50.51	329.00
1997	9126.48	4526.52	3925.81	63.72	70.49	539.94
1998	10061.99	4571.44	4012.01	91.94	62.52	1324.08
1999	11152.86	4861.38	4081.79	91.97	64.43	2053.29
2000	12497.60	5053.79	4035.84	99.18	67.49	3241.30
2001	15361.56	5362.81	3775.89	102.55	73.06	6047.25
2002	18527.18	5582.86	3338.50	113.87	91.38	9400.57
2003	23083.83	6060.23	3270.73	123.71	129.39	13499.81
2004						

注：①本表1980~1992年数据为全民和集体所有制建筑业企业数据；1993~1995年数据为各种经济成分的建制镇以上建筑业企业数据；1996~2001年数据为资质等级四级以上建筑业企业数据；2002年以后数据为所有具有资质等级的施工总承包、专业承包建筑业企业（不含劳务分包建筑业企业）数据。②从业人员数1993~1997年为年平均人数。

资料来源：《中国统计年鉴》（有关各年），中国统计出版社。

附表20　全国旅客周转量

单位：亿人公里

年份	旅客周转量总计	铁路	公路	水运	民用航空
1949	155	130	7	15	1
1950	240	212	12	14	0
1951	269	230	17	21	0
1952	248	200	22	24	0
1953	350	281	33	34	0
1954	377	294	41	34	0
1955	353	267	50	35	0
1956	465	343	78	42	1
1957	496	361	88	46	0
1958	572	409	116	45	1
1959	712	517	139	53	1
1960	883	674	146	61	1
1961	1105	895	128	79	1
1962	1085	859	141	83	1
1963	726	532	134	58	1
1964	686	486	146	51	1
1965	697	478	168	47	2
1966	779	504	207	64	2
1967	864	595	200	65	2
1968	936	680	185	67	2
1969	1071	772	222	74	1
1970	1031	718	240	71	1
1971	1107	762	268	73	2
1972	1236	851	302	77	4
1973	1325	902	333	83	5
1974	1376	925	354	86	9
1975	1435	954	374	90	15
1976	1469	957	402	94	15
1977	1587	1022	448	97	18
1978	1743	1093	521	100	27
1979	1968	1216	603	114	34
1980	2281	1382	729	129	39
1981	2500	1472	839	137	50
1982	2743	1574	963	144	59
1983	3095	1776	1105	153	58
1984	3620	2046	1336	153	83
1985	4437	2416	1724	178	116

续表

年份	旅客周转量总计	铁路	公路	水运	民用航空
1986	4897	2586	1981	182	146
1987	5411	2843	2190	195	182
1988	6209	3260	2528	203	216
1989	6075	3037	2662	188	186
1990	5628	2612	2620	164	230
1991	6178	2828	2871	177	301
1992	6949	3152	3192	98	406
1993	7858	3483	3700	196	477
1994	8591	3636	4220	183	551
1995	9002	3545	4603	171	681
1996	9143	3325	4908	160	747
1997	10019	3548	5541	155	773
1998	10559	3695	5942	120	800
1999	11300	4136	6199	107	857
2000	12261	4533	6657	101	971
2001	13155	4767	7207	90	1091
2002	14126	4969	7806	82	1269
2003	13811	4789	7696	63	1263
2004	16324	5712	8765	65	1782

资料来源:《新中国五十年统计资料汇编》和《中国统计年鉴》(2004),中国统计出版社;《人民日报》2005年3月1日第6版。

附表 21　全国货物周转量　　　　　　　　单位：亿吨公里

年份	货运周转量总计	铁路	公路	水运	民用航空	管道输油（气）量
1949	255	184	8	63	0.2	
1950	455	394	9	51	0.0	
1951	631	515	11	103	0.0	
1952	762	601	14	145	0.0	
1953	990	781	23	185	0.0	
1954	1203	932	29	241	0.0	
1955	1320	981	34	303	0.0	
1956	1591	1203	44	342	0.0	
1957	1810	1345	47	415	0.0	
1958	2450	1855	77	517	0.1	
1959	3272	2476	106	688	0.2	
1960	3667	2766	132	767	0.2	
1961	2627	2007	76	542	0.2	
1962	2236	1721	62	452	0.1	
1963	2348	1815	64	467	0.1	
1964	2751	2126	74	550	0.2	
1965	3464	2698	95	670	0.2	
1966	3902	3018	116	765	0.3	
1967	3050	2268	101	679	0.3	
1968	3109	2238	84	785	0.3	
1969	3754	2783	110	860	0.3	
1970	4566	3495	138	931	0.3	
1971	5204	3765	153	1275	0.3	9
1972	5644	3913	164	1509	0.2	57
1973	6294	4082	175	1949	0.3	87
1974	6314	3812	174	2162	0.4	163
1975	7296	4255	202	2574	0.6	262
1976	6904	3869	209	2467	0.7	357
1977	7969	4568	251	2761	0.7	387
1978	9829	5345	274	3779	0.9	430
1979	11385	5598	745	4564	1.2	476
1980	12026	5716	764	5052	1.4	491
1981	12143	5712	780	5149	1.7	499
1982	13049	6119	949	5477	1.9	501
1983	14054	6646	1084	5787	2.2	534
1984	15694	7247	1536	6335	3.1	572
1985	18126	8125	1693	7699	4.1	603

续表

年份	货运周转量总计	铁路	公路	水运	民用航空	管道输油（气）量
1986	20148	8764	2117	8647	4.8	612
1987	22228	9471	2660	9465	6.5	625
1988	23825	9877	3220	10070	7.3	650
1989	25591	10394	3374	11186	6.9	629
1990	26207	10622	3358	11591	8.2	627
1991	27986	10972	3428	12955	10.1	621
1992	29218	11575	3755	13256	13.4	617
1993	30510	11954	4070	13860	16.6	608
1994	33261	12457	4486	15686	18.5	612
1995	35730	12870	4694	17552	22.3	590
1996	36454	12970	5011	17862	24.9	585
1997	38212	13097	5271	19235	29.1	579
1998	37841	12312	5483	19405	33.4	606
1999	40568	12910	5724	21263	43.2	628
2000	44321	13771	6129	23734	50.3	636
2001	47710	14694	6330	25989	43.7	653
2002	50686	15658	6783	27511	51.6	683
2003	53859	17247	7099	28716	57.9	739
2004	66698	19289	7596	38973	72.0	768

资料来源：《新中国五十年统计资料汇编》和《中国统计年鉴》（2004），中国统计出版社；《人民日报》2005年3月1日第6版。

附表 22　全国邮电业务量

年份	邮电业务总量（亿元）	函件（亿件）	特快专递（万件）	长途电话（万次）	城市电话用户（万户）	乡村电话用户（万户）	无线寻呼用户（万户）	移动电话用户（万户）	国际互联网络用户（万户）
1949	2.58	5.99		902	21.77				
1950	2.89	6.46		1019	22.54				
1951	3.95	7.72		1543	27.36				
1952	4.36	8.09		1628	29.53	5.84			
1953	5.26	9.46		1987	33.21				
1954	5.80	10.37		2560	35.61				
1955	6.32	11.50		2606	37.52				
1956	7.90	14.38		2808	44.41				
1957	7.79	16.41		2090	46.45	20.00			
1958	11.08	17.34		3896	51.54				
1959	16.49	23.15		5851	59.19				
1960	21.20	28.28		8042	65.93				
1961	18.90	25.55		7700	70.34				
1962	16.92	22.75		7123	69.95	85.26			
1963	16.04	20.21		7301	72.16				
1964	16.28	19.96		8200	74.80				
1965	16.66	21.76		8869	77.11	49.22			
1966	17.25	22.39		8957	79.95				
1967	16.34	21.69		7631	80.64				
1968	15.20	20.72		6349	75.77				
1969	16.51	22.68		7041	75.77				
1970	18.21	23.70		8570	78.41	52.74			
1971	20.29	24.38		10117	81.17				
1972	21.92	25.04		12185	38.40				
1973	23.33	26.35		13795	93.62				
1974	24.04	26.11		14239	97.96				
1975	25.39	27.34		15151	103.28	65.92			
1976	28.17	27.79		15756	107.90	68.24			
1977	29.55	28.50		16709	112.73	70.65			
1978	30.90	28.35		18574	119.15	73.39			
1979	33.29	30.80		20587	127.02	76.28			
1980	35.38	33.13		21404	134.17	79.90			
1981	37.18	33.88		22049	142.64	79.45			
1982	38.88	33.94		23574	153.87	80.38			
1983	42.41	35.21		26556	168.86	81.90			

续表

年份	邮电业务总量（亿元）	函件（亿件）	特快专递（万件）	长途电话（万次）	城市电话用户（万户）	乡村电话用户（万户）	无线寻呼用户（万户）	移动电话用户（万户）	国际互联网络用户（万户）
1984	47.68	39.48		31501	191.07	86.36			
1985	56.39	46.78		38254	218.96	83.07			
1986	62.60	49.59		42303	250.51	99.87			
1987	73.99	54.79		51525	293.04	97.68			
1988	102.87	59.77	153.0	64617	362.30	110.39			
1989	123.46	57.28	247.3	78462	439.62	128.42	23.7	1.0	
1990	155.54	54.87	343.3	116292	538.45	146.58	43.7	1.8	
1991	204.38	52.11	566.7	172921	670.83	174.23	87.4	4.8	
1992	290.94	57.18	959.2	287380	920.57	226.34	222.0	17.7	
1993	462.71	68.70	2156.2	506853	1407.37	325.80	561.4	63.9	
1994	688.19	76.50	4019.5	757639	2246.78	482.70	1033.0	156.8	
1995	988.85	79.55	5562.1	1013966	3263.56	807.00	1739.2	363.9	0.1
1996	1342.04	78.68	7096.6	1273951	4277.82	1216.90	2536.2	685.3	3.5
1997	1773.29	68.35	6878.9	1554026	5244.40	1786.60	3254.6	1323.3	16.0
1998	2431.21	65.51	7331.8	1825941	6259.81	2482.30	3908.2	2386.3	67.6
1999	3330.82	60.52	9091.3	1782529	7463.30	3408.40	4674.5	4329.6	301.4
2000	4792.70	77.71	11031.4	2107542	9311.60	5171.30	4884.3	5453.3	902.1
2001	4556.26	86.93	12652.7	2199823	11193.70	6843.10	3606.4	14522.2	3656.2
2002	5695.86	106.01	14036.2	1927920	13579.50	7843.10	1872.1	20600.5	5254.1
2003	7019.79	103.84	17237.8	1960283	17109.70	9165.00	1057.6	26995.3	7950.0
2004	9791.00				21085.00	10159.00		33483.0	

注：①邮电业务总量 2000 年以前按 1990 年不变价算，2001 年以后按 2000 年不变价算。②国际互联网络用户为拨线用户和专线用户合计。

资料来源：《新中国五十年统计资料汇编》和《中国统计年鉴》（有关各年），中国统计出版社；《人民日报》2005 年 3 月 1 日第 6 版。

附表 23　全国城市公用事业

年份	供水总量（万立方米）	公共电汽车（辆）	供气总量			城市道路长度（公里）	排水管道长度（公里）
			人工煤气（万立方米）	液化石油气（吨）	天然气（万立方米）		
1949		2292	3820			11129	6035
1952	45806	3515	9914			12291	7028
1953	56791	4144	11912			13272	7642
1954	64502	4642	14284			14178	8169
1955	70019	4947	15680			14929	8542
1956	83176	5458	18672			16404	9168
1957	95602	6174	20475			18259	10107
1958	126345	7763	25401				
1959	184632	8853	39159				
1960	250813	9838	47444				
1961		10106	53417				
1962	223409	9881	49410				
1963	229221	10153	54711			18374	12666
1965	262802	11060	69628			24000	12855
1972	491004	15831	124639	23458		23311	15876
1973	521745	18880	136903	31676		24318	16181
1974	560321	18814	139183	50128		25203	17158
1975	616548	21338	148253	82071		26021	18290
1976	642661	22581	152413	137590	21790	26489	18269
1977	697867	23733	160901	138857	79538	26773	18619
1978	787507	25839	172541	194533	69078	26966	19556
1979	832201	29912	182748	243576	68489	28391	20432
1980	883427	32098	195491	290460	58937	29485	21860
1981	969943	34189	199466	330987	93970	30277	23183
1982	1011319	36251	208819	388595	90421	31934	24638
1983	1065956	38616	214009	456191	49071	33934	26448
1984	1176474	41282	231351	535289	168568	36410	28775
1985	1280238	42993	244754	601803	162099	38282	31556
1986	2773921	49460	337745	1011308	435887	71886	42549
1987	2984697	52504	686518	1149116	501093	78453	47107
1988	3385847	56818	667927	1730261	573983	88634	50678
1989	3936648	59671	841297	1898003	591169	96078	54510
1990	3823425	62215	1747065	2030334	642289	94820	57787
1991	4085073	66093	1258088	2423988	754616	88791	61601
1992	4298437	87093	1495531	2996699	628914	96689	67672

年份	供水总量 (万立方米)	公共电汽车 (辆)	供气总量			城市道路 长度 (公里)	排水管道 长度 (公里)
			人工煤气 (万立方米)	液化石油气 (吨)	天然气 (万立方米)		
1993	4502341	88950	1304130	3150296	637207	104897	75207
1994	4894620	100848	1262712	3664948	752436	111058	83647
1995	4815653	136922	1266894	4886528	673354	130308	110293
1996	4660652	148109	1348076	5758374	637832	132583	112812
1997	4767788	169121	1268944	5786023	663001	138610	119739
1998	4704732	189002	1675571	7972547	688255	145163	125943
1999	4675000	209884	1320952	7612000	800566	152385	134486
2000	4690000	225993	1523615	10537147	821476	159617	141715
2001	4661000	231000	1369000	8918000	995000	176000	158000
2002	4665000	246000	1989000	11364000	1259000	191000	173000
2003	4753000	264000	2021000	11263000	1416000	208000	199000
2004							

资料来源:《新中国统计五十年统计资料汇编》和《中国统计年鉴》(有关各年),中国统计出版社。

附表 24　全国社会消费品零售总额　　　　　　　　单位：亿元

年份	社会消费品零售总额	国有单位	集体单位	合营	个体	其他
1952	276.8	45.0	50.3	1.1	168.6	11.8
1953	348.0	60.6	84.4	1.9	190.3	10.8
1954	381.1	79.8	153.4	11.0	126.7	10.2
1955	392.2	110.4	135.2	32.5	102.3	11.8
1956	461.0	156.9	172.8	96.1	23.4	11.8
1957	474.2	176.3	195.8	76.0	12.9	13.2
1958	548.0	399.9	71.3	59.1	10.1	7.6
1959	638.0	537.0	79.0		18.5	3.5
1960	696.9	585.0	83.4		20.5	8.0
1961	607.7	496.2	67.0		14.5	30.0
1962	604.0	306.7	256.0		14.3	27.0
1963	604.5	306.9	265.6		12.7	19.3
1964	638.2	338.8	272.9		12.2	14.3
1965	670.3	355.5	289.3		12.5	13.0
1966	732.8					
1967	770.5					
1968	737.3					
1969	801.5					
1970	858.0					
1971	929.1					
1972	1023.3					
1973	1106.7					
1974	1163.6					
1975	1271.1	708.3	536.0		1.8	25.0
1976	1339.4	746.0	569.3		2.1	22.0
1977	1432.8	777.4	631.3		2.3	21.8
1978	1558.6	851.0	674.4		2.1	31.1
1979	1800.0	971.8	776.4		4.3	47.5
1980	2140.0	1100.7	954.9	0.4	15.0	69.0
1981	2350.0	1171.5	1050.6	1.1	37.4	89.4
1982	2570.0	1251.6	1131.4	1.6	74.6	110.8
1983	2849.4	1338.3	1189.5	3.6	184.5	133.0
1984	3376.4	1537.9	1337.2	7.6	323.7	170.0
1985	4305.0	1740.0	1600.3	12.7	661.0	291.0
1986	4950.0	1951.0	1804.0	15.2	804.8	375.0
1987	5820.0	2249.0	2079.6	18.8	1011.6	461.0
1988	7440.0	2935.9	2557.9	27.2	1324.0	595.0

年份	社会消费品零售总额	国有单位	集体单位	合营	个体	其他
1989	8101.4	3167.3	2689.7	36.3	1509.6	698.0
1990	8300.1	3285.9	2631.0	40.3	1569.6	773.3
1991	9415.6	3783.7	2826.2	51.5	1844.4	909.8
1992	10993.7	4539.8	3068.2	80.3	2228.0	1077.4
1993	12462.1	4676.4	2741.0	36.3	3016.9	1991.5
1994	16264.7	5193.9	3375.2	70.4	4626.6	2998.6
1995	20620.0	6154.1	3981.6	73.2	6253.8	4157.3
1996	24774.1	6745.1	4567.0	125.3	7923.7	5413.0
1997	27298.9	6351.9	4768.0	148.6	9512.2	6514.2
1998	29152.5	6021.3	4329.9	164.3	10802.2	7334.8
1999	31134.7					
2000	34152.6					
2001	37595.2					
2002	42027.0					
2003	45842.0					
2004	53950.0					

注：①合营零售额1952~1957年是公私合营，1980年以后包括各种不同经济类型的合营和中外合营。②个体零售额1952~1957年包括私营。③1992年以前为社会商品零售总额。④1993年以后，其他经济包括私营、股份制、外商投资、港澳台投资经济。

资料来源：《新中国五十年统计资料汇编》和《中国统计年鉴》（2004），中国统计出版社；《人民日报》2005年3月1日第6版。

附表 25　全国房地产、技术和旅游市场

年份	一、房展销售面积和销售额				二、技术市场成交额（万元）	三、旅游收入	
	销售面积（万平方米）	#住宅	个人购买商品住宅（万平方米）	商品房屋销售额（万元）		国际旅游收入（万美元）	国内旅游收入（亿元）
1985						125000	
1986		1834.95	256.11			153085	
1987	2697.24	2376.72	426.66	1100967		186151	
1988	2927.33	2549.12	722.56	1472164		224683	
1989	2855.36	2491.38	805.49	1637542		186048	
1990	2871.54	2544.61	730.85	2018263		221758	
1991	3025.46	2745.17	926.55	2378597	948054	284497	
1992	4238.86	3812.21	1456.01	4265938	1416182	394687	
1993	6687.91	6035.19	2942.39	8637141	2075540	468317	
1994	7230.35	6118.03	3344.53	10184950	2288696	232287	1023.51
1995	7905.94	6787.03	3344.81	12577269	2683447	873300	1375.70
1996	7900.41	6898.46	3666.32	14271292	3002045	1010000	1638.38
1997	9010.17	7864.30	5233.72	17994763	3513718	1207414	2112.70
1998	12185.33	10827.08	7792.62	25133027	40000	1260200	2391.18
1999	14556.50	12997.90	10408.50	29878734	5234123	1409900	2831.92
2000	18637.10	16570.30	14464.40	39354423	6507519	1622400	3175.32
2001	22411.90	19938.70	18250.80	48627517	7827489	1779200	3522.36
2002	26808.30	23702.30	22793.70	60323413	8841713	2038500	3878.36
2003	33717.60	29778.80		79556627	10846728	1740600	3442.27
2004						2550000	4000.0

资料来源：《新中国五十年统计资料汇编》和《中国统计年鉴》（有关各年），中国统计出版社；《经济日报》2005 年 1 月 14 日第 5 版。

附表 26　全国证券市场概况

项目	单位	1993年	1994年	1995年	1996年	1997年	1998年	1999年	2000年	2001年	2002年	2003年
境内上市公司（A、B股）	家	182	291	323	530	745	851	949	1088	1160	1224	1287
境内上市外资股东（B股）	家	41	58	70	85	101	106	108	114	112	111	110
境外上市上市公司数（H股）	家	6	15	18	25	42	43	46	52	60	75	93
股票总发行股本	亿股	387.73	684.54	848.42	1219.54	1942.67	2526.79	3088.95	3791.71	5218.00	5875.50	6428.5
# 流通股本	亿股	107.88	226.04	301.46	429.85	671.44	861.94	1079.65	1354.26	1813.17	2036.90	2269.92
股票市价总值	亿元	3531.01	3690.61	3474.28	9842.38	17529.24	19505.64	26471.17	48090.94	43522.20	38329.10	42458.00
# 流通市值	亿元	861.62	968.89	938.22	2867.03	5204.42	5745.59	8213.97	16087.52	14463.00	12485.00	13178.52
股票成交量	亿股	234.22	2013.34	705.47	2533.14	2560.79	2154.11	2932.39	475840.00	3152.28	3016.19	4163.08
股票成交金额	亿元	3667.02	8127.63	4036.47	21332.16	30721.84	23544.25	31319.6	60826.65	38305.00	27990.46	32115.27
上证综合指数	（收盘）	833.80	647.87	555.29	917.01	1194.10	1146.70	1366.58	2073.48	1646.00	1357.70	1497.00
深证综合指数	（收盘）	238.27	140.63	113.24	327.45	381.29	343.85	402.18	635.73	475.90	388.80	378.63
平均市盈率　上海	%	42.48	23.45	15.70	31.32	39.86	34.38	38.13	58.22	37.71	34.43	36.54
深圳		42.69	10.28	9.46	35.42	41.24	32.31	37.56	56.03	39.79	36.97	36.19
平均换手率　上海	%	324.44	691.79	519.41	760.05	534.99	355.3	421.55	492.87	269.33	214.00	250.75
深圳				309.56	949.68	662.32	411.14	371.61	509.10	227.89	198.79	214.18
投资者开户数	万户	777.66	1058.98	1242.47	2307.23	3333.33	3911.13	4481.19	5801.14	6898.70	6841.80	6981.20
国债发行额	亿元	381.31	1137.55	1510.86	1847.77	2411.79	3808.77	4015.00	4657.00	4884.00	5934.30	6280.10
企业债发行额	亿元	235.84	161.75	300.80	268.92	255.23	147.89	158.20	83.00	147.00	325.00	358.00
债券成交量	亿手			10.07	17.43	16.17	20.32	17.07	19.80	20.47	32.92	62.02
债券成交金额	亿元			59367.61	18039.35	16476.89	21661.78	18284.12	19119.16	20417.76	33249.53	62136.36
国债现货成交额	亿元	61.02	468.37	775.02	5029.24	-3582.75	6059.95	5300.87	4157.49	4815.59	8708.68	5756.11
国债回购成交额	亿元	0.42	75.78	1248.52	13008.64	12876.06	15540.84	12890.53	14733.68	15487.63	24419.64	52999.85
证券投资基金只数	只						6	23	34	51	71	95
证券投资基金规模	亿元						120.00	510.00	562.00	804.00	1319.00	1614.67
证券投资基金成交金额	亿元						555.33	1623.12	2465.79	2561.88	1166.58	682.65
期货总持仓量	万手	890.69	12110.72	63612.07	34256.77	15876.32	10445.57	7363.91	5461.07	12046.35	13943.37	27992.43
期货总成交额	亿元	5521.99	31601.41	100565.00	84119.16	61170.66	36967.24	22243.01	16082.29	30145.00	39490.30	108396.60

注：换手率 = 全年成交金额/（本年末流通市值 + 上年末流通市值）/2×100%。

资料来源：《中国证券期货统计年鉴》(2004)，百家出版社。

附表 27　全国各级学校在校学生数和留学人员数

年份	高等学校（万人）	中等学校（万人）	小学（万人）	研究生（人）	出国留学人员（人）
1949	11.7	126.8	2439.1	629	
1950	13.7	156.6	2892.4	1261	35
1951	15.3	196.4	4315.4	2168	380
1952	19.1	314.5	5110.0	2763	231
1953	21.2	362.9	5166.4	4249	675
1954	25.3	424.6	5121.8	4753	1518
1955	28.8	447.3	5312.6	4822	2093
1956	40.3	600.9	6346.6	4841	2401
1957	44.1	708.1	6428.3	3178	529
1958	66.0	1199.8	8640.3	1635	415
1959	81.2	1290.3	9117.9	2171	576
1960	96.2	1487.3	9379.1	3635	441
1961	94.7	1034.4	7578.6	6009	124
1962	83.0	833.5	6923.9	6130	114
1963	75.0	837.6	7157.5	4938	32
1964	68.5	1019.5	9294.5	4881	650
1965	67.4	1431.8	11620.9	4546	454
1966	53.4	1296.8	10341.7	3409	
1967	40.9	1254.5	10244.3	2557	
1968	25.9	1405.1	10036.3	1317	
1969	10.9	2025.3	10066.8		
1970	4.8	2648.3	10528.0		
1971	8.3	3149.4	11211.2		
1972	19.4	3616.7	12549.2		36
1973	31.4	3494.7	13570.4		259
1974	43.0	3713.7	14481.4		180
1975	50.1	4536.8	15094.1		245
1976	56.5	5905.5	15005.5		277
1977	62.5	6848.8	14617.6	226	220
1978	85.6	6637.2	14624.0	10934	860
1979	102.0	6024.9	14662.9	13830	1777
1980	114.4	5677.8	14627.0	21604	2124
1981	127.9	5014.6	14332.8	18848	2922
1982	115.4	4702.8	13972.0	25847	2326
1983	120.7	4634.7	13578.0	37166	2633
1984	139.6	4860.9	13557.1	57566	3073
1985	170.3	5092.6	13370.2	87331	4888

续表

年份	高等学校（万人）	中等学校（万人）	小学（万人）	研究生（人）	出国留学人员（人）
1986	188.0	5321.6	13182.5	110371	4676
1987	195.9	5403.1	12835.9	120191	4703
1988	206.6	5246.1	12535.3	112776	3786
1989	208.2	5054.0	12373.1	101339	3329
1990	206.3	5105.4	12241.4	93018	2950
1991	204.4	5226.8	12164.2	88128	2900
1992	218.4	5354.4	12201.3	94164	6540
1993	253.6	5383.7	12421.2	106771	10742
1994	279.9	5707.1	12822.6	127935	19071
1995	290.6	6191.5	13195.2	145443	20381
1996	302.1	6635.7	13615.0	163322	20905
1997	317.4	6995.2	13995.4	176353	22410
1998	340.9	7340.7	13953.8	198885	17622
1999	413.4	8002.7	13548.0	233513	23749
2000	556.1	8518.5	13013.3	301239	38989
2001	719.1	8901.4	12543.5	393256	83973
2002	903.4	9255.7	12156.7	500980	125179
2003	1108.6	9613.8	11689.7	651260	117307
2004	1335.5	10063.3	11246.2	820000	

资料来源:《新中国五十年统计资料汇编》和《中国统计年鉴》(2004)，中国统计出版社;《人民日报》2005 年 3 月 1 日第 6 版。

附表 28　国有企事业单位年底专业技术人员数

年份	合计	工程技术人员	农业技术人员	科学研究人员	卫生技术人员	教学人员
1952	425000	164000	15000	8000	126400	111600
1960	1968900	820700	167300	90500	517800	372500
1978.6.30	4345000	1571000	294000	310000	1276000	894000
1979	4705400	1666900	324600	316800	1396400	1000700
1980	5276000	1862000	311000	323000	1530000	1250000
1981	5714000	2077000	328000	338000	1680000	1291000
1982	6264000	2354000	362000	372000	1807000	1369000
1983	6852000	2802000	405000	328000	1934000	1383000
1984	7466000	3162000	435000	335000	2078000	1456000
1985	7817000	3404000	451000	336000	2161000	1465000
1990	10808572	5100773	550954	291314	2719864	2145667
1991	17168413	5024000	463050	341934	2757993	8581436
1992	17596532	5204950	476853	337146	2827599	8749984
1993	18124140	5363632	496279	333851	2916255	9014123
1994	18658689	5535329	519827	321036	2995940	9286557
1995	19133834	5625850	535731	302879	3035335	9634039
1996	19856213	5680795	579157	303177	3130788	10162296
1997	20495006	5719337	611458	302684	3213762	10647765
1998	20913343	5656735	635929	290537	3254958	11075184
1999	21430140	5654863	654138	283532	3329706	11507901
2000	21650807	5551098	670105	274506	3371966	11783132
2001	21698037	5316327	674644	265554	3390233	12051279
2002	21860024	5289166	666998	262692	3402326	12238842
2003	21739699	4992867	683437	275496	3441109	12346790
2004						

注：1991 年起，本表中专业技术人员包括社会科学领域专业技术人员及小学教师，但不包括行政机关专业技术人员。

资料来源：《国民经济统计提要（1949~1978）》和《中国统计年鉴》（有关各年），中国统计出版社。

附表 29 全国艺术、文化和出版

年份	艺术表演团体 (个)	公共图书馆 (个)	图书出版印数 (亿册，亿张)	杂志出版总印数 (亿册)	报纸出版总印数 (亿份)
1949	1000	55			
1950	1676	63	2.7	0.4	8.0
1951	1855	66	7.0	1.8	12.6
1952	2084	83	7.9	2.0	16.1
1953	2267	93	7.5	1.7	16.7
1954	2424	93	9.4	2.0	17.1
1955	2414	96	10.8	2.9	19.5
1956	2720	375	17.8	3.5	26.1
1957	2884	400	12.8	3.2	24.4
1958	3181	922	23.9	5.3	39.1
1959	3504	1011	20.9	5.3	49.0
1960	3309	1093	18.0	4.7	50.9
1961	3233	873	10.2	2.3	30.8
1962	3320	541	10.9	2.0	25.8
1963	3428	490	12.9	2.3	33.0
1964	3478	543	17.1	3.5	41.4
1965	3458	577	21.7	4.4	47.4
1966	3374	523	35.0	2.3	36.7
1967	3223	470	32.3	0.9	34.9
1968	3030	448	25.0	0.3	35.8
1969	2683	400	19.1	0.5	41.1
1970	2541	323	17.9	0.7	46.5
1971	2514	392	24.2	1.6	84.0
1972	2681	460	23.9	2.3	97.6
1973	2731	523	28.0	3.2	100.5
1974	2760	583	29.9	4.0	101.4
1975	2836	629	35.8	4.4	109.7
1976	2906	768	29.1	5.6	124.3
1977	2941	851	33.1	5.6	123.7
1978	3150	1218	37.7	7.6	127.8
1979	3482	1651	40.7	11.8	130.8
1980	3533	1732	45.9	11.2	140.4
1981	3483	1737	55.8	14.6	140.7
1982	3460	1889	58.8	15.1	140.0
1983	3444	2038	58.0	17.7	155.1
1984	3397	2217	62.5	21.8	180.3

续表

年份	艺术表演团体 （个）	公共图书馆 （个）	图书出版印数 （亿册，亿张）	杂志出版总印数 （亿册）	报纸出版总印数 （亿份）
1985	3317	2244	66.7	25.6	199.8
1986	3195	2406	52.0	24.0	193.9
1987	3094	2440	62.5	25.9	204.9
1988	2985	2485	62.2	25.5	207.2
1989	2850	2512	58.6	18.4	156.2
1990	2805	2527	56.4	17.9	211.3
1991	2772	2535	61.4	20.6	236.5
1992	2753	2565	63.4	23.6	257.9
1993	2707	2579	59.3	23.5	268.8
1994	2698	2596	60.1	22.1	253.2
1995	2682	2615	63.2	23.4	263.3
1996	2664	2631	71.6	23.1	274.3
1997	2663	2661	73.1	24.4	287.6
1998	2652	2731	72.4	25.4	300.4
1999	2632	2669	73.2	28.5	318.4
2000	2630	2677	62.7	29.4	329.3
2001	2605	2696	63.1	28.9	351.1
2002	2587	2697	68.7	29.5	367.8
2003	2618	2709	66.7	29.5	383.1
2004	2599	2710	—	—	—

资料来源：《新中国五十年统计资料汇编》和《中国统计年鉴》（有关各年），中国统计出版社；《人民日报》2005 年 3 月 1 日第 6 版。

附表 30 全国卫生机构、人员和床位数

年份	卫生机构总计（个）	#医院、卫生院（个）	卫生技术人员总计（万人）	#医生（万人）	卫生机构床位总计（万张）	#医院、卫生院（万张）
1949	3670	2600	50.5	36.3	8.5	8.0
1950	8915	2880	55.5	38.0	11.9	10.0
1951	16181	3150	60.6	39.7	15.9	12.4
1952	38987	3540	69.0	42.5	23.1	16.0
1953	52038	3580	77.8	44.9	27.3	18.1
1954	56610	3658	85.4	47.6	32.9	20.5
1955	67725	3740	87.4	50.0	36.3	22.1
1956	107305	3903	98.8	52.5	41.4	26.2
1957	122954	4179	103.9	54.7	46.2	29.5
1958	196829	48580	132.9	54.4	67.2	42.6
1959	231958	35535	139.0	59.4	81.0	55.2
1960	261195	32333	150.5	59.6	97.7	65.5
1961	269197	38611	149.2	65.2	91.6	66.3
1962	217985	34379	141.4	68.8	93.3	69.0
1963	215491	32706	145.3	72.1	93.4	68.6
1964	215474	36744	147.9	73.9	97.2	71.3
1965	224266	42711	153.2	76.3	103.3	76.6
1966	206613	42156	148.4	70.7	111.8	85.5
1967	196455	52055	150.7	71.0	113.0	91.3
1968	171494	57041	149.1	70.1	112.3	94.4
1969	153891	57988	147.1	69.7	115.4	99.8
1970	149823	64822	145.3	70.2	126.2	110.5
1971	131367	62766	155.1	71.2	133.1	120.3
1972	135127	63050	170.8	73.9	147.2	133.7
1973	143733	64583	182.2	78.1	156.4	142.0
1974	149965	65258	193.2	83.1	166.2	150.8
1975	151733	62425	205.7	87.8	176.4	159.8
1976	157959	63184	220.6	93.0	186.2	168.7
1977	164199	63952	234.1	97.8	195.4	177.7
1978	169732	64421	246.4	103.3	204.2	185.6
1979	176793	65009	264.2	108.8	212.8	193.2
1980	180553	65450	279.8	115.3	218.4	198.2
1981	190126	65911	301.1	124.4	223.4	201.7
1982	193438	66149	314.3	130.7	228.0	205.4
1983	196017	66662	325.3	135.3	234.2	211.0

年份	卫生机构总计（个）	#医院、卫生院（个）	卫生技术人员总计（万人）	#医生（万人）	卫生机构床位总计（万张）	#医院、卫生院（万张）
1984	198256	67169	334.4	138.1	241.2	216.6
1985	200866	59614	341.1	141.2	248.7	222.9
1986	203139	59693	350.7	144.4	256.3	229.7
1987	204960	60429	360.9	148.2	268.5	240.5
1988	205988	61383	372.4	161.7	279.5	250.3
1989	206724	61929	380.9	171.8	286.7	256.8
1990	208734	62454	389.3	176.3	292.5	262.4
1991	209036	63101	398.5	178.0	299.2	268.9
1992	204737	61352	407.4	180.8	304.9	274.4
1993	193586	60784	411.7	183.2	309.9	279.5
1994	191742	67857	419.9	188.2	313.4	283.1
1995	190057	67807	425.7	191.8	314.1	283.6
1996	188803	67964	431.2	194.1	310.0	286.6
1997	315033	67911	439.8	198.5	313.5	290.3
1998	314097	67081	442.4	200.0	314.3	291.4
1999	310996	66358	445.9	204.5	315.9	289.0
2000	324771	65944	449.1	207.6	317.7	290.8
2001	330348	64840	450.8	210.0	320.1	293.5
2002	306038	63858	427.0	184.4	313.6	290.7
2003	291323	62968	430.6	186.8	316.4	299.5
2004						

资料来源：《新中国五十年统计资料汇编》和《中国统计年鉴》（有关各年），中国统计出版社。

附表 31　政府指令价、指导价和市场价的比重

单位：%

项目	价格形式	1978	1985	1986	1987	1988	1990	1991	1992	1993	1994	1995	1996	1997	1998	1999	2000	2001	2002	2003	2004
社会商品零售总额	政府定价	97.0	47.0	35.0	33.7	28.9	29.8	20.9	5.9	4.8	7.2	8.8	6.3	5.5	4.1	3.7	3.2	2.7	2.9		
	政府指导价		19.0	25.0	28.0	21.8	17.2	10.3	1.1	1.4	2.4	2.4	1.2	1.3	1.2	1.5	1.0	1.3	1.3		
	市场调节价	3.0	34.0	40.0	38.3	49.3	53.0	68.8	93.0	93.8	90.4	88.8	92.5	93.2	94.7	94.8	95.8	96.0	95.8		
农副产品收购总额	政府定价	92.2	37.0	35.3	29.4	24.0	25.0	22.2	12.5	10.4	16.6	17.0	16.9	16.1	9.1	6.7	4.7	2.7	2.6		
	政府指导价	1.8	23.0	21.0	16.8	19.0	23.4	20.0	5.7	2.1	4.1	4.4	4.1	3.4	7.1	2.9	2.8	3.4	2.9		
	市场调节价	5.6	40.0	43.7	53.8	57.0	51.6	57.8	81.8	87.5	79.3	78.6	79.0	80.5	83.8	90.4	92.5	93.6	94.5		
生产资料销售总额	政府定价	100.0	60.0				44.6	36.0	18.7	13.8	14.7	15.6	14.0	13.6	9.6	9.6	8.4	9.5	9.7		
	政府指导价						19.0	18.3	7.5	5.1	5.3	6.5	4.9	4.8	4.4	4.8	4.2	2.9	3.0		
	市场调节价		40.0				36.4	45.7	73.8	81.8	80.0	77.9	81.1	81.6	86.0	85.6	87.4	87.6	87.3		

资料来源：《中国物价年鉴》（有关各年），物价出版社。

附表 32　全国乡镇企业

年份	乡镇企业单位数（万个）	集体单位	私营企业	个体企业	第一产业	第二产业	#工业	第三产业	#交通运输业
1978	152.43	152.43			49.46	84.07	79.40	18.89	6.51
1980	142.47	142.47			37.83	80.86	75.78	23.77	8.94
1985	1222.50	156.90	53.30	1012.30	22.42	457.83	398.54	742.25	274.37
1989	1868.63	153.51	106.94	1608.18	22.68	829.02	736.47	1016.93	379.88
1990	1873.44	145.39	97.88	1630.17	22.36	822.50	732.04	1028.57	389.37
1991	1908.74	144.23	84.90	1679.61	23.10	831.51	742.67	1054.13	400.86
1992	2091.96	152.72	90.18	1849.06	24.92	892.31	793.82	1174.73	436.95
1993	2452.93	168.52	103.85	2180.55	27.91	1040.14	918.44	1384.88	486.40
1994	2494.47	164.10	78.64	2251.73	24.64	781.57	698.58	1688.25	369.11
1995	2202.67	162.02	96.02	1944.63	27.77	824.91	718.16	1349.99	495.17
1996	2336.33	154.89	226.42	1955.02	28.94	861.02	756.43	1446.27	546.49
1997	2014.86	129.19	233.24	1652.43	21.46	748.15	665.57	1245.25	417.08
1998	2003.94	106.58	222.20	1675.15	18.92	744.10	661.96	1240.92	414.82
1999	2070.89	94.08	207.58	1769.23	16.51	756.06	673.51	1298.31	412.66
2000	2084.66	80.21	206.06	1798.39	15.12	753.53	674.01	1316.01	412.52
2001	2115.54	66.88	200.71	1847.95	12.74	748.43	672.17	1354.37	412.86
2002	2132.69	73.15	229.79	1829.74	32.17	697.43	627.68	1403.09	380.13
2003	2185.00								
2004									

年份	乡镇企业年末从业人员（万人）	集体单位	私营企业	个体企业	第一产业	第二产业	#工业	第三产业	#交通运输业
1978	2826.56	2826.56			608.42	1969.97	1734.36	248.16	103.83
1980	2999.68	2999.68			456.07	2276.97	1942.30	266.63	113.56
1985	6979.00	4152.10	474.57	2352.33	252.38	5150.50	4103.65	1576.11	516.45
1989	9366.78	4720.13	883.75	3762.90	239.30	7027.83	5624.10	2099.65	699.37
1990	9264.75	4592.45	814.34	3857.96	236.06	6918.54	5571.69	2110.15	711.22
1991	9613.63	4769.20	726.74	4117.69	243.17	7200.29	742.67	2170.17	400.86
1992	10624.71	5175.77	771.04	4677.90	261.82	7888.82	6336.40	2474.07	799.74
1993	12345.31	5767.73	913.71	5663.87	285.36	9086.49	7259.56	2973.46	931.45
1994	12017.47	5898.88	730.14	5388.45	260.46	8583.55	6961.51	3173.46	725.59
1995	12862.06	6060.34	874.35	5927.37	313.52	9497.24	7564.72	3051.30	952.03
1996	13508.29	5952.83	2464.24	5091.22	336.00	9808.98	7860.14	3363.31	1062.32
1997	13050.42	5326.52	2625.41	5098.50	276.96	9335.58	7634.87	3437.88	922.67

续表

年份	乡镇企业年末从业人员（万人）	集体单位	私营企业	个体企业	第一产业	第二产业	#工业	第三产业	#交通运输业
1998	12536.55	4828.63	2620.40	5087.52	273.91	8967.98	7334.23	3294.65	886.34
1999	12704.09	4368.82	2851.37	5483.90	247.38	9008.78	7395.32	3447.93	885.72
2000	12819.57	3832.79	3252.54	5734.24	222.04	9047.82	7466.73	3549.71	898.49
2001	13085.58	3372.18	3693.85	6019.55	200.03	9179.52	7615.11	3706.03	902.69
2002	13287.71	3801.18	3502.23	5984.30	205.37	9127.98	7667.61	3954.36	861.62
2003	13573.00								
2004									

年份	乡镇企业增加值（亿元）	集体单位	私营企业	个体企业	第一产业	第二产业	#工业	第三产业	#交通运输业
1978	208.32	208.32			15.37	172.12	159.55	20.83	9.04
1980	285.31	285.31			17.41	242.68	218.18	25.23	12.74
1985	772.31	562.67	45.33	164.31	18.62	614.00	518.08	139.69	45.20
1989	2083.16	1384.08	189.10	509.98	24.39	1767.84	1562.17	290.93	108.74
1990	2504.32	1672.89	197.84	633.59	36.72	2095.93	1855.40	371.66	166.08
1991	2972.15	2018.33	202.14	751.67	44.58	2500.59	2227.15	426.98	181.30
1992	4485.34	3007.94	304.67	1172.72	56.48	3780.32	3350.14	648.54	272.32
1993	8006.83	5138.11	469.43	2399.29	103.03	6222.64	5935.74	1681.17	480.54
1994	10928.03	7012.69	640.70	3274.65	207.63	9048.41	8086.74	1671.99	601.04
1995	14595.23	9359.31	856.23	4379.68	279.82	12085.40	10804.04	2230.01	804.17
1996	17659.30	10258.48	2968.23	4432.58	344.69	14064.77	12627.66	3249.85	1145.99
1997	20740.32	10049.37	4527.33	6163.63	321.81	16182.93	14517.99	4235.59	1272.67
1998	22186.46	9971.31	4843.00	7372.14	346.16	17311.30	15530.27	4529.00	1361.41
1999	24882.56	9913.26	6006.10	8963.19	338.65	19318.73	17374.11	5225.18	1509.45
2000	27156.23	9424.87	7445.14	10286.22	313.85	20913.20	18812.41	5929.17	1657.65
2001	29356.39	9117.76	8947.35	11291.28	286.62	22508.18	20314.66	6561.58	1821.91
2002	32385.80	12067.35	8817.98	11500.47	341.77	25060.81	22773.03	6983.22	1809.46
2003	36686.00								
2004									

资料来源：《新中国五十年统计资料汇编》和《中国统计年鉴》（有关各年），中国统计出版社。

附表 33 全国私营企业和个体工商户

一、私营企业

年份	户数		从业人员		注册资金		产值		消费品零售额	
	户数	比上年增长%	人数（万人）	比上年增长%	金额（亿元）	比上年增长%	金额（亿元）	比上年增长%	金额（亿元）	比上年增长%
1989	90581		164		84		97		34	
1990	98141	8.3	170	3.7	95	13.1	122	25.8	43	26.5
1991	107843	9.9	184	8.2	123	29.5	147	20.5	57	32.6
1992	139633	29.5	232	26.1	221	79.7	205	39.5	91	59.6
1993	237919	70.4	373	60.8	68l	208.1	422	105.9	190	109.8
1994	432240	81.7	648	73.7	1448	112.6	1140	170.1	759	299.5
1995	654531	51.4	956	47.5	2622	81.1	2295	101.3	1006	32.5
1996	819252	25.2	1171	22.5	3752	43.1	3227	40.6	1459	45.0
1997	960726	17.3	1349	15.2	5140	37.0	3923	21.6	1855	27.1
1998	1200978	25.0	1709	26.7	7198	40.0	5853	49.2		
1999	1508857	25.6	2021	18.2	10287	42.9	7686	31.3		
2000	1761769	16.7	2406	19.0	13307	29.3	10739	39.7	5813	
2001	2028548	15.1	2714	12.8	18212	36.8	12317	14.7	6245	7.4
2002	2435282	20.0	3409	25.6	24756	35.9	15338	24.5	7929	26.9
2003	3005500	23.4	4299	26.1	35305	42.6	20083	30.9	10603	33.7
2004										

二、个体工商户

年份	户数		从业人员		注册资金		产值		消费品零售额	
	户数（万户）	比上年增长%	人数（万人）	比上年增长%	金额（亿元）	比上年增长%	金额（亿元）	比上年增长%	金额（亿元）	比上年增长%
1981	183		227		5					
1982	261	42.6	320	40.6	8					
1983	590	126.1	746	133.4	31				160	
1984	933	58.1	1304	74.6	100				288	80.0
1985	1171	25.5	1766	35.5	169				179	66.3
1986	1211	3.4	1846	4.5	180				585	22.1
1987	1373	13.4	2158	16.9	236	31.4	306		744	27.2
1988	1452	5.8	2305	6.8	312	32.2	516	68.6	1024	37.6
1989	1247	-14.2	1941	-15.8	347	11.2	559	8.3	1147	12.0
1990	1328	6.5	2093	7.8	397	14.4	642	14.8	1270	10.7
1991	1417	6.7	2258	7.9	488	22.9	782	21.8	1526	20.2
1992	1534	8.3	2468	9.3	601	23.2	926	18.4	1861	22.0
1993	1767	15.2	2939	19.1	855	42.3	1387	49.8	2710	45.6
1994	2187	23.8	3776	28.5	1319	54.3	1638	18.1	4211	55.4

续表

年份	户数		从业人员		注册资金		产值		消费品零售额	
	户数(万户)	比上年增长%	人数(万人)	比上年增长%	金额(亿元)	比上年增长%	金额(亿元)	比上年增长%	金额(亿元)	比上年增长%
1995	2528	15.6	4614	22.2	1813	37.5	2791	70.4	5355	27.2
1996	2704	7.0	5017	8.7	2165	19.4	3539	26.8	6706	25.2
1997	2851	5.4	5442	8.5	2573	18.8	4553	28.7	8074	20.4
1998	3120	9.4	6114	12.3	3120	21.2	5960	30.9		
1999	3160	1.3	6241	2.1	3439	10.2	7063	18.5		
2000	2571	−18.6	5070	−18.7	3315	−3.6	7162	1.4		
2001	2433	−5.4	4760	−6.1	3436	3.6	7320	2.2	11499	
2002	2377	−2.3	4743	−0.4	3782	10.1	7967	8.8	12223	6.3
2003	2353	−1.1	4637	−2.2	4187	11.0	8741	9.7	13423	9.8
2004										

资料来源:《中国市场统计年鉴》(有关各年),中国统计出版社;《中国经济年鉴》(有关年份),中国经济年鉴社。

附表 34 全国进出口贸易总额

年份	人民币（亿元）				美元（亿元）			
	进出口总额	出口总额	进口总额	差额	进出口总额	出口总额	进口总额	差额
1950	41.5	20.2	21.3	−1.1	11.3	5.5	5.8	−0.3
1951	59.5	24.2	35.3	−11.1	19.6	7.6	12.0	−4.4
1952	64.6	27.1	37.5	−10.4	19.4	8.2	11.2	−3.0
1953	80.9	34.8	46.1	−11.3	23.7	10.2	13.5	−3.3
1954	84.7	40.0	44.7	−4.7	24.4	11.5	12.9	−1.4
1955	109.8	48.7	61.1	−12.4	31.4	14.1	17.3	−3.2
1956	108.7	55.7	53.0	2.7	32.1	16.5	15.6	0.9
1957	104.5	54.5	50.0	4.5	31.0	16.0	15.0	1.0
1958	128.7	67.0	61.7	5.3	38.7	19.8	18.9	0.9
1959	149.3	78.1	71.2	6.9	43.8	22.6	21.2	1.4
1960	128.4	63.3	65.1	−1.8	38.1	18.6	19.5	−0.9
1961	90.7	47.7	43.0	4.7	29.4	14.9	14.5	0.4
1962	80.9	47.1	33.8	13.3	26.6	14.9	11.7	3.2
1963	85.7	50.0	35.7	14.3	29.2	16.5	12.7	3.8
1964	97.5	55.4	42.1	13.3	34.7	19.2	15.5	3.7
1965	118.4	63.1	55.3	7.8	42.5	22.3	20.2	2.1
1966	127.1	66.0	61.1	4.9	46.2	23.7	22.5	1.2
1967	112.2	58.8	53.4	5.4	41.6	21.4	20.2	1.2
1968	108.5	57.6	50.9	6.7	40.5	21.0	19.5	1.5
1969	107.0	59.8	47.2	12.6	40.3	22.0	18.3	3.7
1970	112.9	56.8	56.1	0.7	45.9	22.6	23.3	−0.7
1971	120.9	68.5	52.4	16.1	48.4	26.4	22.0	4.4
1972	146.9	82.9	64.0	18.9	63.0	34.4	28.6	5.8
1973	220.5	116.9	103.6	13.3	109.8	58.2	51.6	6.6
1974	292.2	139.4	152.8	−13.4	145.7	69.5	76.2	−6.7
1975	290.4	143.0	147.4	−4.4	147.5	72.6	74.9	−2.3
1976	264.1	134.8	129.3	5.5	134.3	68.5	65.3	2.7
1977	272.5	139.7	132.8	6.9	148.0	75.9	72.1	3.8
1978	355.0	167.6	187.4	−19.8	206.4	97.5	108.9	−11.4
1979	454.6	211.7	242.9	−31.2	293.3	136.6	156.7	−20.1
1980	570.0	271.2	298.8	−27.6	381.4	181.2	200.2	−19.0
1981	735.3	367.6	367.7	−0.1	440.3	220.1	220.2	−0.1
1982	771.3	413.8	357.5	56.3	416.1	223.2	192.9	30.3
1983	860.1	438.3	421.3	16.5	436.2	222.3	213.9	8.4
1984	1201.0	580.5	620.5	−40.0	535.5	261.4	274.1	−12.7
1985	2066.7	808.9	1257.3	−448.9	696.0	273.5	422.5	−149.0
1986	2580.4	1082.1	1498.3	−416.2	738.5	309.4	429.1	−119.7
1987	3034.2	1470.0	1614.2	−144.2	826.5	394.4	432.1	−37.7

续表

年份	人民币（亿元）				美元（亿元）			
	进出口总额	出口总额	进口总额	差额	进出口总额	出口总额	进口总额	差额
1988	3821.3	1766.7	2055.1	−288.4	1027.9	475.2	552.7	−77.5
1989	4155.9	1956.0	2199.9	−243.9	1116.8	525.4	591.4	−66.0
1990	5560.1	2985.8	2574.3	411.5	1154.4	620.9	533.5	87.4
1991	7225.3	3827.1	3398.7	428.4	1356.3	718.4	637.9	80.5
1992	9119.6	4676.3	4443.3	233.0	1655.3	849.4	805.9	43.5
1993	11271.0	5284.8	5986.2	−701.4	1957.0	917.4	1039.6	−122.2
1994	20381.9	10421.3	9960.1	461.7	2366.2	1210.1	1156.1	54.0
1995	23499.9	12451.3	11048.1	1403.7	2808.6	1487.8	1320.8	167.0
1996	24133.8	12576.4	11557.4	1019.0	2898.8	1510.5	1388.3	122.2
1997	26967.2	15160.7	11806.5	3354.2	3251.6	1827.9	1423.7	404.2
1998	26854.1	15231.7	11622.4	3609.3	3239.3	1837.6	1401.7	435.9
1999	29896.3	16159.8	13736.5	2423.3	3606.3	1949.3	1657.0	292.3
2000	39273.2	20634.4	18638.8	1995.6	4742.9	2492.0	2250.9	241.1
2001	42183.6	22024.4	20159.2	1865.2	5096.5	2661.0	2435.5	225.5
2002	51378.2	26947.9	24430.3	2517.6	6207.7	3256.0	2951.7	304.3
2003	70483.5	36287.9	34195.6	2092.3	8509.9	4382.3	4127.6	254.7
2004					11548.0	5934.0	5614.0	320.0

资料来源:《新中国五十年统计资料汇编》和《中国统计年鉴》（有关各年），中国统计出版社;《人民日报》2005 年 1 月 26 日第 1 版。

项目单位：个　　　　　　　　**附表 35　全国利用外资**　　　　　　金额单位：亿美元

一、合同利用外资

年份	总计		对外借款		外商直接投资		外商其他投资额
	项目	金额	项目	金额	项目	金额	
1979~1982	949	205.48	27	135.49	922	60.10	9.89
1983	522	34.30	52	15.13	470	17.32	1.85
1984	1894	47.91	38	19.16	1856	26.51	2.24
1985	3145	98.67	72	35.34	3073	59.32	4.01
1986	1551	117.37	53	84.07	1498	28.34	4.96
1987	2289	121.36	56	78.17	2233	37.09	6.10
1988	6063	160.04	118	98.13	5945	52.97	8.94
1989	5909	114.79	130	51.85	5779	56.00	6.94
1990	7371	120.86	98	50.99	7273	65.96	3.91
1991	13086	195.83	108	71.61	12978	119.77	4.45
1992	48858	694.39	94	107.03	48764	581.24	6.12
1993	83595	1232.73	158	113.06	83437	1114.36	5.31
1994	47646	937.56	97	106.68	47549	826.80	4.08
1995	37184	1032.05	173	112.88	37011	912.82	6.35
1996	24673	816.09	117	79.62	24556	732.76	3.71
1997	21138	610.58	137	58.72	21001	510.04	41.82
1998	19850	632.01	51	83.85	19799	521.02	27.14
1999	17022	620.59	104	83.60	16918	413.13	24.26
2000	22347	711.30			22347	623.80	87.50
2001	26140	719.76			26140	691.40	27.81
2002	34171	847.51			34171	827.68	19.82
2003	41081	1169.00			41081	1150.70	18.32
2004						1535.00	

二、实际利用外资

年份	实际利用外资额		#外商直接投资	#合资	#合作	#独资	#其他投资
	当年	累计					
1979~1982	124.57	124.57	11.66	0.98	5.32	0.40	6.01
1983	19.81	144.38	6.36	0.74	2.27	0.43	2.80
1984	27.05	171.43	12.58	2.55	4.65	0.15	1.61
1985	44.62	216.05	16.58	5.80	5.85	0.13	2.98
1986	72.58	288.63	18.74	8.04	7.94	0.16	3.70
1987	84.52	373.15	23.14	14.86	6.20	0.25	3.33
1988	102.26	475.41	31.94	19.75	7.80	2.26	5.45
1989	100.59	576.00	33.92	20.37	7.52	3.71	3.81
1990	102.89	678.89	34.87	18.86	6.74	6.83	2.68

续表

二、实际利用外资

年份	实际利用外资额		#外商直接投资	#合资	#合作	#独资	#其他投资
	当年	累计					
1991	115.54	794.43	43.66	22.99	7.63	11.35	3.00
1992	192.02	986.45	110.07	61.15	21.22	25.20	2.84
1993	389.60	1376.05	275.15	153.48	52.37	65.06	2.56
1994	432.13	1808.18	337.67	179.33	71.20	80.36	1.79
1995	481.33	2289.51	375.21	190.78	75.36	103.17	2.85
1996	548.04	2837.55	417.25	207.55	81.09	126.06	4.10
1997	644.08	3481.63	452.57	194.95	89.30	161.88	71.30
1998	585.57	4067.20	454.63	183.48	97.19	164.70	20.94
1999	526.59	4593.79	403.19	158.27	82.34	155.45	21.28
2000	593.56	5187.35	407.15	143.43	65.96	192.64	86.41
2001	496.72	5684.07	468.78	157.39	62.12	238.73	27.94
2002	550.11	6234.18	527.43	149.92	50.58	317.25	22.68
2003	561.40	6795.58	535.05	153.92	38.36	334.84	26.35
2004			606.00				

资料来源:《新中国五十年统计资料汇编》和《中国经济年鉴》(有关各年),中国统计出版社;《人民日报》2005 年 3 月 1 日第 6 版。

附表 36　全国对外经济合作

年份	合同数（份）	合同金额（亿美元）	完成营业额（亿美元）	年份	合同数（份）	合同金额（亿美元）	完成营业额（亿美元）
总计				1985	465	11.16	6.63
1976~1978	7	0.2		1986	486	11.89	8.19
1979	36	0.51		1987	616	16.48	11.14
1980	172	1.85	1.70	1988	642	18.13	12.53
1981	363	5.04		1989	776	17.81	14.84
1982	314	5.07	3.48	1990		21.35	16.44
1983	460	9.24	4.52	1991		25.24	19.70
1984	740	17.37	6.23	1992	1164	52.50	24.03
1985	923	12.65	8.35	1993	1393	51.89	36.68
1986	944	13.59	9.73	1994	1702	60.28	48.83
1987	1449	18.89	12.60	1995	1558	74.84	51.08
1988	2126	21.72	14.30	1996	1634	77.28	58.20
1989	3100	22.12	16.86	1997	2085	85.16	60.36
1990	5175	26.04	18.67	1998	2322	92.43	77.69
1991	8438	36.09	23.63	1999	2527	101.99	85.22
1992	9405	65.85	30.49	2000	2597	117.19	83.79
1993	11605	68.00	45.38	2001	5836	130.39	88.99
1994	17491	79.88	59.78	2002	4036	150.55	111.94
1995	19321	96.72	65.88	2003	3708	176.67	138.37
1996	24891	102.73	76.96	2004			175.00
1997	28442	113.56	83.83	对外劳务合作			
1998	25955	117.73	101.34				
1999	21126	130.00	112.30	1979	9	0.18	
2000	23565	149.90	113.30	1980	34	0.45	0.47
2001	39400	164.60	121.40	1981	113	2.28	
2002	34461	178.90	143.52	1982	119	1.61	1.59
2003	42059	209.30	172.34	1983	180	1.25	1.37
2004				1984	396	1.99	1.29
对外承包工程				1985	458	1.49	1.72
1976~1978	6	0.02		1986	458	1.70	1.54
1979	27	0.33		1987	833	2.41	1.46
1980	128	1.40	1.23	1988	1484	3.59	1.77
1981	250	2.76		1989	2324	4.31	2.02
1982	195	3.46	1.89	1990	4255	4.78	2.23
1983	280	7.99	3.15	1991	7267	10.85	3.93
1984	344	15.38	4.94				

续表

年份	合同数（份）	合同金额（亿美元）	完成营业额（亿美元）	年份	合同数（份）	合同金额（亿美元）	完成营业额（亿美元）
1992	8241	13.35	6.46	2004			38.00
1993	10212	16.11	8.70	对外设计咨询			
1994	15789	19.60	10.95	1995	366	1.81	1.33
1995	17397	20.07	13.47	1996	534	2.65	1.64
1996	22723	22.80	17.12	1997	614	2.91	1.82
1997	25743	25.49	21.65	1998	442	1.40	0.89
1998	23191	23.90	22.76	1999	426	1.71	0.90
1999	18173	26.32	26.23	2000	494	2.33	1.34
2000	20474	29.91	28.13	2001	206	0.88	0.63
2001	33358	33.28	31.77	2002	262	0.85	0.87
2002	30163	27.52	30.71	2003	308	1.76	0.88
2003	38043	30.87	33.09	2004			

资料来源：《新中国五十年统计资料汇编》和《中国统计年鉴》（有关各年）中国统计出版社；《人民日报》2005年3月1日第6版。

附表 37　全国黄金和外汇储备

年份	黄金储备（万盎司）	外汇储备（亿美元）	年份	黄金储备（万盎司）	外汇储备（亿美元）
1952	500	1.39	1979	1280	8.40
1953	500	1.14	1980	1280	−12.96
1954	500	1.06	1981	1267	27.08
1955	500	1.93	1982	1267	69.86
1956	500	1.23	1983	1267	89.01
1957	500	1.28	1984	1267	82.20
1958	500	0.86	1985	1267	26.44
1959	400	1.30	1986	1267	20.72
1960	400	1.02	1987	1267	29.23
1961	400	1.27	1988	1267	33.72
1962	300	1.38	1989	1267	55.50
1963	300	1.73	1990	1267	110.93
1964	300	2.36	1991	1267	217.12
1965	500	2.81	1992	1267	194.43
1966	500	4.20	1993	1267	211.99
1967	500	3.50	1994	1267	516.20
1968	700	3.32	1995	1267	735.97
1969	700	4.98	1996	1267	1050.29
1970	700	1.91	1997	1267	1398.90
1971	900	2.02	1998	1267	1449.60
1972	900	5.43	1999	1267	1546.75
1973	900	0.83	2000	1267	1655.70
1974	1280	3.69	2001	1267	2121.65
1975	1280	8.99	2002	1267	2864.07
1976	1280	12.55	2003	1267	4032.51
1977	1280	23.45	2004		6099.00
1978	1280	15.57			

资料来源：《新中国五十年资料汇编》和《中国统计年鉴》（2004），中国统计出版社；《人民日报》2005 年 3 月 1 日第 6 版。

主要参考文献和资料来源

1. 1945~2004 年中国共产党历次全国代表大会和中央全会的文件（有关部分，本书以下所列文献和资料均系有关部分不一一注明），人民出版社。

2. 中国人民大学中国革命教研室编：《中国人民政治协商会议文件选集》。

3. 1954~2004 年全国人民代表大会历次会议的文件，人民出版社。

4. 《人民日报》、《光明日报》、《经济日报》和《新华月报》（新华半月刊）。

5. 《中国经济年鉴》（1981~2004），经济管理杂志社、经济管理出版社和中国经济年鉴社。

6. 《当代中国丛书》，中国社会科学出版社和当代中国出版社。

7. 《中国工业五十年——新中国工业通鉴》，中国经济出版社。

8. 《中国统计年鉴》（2001~2004）和《新中国五十年统计资料汇编》，中国统计出版社。

后　记

　　1953 年，我于复旦大学经济系毕业。1956 年于中国人民大学经济系政治经济学专业研究生毕业。1956~1975 年，先后在中国人民大学和中国科技大学的政治经济学教研室（组）执教（其中"文化大革命"期间完全停止了教学活动）。1975~1981 年，在人民出版社经济编辑室做编辑工作。1981~1995 年，在中国社会科学院工业经济研究所先后任副研究员和研究员，并先后任该院研究生院硕士生导师和博士生导师。1985 年至今，先后任《中国经济年鉴》副总编辑和总编辑。1995 年到现在，还在国家行政学院经济学部执教。这些经历在理论、政策、经验和资料等方面为我撰写本书创造了条件。

　　1984 年，在我任中国社会科学院工业经济研究所工业经济理论和发展史研究室主任时，所长蒋一苇先生交给我室一项研究任务，撰写新中国工业经济史，以填补这个学科的空白。这就是我这个长期从事经济学教学、研究的人涉足这项研究的缘由。于是，我主编并参与撰写了一卷本《新中国工业经济史》（经济管理出版社 1986 年版，约 40 万字）。从 20世纪 90 年代初开始，我依据一些读者的意见，拓展了这项研究，主编并参与撰写了四卷本《新中国工业经济史》（经济管理出版社 1994~2001 年出版，约 160 万字）。[①] 90 年代末，我应国家经贸委之邀，参与编撰《中国工业五十年——新中国工业通鉴》的部分工作。该书全套 20 卷，共 4500万字。我任该书副主编。其中概述部分约 140 多万字，我撰写了约 90 多

　　[①] 详见拙著：《中华人民共和国工业经济史（1949.10~1998）》，山西经济出版社 1998 年版，第 1006 页。

万字（中国经济出版社 2000 年版）。在这期间，我还应山西经济出版社之约，撰写了作为庆祝中华人民共和国成立 50 周年国家重点图书的《中华人民共和国工业经济史（1949.10~1998）》（山西经济出版社 1998 年版，70万字）。上述各书的编撰工作为本书写作打下了基础。

　　本书写作吸收了我国学术界已有的研究成果（包括经济史专著和经济资料）。本书的撰写得到了中国社会科学院老干部工作局、工业经济研究所老干部处和科研处的大力支持，还得到了山西人民出版社的同志（特别是副总编辑赵建廷先生和编辑室主任张惠君女士）的鼎力相助。国家发改委宏观经济研究院投资研究所研究员刘立峰为本书搜集和计算了大量经济分析性数据。周燕女士承担了本书的初稿、修改稿和定稿的全部录入和打印工作。我的妻子刘海英对本书的写作，像对待我一生的研究和教学工作一样，给予了不遗余力的支持。在本书付梓之际，特向上述各个单位和各位先生、女士表示衷心感谢！

　　本书试图在中国现代产业经济史的历史分期，篇章节安排，重大历史事件的决策、实施和结果的系统叙述，定性分析与定量分析相结合，典型史料与统计资料的结合运用，以及重大历史过程的评价等方面做出富有特色的探索和比较客观的叙述。但这毕竟只是中国现代产业经济史研究方面的一种新尝试，不如人意之处，恳请读者批评指正。

汪海波

2005 年 3 月 20 日